21 世纪高职高专公路与建筑类基础课精品教材

公路施工技术

主　编　邓小军
副主编　李若军
编　委　程文静　任俐璇　魏道凯

东北大学出版社
·沈　阳·

图书在版编目（CIP）数据

公路施工技术/邓小军主编. —沈阳：东北大学出版社，2014.8（2025.7重印）
ISBN 978-7-5517-0745-9

Ⅰ.①公… Ⅱ.①邓… Ⅲ.①道路施工 Ⅳ.①U415.6

中国版本图书馆 CIP 数据核字（2014）第185912号

出 版 者：东北大学出版社
地址：沈阳市和平区文化路3号巷11号
邮编：110004
电话：024—83687331（市场部） 83680267（社务室）
传真：024—83680180（市场部） 83680265（社务室）
网址：E-mail：neuph@neupress.com
http://www.neupress.com

印 刷 者：三河市天润建兴印务有限公司
发 行 者：东北大学出版社
幅面尺寸：185mm×260mm
印 张：18
字 数：438千字
出版时间：2014年10月第1版
印刷时间：2025年7月第3次印刷
责任编辑：王一林
责任校对：石玉玲
封面设计：刘江旸
责任出版：唐敏智

ISBN 978-7-5517-0745-9 定 价：65.00元

前　言

本教材是根据教育部高职高专工学学科要求，结合人才培养模式的指导思想，引入行业标准，在广泛征求现场专家意见的基础上编写的。本教材贯彻了部颁最新的标准规范，保证了时效性，使其能与实际紧密结合；并采纳了部分企业技术人员的意见，使教材更加贴近生产实际，突出职业教育的特点。教材在力求实用性、知识性和通俗性的基础上，总结了各校的教学经验，注重实践教学训练，便于教师教学和学生学习。

本教材是在对“路基路面工程”“公路施工技术”两门课程的教学内容进行分析整合的基础上编写而成的。全书分为路基施工与路面施工两个学习领域，包括路基构造与要求、路基施工准备、土质路基施工、石质路基施工、软土地基处理、路基防护与加固工程施工、排水设施构造与施工、路面构造与要求、路面基层施工、沥青路面施工、水泥混凝土路面施工、路面病害处理等内容。

本教材教学共 64 学时，其中实训课时占 16 学时（不含综合实习有关内容）。本书由山东交通职业学院教师邓小军统稿，魏道凯、李若军、程文静、任俐璇参与编写，崔磊审稿。同时，在编写过程中引用了许多专家、学者在教学、科研、试验中积累的资料，在此一并表示感谢。

限于作者水平，书中难免存在不足之处，恳请读者批评指正。

编　者

2014 年 6 月

目　录

学习领域一　路基施工

学习领域二　路面施工

学习领域一　路基施工

学习情境 1　路基构造与要求

[知识目标]

1. 掌握公路分级及技术标准。
2. 熟悉公路主要组成部分的构造及要求。
3. 初步掌握路基干湿类型及路基临界高度的划分方法。

[能力目标]

能够正确识读路基断面图。

认识公路　连接城市、乡村和工矿基地之间，主要供汽车行驶并具备一定技术标准和设施的道路称公路。

相关链接　公路与道路是两个不同的概念，道路是供各种车辆（无轨）和行人通行的工程设施。按其使用特点分为城市道路、公路、厂矿道路、林区道路及乡村道路等。

任务 1　公路的分级、技术标准及组成部分

一、公路分类

（一）按行政等级划分

公路按行政等级可分为：国家公路、省公路、县公路、乡公路（简称为国、省、乡道）以及专用公路五个等级。一般把国道和省道称为干线，县道和乡道称为支线。

1. 国道是指具有全国性政治、经济意义的主要干线公路，包括重要的国际公路、国防公路；连接首都与各省、自治区、直辖市首府的公路；连接各大经济中心、港站枢纽、商品生产基地和战略要地的公路。国道中跨省的高速公路由交通部批准的专门机构负责修建、养护和管理。

2. 省道是指具有全省（自治区、直辖市）性政治、经济意义，并由省（自治区、直辖市）公路主管部门负责修建、养护和管理的公路干线。

3. 县道是指具有全县（县级市）性政治、经济意义，连接县城和县内主要乡（镇）、主要商品生产和集散地，以及不属于国道、省道的县际间公路。县道由县、市公路主管部门负责修建、养护和管理。

4. 乡道是指主要为乡（镇）村经济、文化、行政服务，以及不属于县道以上公路的乡与乡之间及乡与外部联络的公路。乡道由人民政府负责修建、养护和管理。

5. 专用公路是指专供或主要供厂矿、林区、农场、油田、旅游区、军事要地等与外部联系的公路。专用公路由专用单位负责修建、养护和管理，也可委托当地公路部门修建、养护和管理。

（二）按功能和适应的交通量划分

1. 按照《公路工程技术标准》（JTG B01—2003），根据公路使用任务、功能和适应的交通量，将公路分为五个等级：高速公路、一级公路、二级公路、三级公路、四级公路。

（1）高速公路为专供汽车分向、分车道行驶并应全部控制出入的多车道公路。

四车道高速公路应能适应将各种汽车折合成小客车的年平均日交通量2.5～5.5万辆。

六车道高速公路应能适应将各种汽车折合成小客车的年平均日交通量4.5～8万辆。

八车道高速公路应能适应将各种汽车折合成小客车的年平均日交通量6～10万辆。

（2）一级公路为供汽车分向、分车道行驶并可根据需要控制出入的多车道公路。

四车道一级公路应能适应将各种汽车折合成小客车的年平均日交通量1.5～3万辆。

六车道一级公路应能适应将各种汽车折合成小客车的年平均日交通量2.5～5.5万辆。

（3）二级公路为供汽车行驶的双车道公路。

双车道二级公路应能适应将各种汽车折合成小客车的年平均日交通量0.5～1.5万辆。

（4）三级公路为主要供汽车行驶的双车道公路。

双车道三级公路应能适应将各种车辆折合成小客车的年平均日交通量2000～6000辆。

（5）四级公路为主要供汽车行驶的双车道或单车道公路。

双车道四级公路应能适应将各种车辆折合成小客车的年平均日交通量2000辆以下。

单车道四级公路应能适应将各种车辆折合成小客车的年平均日交通量400辆以下。

2. 各级公路设计交通量的预测应符合下列规定

（1）高速公路和具干线功能的一级公路的设计交通量应按20年预测；具集散功能的一级公路，以及二、三级公路的设计交通量应按15年预测；四级公路可根据实际情况确定。

（2）设计交通量预测的起算年应为该项目可行性研究报告中的计划通车年。

（3）设计交通量的预测应充分考虑走廊带范围内远期社会、经济的发展和综合运输体系的影响。

3. 公路等级的选用

公路等级的选用应根据公路功能、路网规划、交通量，并充分考虑项目所在地区的综合运输体系、远期发展等，经论证后确定。

一条公路可分段选用不同的公路等级或同一公路等级不同的设计速度与路基宽度，但不同公路等级的设计速度与路基宽度间的衔接应协调，过渡应顺适。

预测的设计交通量介于一级公路与高速公路之间时，当拟建公路为干线公路时，宜选用高速公路；拟建公路为集散公路时，宜选用一级公路。

干线公路宜选用二级及二级以上公路。

4. 车辆折算系数

交通量换算采用小客车为标准车型。确定公路等级的各汽车代表车型和车辆折算系数规定如表1-1-1所列。

表 1-1-1　　各汽车代表车型与车辆折算系数

汽车代表车型	车辆折算系数	说　明
小客车	1.0	≤19 座的客车和载质量≤2t 的货车
中型车	1.5	>19 座的客车和载质量>2t～≤7t 的货车
大型车	2.0	载质量>7t～≤14t 的货车
拖挂车	3.0	载质量>14t 的货车

注：[1] 畜力车、人力车、自行车等非机动车，在设计交通量换算中按路侧干扰因素计。

[2] 一、二级公路上行驶的拖拉机按路侧干扰因素计。

[3] 三、四级公路上行驶的拖拉机每辆折算为 4 辆小客车。

5. 公路工程技术标准

公路工程的技术标准是指对公路路线和构造物的设计与施工在技术性能、几何形状和尺寸、结构组成上的具体要求，把这些要求用指标和条文的形式确定下来，即形成公路工程的技术标准。

技术标准是根据汽车的行驶性能、数量、荷载等方面的要求，在总结公路设计、施工、养护和汽车运输经验的基础上，经过调查研究和理论分析制定出来的。它反映了我国公路建设的技术政策和技术要求，是公路设计和施工的基本依据和必须遵守的准则。

各级公路的具体标准由各项技术指标体现，如表 1-1-2 所列。

表 1-1-2　　各级公路的主要技术指标汇总表

公路等级		高速公路			一级公路			二级公路		三级公路		四级公路
设计速度/（km/h）		120	100	80	100	80	60	80	60	40	30	20
车道数/条		4 6 8	4 6 8	4 6	4 6 8	4 6	4	2	2	2	2	1 2
路基宽度/m（一般值）		28.0 34.5 45.0	26.0 33.5 44.0	24.5 32.0	26.0 33.5 45.0	24.5 32.0	23.0	12.0	10.0	8.5	7.5	4.5 6.5
停车视距/m		210	160	110	160	110	75	110	75	40	30	20
圆曲线半径/m	一般值	1000	700	400	700	400	200	400	200	100	65	30
	最小值	650	400	250	400	250	125	250	125	60	30	15

续表 1-1-2

公路等级	高速公路			一级公路			二级公路		三级公路		四级公路
最大纵坡/%	3	4	5	4	5	6	5	6	7	8	9
汽车荷载等级	公路－Ⅰ级			公路－Ⅰ级			公路－Ⅱ级		公路－Ⅱ级		公路－Ⅱ级

各级公路的技术指标是根据路线在公路网中的功能、规划交通量和交通组成、设计速度等因素确定的。其中，设计速度是技术标准中最重要的指标，它对公路的几何形状、工程费用和运输效率影响最大，在考虑路线的使用功能和规划交通量的基础上，根据国家的技术政策制定设计速度。路线在公路网中具有重要经济与国防意义者，交通量较大者，技术政策规定采用较高的设计速度，反之规定较低的设计速度。对于某些公路——通向机场、经济开发区、重点游览区或军事用途的公路，尽管其交通量不是很大，但具有重要的政治、经济、国防意义，也须采用较高的设计速度。

一条公路可分段选用不同的公路等级或同一公路等级不同的设计速度、路基宽度（车道数），但应注意以下四个方面。

①为保持公路技术指标的均衡、连续，一条公路的等级或设计速度分段不应频繁变更。设计速度相同的路段应为同一设计路段，高速公路设计路段不宜小于 15km，一、二级公路设计路段不宜小于 10km。

②等级或标准的变更处，原则上应选在交通量发生较大变化或驾驶员能够明显判断前方需要改变行车速度处：高速公路、一级公路宜设在互通式立体交叉或平面交叉处；二、三、四级公路宜设在交叉路口、桥梁、隧道、村镇附近或地形明显变化处。

③在标准变更的相互衔接处前、后一定长度范围内主要技术指标应逐渐过渡，避免发生事故，设计速度高的一端应采用较低的平、纵技术指标，反之则应采用较高的平、纵技术指标，以使平、纵线形技术指标较为均衡。

④应采用连续、均衡的技术指标。

二、城市道路分类与技术分级

1. 城市道路分类

按照道路在城市道路网中的地位、交通功能以及对沿线建筑物的服务功能，将城市道路分为以下四类。

（1）快速路：为城市中长距离快速交通服务的道路。快速路上的机动车道两侧不应设置非机动车道。快速路对向行车道之间应设置中间分隔带，其进出口应全控制或部分控制。快速路沿线两侧不能设置吸引大量车流、人流的公共建筑物的进出口，对一般建筑物的进出口应加以控制，当进出口较多时宜在两侧另建辅道。

（2）主干路：为连接城市各主要分区的干线道路，以交通功能为主的道路。非机动车交通量大时应设置分隔带与机动车分离行驶，两交叉口之间分隔机动车与非机动车的分隔带宜连续。主干路两侧不宜设置吸引大量车流、人流的公共建筑物的进出口。

(3) 次干路：与主干路共同组成城市道路网，起集散交通的作用，兼有服务功能的道路。次干路两侧可设置公共建筑物的进出口，并可设置机动车和非机动车的停车场，公共交通站点和出租车服务站。

(4) 支路：为次干路与居民区、工业区、市中心区、市政公用设施用地和交通设施用地等内部道路的连接线，解决局部区域交通，以服务功能为主的道路。支路可与平行于快速路的道路相接，但不得与快速路直接相接。支路需要与快速路交叉时应采用分离式立体交叉跨过或穿过快速路。

2. 城市道路分级

根据城市规模、规划交通量和地形等因素，除快速路外，各类道路可划分为Ⅰ、Ⅱ、Ⅲ级。大城市应采用各类道路中的Ⅰ级标准，中等城市应采用Ⅱ级标准，小城市应采用Ⅲ级标准，各类各项城市道路主要技术指标如表1-1-3所列。

表1-1-3　　各类各级城市道路主要技术指标表

项目 类别	级别	设计速度 /(km/h)	双向机动车车道数 /条	机动车道宽度 /m	分隔带设置	采用 横断面形式
快速路		80，60	≥4	3.75	必须设	双、四幅
主干路	Ⅰ	60，50	≥4	3.75	应设	单、双、三、四
	Ⅱ	50，40	3～4	3.75	应设	单、双、三
	Ⅲ	40，30	2～4	3.75，3.5	可设	单、双、三
次干路	Ⅰ	50，40	2～4	3.75	可设	单、双、三
	Ⅱ	40，30	2～4	3.75，3.5	不设	单
	Ⅲ	30，20	2	3.5	不设	单
支路	Ⅰ	40，30	2	3.5	不设	单
	Ⅱ	30，20	2	3.5	不设	单
	Ⅲ	20	2	3.5	不设	单

在选用城市道路分级时，受地形限制的山城可降低一级，特殊发展的中、小城市可提高一级。当有特殊情况需要变更级别时，应做技术经济论证，报规划审批部门批准。城市道路规划交通量达到饱和状态时的设计年限，按《城市道路设计规范》(CJJ37—90)规定：快速路、主干路为20年；次干路为15年；支路为10～15年。城市规模可按照其市区和近郊区（不包括所属县）的非农业人口总数划分为：大城市（指人口50万以上的城市）、中等城市（20～50万人）和小城市（20万人以下）。

三、公路的基本组成部分

公路的基本组成部分包括：路基、路面、桥梁、涵洞、隧道、防护与加固工程、排水设施和山区特殊构造物等。此外，为保证汽车行驶的安全、畅通和舒适，还需要有各种附属工程，如公路标志、路用房屋、加油站及绿化栽植等。

路基是公路的基本结构，是支撑路面结构的基础。它与路面共同承受行车荷载的作用，同时承受气候变化和各种自然灾害的侵蚀和影响。路基横断面如图 1-1-1 所示。

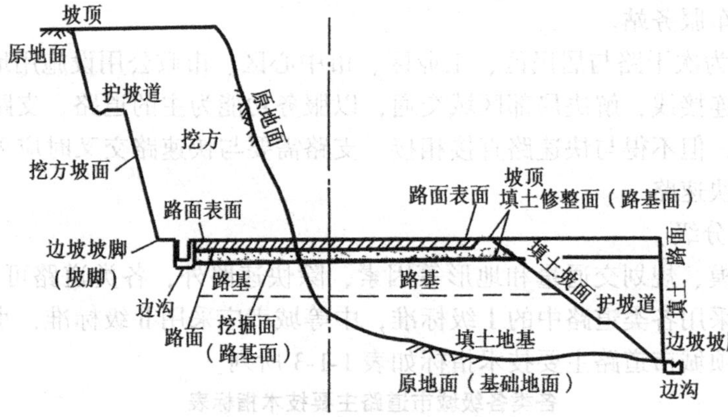

图 1-1-1　路基各部分的名称

路面是用各种筑路材料铺筑在公路路基上供汽车行驶的结构层，直接承受和传递车轮荷载，承受磨耗，经受自然气候和各种自然灾害的侵蚀和影响。

桥涵是指公路跨越水域、沟谷和其他障碍物时修建的构造物。

公路隧道通常是指建造在山岭、江河、海峡和城市地面下，供车辆通过的工程构造物。

为防止路基填土或山坡土体坍塌而修筑的承受土体侧压力的墙式构造物称挡土墙，它是路基加固工程的一种结构形式。

为保持路基的稳定和强度而修建的地表和地下排水设施称为路基排水设施，包括边沟、截水沟、排水沟、急流槽、跌水、渗沟和渗井等。

公路交通工程及沿线设施是保证公路功能、保障安全行驶的配套设施，是现代公路的重要标志。

任务 2　路基的基本构造与要求

一、路基的类型

为了满足行车的要求，路线有些部分高出地面，需要填筑；有些部分低于原地面，需要开挖。因此，路基横断面形状各不相同。典型的路基横断面分为路堤、路堑、填挖结合及零填零挖四种类型。

1. 路堤

高于原地面的填方路基称路堤。路堤在结构上分为上路堤和下路堤，上路堤是指路面底面以下 0. 80 ~ 1. 50m 范围内的填方部分，下路堤是指上路堤以下的填方部分。按其填土高度划分：填土高度低于 1 ~ 1. 5m 的路堤属矮路堤，填土高度在 1. 5 ~ 18m（土质）或 20m（石质）范围内的路堤为一般路堤，填土高度超过 18m（土质）或 20m（石质）的路堤属于高路堤。按其所处的条件及加固类型的不同还有沿河路堤、陡坡护脚路堤及挖渠填筑路堤等，填方路基横断面的基本形式如图 1-2-1 所示。

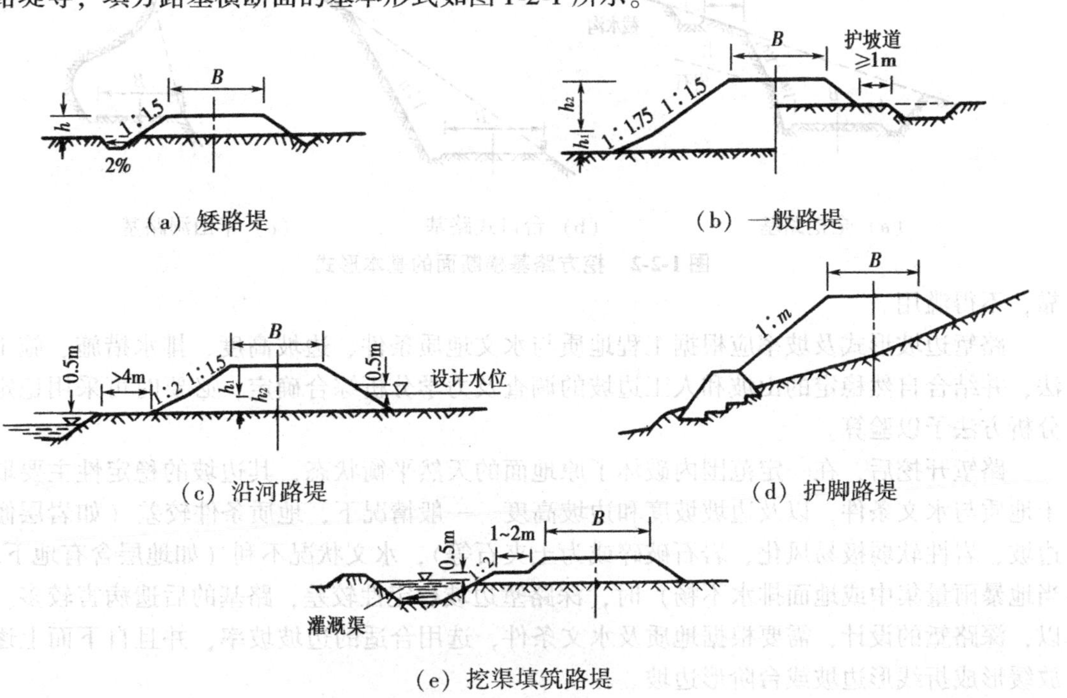

(a) 矮路堤　(b) 一般路堤　(c) 沿河路堤　(d) 护脚路堤　(e) 挖渠填筑路堤

图 1-2-1　填方路堤横断面的基本形式

填方路基的填料选择，压实度和原地基表面处理等技术措施应符合《路基设计规范》（JTG D30—2004）的要求。

路堤通风良好，排水方便，且为人工或机械填筑，对填料的性质、状态和密实程度可以按要求加以控制。因此，路堤式路基病害较少，是经常采用的一种型式。平坦地区往往是耕地，地势较低、水文条件差，设计时要特别注意控制最小填土高度，使路基处于干燥或中湿状态。

填方高度在 1.5 ~ 12.0m 范围内，一般情况下属于正常的路堤，可按常规设计，采用规定的横断面尺寸，一般不做特殊处置。原地面倾斜的全填路堤，当倾斜度陡于 1∶5 时，需将原地面挖成台阶（土质地面）台阶宽度大于或等于 1.0m，向内倾斜 1% ~2%，或将原地面凿毛（石质地面）；原地面倾斜度陡于 1∶2 时，则宜设置石砌护脚等横断面形式。矮路堤因易受地面水的影响，有时难以满足最小填土高度要求，故其两侧均应设置边沟。有时，基底需加特殊处置与加固，如清除基底、换土、设隔离层、排除地下水等。一般路堤可不设边沟。沿河路堤浸水部分，其边坡应按规定放缓或采取防护与加固措施。地面横坡较陡时，为防止填方沿山坡向下滑动并节省用地，可设置石砌护脚或挡土墙。填土高度超过 20m 的路堤，应进行个别设计。

2. 路堑

低于原地面的挖方路基称为路堑。图 1-2-2 是挖方路基横断面的基本形式。

最典型的路堑为全挖断面，路基两侧均需设置边沟。在陡峭山坡上可挖成台口式路基，即在山坡上，以山体自然坡面为下边坡，其他部分由全部开挖形成。三、四级公路建在整体坚硬的岩石坡面上时，为减少石方工程，有时可采用半山洞路基，但要确保安全可

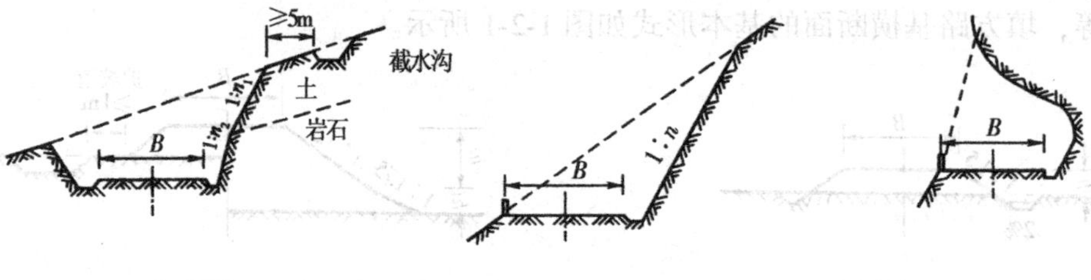

（a）全挖路基　　（b）台口式路基　　（c）半山洞路基

图 1-2-2　挖方路基横断面的基本形式

靠，不得滥用。

路堑边坡形式及坡率应根据工程地质与水文地质条件、边坡高度、排水措施、施工方法，并结合自然稳定的山坡和人工边坡的调查及力学分析综合确定，必要时可采用稳定性分析方法予以验算。

路堑开挖后，在一定范围内破坏了原地面的天然平衡状态，其边坡的稳定性主要取决于地质与水文条件，以及边坡坡度和边坡高度。一般情况下，地质条件较差（如岩层倾向边坡、岩性软弱极易风化、岩石破碎或为土夹石等），水文状况不利（如地层含有地下水，当地暴雨量集中或地面排水不畅）时，深路堑边坡稳定性较差，路基的后遗病害较多。所以，深路堑的设计，需要根据地质及水文条件，选用合适的边坡坡率，并且自下而上逐层放缓形成折线形边坡或台阶形边坡。

水文状况对路堑的影响较大，地质条件愈差，水的破坏作用愈明显。因此，路堑排水至为重要。路堑必须设置边沟，以排除边坡和路基表面的降水。为防止大量地面水流向路基，造成坡面冲刷或边沟溢流，应在路堑两侧坡面上方规定的距离以外（不小于 5m），设置一道或多道截水沟。

如挖方路基位于含水土层，因地下水文状况不利，会经常产生水分聚积现象，可能导致路面的破坏。所以，路堑以下的天然土层要压实至规定的密实程度，必要时还需翻挖并重新分层填筑或换土，也可采取加铺隔离层，设置必要的地下排水设施等措施予以处理。

路堑由天然地层开挖而成，其构造取决于当地的自然条件，如岩土类型、地质构造、水文等。此外路堑成巷道式，受排水、通风、日照影响，病害多于路堤，且行车视距差、行车条件和景观要求亦有所降低，施工难度大。所以，设计时应尽量少用很深的长路堑，必需时要选用合适的边坡坡率及边坡形式，以确保边坡的稳定可靠。同时加强排水，处置基底，保证基底不致产生水文情况的恶化。在确定路线走向和进行路线平、纵面设计时，要兼顾到日照、积雪、通风等因素，尽可能选用大半径平竖曲线和缓和的纵、横坡度等技术指标。等级较高的公路，还必须进行平、纵面线形的组合设计，兼顾道路景观和环境协调，以改善路堑的行车条件。

3. 填挖结合路基

在一个断面内，部分为路堤，部分为路堑的路基称为填挖结合路基。陡坡上的填挖结合路基，可根据地形、地质条件，采用护肩、砌石或挡土墙，当山坡高陡或稳定性差，不宜多挖时，可采用桥梁或悬出路台等构造物。图 1-2-3 是填挖结合路基横断面的基本形式。这种类型的工程量最小，是路基横断面设计时应当首先考虑的一种断面形式。如若处理得当，路基稳定可靠，这种形式是比较经济的。但由于开挖部分路基为原状土，而填方部分为扰动土，往往这两部分密实程度不相同。另外，填方部分与山坡结合不够稳定，若处理不当，路基会在填挖交界面处出现纵向裂缝，填方沿基底滑动等病害，因此，应加强填挖交界面结合处的处理，同时其处理技术方案还应满足《路基设计规范》的要求。

从路基稳定性需要考虑，陡坡路基一般应“宁挖勿填”或“多挖少填”；在陡峭山坡上，尤其是沿溪路线，为减少石方的开挖数量，避免大量废方阻塞溪流，有时又需要“少挖多填”。因此，填挖结合的路基，在选定路线和线形设计时，应予以统一安排。

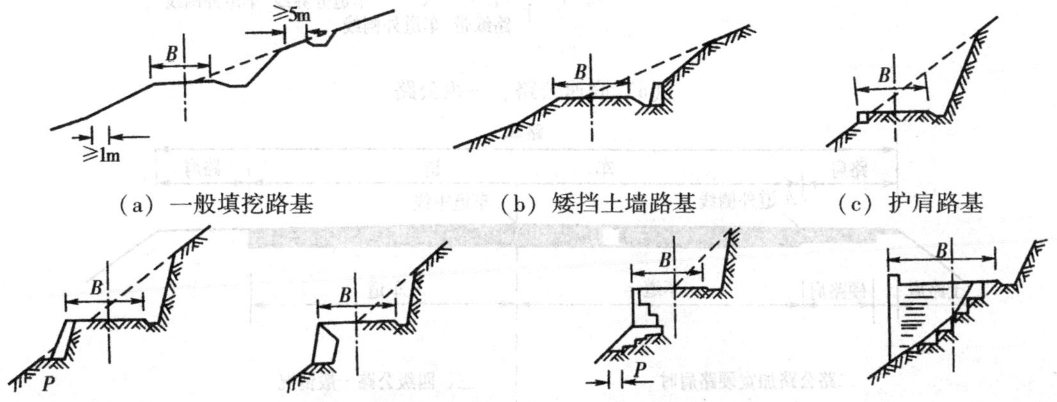

（a）一般填挖路基　（b）矮挡土墙路基　（c）护肩路基

（d）砌石护坡路基　（e）砌石护脚路基　（f）挡土墙支撑路基　（g）半山桥路基

图 1-2-3　填挖结合路基横断面的基本形式

4. 零填零挖路基

图 1-2-4 是零填零挖的基本横断面形式。这种路基虽然节省土石方，但对排水非常不利，且原状土密实程度往往不能满足要求，容易发生水淹、雪埋、沉陷等病害，因此，应尽量少用或不用该类路基（干旱的平原区和丘陵区、山岭区的山脊线方可考虑）。为保证路基的稳定性，需要检查路床顶面以下 30cm 范围内原状土的密实程度，必要时翻松原状土重新分层碾压，或换填土层。同时路基两侧应设置边沟，以利排水。

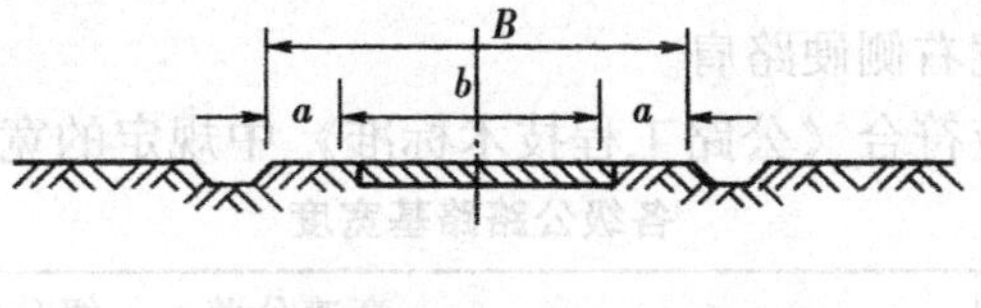

图 1-2-4　零填零挖路基横断面的基本形式

B—路基宽度；*a*—路肩宽；*b*—路面宽度

二、路基的构造

路基由宽度、高度和边坡坡度构成。路基宽度取决于公路技术等级；路基高度取决于路线的纵坡设计及地形；路基边坡坡度取决于土质、地质构造、水文条件及边坡高度，并由边坡稳定性和横断面经济性等因素比较确定。下面分别叙述其确定方法。

1. 路基宽度

路基宽度是在一个横断面上两路肩外缘之间的宽度。各级公路路基宽度为车道宽度与路肩宽度之和，当设有中间带、加（减）速车道、爬坡车道、紧急停车带、错车道等时，应计入这些部分的宽度。其相应宽度值的大小详见《公路工程技术标准》（JTG B01—2003）路线设计部分。各级公路路基标准横断面图如图 1-2-5（a）、（b）所示。

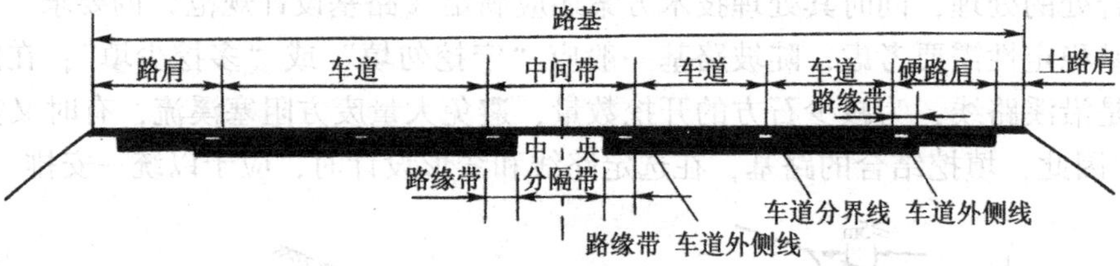

（a）高速公路、一级公路

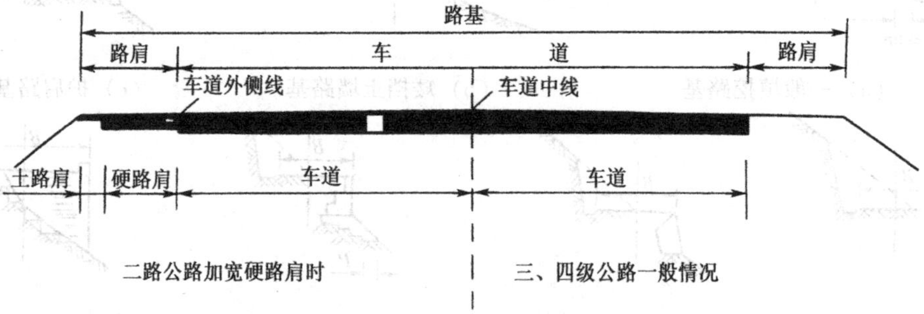

（b）一、三、四级公路

图 1-2-5　各级公路标准横断面图

高速公路、一级公路的路基横断面分为整体式和分离式两类。整体式断面包括车道、中间带（中央分隔带及左侧路缘带）、路肩（硬路肩及土路肩）以及紧急停车带、爬坡车道、加（减）速车道等；分离式断面包括车道、路肩（硬路肩及土路肩）以及紧急停车带、爬坡车道、加（减）速车道等。

二、三、四级公路的路基横断面包括车道、路肩以及错车道等。二级公路位于中、小城市城乡结合部、混合交通量大的连接线路段，实行快、慢车道分开行驶时，可根据当地实际情况设置车道或加宽右侧硬路肩。

各级公路路基宽度应符合《公路工程技术标准》中规定的宽度值，如表 1-2-1 所列。

表 1-2-1　　各级公路路基宽度

公路等级		高速公路、一级公路								
设计速度/（km/h）		120			100			80		60
车道数		8	6	4	8	6	4	6	4	4
路基宽度/m	一般值	45. 00	34. 50	28. 00	44. 00	33. 50	26. 00	32. 00	24. 50	23. 00
	最小值	42. 00	–	26. 00	41. 00	–	24. 50	–	21. 50	20. 00
公路等级		二级公路、三级公路、四级公路								
设计速度/（km/h）		80		60	40		30	20		
车道数		2		2	2		2	2 或 1		

续表 1-2-1

公路等级		高速公路、一级公路					
路基宽度/m	一般值	12.00	10.00	8.50	7.50	6.50（双车道）	4.50（单车道）
	最小值	10.00	8.50	–	–	–	

注：[1]“一般值”为正常情况下的采用值，“最小值”为条件受限制时可采用值；

[2] 八车道高速公路路基宽度“一般值”为设置左侧硬路肩、内侧车道采用 3.50m 时的宽度；“最小值”为不设置左侧硬路肩、内侧车道采用 3.75m 时的宽度。

2. 路基高度

路基高度与路基强度和稳定性有关，也与工程量的大小密切相关。所以，它既是路线纵断面设计的重点，也是路基设计的重点。

路基高度是路基设计标高和中桩地面标高的差值。路堤为填筑高度，路堑为开挖深度。路基设计标高：一般公路指路肩外缘的设计标高，高速公路和一级公路指中央分隔带外侧边缘的设计标高。此外，由于除平原区外，路基自然横纵面多为倾斜面，所以，在路基宽度范围内，两侧的高差有较大差别。而路基两侧边坡高度是指填方坡脚或挖方坡顶与路基边缘的相对高差，这一高差通常称为边坡高度。当地面横坡度较大时，该边坡高度将严重影响路基的稳定，所以在路基设计时应引起重视。

路基高度的确定，是在路线纵断面设计时，综合考虑路线纵坡要求、路基稳定性和工程经济等因素后确定的。从路基的强度和稳定性要求出发，路基上部土层应处于干燥或中湿状态，并满足最小填土高度的要求。在满足上述条件的情况下，尽量满足“浅挖、低填、缓边坡”的《标准》要求。对于高路堤和深路堑，由于土石方数量大、占地多、施工困难、边坡稳定性差、行车不利等因素影响，应尽量避免使用。矮路堤和浸水路堤，还要考虑排水和设计洪水频率的要求。

3. 路基边坡坡度

确定路基边坡坡率，是路基设计的基本任务。为保证路基稳定，路基两侧应做成具有一定坡度的坡面。公路路基边坡坡率可用边坡高度 H 和边坡宽度 b 之比值表示。将高度定为1，则边坡坡率一般写成 1∶m（路堤），或1∶n（路堑）。如图 1-2-6 所示，分别为 1∶0.5 及 1∶1.5。

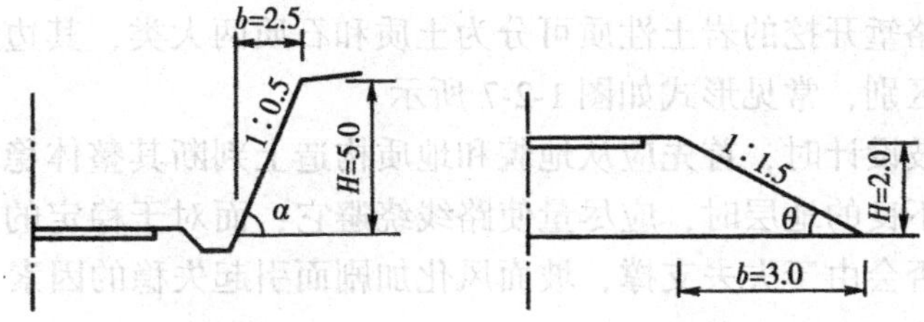

（a）路堑　　（b）路堤

图 1-2-6　路基边坡坡度示意图

路基边坡坡率的大小，关系到边坡稳定和路基工程数量。边坡愈陡，稳定性愈差，若处理不当，易造成坍方等路基病害；边坡过缓，土石方数量增大，裸露面积增大，自然影响面加大，如果不能快速恢复生态，也会影响路基边坡稳定。所以，在确定边坡坡率时，要根据实际情况，综合考虑路基边坡稳定，国家及地方环保政策，工程造价等因素后合理确定。

路基边坡坡率的大小，主要取决于地质，土壤与水文等自然因素。影响路基边坡稳定的因素是多方面的，除上述因素外，边坡的高度也是一个重要方面。在陡坡或填挖较大的路段，边坡稳定不仅影响到土石方工程量的大小，也涉及工程施工的难易，是路基整体稳定的关键。一般路基的边坡坡度可根据多年工程实践经验和设计规范推荐的数值来确定。

（1）路堤边坡

一般路堤边坡，当地质条件良好，边坡高度不大于20m时，其边坡坡率不宜大于表1-2-2所列的《路基设计规范》规定。

表1-2-2　路堤边坡坡率

填料种类	边坡坡率	
	上部高度（$H \leqslant 8m$）	下部高度（$H \leqslant 12m$）
细粒土	1:1.5	1:1.75
粗粒土	1:1.5	1:1.75
巨粒土	1:1.3	1:1.5

注：采用台阶式边坡时，下部边坡可采用与上部边坡一致的坡度。

沿河路堤边坡坡度，要求在设计水位以下部分视填料情况，可采用1:1.75～1:2.0；常水位以下部分可采用1:2.0～1:3.0。当公路沿线有大量天然石料或路堑开挖的废石方时，可用于填筑路堤。填石路堤坡面应用由不易风化的较大（大于25cm）石块砌筑，边坡坡度可用1:1。

当沿着比较陡峻的山坡填筑路堤时，填方边坡接近平行于山坡，以至于填方量过大或占地太宽，甚至无法填筑。此时，可以利用当地石料，分别砌筑护肩、护脚、边坡砌石及挡土墙等路基断面。

对边坡高度超过20m的路堤或地面斜坡坡率陡于1:2.5的路堤，以及不良地质，特殊地段的路堤，应进行个别勘察设计，对重要的路堤应进行稳定性监控。

（2）路堑边坡

路堑边坡根据路堑开挖的岩土性质可分为土质和石质两大类，其边坡形式也因高度和岩性的不同而有所区别，常见形式如图1-2-7所示。

在进行路堑边坡设计时，首先应从地貌和地质构造上判断其整体稳定性。遇到工程地质或水文地质条件不良的地层时，应尽量使路线绕避它；而对于稳定的地层，则应考虑开挖后，土部岩体是否会由于失去支撑，坡面风化加剧而引起失稳的因素。

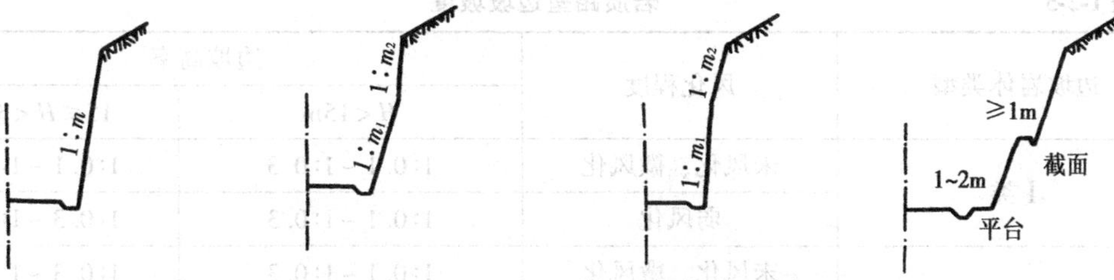

（a）直线形　（b）上陡下缓折线形　（c）上缓下陡折线形　（d）台阶形

图 1-2-7　路堑边坡形式

影响路堑边坡稳定的因素非常复杂，路堑开挖深度、地质构造、岩性、岩石风化破碎程度、地下水和地表水的影响、土体结合的密实程度、土壤的性质、当地的自然气候、施工方法等因素都会影响路堑边坡的稳定性，所以，在进行路堑边坡设计时必须综合考虑。

凡具有一定黏性的土质路堑，边坡高度小于 20m，其挖方边坡坡度可参照表 1-2-3 所列数值范围，结合当地已成公路的实践经验选择采用。

表 1-2-3　　土质路堑边坡坡度

土的类别		边坡坡度
黏土、粉质黏土、塑性指数大于 3 的黏土		1:1
中密以上的中砂、粗砂、沙砾		1:1.5
卵石土、碎石土、圆砾土、角砾土	胶结和密实	1:0.75
	中密	1:1

表 1-2-3 中的密实程度，应通过挖坑试验判别。其划分标准如表 1-2-4 所列。黄土、红黏土、高液限黏土、膨胀土等特殊土质的挖方边坡形式及坡率应按《路基设计规范》相关章节规定确定。

表 1-2-4　　土的密实程度划分表

分级	试坑开挖情况
较松	铁锹很容易铲入土中，试坑坑壁很容易坍塌
中密	天然坡面不易陡立，试坑坑壁有掉块现象，部分需用镐开挖
密实	试坑坑壁稳定，开挖困难，土块用手使力才能破碎，从坑壁取出大颗粒处能保持凹面形状
胶结	细粒土密实度很高，粗颗粒之间呈弱胶结，试坑用镐开挖很困难，天然坡面可以陡立

在确定岩石路堑边坡时，除考虑上述影响路堑边坡稳定性的因素外，由于存在地区自然差异，所以，还要不断积累当地的实践经验，结合施工方法进行综合分析。根据长期的设计经验和部分地区的调整资料，岩石路堑边坡坡度可参照表 1-2-5 所列，结合当地的工程地质和水文条件，参考当地相应类型稳定的成型边坡度，加以对比选用。同时，还要根据环保设计要求修正边坡值。对于定性比较困难的地段，必要时还要进行个别设计与验算，并结合采用排水、防护与加固等技术措施。

表 1-2-5　　　　岩质路堑边坡坡度

边坡岩体类型	风化程度	边坡高率	
		$H<15$m	$15\leqslant H<30$m
Ⅰ类	未风化、微风化	1:0.1～1:0.3	1:0.1～1:0.3
	弱风化	1:0.1～1:0.3	1:0.3～1:0.5
Ⅱ类	未风化、微风化	1:0.1～1:0.3	1:0.3～1:0.5
	弱风化	1:0.3～1:0.5	1:0.5～1:0.75
Ⅲ类	未风化、微风化	1:0.3～1:0.5	
	弱风化	1:0.5～1:0.75	
Ⅳ类	弱风化	1:0.5～1:1	
	强风化	1:0.75～1:1	

岩石的风化破碎程度是地质动力与长期风化共同作用的结果。表 1-2-6 为岩石风化破碎程度外观特征分级表。

表 1-2-6　　　　岩石风化破碎程度分级表

分 级	外 观 特 征				
	颜 色	矿物成分	结构构造	破碎程度	强 度
轻度	较新鲜	无变化	无变化	节理不多、基本上是整体、节理基本不张开	基本上不降低，用锤敲很容易回弹
中等	造岩矿物失去光泽，颜色变暗	基本不变	无显著变化	开裂成 20～50cm 的大块状，大多数节理张开较小	有降低，用锤敲声音仍较清脆
严重	显著改变	有次生矿物产生	不清晰	开裂成 5～20cm 的碎石状，有些节理张开较多	有显著降低，用锤敲声音低沉
极重	变化极重	大部成分已改变	只具外形，矿物间已失去结晶联系	节理极多，爆破以后多呈碎石土状，有些细粒部分已具塑性	极低，用锤敲时不易回弹

土质挖方边坡高度超过 20m，岩质挖方边坡高度超过 30m 以及不良地质，特殊岩土地段的挖方边坡，应进行个别勘察设计。

三、路基的附属设施

为保证路基稳定和行车的安全畅通，除应认真搞好路基结构及必要的排水、加固与防护等主体工程外，根据《公路工程技术标准》中“路基设计应重视排水设施与防护设施的设计，取土、弃土应进行专门设计，防止水土流失，堵塞河道和诱发路基病害”的要求，还应同时合理设置取土坑、弃土堆、护坡道、碎落台、堆料坪、错车道及护栏等。这些附属设施也是路基设计的组成部分，正确合理地设置也是十分重要的。

1. 取土坑与弃土堆

路基土石方的挖填平衡是公路路线设计的基本原则之一，但往往难以做到完全平衡。土石方数量经过合理调配后，还会在全线出现不可避免的借方和弃方（又称废方）。路基土石方的借或弃，首先要合理选择地点，即确定取土坑或弃土堆的位置。选点时要兼顾土质、数量、用地及运输条件等因素，还必须结合沿线区域规划，因地制宜，综合考虑，维护自然平衡，防止水土流失，做到借之有利、弃之无害。借、弃所形成的取土坑或弃土堆，要求尽量结合当地地形，力争得以充分利用，并注意外形规整，弃堆稳固，对高等级公路或位于城郊附近的干线公路，尤其应注意。

平坦地区，如果用土量较少，可以沿路两侧设置取土坑，与路基排水和农田灌溉相结合。路旁取土坑，大致如图 1-2-8 所示，深度约 1.0m 或更深一些，宽度依用土数量和用地允许而定。为防止坑内积水危害路基，当堤顶与坑底高差不足 2.0m 时，在路基坡脚与坑之间需要设宽度不小于 1.0m 的护坡平台，坑底设纵横排水坡及相应设施。

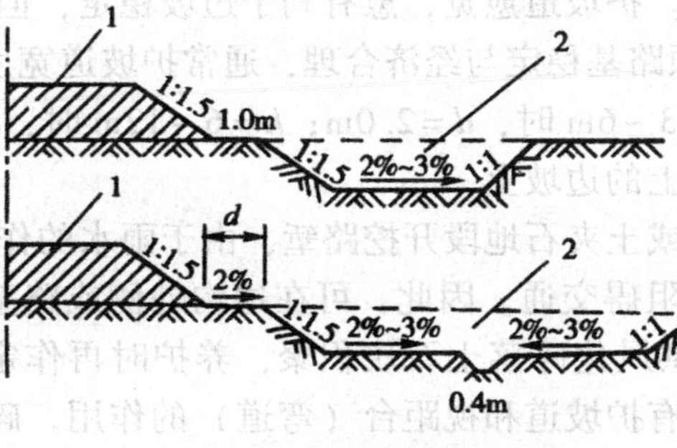

图 1-2-8　路旁取土坑示意

图 1—路堤；2—取土炉

河水淹没地段的桥头引道近旁一般不设取土坑，如设取土坑要距河流中水位边界 10m 以外，并与结构物位置相适应。此类取土坑要求水流畅通，不得长期积水危及路基或构造物的稳定。

路基开挖的废方，应尽量加以利用，如用以加宽路基或加固路堤，填补坑洞或路旁洼地，也可兼顾农田水利或基建等所需，不得任意倾倒，做到变废为用，弃而不乱，并采取必要的防护措施。

废方一般选择路旁低洼地，就近弃堆。当地面横坡缓于 1:5 时，弃土堆可以设在路堑两侧；地面较陡时，宜设在路基下方。沿河路基爆破后的废石方，往往难以远运，条件许可时可以占用部分河道，但要注意河道压缩后，不致壅水危及上游路基及附近农田等。路旁弃土堆的设置，大致如图 1-2-9 所示，要求堆弃整平，顶面具有适当的横坡，并设置排水沟，宽度 d 与地面土质有关，最小 3.0m，最大可按路堑深度加 5.0m，即 $d \geqslant H+5.0\text{m}$。弃土堆表面应进行绿化设计，以使其尽快恢复生态。

积沙或积雪地区的弃土堆，宜有利于防沙防雪，可设在迎风面一侧，并且保持足够的距离。

2. 护坡道与碎落台

设置护坡道是保证路基边坡稳定的一项措施。护坡道一般设置在路堤坡脚，如取土坑与坡脚之间，高路堤边坡中部的变坡处等。护坡道是沿原地面或边坡坡面纵向做成的有一

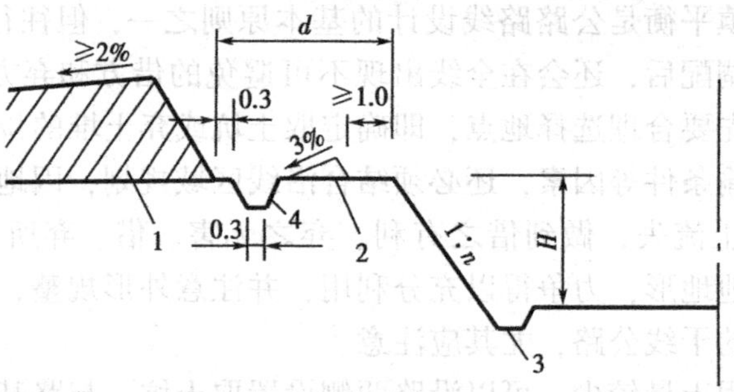

图 1-2-9　弃土堆横断面图

1—弃土堆；2—三角平台；3—边沟；4—截水沟；*d*—弃土堆内侧坡脚与路堑坡顶的距离；*H*—路堑高度

定宽度的平台，如图 1-2-10（b）所示。设置的目的是加宽边坡横向距离，减少边坡平均坡度，增加边坡整体稳定性。护坡道愈宽，愈有利于边坡稳定，但工程量也随之增加。护坡道宽度至少为 1.0m，兼顾路基稳定与经济合理，通常护坡道宽度 d 视边坡高度 h 而定，$h \geqslant 3.0$m 时，$d = 1.0$m；$h = 3 \sim 6$m 时，$d = 2.0$m；$h = 6 \sim 12$m 时，$d = 2 \sim 4$m。浸水路基的的护坡道，可设在浸水线以上的边坡上。

在岩石破碎，土质较差或土夹石地段开挖路堑，由于雨水的作用，路堑边坡经常发生碎落坍方，容易堵塞边沟或阻碍交通。因此，可在边沟外侧或路堑边坡中间预设碎落台，如图 1-2-10（a）所示，以供风化碎落土石块积聚，养护时再作定期清除。设置碎落台，同时提高了边坡稳定性，兼有护坡道和视距台（弯道）的作用。碎落台宽度一般为 1.0 ~ 1.5m。

（a）路堑　　　　（b）路堤

图 1-2-10　碎落台、护坡道示意图

3. 堆料坪与错车道

二级以下公路，路面养护所用集料，可以就近选择路旁合适地点堆置备用。也可以在路肩外侧设置堆料坪，其面积可结合地形与材料数量而定，一般每隔 50 ~ 100m 设置一个，其长为 5.0 ~ 8.0m，宽 2.0m 左右，如图 1-2-11 所示。

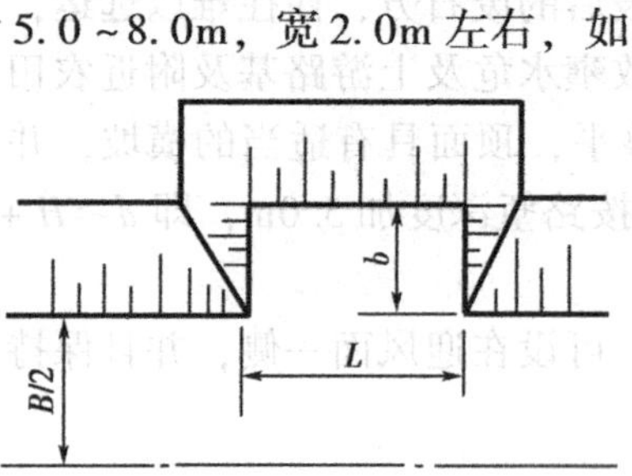

图 1-2-11　堆料坪示意图

b—堆料坪宽度；*L*—堆料坪长度；*B*—路基宽

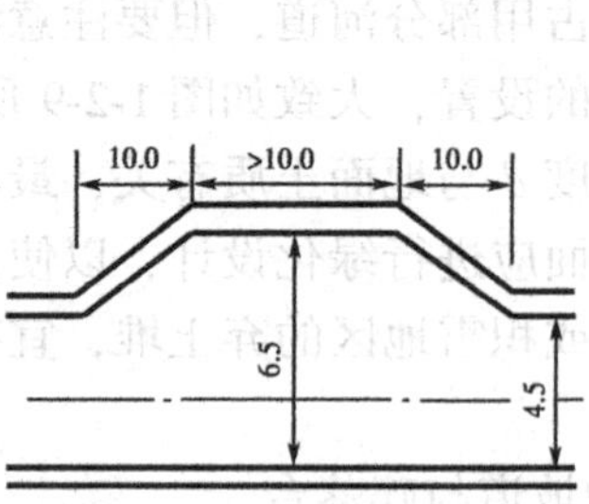

图 1-2-12　错车道（单位：m）

《公路工程技术标准》规定，四级公路采用4.5m路基时，应设置错车道。设置错车道道路的路基宽度不得短于6.5m，通常应每隔200~500m设置一处错车道。按规定，错车道的长度不得短于30m，两端各有长为10m的出入过渡段，中间10m供停车用，如图1-2-12所示。错车道是单车道路基的一个组成部分，应与路基同时设计与施工。

4. 护栏

护栏是公路附属的安全设施。不封闭的各级公路，当路堤高度大于或等于6m，急弯、陡峻山坡、桥头引道等危险路段应设置护栏。设置护栏路段的路基，一侧应加宽0.5m，以保持设置护栏后的路肩宽度。护栏分墙式和柱式两种：重力式挡土墙、砌石、填石路基应该采用墙式护栏，其他情况可以设置柱式护栏。

墙式护栏的内侧为路肩边缘，外侧距路基边缘应为10cm。墙式护栏应采用浆砌片（块）石或混凝土块砌筑，宽40cm，高出路肩50~60cm，每段长200cm，净间距200cm。墙式护栏应用M7.5水泥沙浆砌筑、抹面，外涂白色。

柱式护栏中心距内侧路肩边缘应为20cm，距外侧路基边缘应为30cm。柱式护栏宜采用钢筋混凝土制作，直径为15~20cm，高出路肩70~80cm，埋深约70cm。柱式护栏中心距在平曲线路段为200cm，直线路段为300cm。柱式护栏应用涂料标出红白相间的条纹或加反光材料。

高速公路、一级公路，当设置防撞护栏、防撞墙或护索时，其设置要求按现行部颁《高速公路交通安全设施及施工技术规范》规定办理。

四、对路基的基本要求

1. 符合规范要求

路基横断面形式及尺寸应符合交通部标准《公路工程技术标准》（JTG B01—2003）的有关规定。

2. 具有足够的整体稳定性

路基的整体稳定性是指路基整体在车辆及自然因素作用下，不会产生不允许的变形和破坏。路基是直接在地面上填筑或挖去一部分地面建筑而成。路基修筑后，改变了原地面的天然平衡状态。因此，为防止路基结构在行车荷载及自然因素作用下发生不允许的变形和破坏，必须因地制宜地采取一定措施来保证路基整体结构的稳定性。

3. 具有足够的强度和刚度

路基的强度和刚度是指在行车荷载作用下，路基抵抗破坏与变形的能力。因为行车荷载及路基路面的自重对路基下层和地基产生一定压力，这些压力可使路基产生一定的变形，当其超过某一限度时，将导致路基自身的损坏并直接损坏路面的使用品质。为保证路基在外力作用下，不致产生超过容许范围内的变形，要求路基应具有足够的强度和刚度。

4. 具有足够的水温稳定性

路基的水温稳定性是指路基在水和温度的作用下保持其强度的能力，包括水稳定性和温度稳定性。路基在地面水和地下水的作用下，其强度将会显著降低。特别是季节性冰冻地区，由于水温状况的变化，路基将发生周期性冻融作用，形成冻胀和翻浆，使路基强度急剧下降。为保证路基的正常工作状态，路基应具有足够的水温稳定性。

任务3　公路自然区划与路基土的干湿类型

一、公路自然区划

1. 划分自然区划的目的和原则

（1）划分自然区划的目的：我国各地气候、地形、地貌、水文地质等自然条件相差很大，而这些自然条件与公路建设密切相关。为区分不同地区地理区域自然条件对公路工程影响的差异性，并在路基路面的设计、施工和养护中采取适当的技术措施和采用合适的设计参数，以体现各地公路设计与施工的特点和侧重必须解决的问题，更有利于保证公路的质量和经济合理，特制定《公路自然区划标准》（JTJ003—86），如图 1-3-1 所示。

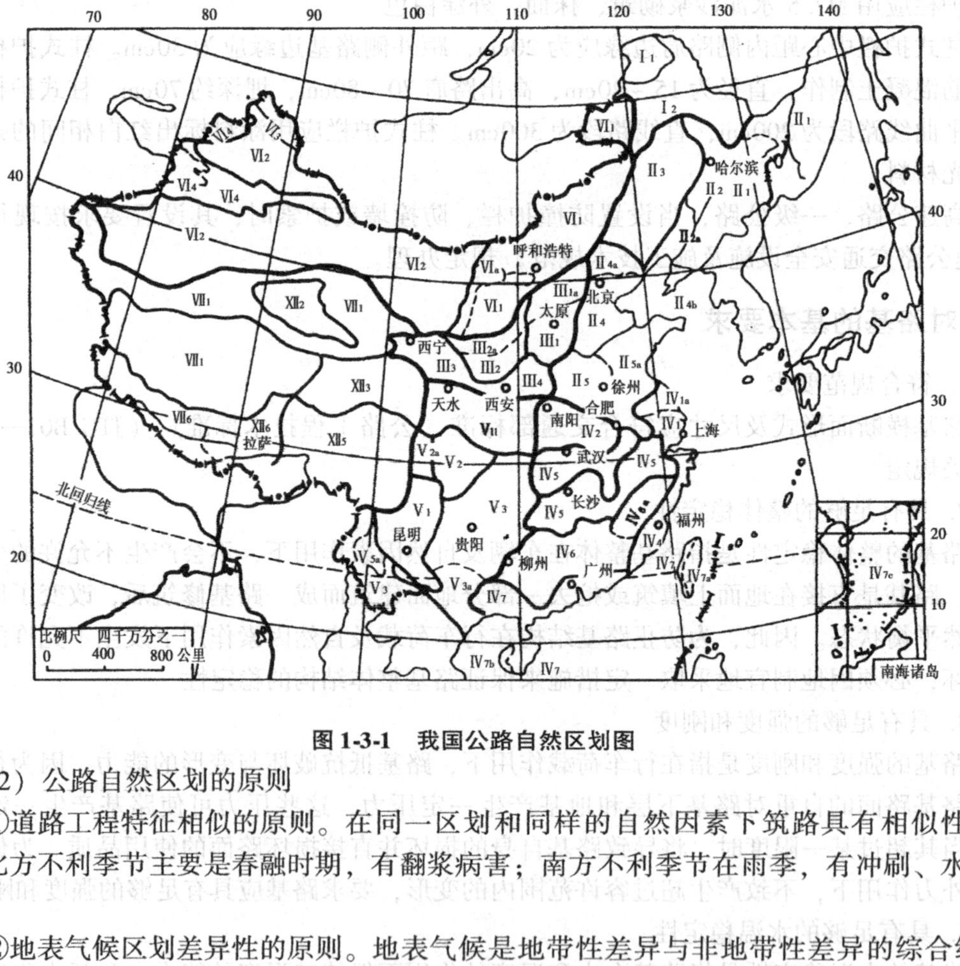

图 1-3-1　我国公路自然区划图

（2）公路自然区划的原则

①道路工程特征相似的原则。在同一区划和同样的自然因素下筑路具有相似性，例如：北方不利季节主要是春融时期，有翻浆病害；南方不利季节在雨季，有冲刷、水毁等病害。

②地表气候区划差异性的原则。地表气候是地带性差异与非地带性差异的综合结果。通常，地表气候随着当地纬度不同而变，如北半球，北方寒冷，南方温暖，这称为地带性差异。除此之外，还与高程的变化有关，即沿垂直方向的变化，如青藏高原，由于海拔高，与纬度相同的其他地区相比，气候更加寒冷。

③自然气候因素既有综合作用又有主导作用的原则。自然气候的变化是各种因素综合作用的结果，但其中又有某种因素起着主导作用，例如道路冻害是水和热综合作用的结果。但是在南方，只有水而没有寒冷气候的影响，不会有冻害，说明温度起主要作用；西北干旱区与东北潮湿区，同样都有负温度，但前者冻害轻于后者，说明水起主导作用。

表 1-3-1　　　　公路自然区划名称表

Ⅰ北部多年冻土区	Ⅳ$_{7}$ 华南沿海台风区
Ⅰ$_{1}$ 连续多年冻土区	Ⅳ$_{7a}$台湾山地副区
Ⅰ$_{2}$ 岛状多年冻土区	Ⅳ$_{7b}$海南岛西部润干副区
Ⅱ东部湿润季冻区	Ⅳ$_{7c}$南海诸岛副区
Ⅱ$_{1}$ 东北东部山地润湿冻区	Ⅴ西南潮湿区
Ⅱ$_{1a}$三江平原副区	Ⅴ$_{1}$ 秦巴山地润湿区
Ⅱ$_{2}$ 东北中部山前平原重冻区	Ⅴ$_{2}$ 四川盆地中湿区
Ⅱ$_{2a}$辽河平原冻融交替副区	Ⅴ$_{2a}$雅安，乐山过湿副区
Ⅱ$_{3}$ 东北西部润干冻区	Ⅴ$_{3}$ 三西，贵州山地过湿区
Ⅱ$_{4}$ 海滦中冻区	Ⅴ$_{3a}$滇南，桂西润湿副区
Ⅱ$_{4a}$冀热山地副区	Ⅴ$_{4}$ 川，滇，黔高原干交替区
Ⅱ$_{4b}$旅大丘陵副区	Ⅴ$_{5}$ 滇西横断山地区
Ⅱ$_{5}$ 鲁豫轻冻区	Ⅴ$_{5a}$大理副区
Ⅱ$_{5a}$山东丘陵副区	Ⅵ西北干旱区
Ⅲ黄土高原干湿过渡区	Ⅵ$_{1}$ 内蒙草原中干区
Ⅲ$_{1}$ 山西山地，盆地中冻区	Ⅵ$_{1a}$河套副区
Ⅲ$_{1a}$雁北张宣区	Ⅵ$_{2}$ 绿洲，荒漠区
Ⅲ$_{2}$ 陕北共型黄土高原中冻区	Ⅵ$_{3}$ 阿尔泰山地冻土区
Ⅲ$_{2a}$榆林副区	Ⅵ$_{4}$ 天山，界山山地区
Ⅲ$_{3}$ 甘东黄土山地区	Ⅵ$_{4a}$塔城副区
Ⅲ$_{4}$ 黄渭间山地，盆地轻冻区	Ⅵ$_{4b}$伊犁河谷副区
Ⅳ东南湿热区	Ⅶ青藏高寒区
Ⅳ$_{1}$ 长江下游平原润湿区	Ⅶ$_{1}$ 祈连，昆仑山地区
Ⅳ$_{1a}$盐城副区	Ⅶ$_{2}$ 柴达木荒漠区
Ⅳ$_{2}$ 江淮丘陵，山地润湿区	Ⅶ$_{3}$ 河源山原草甸区
Ⅳ$_{3}$ 长江中游平原中湿区	Ⅶ$_{4}$ 羌塘高原冻土区
Ⅳ$_{4}$ 浙闽沿海山地中湿区	Ⅶ$_{5}$ 川藏高山峡谷区
Ⅳ$_{5}$ 江南丘陵过湿区	Ⅶ$_{6}$ 川藏高山台地区
Ⅳ$_{6}$ 武夷南岭山地过湿区	Ⅶ$_{6a}$拉萨副区
Ⅳ$_{6a}$武夷副区	

2. 我国自然区划的划分（表 1-3-1）

为使自然区划便于在实践中应用，结合我国地理、气候特点，将全国的公路自然区划分为三个等级。首先将全国划分为多年冻土、季节冻土和全年不冻土三大地带，然后根据水热平衡和地理位置，划分为冻土、湿润、干湿过渡、湿热、潮暖和高寒七个大区。

(1) 一级区划：根据不同地理、气候、构造、地貌界限的交错和叠合，将我国分为七个一级区划。即：

Ⅰ区——北部多年冻土区；

Ⅱ区——东部温润季冻区；

Ⅲ区——黄土高原干湿过渡区；

Ⅳ区——东南湿热区；

Ⅴ区——西南潮湿区；

Ⅵ区——西北干旱区；

Ⅶ区——青藏高寒区。

(2) 二级区划：二级区划仍以气候和地形为主导因素，以潮湿系数 K 为主的一个标志体系。潮湿系数 K 值为年降水量与年蒸发量之比。根据二级区划的主导因素与标志，在全国七个一级自然区划内又分为 33 个二级区和 19 个副区（亚区），共有 52 个二级自然区。它们的名称如表 1-3-1 所列。

一、二级区划的具体位置与界限，详见《公路自然区划标准》所附“中华人民共和国公路自然区划图”。

(3) 三级区划：三级区划是二级区划的进一步划分。三级区划的方法有两种，一种是按照地貌、水文和土质类型将二级自然区进一步划分为若干类型单元；另一种是继续以水热、地理和地貌等为标志将二级区划细分为若干区划。各地可根据当地的具体情况选用。

二、路基的干湿类型

路基的强度与稳定性和路基的干湿状况有密切关系，并在很大程度上影响路面结构设计。为此，在进行路基设计时应严格区分其干湿类型。

(一) 路基干湿类型及湿度来源

路基按其干湿状态可分为干燥、中湿、潮湿和过湿四类。为了保证路基路面结构的稳定性，一般要求路基处于干燥或中湿状态。潮湿和过湿状态的路基必须经过处理后方可铺筑路面。

路基土所处的状态是由土体的含水量或相对含水量决定的，含水量取决于湿度的来源及作用的延续时间。导致路基湿度变化的水源如图 1-3-2 所示。

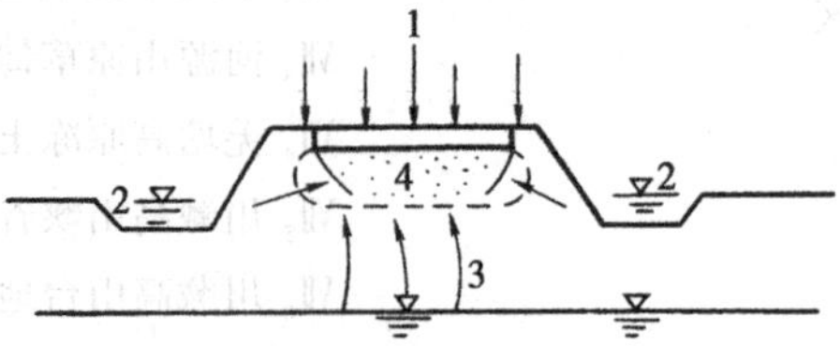

图 1-3-2 路基湿度来源示意图

1—大气降水；2—地面水；3—毛细水；4—凝结水

①大气降水：大气降水通过路面、路肩和边坡渗入路基；

②地面水：边沟水及排水不良时的地表积水，以毛细水的形式渗入；

③地下水：靠近地面的地下水，通过毛细管作用上升到路基内部；

④凝结水：在土颗粒空隙中流动水蒸气，遇冷凝结为水。

（二）路基干湿类型划分

1. 根据平均稠度划分

我国现行《公路沥青路面设计规范》（JTG D50—2006）中规定，路基干湿类型可以实测不利季节路床顶面以下800mm深度内土的平均稠度 ω_c，再按表1-3-2路基干湿状态的稠度建议值确定。干燥、中湿、潮湿和过湿四类干湿类型以分界稠度 ω_{c1}、ω_{c2} 和 ω_{c3} 来划分。土的平均稠度 ω_c 定义为土的液限 ω_L 与土的平均含水量 $\overline{\omega}$ 之差与土的液限 ω_L 与塑限 ω_P 之差的比值。即

$$\omega_c = (\omega_L - \overline{\omega}) / (\omega_L - \omega_P) \tag{1-3-1}$$

式中：ω_c——土的平均稠度；

ω_L——土的液限,%；

$\overline{\omega}$——土的平均含水量,%；

ω_P——土的塑限,%。

土的稠度较准确地表示了土的各种形态与湿度的关系，稠度指标综合了土的塑性特性，包含了液限与塑限，全面直观地反映了土的硬软程度，物理概念明确。

（1）$\omega_c = 1.0$，即 $\overline{\omega} = \omega_P$，为半固体与硬塑状的分界值；

（2）$\omega_c = 0$，即 $\overline{\omega} = \omega_P$，为流塑与流动状的分界值；

（3）$1.0 > \omega_c > 0$，即 $\omega_L > \omega_c > \omega_P$，土处于可塑状态。

以稠度作为路基干湿类型的划分标准是合理的，路面设计应根据路基土的分界稠度确定路基的干湿类型。路基干湿状态的稠度建议值如表1-3-2所列。

表1-3-2　　路基干湿状态的分界稠度建议值

干湿状态 / 土质类别	干燥状态	中湿状态	潮湿状态	过湿状态
	$\omega_c \geq \omega_{c1}$	$\omega_{c1} > \omega_c \geq \omega_{c2}$	$\omega_{c2} > \omega_c \geq \omega_{c3}$	$\omega_c \leq \omega_{c3}$
土质砂	$\omega_c \geq 1.20$	$1.20 > \omega_c \geq 1.00$	$1.00 > \omega_c \geq 0.85$	$\omega_c < 0.85$
黏质土	$\omega_c \geq 1.10$	$1.10 > \omega_c \geq 0.95$	$0.95 > \omega_c \geq 0.80$	$\omega_c < 0.80$
粉质土	$\omega_c \geq 1.05$	$1.05 > \omega_c \geq 0.90$	$0.90 > \omega_c \geq 0.75$	$\omega_c < 0.75$

注：ω_{c1}、ω_{c2}、ω_{c3} 分别为干燥和中湿、中湿和潮湿、潮湿和过湿状态路基的分界稠度。ω_c 为路床顶面以下800mm深度内的平均稠度。

在新建公路勘测设计中，确定路基的干湿类型需要在现场进行勘查，根据当地稳定的平均天然含水量、液限、塑限计算平均稠度，并考虑填土高度，有无地下水，地表积水的影响，论证地确定路基土的干湿类型。对于原有公路，按不利季节路床顶面以下0.80m深度内土的平均稠度确定。路床面以下0.80m内，每0.10m取土样测定其天然含水量，按式1-3-2求算：

$$\overline{\omega_c} = \frac{\sum_{i=1}^{8} \omega_{ci}}{8} \tag{1-3-2}$$

式中：$\overline{\omega}$——土的平均含水量,%；

ω_{ci}——路床顶面以下 0. 80m 内，每 0. 10m 为一层，第 i 层上的天然含水量,%。

根据 $\overline{\omega}_c$ 判别路基的干湿类型，要按照道路路基土的类型，查表 1-3-2，与分界稠度作比较，确定道路所属路基的干湿类型。

2. 根据临界高度划分

对于新建道路，路基尚未建成，无法按上述方法现场勘查路基的湿度状况，可以用路基临界高度作为判别标准。当路基的地下水位或地表积水水位一定的情况下，路基的湿度由下而上逐渐减小，如图 1-3-3 所示。临界高度是指在不利季节，与分界稠度相对应的路床顶面距地下水位或地表积水水位的高度称为路基临界高度 H。即：

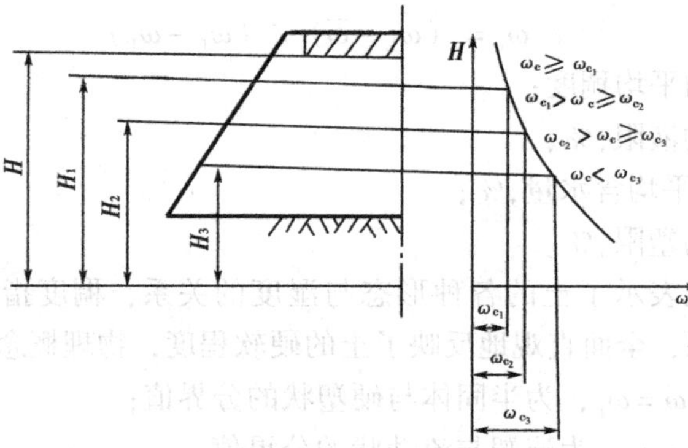

图 1-3-3　路基临界高度与路基干湿类型

H_1 相对应于 ω_{c_1}，为干燥与中湿状态的分界标准；

H_2 相对应于 ω_{c_1}，为中湿与潮湿状态的分界标准；

H_3 相对应于 ω_{c_1}，为潮湿与过湿状态的分界标准。

在设计新建道路时，如能确定路基临界高度值，则可以以此作为判别标准，与路基设计高度作比较，由此确定路基的干湿类型，如表 1-3-3 所列。

表 1-3-3　　路基干湿类型

路基干湿类型	路基平均稠度 ω_c 与分界相对稠度的关系	一般特性
干燥	$\omega_c \geqslant \omega_{c1}$	路基干燥稳定，路面强度和稳定性不受地下水和地表积水影响。路基高度 $H > H_1$
中湿	$\omega_{c1} > \omega_c \geqslant \omega_{c2}$	路基上部土层处于地下水或地表积水影响的过渡带区内，路基高度 $H_2 < H \leqslant H_1$
潮湿	$\omega_{c2} > \omega_c \geqslant \omega_{c3}$	路基上部土层处于地下水或地表积水毛细影响区内，路基高度 $H_3 < H \leqslant H_2$
过湿	$\omega_c \leqslant \omega_{c3}$	路基极不稳定：冰冻区春融翻浆，非冰冻区"弹簧"，路基经处理后方可铺筑路面，路基高度 $H < H_3$

为了保证路基的强度和稳定性不受地下水或地表积水的影响，在设计路基时，要求路

基保持干燥或中湿状态，路槽底距地下水或地表积水的距离，要大于或等于干燥、中湿状态所对应的临界高度。

复习思考题

1. 我国公路和城市道路各划分为哪些等级？各级公路和城市道路应具备哪些主要技术条件？

2. 公路主要由哪几部分组成？路基又由哪几部分组成？

3. 路基工程有哪些特点？

4. 常见的路基横断面形式有哪些？如何确定路基宽度？

5. 路堤边坡和路堑边坡坡度的影响因素有哪些？

6. 路基的干湿类型如何确定？其对路基的强度和稳定性有哪些影响？

学习情境2　路基施工前的准备

[知识目标]

1. 掌握路基施工前准备内容。

2. 了解场地清理的基本要求。

[能力目标]

能够在施工现场进行路基放样。

情境导入　施工准备工作是工程顺利实施的基础和保证。施工准备工作的好坏，直接影响到工程的进度、质量和施工方的经济效益，因此必须高度重视，认真对待。施工准备工作的内容主要包括组织准备、技术准备、物质准备和施工现场准备等。

相关链接　路基施工的基本程序

1. 施工前的准备工作

施工前的准备工作经监理工程师审核后而未达到合同规定的要求，则不予批准开工。准备工作的主要内容包括以下四点。

(1) 组织准备

按合同的要求成立工程施工项目经理部；

设立符合相应施工要求的办公室、实验室、工程科、施工队（组织）等。

(2) 物质准备

先期材料准备（砂、石、沥青、水泥、钢筋、石灰等）、施工机械设备、生产生活用房等。

(3) 技术准备

①施工单位、监理单位要求熟悉相应的设计文件、合同文件、技术规范、技术标准及投标文件等；

②编制实施性施工组织设计文件；

③准备恢复中线测量、施工放样等工作。

(4) 现场准备

如公路施工用地范围的划界、现场清理、临时道路等临时工程等。

2. 修建小型构造物

小型构造物包括小桥、涵洞、挡土墙、盲沟等。这些工程通常与路基施工同时进行，但要求构造物先行完工，以利于路基工程不受干扰的全线展开，并避免路基填筑之后又来开挖修建涵洞、盲沟等构造物。

3. 路基土石方工程

该项工程包括：路堤填筑、路堑开挖、路基压实、整平路基表面（有横坡要求）、整修边坡、修建排水设施及防护加固设施等。

4. 路基工程的竣工检查与验收

竣工检查与验收应按竣工验收规范规定进行。其检查与验收的主要项目有：路基及其有关工程的位置、高程、断面尺寸、压实度或砌筑质量等及其相关的原始记录、图纸及其他材料等，所有检验项目应满足规定的要求。

除竣工检查与验收外，在施工过程中，对每一道工序、分项工程、分部工程、单位工程均应进行检查与验收，并需获得监理工程师的认可。

任务1　路基施工准备

一、组织准备

主要是建立和健全施工队伍和管理机构，明确施工任务，制定必要的规章制度，确立施工所应达到的目标等。组织准备亦是做好一切准备工作的前提。

二、技术准备

1. 熟悉技术文件

设计文件是组织工程施工的主要依据，一般应注意以下几个方面：

①进行施工前的现场调查，核对设计、计算的假定和采用的处理方法是否符合实际情况，工程质量能否保证，施工是否有足够的可靠性，对保证安全施工有无影响；

②核对设计是否符合施工条件，如需采用特殊施工方法和特定技术措施时，技术上和设备上有无困难；

③结合生产工艺和使用上的特点核对有哪些技术要求，施工能否满足设计规定的标准；

④核对有无特殊的材料要求，这些材料的品种、规格、数量能否解决；

⑤核对图纸说明有无矛盾，规定是否明确、齐全；

⑥核对图纸各构造物的主要尺寸、位置、标高有无错误；

⑦核对土建工程与设备安装有无矛盾，施工中如何交叉衔接；

⑧通过熟悉图纸，明确施工中所需材料和构件等制备工程项目的安排；

⑨通过熟悉设计文件，确定与施工有关的组织、物质、技术等各方面的准备工作项目。

2. 制定施工组织设计

应根据核实的工程量、工地条件、工期要求及本单位的施工设备情况，制定实施性施工组织设计（其中包括选择施工方案、确定施工方法、布置施工场地、编制施工进度计划、拟定关键工程的技术措施等），报监理工程师审批。同时，根据施工组织设计的要求，组织施工队伍，合理部署施工力量，做好后勤物资供应工作。

三、施工现场的准备工作

路基施工前，现场的准备工作有：恢复中线和复查水准点，划定路界，路基放样，清理场地，修建临时设施等。

1. 恢复路线

从路线勘测到施工进场一般要经过一段时间，在这段时间内原钉的桩志可能有部分丢失或发生移动。因此，施工方必须按设计图表对路线进行复测，把决定路线位置的各测点加以恢复。

(1) 导线复测与中线复测

导线复测应采用红外线测距仪或其他满足测量精度的仪器，其测量精度应满足设计要求。复测导线时，必须和相邻施工段的导线闭合，对有碍施工的导线点，在施工前应设护桩加以固定。

中线复测就是把标定路线平面位置的各点在地面上重新钉出，有时还要在平曲线上以及地形有突变或土石方成分有变化等处增钉加桩，并复核路线的长度。

对路线的主要控制点，如交点、转点、曲线的起讫点，以及起控制作用的百米桩和加桩，应视当地的地形条件和地物情况，采用有效的方法加以固定，通常在所需固定的桩点附近设置护桩。

加钉护桩的方法，一般是以所需固定的控制点桩为交叉点，沿两个大致相互垂直的方向，在每条方向线上，将桩点移到路基施工范围以外。

(2) 水准点的复测与加设

中线恢复后，对沿线的水准点作复核性水准测量，以复核水准点一览表中各点的水准基点高程和中桩的地面高程。当相邻水准点相距太远，为便于施工期间引用，可加设一些临时水准点，临时水准点的标高必须符合精度要求。

(3) 横断面的检查与补测

路线横断面应详细检查与核对，发现疑问与错误时，必须进行复测，在恢复中线时新设的桩点，应进行横断面的补测。此外，应检查路基边坡设计是否恰当；与有关构造物的设计是否配合相称；取土坑、弃土堆的位置是否合理。

2. 划定路界（一般由业主完成）

3. 清理场地

4. 临时工程

临时工程包括临时供电、临时供水、临时交通道路、临时通讯线路以及临时施工用房等。临时工程的建设是保证正常施工以及确保施工质量和安全必备的前提条件，因此临时工程的施工要与正式工程一样进行周密的考虑。但由于它只要求在施工期内达到预期的目的，所以在确保安全、满足使用要求的前提下，应力求简化。

5. 自检质量保证体系

为了保证公路工程的施工质量，建设单位必须有高度的质量意识，使所建工程经得起监理的抽检和政府质监部门的检查，为此，必须建立自检质量保证体系。它由建设单位的主要负责人、有关的技术质量检查人员、施工设备及检测仪器等组成。

6. 开工报告

开工报告的内容有：

①施工组织设计（监理审批）；

②施工放样合格（监理审批）;
③材料报验合格（监理审批）;
④机械设备报验合格;
⑤已落实必需的流动资金;
⑥已建立自检质量保证体系。
当监理工程师同意并签发开工令后，施工单位即可正式开工。

任务二　路基横断面施工放样

路基在施工前，应根据中线桩和设计图表在实地定出路基的几何轮廓形状，作为施工的依据。路基放样的主要工作内容有横断面放样和边坡放样等。

一、路基放样的工作内容

路基开工前，应根据路线中桩、设计图表进行放样工作，其工作内容主要有:
①在中桩处标定填、挖高度;
②测定各桩处路基横断面方向;
③根据恢复的路线中桩、设计图表、施工工艺和有关规定，定出路基用地的地界桩和路堤坡脚、路堑坡顶、边沟、取土坑、护坡道、弃土堆等的具体位置桩;
④边坡放样，即按照设计的边坡坡度和高度确定边坡位置;
⑤移桩移点，即将施工过程中的难以保存的桩移设于施工范围以外。

二、边桩放样

在地面上将每一个横断面的路基边坡线与地面的交点，用木桩标定出来，如图 2-2-1（a）（b）所示。

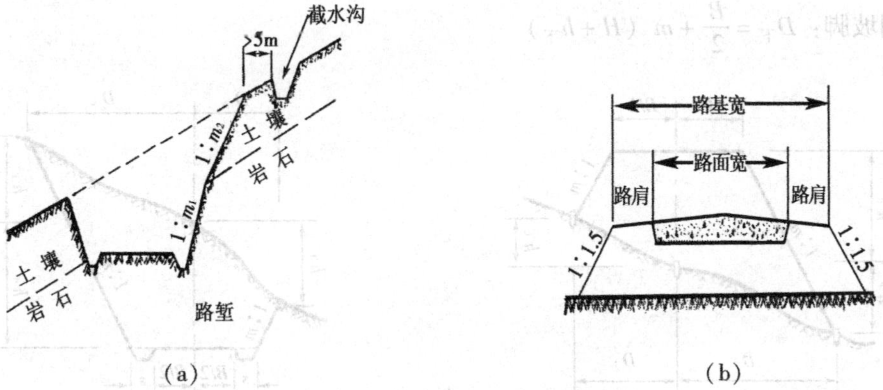

图 2-2-1　边桩放样的指示图

（1）图解法
填挖方不大时用此法较多。
（2）解析法

即计算出路基中心桩至边桩的距离，然后在实地沿横断面方向按距离将边桩放出来。

①平坦地段的边桩放样

当原地面为平地时，如图 2-2-2 所示。

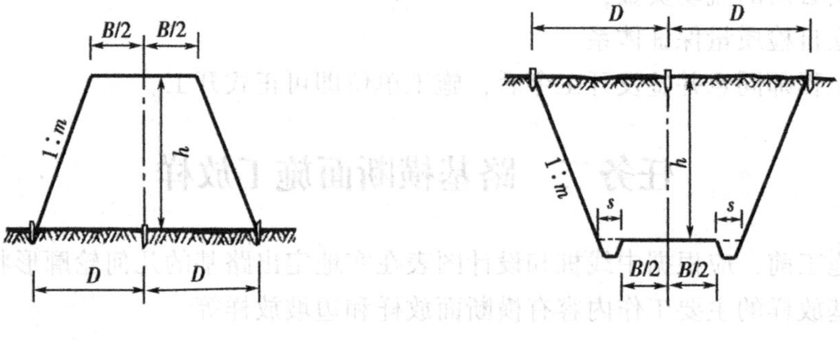

（a）路堤　　（b）路堑

图 2-2-2　平坦地段放边桩

路堤坡脚至中桩的水平距离：$D=\dfrac{B}{2}+mH$

路堑坡顶至中桩的水平距离：$D=\dfrac{B}{2}+s+mH$

上述式中：B——路基设计宽度，m；

m——路基边坡坡率；

H——路基中心设计填挖高度，m。

②倾斜地段的边桩放样

当地面横坡较均匀一致时，如图 2-2-3 所示，路堤坡脚至中桩的距离为：

上侧坡脚：$D_{上}=\dfrac{B}{2}+m\ (H-h_{上})$

下侧坡脚：$D_{下}=\dfrac{B}{2}+m\ (H+h_{下})$

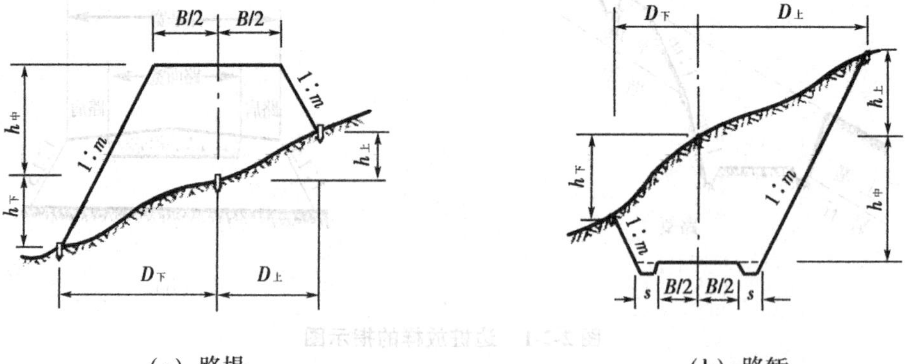

（a）路堤　　（b）路堑

图 2-2-3　倾斜地段边桩放样

路堑坡顶至中桩的距离为：

上侧坡顶：$D_{上}=\frac{B}{2}+s+m\ (H+h_{上})$

下侧坡顶：$D_{下}=\frac{B}{2}+s+m\ (H-h_{下})$

式中：h_1——上侧坡脚（坡顶）与中桩的高差，m；

h_2——下侧坡脚（坡顶）与中桩的高差，m；

其余符号意义同前。

（3）渐近法

路堤上侧坡脚 A 点的放样步骤如下：

①从横断面设计图中或计算求得上侧坡脚 A 至中桩 O 的水平距离 l'，l'为概值；

②从 O 点沿横断面方向量出水平距离 l'得 A_1 点，同时测出 A_1、O 两点的高差 h_1；

③根据 h_1 用公式 $l'=\frac{b}{2}+m\ (H+h_1)$ 复算出水平距离 l，如果复算值大于或小于实测值 l'，说明假定的边桩距中桩太远或太近，两者相差 $|l-l'|$；

④继续假定增长或减小 l'值，相应的重测 h_i，代入公式再计算，直到计算距离与实测距离 l'相等时为止。

复习思考题

1. 施工准备工作包括哪些内容？
2. 施工前熟悉设计文件有什么作用？
3. 制定施工组织设计包括哪些内容？
4. 施工现场有哪些准备工作？
5. 开工报告包括哪些内容？

学习情境3　土质路基施工

[知识目标]

1. 掌握土质路堤的填筑方法、步骤及施工要点。
2. 掌握土质路堑的开挖方法及施工要点。
3. 掌握路基压实的影响因素及压实原则。

[能力目标]

1. 能够进行路基填筑的技术方案选择及技术指导。
2. 能够进行土质路堑开挖的技术指导。
3. 具备正确选择施工机械进行路基压实的能力。

情境导入　路基是路面的基础，它与路面共同承担汽车荷载的作用。路基是按照路线的位置和一定技术要求修筑的带状构造物。路面是铺筑于路基顶面的层状结构。路面靠路基来支撑，没有路基的稳定就没有路面的稳定。

一、路基施工的要求

路基施工时，除了要满足设计的断面尺寸及纵段高程之外，还要满足强度、整体稳定性和水温稳定性的基本要求。图3-0-1所示为一段成型路基。

路基施工有以下几点要求：

1. 保证足够的整体稳定性；
2. 强度符合设计要求；
3. 保持足够的水温稳定性；
4. 必须精心施工，确保工程质量；
5. 推行机械化施工；
6. 合理用地，保护生态环境；
7. 严格执行路基施工技术规范。

图3-0-1　成型路基

二、路基施工的方法

路基土石方的施工作业主要包括开挖、运输、铺填、压实和修整等工作。有时为了提高挖土的效率，还要先松土。路基施工的基本方法可分为以下四种。

1. 人工和半机械化施工

人工和半机械化施工是主要依靠人力，使用手工工具和简易的机械设备进行施工的方法。适用于缺乏机械的地方道路工地和工程量小而分散的零星工程点，以及某些辅助性工作。

2. 水力机械施工

水力机械施工是运用水泵、水枪等水力机械，喷射强力水流，把土冲散并泵送到指定地点沉积的方法。这种方法可用来挖掘比较松散的土层和进行软土地基加固的钻孔工作，但施工现场需有充足的水源和电源。

3. 爆破施工

爆破施工是开挖岩石路堑的基本方法。如采用钻岩机钻孔，爆破后机械清理运碴，便是岩石路基机械化施工的必备条件。除岩石路堑开挖之外，爆破法还可用于冻土（硬土）、泥沼等特殊路基施工和开采石料。定向爆破可将路基挖方直接移做填方。

4. 机械化施工

机械化施工是采用推土机、铲运机、平地机、挖掘机、压路机及松土机等机械，经过选配，共同协调地进行施工的方法。它可以极大地提高劳动生产率，显著地加快施工进度，并有效地保证了工程质量。

上述施工方法的选择，应根据工程性质条件、施工期限、现有施工条件等因素确定，同时要综合考虑、因地制宜和综合配套地使用各种方法。

任务1　土质路基填筑

一、施工取土

各类公路用土具有不同的工程性质，在选择作为路基的填筑材料时，应根据不同的土类分别采取不同的工程技术措施。

（一）路基土的工程性质

1. 不易风化的石块

主要包括漂石和卵石，有很高的强度和稳定性，使用场合和施工季节均不受限制，为最好的填筑路基材料，也可用于砌筑边坡。但石块之间要嵌锁密实，以免在自重和行车荷载作用下，石块松动产生沉陷变形。

2. 碎（砾）石土

碎（砾）石土强度能满足要求，内摩擦系数高，水稳定性好，透水性大，施工压实方便，能达到较好的密实程度，为很好的填筑材料。但若细粒含量增多，则透水性和水稳定性就会下降。

3. 砂土

砂土无塑性，透水性和水稳定性均良好，毛细管水上升高度很小，具有较大的内摩擦系数。但砂土黏结性小，易于松散，对流水冲刷和风蚀的抵抗能力很弱，压实困难。

4. 砂性土

砂性土既含有一定数量的粗颗粒，又含有一定数量的细颗粒，级配适宜，强度、稳定性等都能满足要求，是理想的路基填筑材料。

5. 黏性土

黏性土细颗粒含量多，内摩擦系数小而黏聚力大，透水性小而吸水能力强，毛细现象显著，有较大的可塑性，干燥时坚硬而不易挖掘，施工时不易破碎，浸水后强度下降较多，干湿循环因胀缩引起的体积变化较大，过干或过湿时都不便施工。

6. 粉性土

粉性土因含有较多的粉粒，毛细现象严重，干时易被风蚀，浸水后很快湿透，在季节性冰冻地区常引起冻胀和翻浆，水饱和时有振动液化问题。粉性土特别是粉土，属于不良的公路路基用土。

7. 膨胀性重黏土

膨胀性重黏土几乎不透水，黏结力特强，湿时膨胀性和塑性都很大。其工程性质受黏土矿物成分影响较大，黏土矿物主要包括蒙脱土、伊里土、高岭土。蒙脱土其塑性大，吸湿后膨胀强烈，干燥时收缩大，透水性极低，压缩性大，抗剪强度低；高岭土其塑性较低，有较高的抗剪强度和透水性，吸水和膨胀量较小；伊里土其性质介于上述两者之间。

8. 易风化的软质岩石（如泥灰岩、硅藻岩等）

易风化的软质岩石浸水后易崩解，强度显著降低，变形量大，一般不宜作路堤填筑材料。总之，路基用土中，砂性土最优，黏性土次之，粉性土属不良材料，容易引起路基病害，膨胀性重黏土，特别是蒙脱土更是不良的路基土。

（二）规范中对路基用土的规定

《公路路基施工技术规范》（JTJ033—2004）及《公路软土地基路堤设计与施工技术规范》（JTJ027—96）中对路基用土有如下规定。

1. 路堤填料不得使用淤泥、沼泽土、冻土、有机土、含草皮土、生活垃圾、树根和含有腐朽物质的土。采用盐渍土、黄土、膨胀土填筑路堤时，应遵照有关规定执行。

2. 液限大于50%、塑性指数大于26以及含水量超过规定的土，不得直接作为路堤填料。需要应用时，必须采取满足设计要求的技术处理，经检查合格后方可使用。

3. 钢渣、粉煤灰等材料，可用做路堤填料，其他工业废渣在使用前应进行有害物质含量试验，避免有害物质超标，污染环境。

4. 捣碎后的种植土，可用于路堤边坡表层。

5. 路基填料最小强度和最大粒径应符合表3-1-1所列的有关规定。

表3-1-1　　路基填筑材料最小强度和最大粒径

项目分类（路面底面以下深度 m）		填料最小强度（CBR）/%			填料最大粒径/mm
		高速、一级公路	二级公路	三、四级公路	
填方路堤	上路床（0～0.3）	8	6	5	100
	下路床（0.3～0.8）	5	4	3	100
	上路堤（0.8～1.5）	4	3	3	150
	下路堤（>1.5）	3	2	2	150
零填及挖方路基	0～0.3	8	6	5	100
	0.3～0.8	5	4	3	100

注：[1] 表列强度按《公路土工试验规程》（JTJ 051）规定的浸水96h的CBR试验方法测定；

[2] 三、四级公路铺筑沥青混凝土和水泥混凝土路面时，应采用二级公路的规定；

[3] 表中上、下路堤填料最大粒径150mm的规定不适用于填石路堤和土石路堤。

（三）施工前的复查和试验工作

路基工程需要大量的填料。在施工前的准备工作中，必须对路基工程范围内的地质、水文情况进行调查，并通过取样、试验，确定相关材料如土、工业废渣等的性质和数量，以保证施工所需。其要点是。

（1）施工技术人员应根据设计文件提供的资料，对取自挖方、借土场、料场的路堤填料进行复查和取料试验。如设计文件提供的料场不足时，应自行勘察寻找，以保证施工用料可靠和数量充足。

（2）挖方借土场和料场用作填料的土应进行下列项目的试验，其试验方法应遵循《公路土工试验规程》（JTJ051—93）：

①液限、塑限、塑性指数、天然稠度或液性指数试验；

②颗粒大小分析试验；

③含水量试验；

④密度试验；

⑤相对密度试验；

⑥击实试验；

⑦强度试验（CBR 值）；

⑧一级公路、高速公路应做有机质含量试验及易溶盐含量试验。

（四）铺筑试验路段

高等级公路以及在特殊地区或采用新技术、新工艺、新材料进行路基施工时，应采用不同的施工方案做试验路段（如图 3-1-1），从中选出路基施工的最佳方案指导全线施工试验路段的位置应选在地质条件、断面形式均具有代表性的路段，长度不宜小于 100m。

通过试验路段施工应包括以下 7 点内容：

1. 填料试验、检测报告等；

2. 压实工艺主要参数有机械组合、压实机械规格、松铺厚度、碾压遍数、碾压速度，最佳含水量及碾压时含水量允许偏差等；

3. 过程质量控制方法、指标；

4. 质量评价指标、标准；

5. 优化后的施工组织方案及工艺；

6. 原始记录、过程记录；

7. 对施工设计图的修改建议等。

图 3-1-1　试验段

二、路基填筑施工

（一）路基填筑施工的工艺流程图（如图 3-1-2 所示）

（二）路基填筑施工的主要工序

路基填筑施工的主要工序有料场选择、基底处理、填筑和碾压。

1. 料场选择

填筑路堤的材料以采用强度高，水稳定性好，压缩变形小，便于施工压实以及运距短的土、石材料为宜。在选择填料时，一方面要考虑料源和经济性，另一方面要顾及填料的性质是否合适。

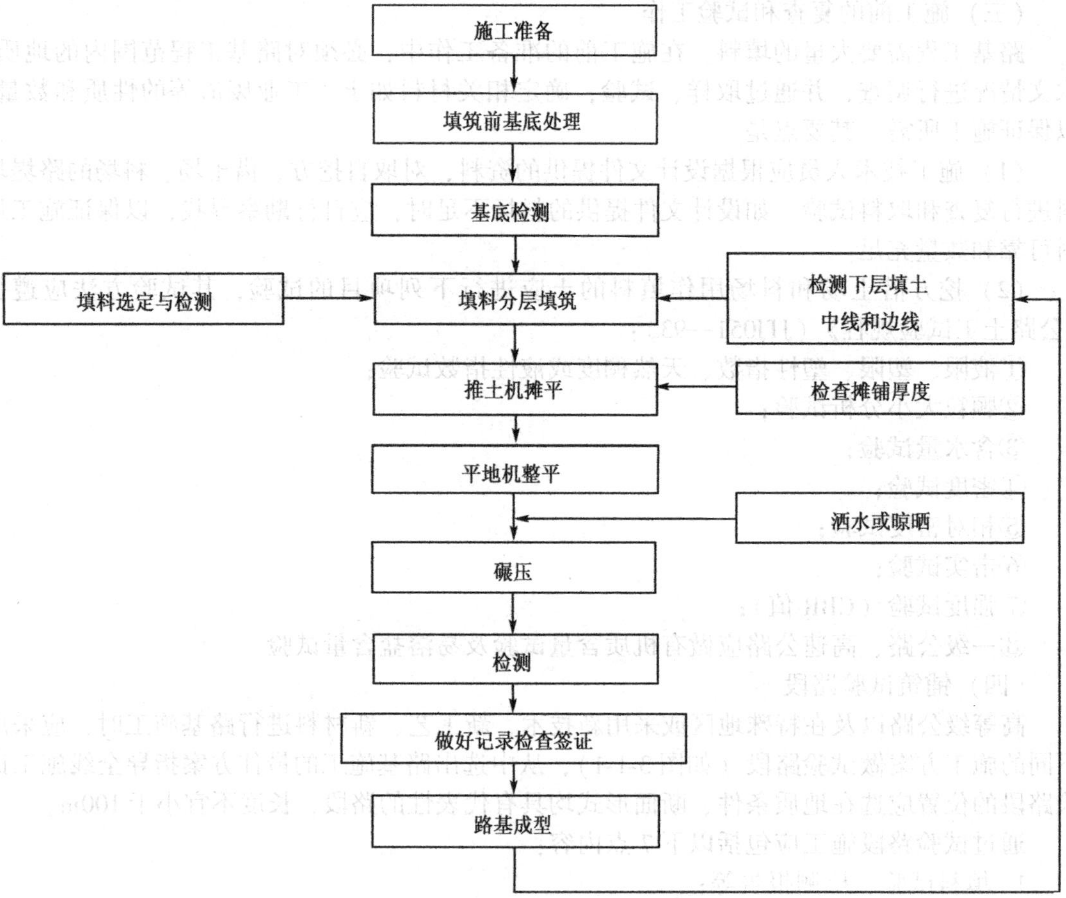

图 3-1-2　路基填筑施工工艺流程图

2. 基底处理

路堤基底的处理是保证路堤稳定、坚固极为重要的措施。在路堤填筑前进行基底处理，能使填土与原来的表土密切结合；能使初期填土作业顺利进行；能使地基保持稳定，增加承载能力；能防止因草皮、树根腐烂而引起的路堤沉陷。路堤表层土清理压实工序如图 3-1-3 所示。

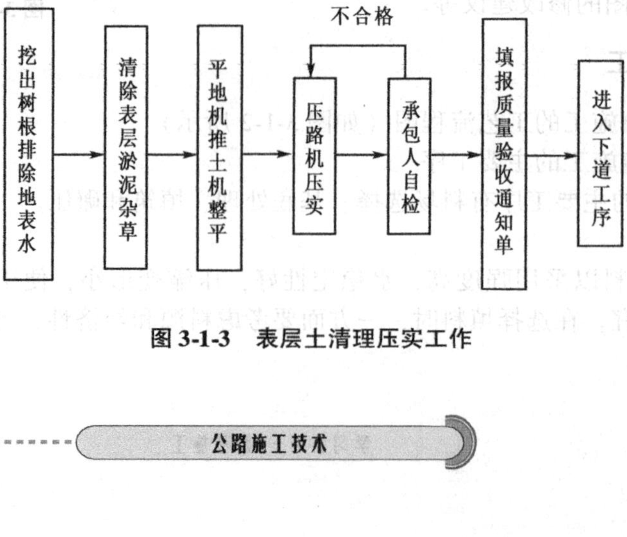

图 3-1-3　表层土清理压实工作

（1）伐树、除根及表层土处理（如图 3-1-4a，b 所示）

①路基用地范围内的树木、灌木丛等均应在施工前砍伐或移植清理，砍伐的树木应移置于路基用地之外，进行妥善处理。高速公路、一级公路和填方高度小于 1m 的其他公路应将路基范围内的树根全部挖除并将坑穴填平夯实；填方高度大于 1m 的其他公路允许保留树根但根部露出地面不得超过 20cm。

②路堤基底为耕地土或松土时，应先清除种植有机土，平整后按规定要求压实。清除深度应达到设计要求（一般不小于 1 cm），平整后按规定要求压实。在深耕地段，必要时，应将松土翻挖，土块打碎，然后回填、整平压实。

图 3-1-4a　表层土处理施工

图 3-1-4b　表层土处理后

③路堤基底原土强度不符合要求时，应进行换填，对深度不小于 30cm 的路堤基底，应予分层压实到规定要求。

a. 高速公路、一级公路、二级公路路堤基底压实度不小于 90%。

b. 当路堤填土高度小于路面和路床厚度（80cm）时，应将地基表层土进行超挖并分层回填压实，其处置深不应小于重型汽车荷载作用的工作区深度，基底的压实度不宜小于路床的压实度标准。

④路堤修筑范围内，原地面的坑、洞、墓穴等，应用原地的土或砂性土回填，并按规定进行压实。路堤经过水田、池塘、洼地时，应根据具体情况采用排水疏干、换填水稳性好的十、抛石挤淤等处理措施，确保路堤基底具有足够的稳定性。

（2）坡面基底的处理

填方路堤。如基底为坡面时，填方路堤在荷载作用下，极易失稳而沿坡面产生滑移，因此在施工前必须对基底坡面处理后方能填筑。

①地面横坡在 1∶10 ~ 1∶5 之间时，需清除坡面上的树、草、杂物，将翻松的表层土压实后即可保证坡面的稳定。

②地面横坡枯 1∶5 ~ 1∶2. 5 之间时，对于土质地基，原地面应挖成台阶（如图 3-1-5（a）所示），台阶宽度不小于 1m，台阶顶面做成向堤内倾斜 2% ~4% 的坡度；对于石质地基，应将岩面凿成台阶后再分层填土夯实修筑路堤。

③地面横坡陡于 1∶2. 5 时，应作特殊处理，以防止路堤沿基底滑动。常用的处理措施有：

a. 经验算下滑力不大时，先清除基底表面的薄层松散土，再挖宽 1 ~ 2m 台阶，坡脚附近的台阶宜再宽一些，通常为 2 ~ 3m。

b. 经验算下滑力较大或边坡下部填筑土层太薄时，先将基底分段挖成不陡于1∶2.5的缓坡，再在缓坡上挖宽1~2m的台阶，最下一级台阶宜更宽一些，如图3-1-5（b）所示。

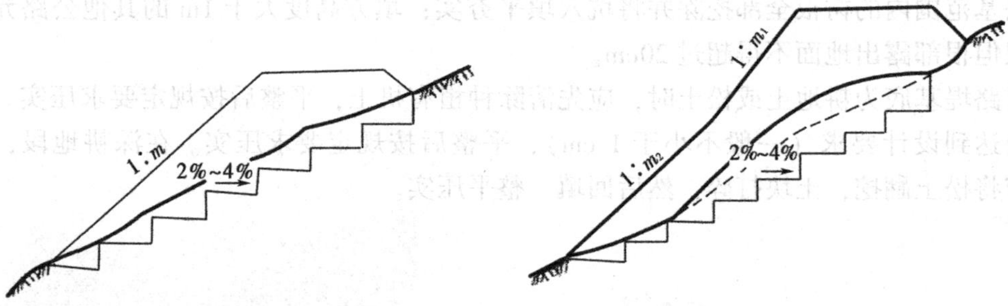

（a）措施之一　　（b）措施之二

图3-1-5　改善基地措施

3. 填筑方法

路堤填筑必须考虑不同的土质，从原地面逐层填筑，并分层压实，每层厚度随压实方法而定。如图3-1-6所示。

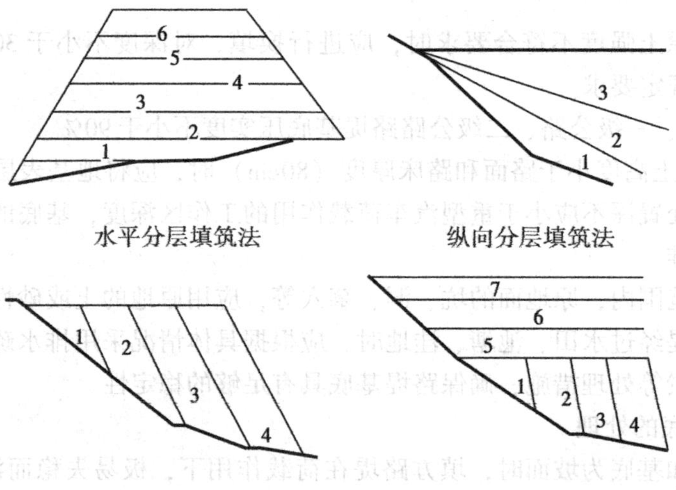

水平分层填筑法　　纵向分层填筑法

横向填筑法　　联合填筑法

图3-1-6　填筑方法

（1）填筑方式

①水平分层填筑。填筑时按横断面全宽分成水平层次，逐层向上填筑。

②纵坡分层填筑适用于推土机或铲运机从路堑取土填筑，运距较短的路堤，依纵坡方向分层、逐层推土填筑。

③竖向填筑。从路基一端按各横断面的全部高度，逐步推进填筑，适用于无法自下而上，分层填土的陡坡、断岩或泥沼地区。

④混合填筑。当高等级公路路线穿过深谷或陡坡，尤其是要求上部的压实度标准较高时，施工时下层采用横向填筑，上层采用水平分层填筑。

(2) 沿横断面一侧填筑的方法（如图 3-1-7（a）（b）所示）

旧路拓宽改造需加宽路堤时，所用填土应与原路堤用土尽量接近或为透水性好的土，并将原边坡挖成向内倾斜的台阶，分层填筑，碾压到规定的密实度。严禁将薄层新填土贴在原边坡的表面。

高速公路和一级公路在横坡陡峻地段的半填半挖路基，必须在山坡上从填方坡脚向下挖成向内倾斜的台阶，台阶宽度不应小于 1m。其中沿横断面挖方的一侧，在行车范围之内的宽度不足一个行车道宽度时，应挖够一个行车道宽度，其上路床深度范围之内的原地面土应予以挖除换填，并按上路床填方的要求施工。

（a）　　（b）

图 3-1-7　台阶

填方分几个作业段施工，两段交接处不在同一时间填筑时，则先填地段应按 1∶1 坡度分层留台阶；若两个地段同时填，则应分层相互交叠衔接，其搭接长度不得小于 2m。

(3) 不同土质混填时的方法

对于不同性质的土混合填筑时，应视土的透水能力大小，进行分层填筑压实，并采用有利于排水和路基稳定的方式。一般应遵循以下三点原则。

①以透水性较小的土填筑路堤下层时，其顶面应做成 4% 的双向横坡；与用于填筑上层时，不应覆盖在由透水性较好的土所填筑的路堤边坡上。

②不同性质的土应分别填筑，不得混填。每种填料层累计总厚度不宜小于 0. 5m。

③凡不因潮湿及冻融而变更其体积的优良土应填在上层，强度较小的土应填在下层。不同土质填筑路堤的方式如图 3-1-8 所示。

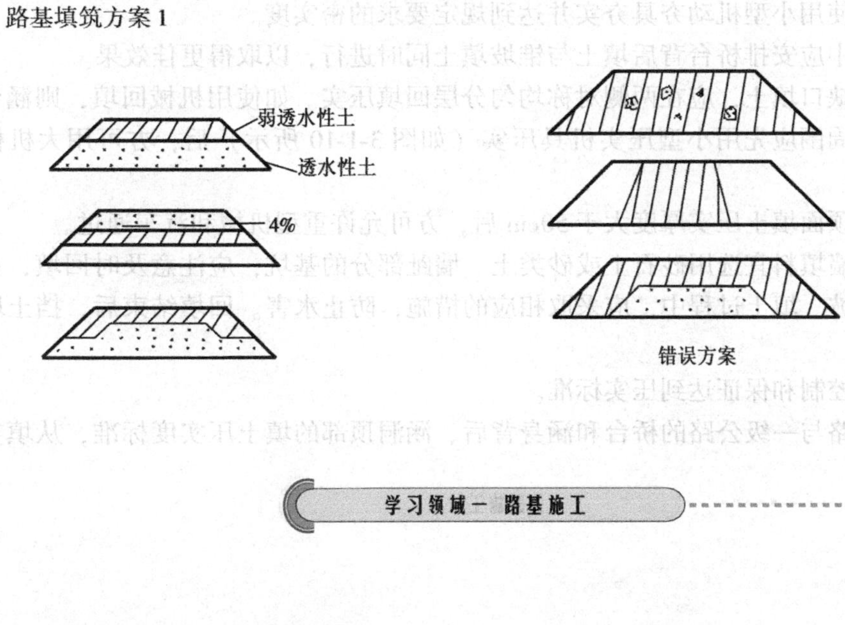

路基填筑方案2

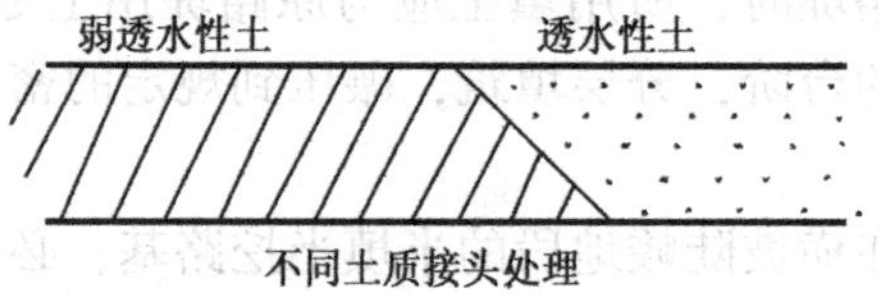

图3-1-8　沿横断面的一侧填筑的方法

（4）桥涵及其他构造物处的填筑施工要点

为了保证桥涵及其他构造物（主要指桥台背、锥坡、挡土墙墙背等）的稳定和使用要求，必须认真细致地进行填筑施工，其要点是。

①必须坚持在隐蔽工程经监理工程师检查验收认可后，才能进行回填土施工。

②桥涵及其他构造物处的填料，除设计文件另有规定外，应采用砂类土或透水性土。当采用非透水性土时，应在土中增加外掺剂，如石灰、水泥等，待改良其性质后再使用。

③台背填土顺路线方向长度要求：顶部为距翼墙尾端不小于台高2m，底部距基础内缘不小于2m，拱桥台背填土长度不应小于台高的3~4倍，涵洞填土长度每侧不应小于2倍孔径长度。（如图3-1-9（a）（b）所示）

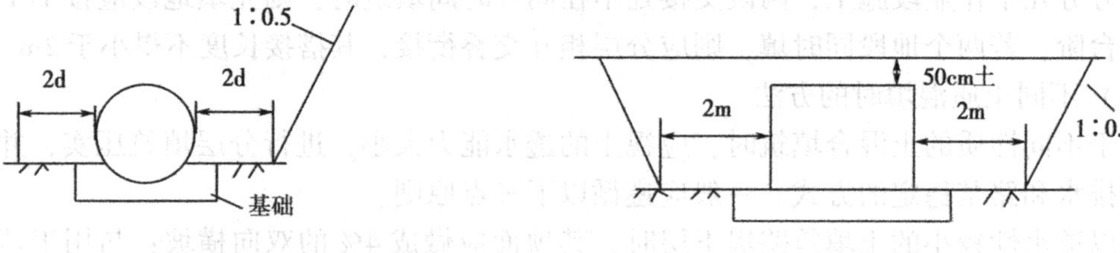

（a）　圆管涵回填范围　　　　（b）　箱涵回填范围

图3-1-9　涵洞填土长度

④做好压实工作。结构物处的填土应分层填筑，每层松铺厚度不宜超过15cm。

⑤在回填压实施工中，应做到对称回填压实，并保持结构物完好无损。压路机压不到的地方，应使用小型机动夯具夯实并达到规定要求的密实度。

⑥施工中应安排桥台背后填土与锥坡填土同时进行，以取得更佳效果。

⑦涵洞缺口填土，应在两侧对称均匀分层回填压实。如使用机械回填，则涵台胸腔部分及检查井周围应先用小型压实机具压实（如图3-1-10所示）后，方可用大机械进行大面积回填。

⑧涵洞顶面填土压实厚度大于50cm后，方可允许重型机械和汽车通过。

⑨挡土墙填料宜选用砂石土或砂类土。墙趾部分的基坑，应注意及时回填，并做成向外倾斜的横坡。填土过程中，应采取相应的措施，防止水害。回填结束后，挡土墙顶部应及时封闭。

⑩严格控制和保证达到压实标准。

高速公路与一级公路的桥台和涵身背后、涵洞顶部的填土压实度标准，从填方基底或涵洞顶部至路床顶面均为96%，其他公路为95%。

图 3-1-10 小型压实机具压实

（5）土方路基填筑压实要求

路基必须分层填筑压实，使每层都表面平整，路拱合适，排水良好。

路堤填筑压实的施工要点如下。

①填筑路堤宜采用水平分层填筑法施工。

②严格控制碾压最佳含水量。用透水性不良的土填筑路堤时，应控制其含水量在最佳含水量 ±2% 之内。

③严格控制松铺厚度。采用机械压实时，高速公路和一级公路的分层最大松铺厚度不应超过 30cm；其他公路，按土质类别、压实机具功能、碾压遍数等，经过试验确定，最大松铺厚度不宜超过 50cm。填筑至路床顶面最后一层的最小压实厚度，不应小于 8cm。

④严格控制路堤几何尺寸和坡度。路堤填土宽度每侧应比设计宽度宽出 30～50m，压实宽度不得小于设计宽度，压实合格后，最后削坡。

⑤掌握压实方法。

⑥加强土的含水量检查。

4. 碾压

碾压是路基填筑工程的一个关键工序，有效地压实路基填筑土，才能保证路基工程的施工质量。

任务 2　土质路堑开挖

路堑施工就是按设计要求进行挖掘，并将挖掘的土石方运到路堤地段作为填料，或者运往弃土堆处，有时也可经加工，作为自采材料，用于结构物或其他工程部位。

路堑由天然地层构成，开挖后边坡易发生变形和破坏，路基的病害常发生在路堑挖方地段，如滑坡、崩塌、落石、路基翻浆等。因此，施工方法与路堑边坡的稳定有密切关系，开挖方式应根据路堑的深度，纵向长度以及地形、地质、土石方调配情况和机械设备条件等因素确定，以加快施工进度，提高工作效率。

一、土方路堑的开挖方式

土方路堑开挖根据路堑深度和纵向长度，开挖方式可分为全断面横挖法、纵挖法及混合式开挖法三种。

1. 全断面横挖法（如图 3-2-1（a）（b）（c）所示）

路堑整个横断面的宽度和深度从一端或两端逐渐向前开挖的方式称为全断面横挖法。全断面横挖法可分为一层横向全宽挖掘法和多层横向全宽挖掘法两种方式。

一层横向全宽挖掘法适用于开挖深度小且较短的路堑。

多层横向全宽挖掘法适用于开挖深而短的路堑。

（a）全断面横挖法实景图

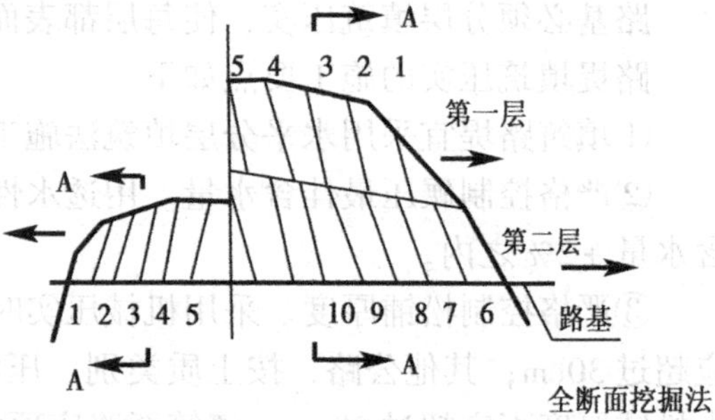

一层横向全宽挖掘法　多层横向全宽挖掘法

（b）全断面横挖法示意图

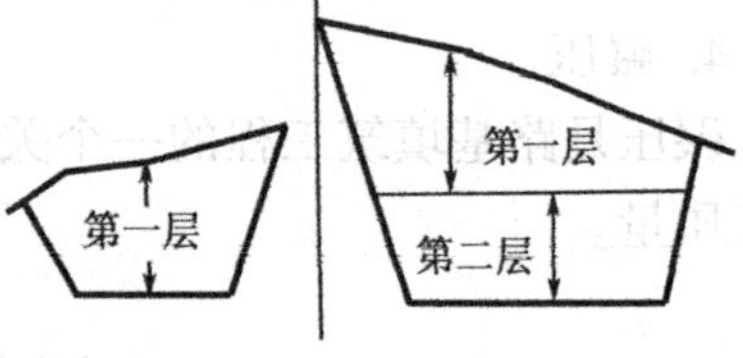

一层 A－A 剖面　多层 A－A 剖面

（c）全断面横挖法剖面图

图 3-2-1　全断面横挖法

2. 纵挖法

纵挖法是沿道路的纵向进行挖掘。纵挖法分为分层纵挖法、通道纵挖法及分段纵挖法三种方式。

（1）分层纵挖法

分层纵挖法适用于较长的路堑开挖。当路堑长度不超过 100m，开挖深度不大于 3m，地面较陡时，宜采用推土机作业，当地面横坡较缓时，表面宜横向铲土，下层的土宜纵向推运。

（2）通道纵挖法（如图 3-2-2（a）（b）所示）

沿路堑纵向挖掘一通道，然后将通道向两侧拓宽，上层通道拓宽至路堑边坡后，再开挖下层通道，按此方向进行土方挖掘和外运的流水作业，直至开挖到挖方路基顶面标高，称为通道纵挖法。通道可作为机械通行、运输土方车辆的道路。

（3）分段纵挖法

分段纵挖法适用于路堑过长，弃土运距过远的傍山路堑或一侧堑壁不厚的路堑开挖，同时还应满足其中间段有弃土场、土方调配计划有多余的挖方废弃的条件。

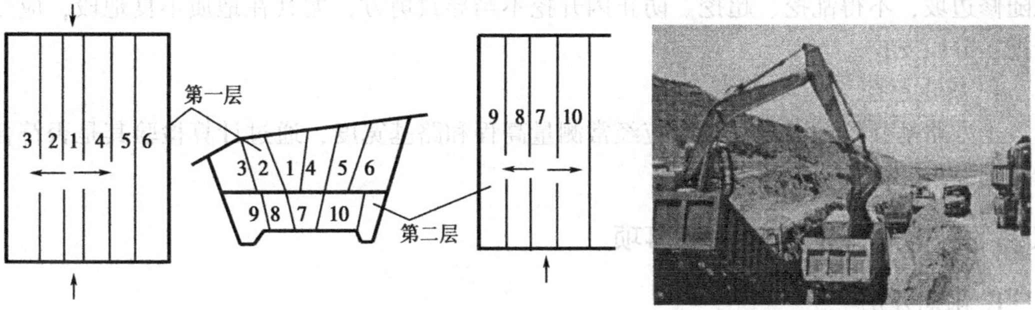

（a）　（b）

图 3-2-2　通道纵挖法

（4）混合式开挖法（如图 3-2-3 所示）

将横挖法与通道纵挖法混合使用称为混合式开挖法。适用于纵向长度和挖深都很大的路堑，先将路堑纵向挖通后，然后沿横向坡面挖掘，以增加开挖坡面。每个坡面应设一个机械班组进行作业。

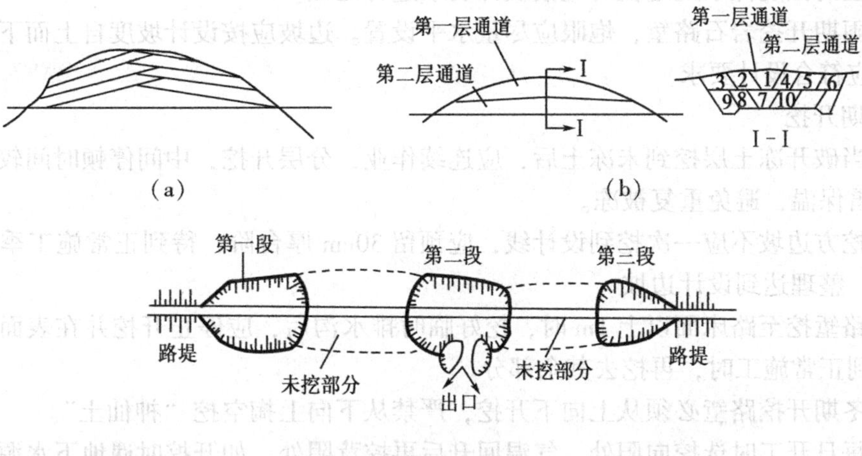

（a）　（b）　（c）

图 3-2-3　路堑开挖

二、路堑开挖施工注意问题

1. 路堑排水

不论采用何种方法开挖，均应保证开挖过程中及竣工后能顺利排水。为此，施工时应先在适当的位置开挖截水沟，并设置排水沟，以排除地面水和地下水。施工中要在路堑的路线方向保持一定的纵坡。

2. 废方处理

路堑挖出的土方，除利用外，多余的土方应按设计的弃土堆进行废弃，不得妨碍路基的排水和路堑边坡的稳定。同时，弃土应尽可能用于改地造田，美化环境。

3. 注意边坡的稳定并及时设置必要的支护工程

路堑开挖时，不论开挖工程量和开挖深度的大小，均应按照横断面自上而下进行，随挖随修边坡，不得乱挖、超挖。防止因开挖不当导致坍方，尤其在地质不良地段，应分段开挖，分段支护。

4. 禁止超挖

土方路基开挖施工过程中，应经常测量高程和路基宽度，通过计算检验其是否符合设计要求。

三、冬、雨期开挖路堑注意事项

1. 雨期开挖

（1）土质路堑开挖前，在路堑边坡坡顶 2m 以外开挖截水沟并接通出水口。

（2）开挖土质路堑宜分层开挖，每挖一层均应设置排水纵横坡。挖方边坡不宜一次挖到设计标高，应沿坡面留 30cm 厚，待雨期过后整修到设计坡度。以挖做填的挖方应随挖、随运、随填。

（3）土质路堑挖至设计标高以上 30 ~ 50cm 时应停止开挖，并在两侧挖排水沟。待雨期过后再挖到路床设计标高并压实。

（4）土的强度低于规定值时应按设计要求进行处理。

（5）雨期开挖岩石路堑，炮眼应尽量水平设置。边坡应按设计坡度自上而下，层层刷坡，坡度应符合设计要求。

2. 冬期开挖

（1）当破开冻土层挖到未冻土后，应连续作业，分层开挖，中间停顿时间较长时，应在表面覆雪保温，避免重复被冻。

（2）挖方边坡不应一次挖到设计线，应预留 30cm 厚台阶，待到正常施工季节再削去预留台阶，整理达到设计边坡。

（3）路堑挖至路床面以上 1m 时，挖好临时排水沟后，应停止开挖并在表面覆以雪或松土，待到正常施工时，再挖去其余部分。

（4）冬期开挖路堑必须从上向下开挖，严禁从下向上掏空挖“神仙土”。

（5）每日开工时选挖向阳处，气温回升后再挖背阴处，如开挖时遇地下水源，应及时挖沟排水。

（6）冬期施工开挖路堑的弃土要远离路堑边坡坡顶堆放。弃土堆高度一般不应大于 3m，弃土堆坡脚到路堑边坡顶的距离一般不得小于 3m，深路堑或松软地带应保持 5m 以上。弃土堆应摊开整平，严禁把弃土堆于路堑边坡顶上。

四、路基施工机械和设备

路基施工机械包括土石方机械和压实机械两大类，本章仅作土石方机械的介绍，压实机械将在路基压实部分叙述。

土石方机械包括推土机、装载机、挖掘机、铲运机、平地机和凿岩机等几个重要机种，是路基施工中用途最广泛的施工机械，它们担负着土石方的铲装、填挖、运输和整平等作业。

（一）推土机（如图 3-2-4 所示）

1. 性能

推土机是以工业拖拉机或专用牵引车为主机，前端装有推土装置，依靠主机的顶推力，对土石方或散装物料进行切削或搬运的铲土运输机械。推土机担负着切削、推运、开挖、填积、回填、平整、疏松和压实等多种土石方作业，其特点是作业面小，机动灵活，转移方便，短距离运土方便。因此，推土机是路基施工中必不可少的机械设备。

2. 适用性

推土机一般适用于季节性较强、工程量集中、施工条件较差的工程环境，主要用于50~100m的短距离作业，如路基修筑、基坑开挖、平整场地、清除树根、堆积散料等，并可为铲运机与挖装机械松土和助铲及牵引各种拖式工作装置等作业。

履带式推土机，适用于Ⅳ级以下土的推运。当推运Ⅳ级和Ⅳ级以上土和冻土时，须先进行松土。

3. 作业方式

推土机的基本作业是铲土、运土、卸土和空回四个过程，通常有以下五种作业方法：

①波浪式铲土法；

②接力式推土法；

③槽式推土法；

④并列推土法；

⑤下坡推土法。

图 3-2-4 推土机

（二）铲运机

铲运机主要用于较大运距的土方工程，如填筑路堤、开挖路堑和大面积的平整场地等。由于它本身能完成铲装、运输和卸铺作业，并兼有一定的压实和平整能力，所以在公路工程施工中，铲运机是一种使用范围很广的土方施工机械。

1. 适用性

铲运机的适用范围主要取决于土质特性、运距、机器本身的性能和道路状况。

2. 作业方式

①一次铲装法；

②交替铲装法（跨铲法）；

③波浪式铲土法；

④下坡铲土法。

（三）平地机（如图3-2-5所示）

平地机是一种装有以铲土刮刀为主，配备其他多种可换作业装置，进行刮平和整形连续作业的工程机械。平地机的铲土刮刀较推土机的推土铲刀灵活，它能连续进行改变刮刀的平面角和倾斜角，使刮刀向一侧伸出的作业；也可以连续进行铲土、运土、大面积平地、挖沟和刮边坡的作业等。

图 3-2-5 平地机

1. 适用性

平地机的主要用途有：从路线两侧取土，填筑不高于 1cm 的路堤；修整路堤的横断面；旁刷边坡；开挖路槽和边沟，以及大面积平整等。此外，还可以在路基上拌和、摊铺路肩上的杂草以及冬季道路除雪等。

2. 作业方式

①选择铲土角；

②选择刮刀回转角；

③斜行作业；

④刮刀侧移；

⑤刮刀移土作业。

（四）挖掘机（如图 3-2-6 所示）

图 3-2-6　挖掘机

挖掘机在公路工程中是用于挖掘和装载土、石、砂砾和散粒材料的重要施工机械。挖掘机是土石方工程施工的主要机械，特点是效率高、产量大，但机动性较差。在公路工程施工中，遇到开挖量较大的路堑和填筑高路堤等大工程量时，用挖掘机配合运输车辆组织施工是比较合理的选择。

（五）装载机（如图 3-2-7 所示）

图 3-2-7　装载机

装载机是一种工作效率较高的铲土运输机械，它兼有推土机和挖掘机两者的工作能力，可以进行铲掘、推运、整平、装卸和牵引等多种作业。

装载机的适应范围主要取决于使用场所，土石料特性和工作环境，选用时应注意以下三点：

1. 装载机的经济合理运距；

2. 装载机的斗容与汽车车箱容积的匹配；

3. 充分发挥装载机的效率。

任务 3　土质路堤压实

一、路基压实的意义

路基施工破坏了土体的天然状态，使得结构松散的颗粒需要重新组合。为使路基具有足够的强度与稳定性，必须予以压实，以提高其密实程度。所以路基的压实工作，是路基施工过程中一个重要工序，亦是提高路基强度与稳定性的根本技术措施之一。

土是三相体，土粒为骨架，颗粒之间的孔隙为水分和气体所占据。压实的目的在于使土粒重新组合，彼此挤紧，孔隙缩小，让土的单位质量提高，形成密实整体，最终导致强度增加，稳定性提高。

通过大量的试验和工程实践证明：土基压实后，路基的塑性变形、渗透系数、毛细水作用及隔温性能等，均有明显改善。

二、影响压实效果的因素

对于细粒土的路基，影响压实效果的因素有内因和外因两方面。内因指土质和湿度，外因指压实功能（如机械性能、压实时间与速度、土层厚度）及压实时自然和人为的其他外界因素等。下面就影响压实效果的主要因素进行讨论。

1. 含水量对压实的影响

（1）含水量 ω 与密实度（以干容重/度量）的关系。

（2）含水量 ω 与土的水稳定性的关系。

2. 土质对压实效果的影响（如图 3-3-1 所示）

土质对压实效果的影响很大。通过对比可见，砂性土的压实效果优于黏性土。其机理在于土粒愈细，比表面积大的土粒，表面水膜所需的含水量愈多，加之黏土中含有亲水性较高胶体物质，使得砂性土的压实效果优于黏性土。另外，至于砂土的颗粒组，由于呈松散状态，水分极易散失，对其最佳含水量的概念就没有多大的实际意义。

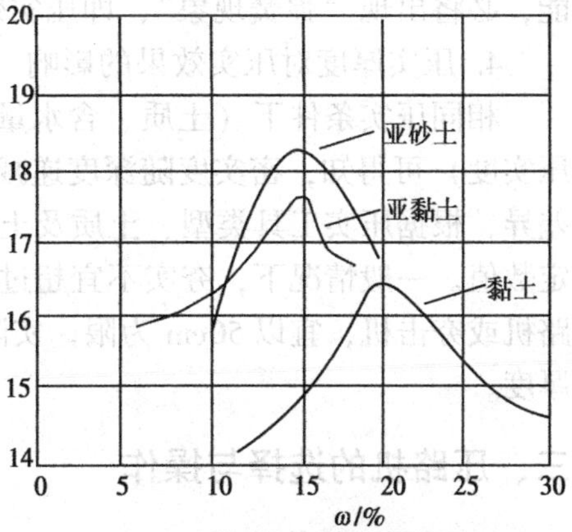

图 3-3-1　土质对压实效果的影响

3. 压实功能对压实的影响（如图 3-3-2 所示）

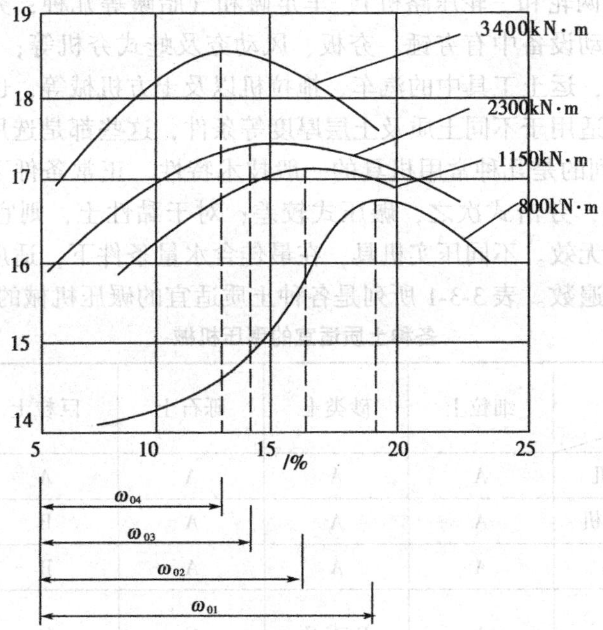

图 3-3-2　压实功能对压实的影响

压实功能（指压实工具的质量、碾压次数或锤落高度、作用时间等）对压实效果的影响，是除含水量之外的另一个重要因素。据此规律，工程实践中可以增加压实功能（选用重碾，增加次数或延长作用时间等），以提高路基强度或降低最佳含水量。但必须指出，用增加压实功能的办法，提高土基强度的效果，有一定限度。压实功能增加到一定限度以上后，效果提高变得缓慢，在经济效益和施工组织上，不是很合理，甚至当压实功能过大时，一是会破坏土基结构，二是相对应含水量减少而使水稳定性变差，其压实效果适得其反。相比之下，严格控制最佳含水量，要比增加压实功能收效大得多。当含水量不足，洒水有困难时，适当增大压实功能可以收效，如果土的含水量过大，此时如果增大压实功能，必将出现“弹簧现象”，即压实效果很差，造成返工浪费。

4. 压实厚度对压实效果的影响

相同压实条件下（土质、含水量与压实功能不变）实测土层不同深度的密实度（γ 或压实度）可得知，密实度随深度递减，表层 5cm 最高。不同压实工具的有效压实深度有所差异，根据压实工具类型、土质及土基压实的基本要求，路基分层压实的厚度有具体的规定数值。一般情况下，夯实不宜超过 20cm；12～15t 光面压路机，不宜超过 25cm；振动压路机或夯击机，宜以 50cm 为限。实际施工时的压实厚度应通过现场试验确定合适的摊铺厚度。

三、压路机的选择与操作

1. 压实机具的选择

压实机具的选择以及合理的操作，是影响土基压实效果的另一综合因素。土基压实机具的类型较多，大致分为碾压式、夯实式和振动式三大类型。碾压式（又称静力碾压式），包括光面碾（普通的两轮和三轮压路机）、羊足碾和气胎碾等几种；夯击式中除人工使用的石硪、大夯外，机动设备中有夯锤、夯板、风动夯及蛙式夯机等；振动式中有振动器、振动压路机等。此外，运土工具中的汽车、拖拉机以及土方机械等，也可用于路基压实。

不同压实机具，适用于不同土质及土层厚度等条件，这些都是选用何种压实机具的主要依据，表 3-3-1 所列的是几种常用机具的一般技术特性。正常条件下，对于砂性土的压实效果，振动式较好，夯击式次之，碾压式较差；对于黏性土，则宜选用碾压式或夯击式，振动式较差甚至无效。不同压实机具，在最佳含水量条件下，适应于一定的最佳压实厚度以及通常的压实遍数。表 3-3-1 所列是各种土质适宜的碾压机械的建议。

表 3-3-1　　各种土质适宜的碾压机械

碾压机具＼土类	细粒土	砂类土	砾石土	巨粒土	备注
6～8t 两轮光轮压路机	A	A	A	A	用于预压整平
15～18t 三轮光轮压路机	A	A	A	B	最常使用
25～50t 轮胎压路机	A	A	A	B	最常使用
羊足碾	A	B 或 C	C	C	粉、黏土质砂可用
振动压路机	B	A	A	A	最常使用
凸块式振动压路机	A	A	A	A	最宜使用于含水量较高的细粒土

续表 3-3-1

碾压机具 \ 土类	细粒土	砂类土	砾石土	巨粒土	备注
扶式振动压路机	B	A	A	C	用于狭窄地点
振动平板夯手	B	A	A	B 或 C	用于狭窄地点，机械质量 800 kg的可用巨粒土
扶式振动夯	A	A	A	B	用于狭窄地点
夯锤（板）	A	A	A	A	夯击影响深度最大
推土机、铲运机	A	A	A	A	仅用于摊平土层和预压

注：[1] 表中符号：A 代表适用，B 代表无适当的机械时可用，C 代表不适用；
[2] 土的类别按《公路土工试验规定》的规定划分；
[3] 对特殊土和黄土（CLY）、膨胀土（CHE）、盐渍土等的压实机械选择可按细粒土考虑；
[4] 自行式压路机宜用于一般路堤路堑基底的换填等的压实，宜采用直线式进退运行；
[5] 羊足碾（包括凸块式碾、条式碾）应有光轮压路机配合使用。

2. 压实要求

实践经验证明：土基压实时，在机具类型、土层厚度及行程遍数已经选定的条件下，压实操作时宜先轻后重、先慢后快、先边缘后中间（超高路段等需要时，则从内侧至外侧宜先低后高）。压实时，相邻两次的轮迹应重迭轮宽的 1/3，保持压实均匀，不漏压，对于压不到的边角，应辅以人力或小型机具夯实。压实全过程中，经常检查含水量和密实度，以达到符合规定压实度的要求。

四、土基压实标准及其应用

1. 土基压实标准

土基的压实程度用压实度来表示，以此来检查和控制压实的质量。

压实度是指土被压实后的干密度与该土的标准最大干密度之比，用百分率表示。

标准最大干密度是指按照标准击实试验法得到的土在最佳含水量时的干密度。

土被压实后的干密度是指在施工条件下，获取施工压实后的土样通过试验所得到的干密度。压实度按（3-3-1）公式计算：

$$K=\frac{\rho_d}{\rho_0}\times 100\% \qquad (3\text{-}3\text{-}1)$$

式中：K——压实度，%；

ρ_d——压实土的干密度，kg/m^3；

ρ_0——压实土的标准最大干密度，kg/m^3。

2. 压实标准规定的应用

（1）土质路基压实度应符合表3-3-2的规定。

（2）填石路堤，包括分层填筑路堤和倾填爆破石块的路堤，不能用土质路基的压实度来判定路基的密实程度。

五、碾压工序的控制

1. 确定不同种类填土最大干密度和最佳含水量

用于填筑路基的沿线土石材料，性质往往有较大的变化。在路基填筑施工前，必须对主要取土场采集代表性土样，进行土工试验，用规定方法求得各个土场土样的最大干密度和最佳含水量，以便指导路基土的施工。

表3-3-2　土质路基压实度标准表

填挖类型		路床顶面以下深度/m	压实度/%		
			高速公路 一级公路	二级公路	三、四级公路
路堤	上路床	0～0.30	≥96	≥95	≥94
	下路床	0.30～0.80	≥96	≥95	≥94
	上路堤	0.80～1.50	≥94	≥94	≥93
	下路堤	>1.50	≥93	≥92	≥90
零填及挖方路基		0～0.30	≥96	≥95	≥94
		0.30～0.80	≥96	≥95	-

注：[1] 表列压实度以《公路土工试验规程》（JTJ 051）重型击实试验法为准；

[2] 三、四级公路铺筑水泥混凝土路面或沥青混凝土路面时，其压实度应采用二级公路的规定值；

[3] 路堤采用特殊填料或处于特殊气候地区时，压实度标准根据试验路在保证路基强度要求的前提下可适当降低；

[4] 特别干旱地区的压实度标准可降低2%～3%。

2. 检查控制填土含水量

由于含水量是影响路基土压实效果的主要因素，故需检测欲填入路基中的土的含水量。用透水性不良的土做填料时，应控制其含水量在最佳含水量±2%之间。

3. 分层填筑、分层压实

土压实层的密度随深度递减，表面5cm的密度最高。填土分层的压实厚度和压实遍数与压实机械类型、土的种类和压实度要求有关，应通过试验路来确定。一般认为，对于细粒土，用12～25t光轮压路机时压实厚度不超过20cm；用22～25t振动压路机时（包括激振力），压实厚度不超过50cm。

4. 全宽填筑、全宽碾压

填筑路基时，应要求从基底开始在路基全宽范围内分层向上填土和碾压，尤其应注意路堤的边缘部分。路堤边缘往往得不到压实，处于松散状态，雨后容易滑坍，故两侧可采取宽填30～50 cm，压实工作完成后在按设计宽度和坡度予以刷齐整平。

5. 压实原则

掌握“先轻后重、先慢后快”进行压实的原则组织压实，轮迹重叠达到规定要求。一般应在 30 ~ 50cm 以上。

6. 加强测试检验及压实控制

检查压实度一般采取灌砂法、环刀法、蜡封法、水带法和核子密度仪法。环刀法适用于细粒土，灌砂法适用于各类土。采用核子仪时应先进行标定，并于灌砂法作对比试验，找出相关的压实度修正系数。尤其是当填土种类发生变化时，必须重新标定，方能保证压实度检测的准确可靠性。

填筑路基时，应分层碾压并分层检查压实，并要求填土层压实度达到要求后方能允许填筑上一层填土，只有分层控制填土的压实度，才能保证全深度范围内的压实质量。

当工地实测压实度小于要求压实度时，应检查填土含水量，当填土含水量 ω 与最佳含水量 ω_0 之差在 ±2% 以内，说明压实功能不够，应增加碾压遍数，如果压实遍数超过 10 遍仍达不到压实度要求，继续增加遍数效果很小，不如减少压实层厚度；当 $\omega > \omega_0$ 时，将填土挖松，晾干至 ω_0 再重新碾压；当 $\omega < \omega_0$ 时，应洒水使填土含水量接近 ω_0 再进行碾压。

许多地段都是由于路基压实度未能达到规定要求所导致路基出现翻浆、沉陷等破坏现象。因此，路基填筑时压实度必须要达到规定的要求，这样才能保证路基的稳定性。

复习思考题

1. 路基用土中哪种土最好，哪些土较差，为什么？
2. 路堤填筑有哪些方式？适用性如何？
3. 基填前清表碾压有什么要求？
4. 路基填料的选择有什么要求？
5. 路基填筑阶梯相互搭接有什么要求？
6. 填土路堤分层厚度有什么要求？
7. 用不同的土质混合填筑宽度有什么要求？
8. 用不同的土质 填筑路堤时应注意什么事项？
9. 桥（涵）台背填土施工有什么要求？
10. 压实机械的选择有什么要求？
11. 压实含水量如何调节？
12. 填方路堤碾压有什么要求？
13. 路堤压实度的要求是什么？

课题实训项目一：土质路堤的施工

（一）实习目的及要求

通过本课题的参观实习，使学生了解土质路堤施工的基本内容；路基土填料的选择；掌握路堤填筑方法、步骤、合理的填筑方式及施工要点；了解施工机械的选择和调配及现代化施工的组织。

（二）实习需要工具

1. 摄像机：拍摄路基施工过程。

2. 记录本：记录机械设备配套情况，作为以后分析的依据。

（三）实习内容

1. 土质路堤填筑的施工程序、机械调配和机械组织的检查。

带领学生了解路堤填筑常用的机械类型，台班数，机械配置。了解分层填筑的施工程序，竖向填筑的施工要点，混合填筑的施工程序等。

2. 路堤土填料的选择。到现场参观取土场，用眼观和手摸的方法，对土进行粗略分类，并对土质进行评价；然后，结合工地试验室提供的土的物理性质指标及黏稠性指标，对土进行正确分类，并对土的可用性进行评价。

（四）实习结果整理及实习建议

通过对现场土样分析，路基施工程序、机械配置、机械操作进行观察，对本工程提出指导性建议。

课题实训项目二：土质路堑的施工及施工检测项目

（一）实习目的及要求

通过本课题的参观实习，使学生了解土质路堑的基本施工内容；路堑开挖步骤及施工要点；了解施工机械的选择和调配及现代化施工的组织；掌握施工检测项目的内容、检测方法、检测步骤；掌握各检测项目的检侧标准、结果计算等。

（二）实习需要工具

运输工具及其附属设施。

1. 全站仪（或电子经纬仪、自动安平水准仪）及其附属设施。

2. 平整度仪或3m直尺及其附属设施。

3. 弯沉仪：宜采用长度为5.4m的贝克曼梁弯沉仪及其附属设施。

（三）实习内容

1. 土质路堑开挖程序、机械调配和机械组织。根据路堑开挖方法选择机械种类和数量。

2. 平整度、弯沉、边坡的检测方法、步骤和检测标准等。

3. 将各检测的项目、检测结果、检测标准填入相应的表中。

（四）结果整理及实习建议

某工程的参观实习，根据现场测试结果及外观检查，对本工程出现的不合格或缺陷，提出修整意见并写出实习心得。

课题实训项目三：土方压实路基的施工及压实度检测

（一）实训的目的与要求

通过本项目的实训，使学生掌握路基施工检测项目的内容及标准、土方压实度的测定方法、测定步骤及计算方法。土方路基压实度的质量验收及结果评定。

（二）实训的准备工作

1. 场地的布置

在校内实习场地（或施工工地）布置长5～200m、宽5～7m、松铺厚度为21～23cm的土层；准备摊铺机、平地机、压实机具；按标准的压实操作顺序“先轻后重，先慢后快，先边缘后中间”进行；在土的最佳含水量的情况下进行压实。

2. 实训所需器材

（1）压实度测定用具：灌砂筒，配套金属标定罐，基板；

（2）含水量测定用具：铝盒、烘箱等；

（3）试样盘、天平或台称等；

（4）盛砂的容器；

（5）其他：凿子、刀、勺、毛刷等。

3. 需要材料

标准量砂（粒径0.36～0.60mm，及0.25～0.50mm清洁干燥的均匀砂，约2040kg）

4. 检测所用器材

（1）全站仪（或电子经纬仪、自动安平水准仪）及其附属设施；

（2）平整度测仪：3m直尺或平整度仪、楔形塞尺及其附属工具；

（3）弯沉仪：宜采用长度为3.6m或5.4m的贝克曼梁弯沉仪及其附属工具。

5. 压实机具

（1）压实机具的种类认识。

（2）根据土质情况进行选择压实机具。

（3）了解压路机压实原则。

6. 土质情况分析

（1）现场取土，对土的物理性质指标进行测定，如密度、含水量等。

（2）对土的液、塑限进行测定。

（3）根据塑性指数和液限对土进行分类，评价土的可用性与否。

（4）估计土的最佳含水量，对土进行击实试验，确定土的最佳含水量与最大干密度。

（三）压实度及相关检查项目测定

路基和路面基层的压实度以重型击实试验为准。标准密度应作平行试验，求其平均值作为现场测试的标准值。相关验收检查项目按《公路工程现场测试技术》中有关要求进行。

1. 操作方法及步骤

细粒土现场测试压实度检查可用环刀法和灌砂法。

粗粒土及路面结构层压实度检查可采用灌砂法、水袋法和核子密度仪法。运用核子密度仪时，事先应与规定试验方法作对比试验而进行标定。各试验的操作方法与步骤可参照有关规范进行。

2. 压实度计算及检测项目结果整理，路基压实不足的处理方法配步骤。

（四）质量检验标准

路基用土质量检验标准，如表3-3-3所列。

土方路基质量检测标准，如表3-3-4所列。

（五）结果整理及实习建议

主要根据实习现场观察及测定结果进行整理，评价正在施工或已完工的结构物质量状况并对不合格项目进行原因分析并提出改正或补救措施，见表3-3-3。

表3-3-3　　路基用土质量检验标准

检查项目	质量标准		检查规定		备注
	规定值或允许值	质量要求	频率	方法	
最大干密度/（g/m^3）		需得到试验工程师认可	测每种土	重型标准击实	
最佳含水量/%		需得到试验工程师认可	测每种土	重型标准击实	
最小强度（CBR）	见表3-1-1			见表3-1-1	
最大粒径/mm	见表3-1-1		全面检查	目测	
液限/%	≤50	液塑限联合测定	每种土一次		
塑性指数	≤26	液塑限联合测定	每种土一次		
有机质含量	≤5		每种土一次		
膨胀土胀缩率/%	≤0.7		每种土一次		指石灰改性后，并不得使用强膨胀土

表3-3-4　　土方路基质量检测标准见表

检查项目			质量标准		检查规定		备注
			规定值或容许误差	质量要求	频率	方法	
压实度	零填挖方	0~30cm	见表3-5-1	符合技术规范要求	4个点/$2000mm^2$	每个断面每车道侧一个点，采用重型击实标准	单点100%合格
		0~80cm					
	填方	0~80cm	同上	同上	同上	同上	
		80~150cm	同上	同上	同上	同上	
		>150cm	同上	同上	同上	同上	
纵断高程			-15、+10	路基边缘圆滑无曲折	4个断面/200m	用水准仪检查	

续表 3-3-4

检查项目	质量标准		检查规定		备注
	规定值或容许误差	质量要求	频率	方法	
宽度	不小于设计值		4处/200m	用钢尺量测	
中线偏位	50		4点/200m	用经纬仪检查	弯道测HY、YH两点
横坡/%	0.5		4个断面/200m	用水准仪检查	
平整度/mm	15		4处/200m	每处用3m直尺连续量3尺，每尺检查最大间隙	
边坡	不陡于设计值		4处/200m	用水准仪、钢尺检查	
弯沉/0.1mm	按JTJ071—98附录Ⅰ和JTJ071—95的要求检查				
外观要求	路基边坡顺直、平整稳定、曲线圆滑、无软弹和翻浆现象				

表 3-3-5　　路基各项检查验收表

实测结果项目	1	2	3	4	5	结果
压实度/%						
纵断高程/mm						
宽度						
中线偏位/mm						
横坡/%						
平整度/mm						
边坡						
弯沉/0.1mm						

学习情境4　石质路基施工

[知识目标]

1. 掌握石质路堤的填筑方法及施工要点。

2. 了解石方爆破的技术要点。

[能力目标]

能够进行石质路堤填筑的技术方案选择，并掌握技术要点。

任务1　填石路堤施工

一、填石路堤的施工方法

填石路堤的施工方法如下。

①填石路堤的基底处理同填土路堤。

②高速公路、一级公路和铺设高级路面的其他等级公路的填石路堤均应分层填筑，分层压实。二级及二级以下且铺设低级路面的公路在陡峻山坡段施工特别困难或需大量爆破以挖做填时，可采用倾填方式将石料填筑于路堤下部，但倾填路堤在路床底面下不小于1.0m范围内仍应分层填筑压实。

③填石路堤的压实度检验：包括分层填筑岩块及倾填爆破石块填筑的路堤，在规定深度范围内，以12t以上振动压路机进行压实试验，当压实层顶面稳定，不再下沉（无轮迹）时，可判为密实状态（如图4-1-1a，b所示）。

图4-1-1a　填石路堤碾压

图4-1-1b　填石路堤试验现场

二、填石路堤的施工要求（如图4-1-2所示）

1. 填料的选择

填石路堤是指用粒径大于40mm，含量超过70%的石料填筑的路堤。

膨胀性岩石、易溶性岩石、崩解性岩石和盐化岩石等均不应用于路堤填筑。用强风化石料软质岩石填筑路堤时，应按土质路堤施工规定先检验其CBR值是否符合要求，CBR

值不符合要求时不得使用，符合使用要求时应按土质筑堤的技术要求施工。

填石路堤的石料强度不应小于15MPa（用于护坡的不应小于20MPa）。填石路堤石料最大粒径不宜超过层厚的2/3。

2. 施工中应将石块逐层水平填筑

分层松铺厚度：高速公路及一级公路不宜大于0.5m，其他公路不宜大于1.0m。大面向下摆放平稳，紧密靠拢，所有缝隙填以小石块或石屑。高速公路及一级公路填石路堤路床顶面以下50cm范围内应填筑符合路床要求的土并分层压实，填料最大粒径不得大于10cm。其他公路填石路堤路床顶面以下30cm范围内宜填筑符合路床要求的土并压实，填料最大粒径不应大于15cm。超粒径石料应进行破碎，使填料颗粒符合要求。

3. 填石路堤压实

填石路堤应使用重型振动压路机分层洒水压实，压实时继续用小石块或石屑填缝，直到压实层顶面稳定、不再下沉且无轮迹、石块紧密、表面平整为止。

4. 路堤边坡坡脚码砌

填石路基倾填前，路堤边坡坡脚应用粒径大于30cm的硬质石料码砌。

当无设计规定时，填石路堤高度小于或等于6m时，其码砌厚度不应小于1m；大于6m时，不应小于2m。

图4-1-2　填石路堤填筑

任务2　石质路堑施工

石质路堑开挖最有效的方法是爆破。爆破可以大大提高施工效率，缩短工期，节约劳力，提高公路的使用质量。

1. 炸药性能和药包量

（1）炸药性能

一般在坚石中，宜采用粉碎力大的炸药，如TNT、胶质炸药等；在次坚石、软石、裂缝大而多的岩石中，以及在松动爆破中，宜采用爆炸力较大而粉碎力较小的炸药；开采料石时，宜采用爆炸力和粉碎力都较小的炸药，如黑火药。

（2）药包量

药包量的多少，须根据具体条件和爆破目的来决定。

2. 地形条件

地形不同，其爆破的特征及效果也不同。地形越陡，炸药用量越省。地形倾斜时，爆破土方的岩石因振动而松裂，在自重的作用下脱离岩体而坍塌，从而扩大爆破漏斗的范围，增加爆破方量。此外，炮位的临空面的数目对爆破效果的影响也很大，临空面越多，爆破效果就越好。

3. 地质条件

当岩石的密度大、强度高、整体性好时，单位耗药量较高，对爆破后的边坡稳定有利，适宜采用大爆破；反之，密度小、力学强度低，节理、层理发达，则较易破碎，单位用药量低，不宜采用大爆破。

一、石质路堑的开挖方式

石质路堑的开挖通常采用爆破法，有条件时宜采用松土法，局部情况可采用破碎法开挖。

施工时，采用的爆破方法，要根据石方的集中程度，地质、地形条件及路基断面形状等具体条件而定。主要方法有钢钎炮、深孔爆破、葫芦炮、光面爆破与预裂爆破和抛坍爆破。

（一）常用爆破方法的特点及优点

1. 综合爆破

综合爆破是根据石方的集中程度，地质、地形条件，公路路基断面的形状，综合配套使用的一种比较先进的爆破方法。

一般包括小炮和洞室炮两大类。小炮主要包括钢钎炮、深孔爆破等钻孔爆破；洞室炮主要包括药壶炮和猫洞炮，洞室炮则随药包性质、断面形状和地形的变化而不同。用药量1t以上为大炮，1t以下为中小炮。

（1）裸露药包法

裸露药包法是将药包置于被炸物体表面或经清理的岩缝中，药包表面用草皮或稀泥覆盖，然后进行的爆破。

（2）钢钎炮（炮眼法）

在路基工程中，钢钎炮（炮眼法）是指炮眼直径小于70mm和深度小于5m的爆破方法。一般情况下，单独使用钢钎炮爆破石方是不经济的，原因有以下两点。

①炮眼直径小，炮眼浅，用药少，一般最多装药为眼深的1/3～1/2，每次爆破的石方量不大（通常不超过10m^3），并全靠人工清除，所以工效较低。

②不利于爆破能量的利用，但比较灵活，因而它又是一种不可缺少的炮型，在综合爆破中是一种改造地形，为其他炮型服务的铺炮型。

（3）药壶炮（葫芦炮）

药壶法是指在深2.5～3.0m以上的炮眼底部用小量炸药经一次或多次烘膛，使底成葫芦形，将炸药集中装入药壶中进行爆破。葫芦炮炮眼较深，适用于均匀致密黏土（硬土）、次坚石、坚石。对于炮眼深度小于2.5m，节理发育的软石，地下水较多或雨季施工时，不宜采用。

（4）猫洞炮

猫洞炮是炮洞直径为0.2～0.5m，洞穴成水平或略有倾斜（台眼），深度小于5m，将药集中于炮洞中进行爆破的一种方法。它适用于硬土、胶结良好的石古河床、冰渍层、软石和节理发育的次坚石，坚石可用其间的裂隙修成导洞或药室，这种炮型对大孤石、独岩包等爆破效果更佳。

（5）爆破（洞室）施工方法

大爆破是采用导洞和药室装药，用药量在1000kg以上的爆破方法。

2. 光面爆破（如图4-2-1所示）

光面爆破是在开挖限界的周边，适当排列一定间隔的炮孔，在有侧向临空面的情况下，用控制抵抗线和药量的方法进行爆破，使之形成一个光滑平整的边坡。

图4-2-1　光面爆破

3. 预裂爆破

预裂爆破是在开挖限界处按适当间隔排列炮孔，在没有侧向临空面和最小抵抗线的情况下，用控制药量的方法，预先炸出一条裂缝，使拟爆体与山体分开，作为隔振减振带，消除或减弱开挖限界以外山体或建筑物的地震破坏作用。

4. 抛坍爆破

抛坍爆破运用于自然地面坡度大于30°，地形地质条件复杂的半填半挖路堑。

5. 微差爆破

相邻两药包或前后排药包以毫秒的时间间隔（一般为15～75ms）依次起爆，称为微差爆破，亦称毫秒爆破。多发一次爆破最好采用毫秒雷管。多排孔微差爆破是浅孔深孔爆破发展的方向。

6. 定向爆破

在公路工程中用于以借为填或以挖做填地段，特别是在深挖高填相间、工程量大的鸡爪形地区，宜采用定向爆破。

（二）松土法

为了有利于开挖边坡的稳定和保护既有建筑物的安全，大马力推土机不断普及，用松土法开挖岩石被越来越广泛地采用。

二、爆破开挖路堑施工方法

1. 恢复路基中线，放出边线，钉牢边桩。

2. 根据地形，地质及挖深选择适宜的开挖爆破方法，制订爆破方案，作出爆破施工组织设计，报有关部门审批。

3. 用推土机整修施工便道，清理表层覆盖土及危石。

4. 在地面上准确放出炮眼（井）位置，竖立标牌，标明孔（井）号、深度、装药量。

5. 用推土机配合爆破，创造临空面，使最小抵抗线方向面向回填方向。

6. 炮眼在布置整体爆破时采用“梅花形”或“方格形”，预裂爆破时采用“一字形”，洞室爆破根据设计确定药包的位置和药量。

7. 在居民区及地质不良可能引起坍塌后遗症的路段，原则上不采用大中型洞室爆破。在石方集中的深挖路堑采用洞室爆破时，应认真设计分集药包位置和装药量，精确测算爆破漏斗，防止超爆、少爆或振松边坡，留下后患。

8. 爆破施工要严格控制飞石距离，采取切实可行的措施，确保人员和建筑物的安全，如采用毫秒微差爆破技术。

9. 控制爆破也可以采用分段毫秒爆破方法。

10. 为确保边坡爆破质量，可采用预裂爆破技术，光面爆破技术和排眼毫秒爆破技术，同时配合选择合理的爆破参数，减少冲击波影响，降低石料大块率，以减少二次破碎，利于装运和填方。

11. 装药前要布好警戒，选择好通行道路，认真检查炮孔、洞室，吹净残渣，排除积水，做好爆破器材的防水保护工作，雨季或有地下水时，可考虑采用乳化防水炸药。

12. 装药分单层、分层装药，预裂装药及洞室内集中装药。光眼装药后用木杆捣实，填塞黏土；洞室装药时，将预先加好的起爆体放在药包中心位置，周围填以硝酸安全炸药，用砂黏土填塞，填塞时要注意保护起爆线路。

13. 认真设计，严密布设起爆网络，防止发生短路及二响重叠现象。

14. 顺利起爆，并清除边坡危石后，用推土机清出道路，用推土机、铲运机纵向出土填方，运距较远时，用挖掘机械装土，自卸汽车运输。

15. 随时注意控制开挖断面，切勿超爆，适时清理整修边坡和暴露的孤石。

三、石质路基质量控制

（一）一般规定

1. 土方路基和石方路基的实测项目技术指标的规定值或允许偏差按高速公路、一级公路和其他公路（指二级及二级以下公路）两档设定，其中土方路基压实度按高速公路和一级公路、二级公路、三、四级公路三档设定。

2. 本章规定的实测项目的检查频率，如果检查路段以延米计时，则为双车道公路每一检查段内的最低检查频率（多车道公路必须按车道数与双车道之比，相应增加检查数量）。

3. 路基压实度须分层检测，并符合规范规定。路基其他检查项目均在路基项面进行检查测定。

4. 路肩工程可作为路面工程的一个分项工程进行检查评定。

5. 服务区停车场、收费广场的土方工程压实标准可按土方路基要求进行监控。

（二）石方路基的基本要求

1. 石质路堑的开挖宜采用光面爆破法。爆破后应及时清理险石、松石，确保边坡安全、稳定。

2. 修筑填石路堤时应进行地表清理，逐层水平填筑石块，摆放平稳，码砌边部。填筑层厚度及石块尺寸应符合设计和施工规范规定，填石空隙用石碴、石屑嵌压稳定。上、下路床填料和石料最大尺寸应符合规范规定。采用振动压路机分层碾压，压至填筑层顶面石块稳定，18t 以上压路机振压 2 遍无明显标高差异。

3. 路基表面应整修平整。

4. 实测项目如表 4-2-1 所列。

表 4-2-1　　石方路基实测项目

项次	检查项目		规定值或允许偏差		检查方法和频率	权值
			高速公路一级公路	其他公路		
1	压实		层厚和碾压遍数符合要求		查施工记录	3
2	纵断高程/mm		+10，-20	+10，-30	水准仪：每 200m 测 4 断面	2
3	中线偏位/mm		50	100	经纬仪：每 200m 测 4 点，弯道加 HY、YH 两点	2
4	宽度/mm		不小于设计		米尺：每 200m 测 4 处	2
5	平整度/mm		20	30	3m 直尺：每 200m 测 2 处×10尺	2
6	横坡/%		±0.3	±0.5	水准仪：每 200m 测 4 断面	1
7	边坡	坡度	不陡于设计值		每 200m 抽查 4 处	1
		平顺度	符合设计要求			

注：土石混填路基压实度或固体体积率可根据实际可能进行检验，其他检测项目与石方路基相同。

5. 外观鉴定

(1) 上边坡不得有松石。不符合要求时，每处减 1～2 分。

(2) 路基边线直顺，曲线圆滑。不符合要求时，单向累计长度每 50m 减重 1～2 分。

复习思考题

1. 石方开挖的方式有哪几种？
2. 何谓“葫芦炮”？它与其他几种爆破方式有何区别？
3. 石质路堤填筑和石质路堑开挖的施工要点有哪些？
4. 填石路堤的填料有什么要求？
5. 填石路堤分层厚度和摊铺有什么要求？
6. 填石路堤压实有什么特点？

课题实训项目：石质路堤的施工与施工检测项目

（一）实习目的与要求

通过本课题的参观实习，了解石质路提的基本施工内容、路堤填筑步骤及施工要点、施工注意事项。掌握石质路堤正确、合理的填筑方式；掌握施工及验收检测项目的内容，检测方法、检测步骤；掌握各检测项目的检测标准、结果计算等。

（二）实习需要工具

1. 运输工具及其配套设施。

2. 全站仪（或电子经纬仪、自动安平水准仪）及其配套设施。

3. 平整度定仪或3m 直尺及其配套设施。

4. 钢尺：精度符合要求的钢尺。

（三）实习内容

1. 石质路堤的施工程序

石质路堤的施工程序是：地基处理→用大型平地机整平→设置测点位置与测点数→填筑石和检查松铺厚度→碾压→检测压实厚度、纵坡、横坡等→符合标准要求进行下一层施工。

2. 石质路堤的检查项目

（1）断高程：路中线高的高程。

（2）中线偏位：相应路中线偏离对应中桩的距离。

（3）路堤宽度：垂直于路中线的断面水平宽度。测量相应两边桩的水平距离。

（4）平整度：以几何面为基准，测定路堤压实表面纵向的凸凹量。

（5）边坡：路堤边坡高度与边坡宽度的比值。

（6）密实度：石质路堤的密实度主要是检查压实厚度和压实遍数。

各检查项目的检验标准如表4-2-2 所列。

表4-2-2　　石方路基质量检验标准

检查项目		规定值或允许误差	检查方法和频率
密实度		层厚及碾压遍数符合要求	沉降量一般在0～5mm之内
纵断高程/mm		±10、－20	水准：每200m测4个断面
中线偏位/mm		50	经纬仪：每200m测4个点，弯道增测HY、YH
宽度		不小于设计要求	米尺：每200m测4处
平整度/mm		20	3m直尺：每200m测4处连续测3尺
横坡		0.5	水准仪：每200m测4个断面
边坡	坡度	不陡于设计值	每200m测4处
	平顺度	符合设计要求	

3. 各检查项目、实测结果填入表4-2-3中。

表4-2-3 实习检查项目

检查项目		1	2	3	4	检查结果
密实度						
纵断高程/mm						
中线偏位/mm						
宽度						
平整度/mm						
横坡						
边坡	坡度					
	平顺度					

（四）结果整理与实习建议

某工程的参观实习，根据现场测试结果及外观检查，对本工程出现的不合格或缺陷，提出修整意见，并写出实习心得。

学习情境5　软土地基处理

[知识目标]

1. 理解各种软土地基处理方法的原理。

2. 掌握各种软土地基处理方法的施工工序与施工要点。

[能力目标]

正确理解各种软土地基处理方法的原理，并能够根据地基情况选用软土地基处理的方法，并在施工现场进行软土地基处理。

软土在我国滨海平原、河口三角洲、湖盆地周围及山涧谷地均有广泛分布。习惯上常把淤泥、淤泥质土、软黏性土总称为软土，而把有机质含量很高的泥炭、泥炭质土称为泥沼。

区分软土与一般黏性土的通常条件是：把经生物－化学作用形成的、含较多有机物（大于5%）的软弱黏性土称为淤泥类土，其中孔隙比大于1.5的称为淤泥，孔隙比小于1.5的称为淤泥质土。

一、软土地基性质

1. 孔隙比和天然含水量大

我国软土的天然孔隙比一般在1～2之间，淤泥和淤泥质土的天然含水量 $w=50\% \sim 70\%$，一般大于液限，最高可达200%。

2. 压缩性高

我国淤泥和淤泥质土的压缩系数一般都大于0.5MPa，建造在这种软土上的建筑物将发生较大的沉降，尤其是沉降的不均性，会造成建筑物的开裂和损坏。

3. 透水性弱

软土含水量大，可是透水性却很小，渗透系数 $k \leqslant 1$（mm/d）。由于透水性如此微小，土体受荷载作用后，往往呈现很高的孔隙水压力，影响地基的压密固结。

4. 抗剪强度低

软土通常呈软塑—流塑状态，在外部荷载作用下，抗剪性能极差，根据部分资料统计，我国软土无侧限抗剪强度一般小于30kN/m^2（相当于0.3kg/cm^2）。不排水剪时，其内摩擦角 φ 几乎等于零，抗剪强度仅取决于凝聚力 C，$C<30\text{kN/m}^2$，固结快剪时，φ 一般在5°～15°之间。因此，提高软土地基强度的关键是排水。如果土层有排水出路，它将随着有效压力的增加而逐步固结。反之，若没有良好的排水出路，随着荷载的增大，它的强度可能衰减。在这类软土上的建筑物尽量采用“轻型薄壁”以减轻建筑荷重。

二、软土地基处理方法

地基处理的目的是针对软土地基可能产生的问题，采取人工的方法改善地基土的工程性质，达到满足上部结构对地基稳定和变形的要求，这些方法主要包括提高地基土的抗剪强度，增大地基承载力，防止剪切破坏或减轻土压力；改善地基土压缩特性，减少沉降和不均匀沉降；改善其渗透性，加速固结沉降过程；改善土的动力特性防止液化，减轻振动；消除或减少特殊土的不良工程特性（如黄土的湿陷性，膨胀土的膨胀性等）。

近几十年来，大量的工程实践推动了软弱土地基处理技术的迅速发展，地基处理的方法日益多样化，地基处理的新技术、新理论不断涌现并日趋完善。地基处理已成为基础工程领域中一个较有生命力的分支。根据基本原理的不同，地基处理方法基本上可以分为如表 5-0-1 所列的几类。

表 5-0-1　　地基处理方法的分类

物理处理				化学处理		热学处理	
置换	排水	挤密	加筋	搅拌	灌浆	热加固	冻结

必须指出，很多地基处理方法具有多重加固处理的功能，例如碎石桩具有置换、挤密、排水和加筋的多重功能；而石灰桩则具有挤密、吸水和置换等功能。地基处理的主要方法、适用范围及加固原理，参见表 5-0-2 所列。

表 5-0-2　　软弱土地基处理方法分类

编号	分 类	处理方法	原理及作用	适用范围
1	碾压及夯实	重锤夯实法，机械碾压法，振动压实法，强夯法（动力固结）	利用压实原理，通过机械碾压夯击，把表层地基土压实，强夯则利用强大的夯击能，在地基中产生强烈的冲击波和动应力，使土体动力固结密实	碎石、砂土、粉土、低饱和度的黏性土、杂填土等。对饱和黏性土可采用强夯法
2	换土垫层	砂石垫层，素土垫层，灰土垫层，矿碴垫层	以砂石、素土、灰土和矿渣等强度较高的材料，置换地基表层软弱土，提高持力层的承载力，减少沉降量	暗沟、暗塘等软弱土地基
3	排水固结	天然地基预压，砂井预压，塑料排水板预压，真空预压，降水预压	通过改善地基排水条件和施加预压荷载，加速地基的固结和强度增长，提高地基的稳定性，并使基础沉降提前完成	饱和软弱土层。对于渗透性很低的泥炭土，则应慎重
4	振密挤密	振冲挤密，灰土挤密桩，砂桩，石灰桩，爆破挤密	采用一定的技术措施，通过振动或挤密，使土体孔隙减少，强度提高；也可在振动挤密的过程中，回填砂、砾石、灰土、素土等，与地基土组成复合地基，从而提高地基的承载力，减少沉降量	松砂、粉土、杂填土及湿陷性黄土

续表 5-0-2　　软弱土地基处理方法分类

编号	分类	处理方法	原理及作用	适用范围
5	置换及拌入	振冲置换，深层搅拌，高压喷射注浆，石灰桩等	采用专门的技术措施，以砂、碎石等置换软弱土地基中部分软弱土，或在部分软弱土地基中掺入水泥、石灰或砂浆等形成加固体，与周边土组成复合地基，从而提高地基的承载力，减少沉降量	黏性土、冲填土、粉砂、细砂等
6	土工聚合物	土工膜，土工织物，土工格栅等合成物	一种用于土工的化学纤维新型材料，可用于排水、隔离、反滤和加固补强等方面	软土地基、填土及陡坡填土、砂土
7	其他	灌浆，冻结，托换技术，纠偏技术	通过独特的技术措施处理软弱土地基	根据建筑物和地基基础情况确定

（一）换填土层法

换填土层法是将基础下一定深度内的软弱土层挖去，回填强度较高的砂、碎石或灰土等，并夯击、碾压至密实的一种地基处理方法。

工程中常用的换填土层材料有：砂、砂卵石、碎石、灰土或素土、煤渣及其他性能稳定、无侵蚀性的材料。

换填土层的作用如下。

（1）提高浅层地基承载力。因地基中的剪切破坏从基础底面开始，随应力的增大而向纵深发展。故以抗剪强度较高的砂或其他填筑材料置换基础下较软弱的土层，可避免地基的破坏。

（2）减少沉降量。一般浅层地基的沉降量占总沉降量比例较大。加以密实砂或其他填筑材料代替上层软弱土层，就可以减少这部分的沉降量。由于砂层或其他垫层对应力的扩散作用，使作用在下卧层土上的压力较小，这样也会相应减少下卧层土的沉降量。

（3）加速软弱土层的排水固结。砂垫层和砂石垫层等垫层材料透水性强，软弱土层受压后，垫层可作为良好的排水面，使基础下面的孔隙水压力迅速消散，加速垫层下软弱上层的固结和提高其强度，避免地基发生塑性破坏。

（4）防止冻胀。因为粗颗粒的垫层材料空隙大，不易产生毛细管现象，因此可以防止寒冷地区中结冰所造成的冻胀。

（5）消除膨胀土的胀缩作用。

1. 开挖换填法

此法适用于软土层厚度小于 3m 的情况；若大于 3m，通常只挖除一部分再行换填。

全挖换填是治本之法，无后患。施工中在清挖后，填以砂、砾、卵石、片石等渗水性材料或强度较高的黏性土，如图 5-0-1 所示。

图 5-0-1　开挖换算法

施工要点。

（1）选择良好的填料

应选择强度较大、性能稳定的填料。当软土地基中地下水位较高时，应选择具有良好排水性能的砂、砂砾等粗粒料作为填料，以便处于地下水位以下的地基仍能保持足够的承载能力。

（2）开挖边坡的坡度

根据开挖深度与土的抗剪强度确定合理的边坡坡度。开挖时用水泵排水，防止边坡坍塌破坏，增加不必要的挖方量。

（3）填料应及时运进、随挖随填，防止挖方边坡坍塌，如图 5-0-2 所示。

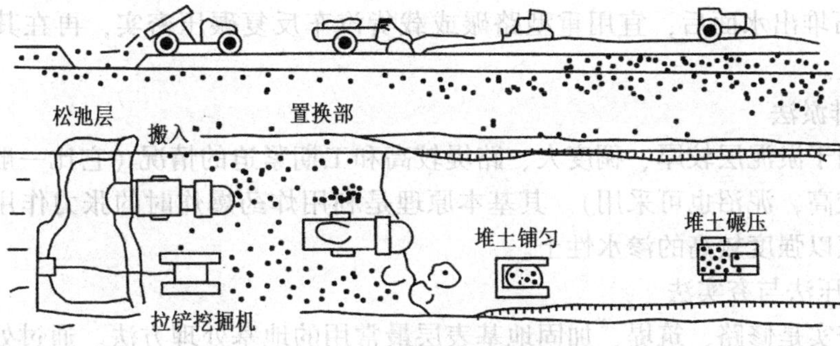

图 5-0-2　开挖换填法施工

2. 抛石挤淤法

此法适用于常年积水的洼地。因排水困难，厚度较薄，表层无硬壳。适用条件是片石能沉达底部的泥沼或厚度为 3 ~4m 的软土地基，如图 5-0-3（a）（b）所示。

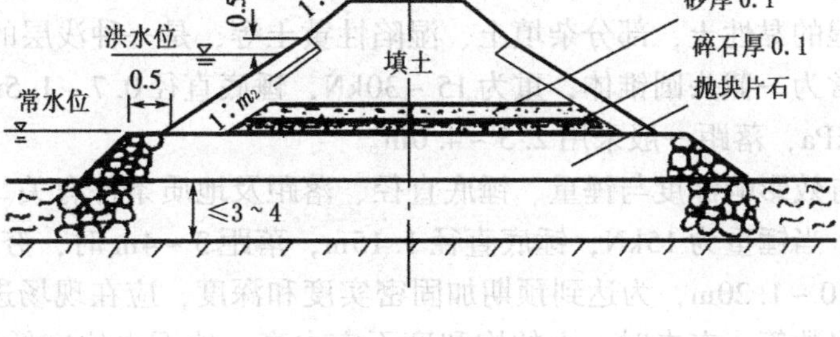

（a）

（b）

图 5-0-3　抛石挤淤法

施工要点。

（1）掌握抛投顺序。先从路堤中部开始，中部向前突进后，再渐次向两侧扩展，以使淤泥向两旁挤出。

（2）片石堆出水面后，宜用重型路碾或载货汽车反复碾压密实，再在其上铺设反滤层，然后填土。

3. 爆破排淤法

此法适用于淤泥层较厚、稠度大、路堤较高和工期紧迫的情况（它比一般方法换填深度大，工效较高，泥沼也可采用）。其基本原理是利用炸药爆炸时的张力作用，把淤泥抛出，然后回填以强度较高的渗水性土。

（二）碾压法与夯实法

碾压与夯实是修路、筑堤、加固地基表层最常用的地基处理方法。通过处理，可使填土或地表疏松土的孔隙体积减小，密实度提高，从而降低土的压缩性，提高抗剪强度和承载力。

目前国内常用的有机械碾压法、振动压实法和重锤夯实法及强夯法等。

1. 重锤夯实法

重锤夯实法是运用起重机械将重锤（一般不轻于 15kN）提到一定高度（3～4m）然后锤自由落下，这样重复夯击地基，使它表层（在一定深度内）夯击密实而提高强度。它适用于砂土、稍湿的黏性土，部分杂填土、湿陷性黄土等，是一种浅层的地基加固方法。

重锤的式样常为一截头圆锥体，重为 15～30kN，锤底直径 0.7～1.5m，锤底面自重静压力约为 15～25kPa，落距一般采用 2.5～4.0m。

重锤夯实的有效影响深度与锤重、锤底直径、落距及地质条件有关。根据国内某地经验，一般砂质土，当锤重为 15kN，锤底直径 1.15m，落距 3～4m 时，夯击 6～8 遍，夯击有效深度约为 1.10～1.20m，为达到预期加固密实度和深度，应在现场进行试夯，确定需要的落距、夯击遍数等。夯击时，土的饱和度不宜太高，地下水位应低于击实影响深度，在此深度范围内也不应有饱和的软弱下卧层，否则会出现“橡皮土”现象，严重影响夯实效果；含水量过低消耗夯击功能较大，往往达不到预期效果。一般含水量应尽量控制接近击实土的最佳含水量或控制在塑液限之间而稍接近塑限，也可由试夯确定含水量与锤击功能的规律，以求能用较少的夯击遍数达到预期的设计加固深度和密实度，从而指导施工。

一般夯击遍数不宜超过 8 ~ 12 遍，否则应考虑增加锤重、落距或调整土层含水量。

重锤夯实法的加固原理：对于不同物理性质指标的土，重锤夯实法的加固原理是不同的。当地基土为饱和细粒土时，采用的是动力固结方式，即巨大的冲击能量在土中产生非常大的应力波，破坏了土体原有的内部结构，使土体局部发生液化并产生许多裂隙，增加了排水通道，使孔隙水顺利排出，土体慢慢固结，强度渐渐提高；当地基土为非饱和土时，采用的是动力密实的方式，即强大的冲击能强制超压密地基，使土中气相体积大幅度减小，使地基土更加密实，从而提高其承载力。

施工要点。

(1) 首先要试夯，选定夯锤直径、重量和落距，最后确定下层量、总下沉量和夯击遍数。基坑（槽）的夯实范围应大于基础底面，每边应比设计宽度加宽 0. 3m 以上。重锤分层夯实地基时，每层得铺设厚度应相当于锤底直径。

(2) 夯实前，坑（槽）底面应高出设计标高，预留土层的厚度应根据试夯时的总下沉量再加 50 ~100mm 确定。夯实时，地基土的含水量应控制在最优含水量范围以内。夯实后，地基土的强度一定要满足设计强度的要求。

重锤夯实法加固后的地基应经静载试验确定其承载力，需要时，还应对软弱下卧层承载力及地基沉降进行验算。

2. 强夯法

强夯法，亦称为动力固结法，是一种将较大的重锤（一般约为 80 ~ 400kN，最重达 2000kN）从 6 ~ 20m 高处（最高达 40m）自由落下，对较厚的软土层进行强力夯实的地基处理方法。如图 5-0-4 所示。

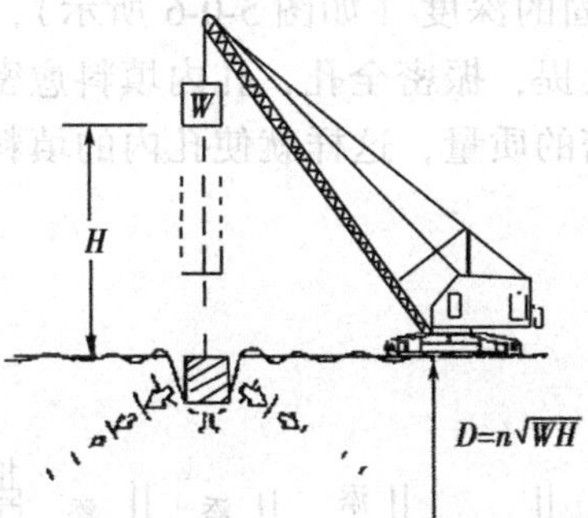

图 5-0-4　强夯示意图

强夯法的显著特点是夯击能量大，影响深度也大，并具有工艺简单、施工速度快、费用低、适用范围广、效果好等优点。

强夯法适用于碎石类土、砂类土、杂填土、低饱和粉土和黏土及湿陷性黄土等地基的加固。对于高饱和软黏土（淤泥及淤泥质土），强夯处理效果较差，但若结合夯坑内回填块石、碎石或其他粗粒料，强行夯入形成复合地基（称为强夯置换或动力挤淤），处理效果较好。

强夯法虽然在实践中已被证实是一种较好的地基处理方法，但其加固机理研究尚待完善。

（三）挤密法和振冲法

挤密法是指在软弱土层中挤土成孔，从侧向将土挤密，然后再将碎石、砂、灰土、石灰或炉渣填入孔中，并加以捣实成为桩体。

在砂土中，通过机械振动挤压或加水振动可以使砂土密实，挤密法和振冲法就是利用这个原理发展起来的两种地基加固方法。

挤密法是以振动或冲击的方法成孔，然后在孔中填入砂、石、土、石灰或其他材料，并加以捣实成为桩体，按其填入的材料分别称为砂桩，砂石桩，石灰桩，灰土桩等。挤密法一般采用打桩机械或振动打桩机施工，也有用爆破成孔的。挤密桩的加固机理主要靠桩管打入地基土中，对土产生横向挤密作用，在一定挤密功能作用下，土粒彼此移动，小颗粒填入大颗粒的孔隙中，颗粒间彼此靠近，空隙减少，使土密实，地基土的强度也随之加强。所以挤密法主要是使松土地基挤密，改善土的强度和变形特征。由于桩体本身具有较大的强度和变形模量，桩的断面较大，故桩体与原地基土组成复合地基，共同承担荷载。

必须指出的是，挤密砂桩与排水砂井是以砂石为填料的桩体，但两者的作用是不同的。砂桩的作用主要是挤密，故桩径在孔中填入碎石制成的桩体较大，桩距较小；而砂井的作用主要是排水固结，故井径较小而桩距大。

挤密桩主要应用于松软砂类土、素填土、杂填土和湿陷性黄土等。

振冲法是利用一个振冲器（如图 5-0-5 所示），在高压水流的帮助下边振边冲，使松砂地基变密，或在黏土地基中成孔，这样的桩体与原来的土构成的复合地基比原地基抗剪强度高和压缩性小。振冲法的工作过程是用吊车或卷扬机把振冲器就位后，打开喷水口，开动振冲器，在振动作用下使振冲器沉到需要加固的深度（如图 5-0-6 所示），然后边往孔内回填碎石，边喷水振动，使碎石密实度逐渐上提，振密全孔，孔内填料愈密，振动消耗的电量愈大，常通过观察电流的变化，控制振密的质量，这样就使孔内的填料及孔周围一定范围内的土密实。

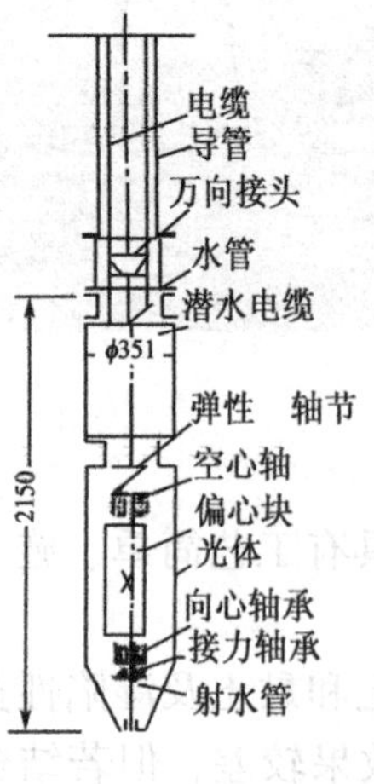

图 5-0-5　振冲器构造示意图

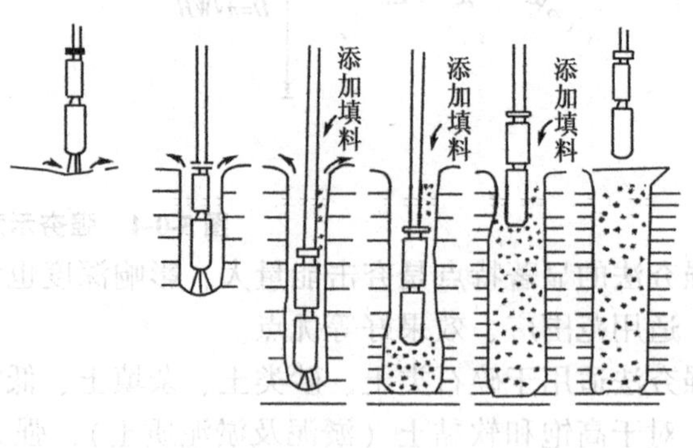

图 5-0-6　振冲施工过程

振冲法的机理，在砂土中主要是振动挤密和振动液化作用，在软性土中主要是振冲置换作用，使置换的桩体与土组成复合地基。近年来振冲法广泛用于处理各类地基土，主要是应用于处理砂土、湿陷性黄土及部分非饱和黏性土，提高这些土的地基承载力和抗液化性能，也应用于处理不排水剪强度稍高（$C_u > 20kPa$）的饱和黏性土和粉土，改善这类土的地基承载力和变形特征。

（四）高压喷射注浆法与深层搅拌法

1. 高压喷射注浆法

高压喷射注浆法是用高压脉冲泵，将水泥浆液通过钻杆下端的喷射装置，以高速高压射流喷入土体，冲击切削土层，使喷射流射程内的土体遭受破坏。同时，钻杆边转动边提升，使土体与水泥浆充分搅拌混合，凝聚固结后即在地基中形成一定强度的水泥土混合体，从而使地基得到加固。

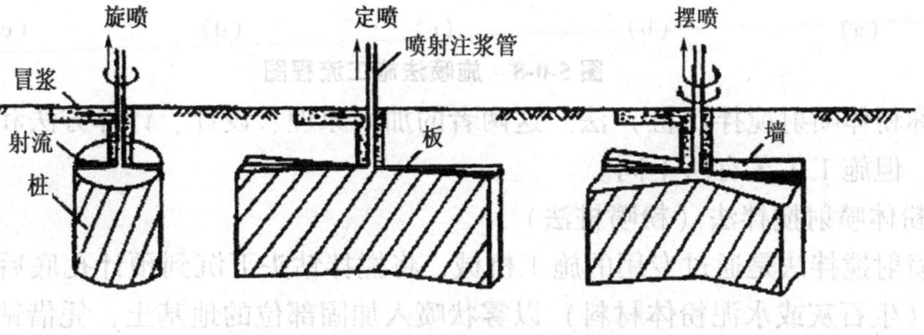

图 5-0-7　高压喷射注浆的三种形式

高压喷射注浆法按喷射方向和形成固体的形状可分为旋转喷射、定向喷射和摆动喷射三种，如图 5-0-7 所示。旋转喷射时喷嘴边喷边旋转和提升，固结体呈圆柱状，称为旋喷法，主要用于加固地基；定向喷射喷嘴边喷边提升，喷射定向的固结体呈壁状；摆动喷射固结体呈扇状墙，后两种方式常用于基坑防渗和边坡稳定等工程。按注浆的基本工艺可分为单管法（浆液管）、二重管法（浆液管和气管）、三重管法（浆液管、气管和水管）和多重管法（水管、气管、浆液管和抽泥浆管等）。

高压喷射注浆法适用于砂类土、黏性土、湿陷性黄土、淤泥和人工填土等多种土类，加固直径（厚度）为 0.5～1.5m，固结体抗压强度（325 号水泥三个月龄期）加固软土为 5～10MPa，加固砂类土为 10～20MPa。对于砾石粒径过大，含腐殖质过多的土加固效果较差；对地下水流较大，对水泥有严重腐蚀的地基土也不宜采用。

旋喷法加固地基的施工程序如图 5-0-8 所示。

2. 深层搅拌法

深层搅拌法是用于加固饱和软黏土地基的一种新颖方法，它是通过深层搅拌机械，在地基深处就地利用固化剂与软土之间所产生的一系列物理-化学反应，使软土固化成具有整体性、水稳性和一定强度的桩体，并与桩间土组成复合地基。固化剂主要采用水泥、石灰等材料，与砂类土或黏性土搅拌均匀，在土中形成竖向加固体。它对提高软土地基承载能力，减小地基的沉降量有明显效果。

当采用的固化剂形态为浆液固化剂时，常称为水泥浆搅拌（桩）法；当采用粉状固化

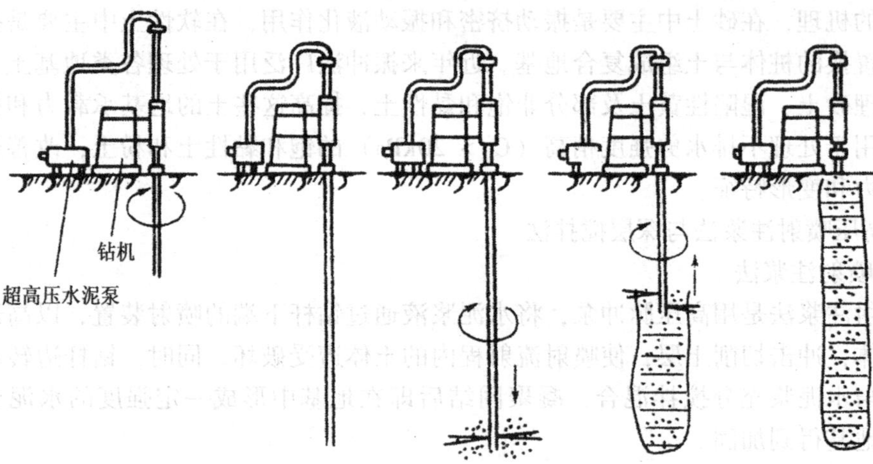

图 5-0-8　施喷法施工流程图

剂时，常称粉体喷射搅拌（桩）法。这两者的加固原理、设计、计算方法和质量检验方法基本一致，但施工工艺有所不同。

（1）粉体喷射搅拌法（粉喷桩法）

粉体喷射搅拌法是通过专用的施工机械，将搅拌钻头下沉到预计孔底后，用压缩空气将固化剂（生石灰或水泥粉体材料）以雾状喷入加固部位的地基土，凭借钻头和叶片旋转使粉体加固料与软土原位搅拌混合，自下而上边搅拌边喷粉，直到设计停灰标高。为保证质量，可再次将搅拌头下沉至孔底，重复搅拌。

粉体喷射搅拌法的优点是以粉体作为主要加固料，不需向地基注入水分，因此加固后地基土初期强度高，可以根据不同土的特性、含水量、设计要求合理选择加固材料及配合比，对于含水量较大的软土，加固效果更为显著；施工时不需高压设备，安全可靠，如严格遵守操作规程，可避免对周围环境产生污染、振动等不良影响。缺点是由于目前施工工艺的限制，加固深度不能过深，一般为 8 ~ 15m。

粉体喷射搅拌法的加固机理因加固材料的不同而稍有不同，当采用石灰粉体喷搅加固软黏土时，其原理与公路常用的石灰加固土基本相同。石灰与软土主要发生如下作用：石灰的吸水、发热、膨胀作用；离子交换作用；碳酸化作用（化学胶结反应）；火山灰作用（化学凝胶作用）以及结晶作用。这些作用使土体中水分降低，土颗粒凝聚而形成较大团粒，同时土体化学反应生成复合的水化物 $4CaO \cdot Al_2O_3 \cdot 13H_2O$ 和 $2CaO \cdot Al_2O_3 \cdot SiO_2 \cdot 6H_2O$ 等在水中逐渐硬化，与土颗粒黏结在一起，从而提高了地基土的物理力学性质。当采用水泥作为固化剂材料时，其加固软黏土的原理是在加固过程中发生水泥的水解和水化反应（水泥水化成氢氧化钙、含水硅酸钙、含水铝酸钙、及含水铁铝酸钙等化合物，在水中和空气中逐渐硬化）、黏土颗粒与水泥水化物的相互作用（水泥水化生成钙离子与土粒的钠、钾离子交换使土粒形成较大团粒的硬凝反应）和碳酸化作用（水泥水化物中游离的氢氧化钙吸收二氧化碳生成不溶于水的碳酸钙）三个过程。这些反应使土颗粒形成凝胶体和较大颗粒，颗粒间形成蜂窝状结构，生成稳定且不溶于水的结晶化合物，从而提高软土强度。

石灰、水泥粉体加固形成的桩柱的力学性质变形幅度相差较大，主要取决于软土特性、掺加料种类、质量、用量、施工条件及养护方法等。石灰用量一般为干土重的6%～15%，软土含水量以接近液限时效果较好，水泥掺入量一般为干土重的5%以上（7%～15%）。粉体喷射搅拌法形成的粉喷桩直径为50～100cm，加固深度可达10～30m。石灰粉体形成的加固桩柱体抗压强度可达800kPa，压缩模量为20～30MPa，水泥粉体形成的桩柱体抗压强度可达5MPa，压缩模量100MPa左右，地基承载力一般提高2～3倍，减少沉降量1/3～2/3。粉体喷射搅拌桩加固地基的设计具体计算可参照后面介绍的复合地基设计。桩柱长度确定原则上与砂桩相同。

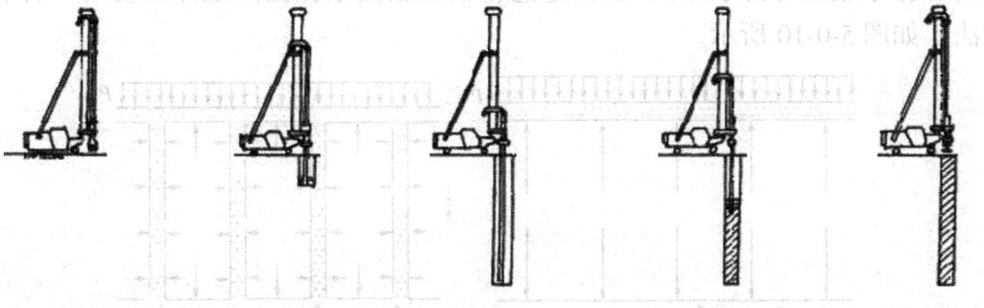

（a）搅拌机对准桩位　（b）下钻　（c）钻进结束　（d）提升喷射搅拌　（e）提升结束

图5-0-9　粉体喷射搅拌施工作业顺序

粉体喷射搅拌桩施工作业顺序如图5-0-9所示。

施工结束后，对加固的地基应作质量检验，包括标准贯入试验、取芯抗压试验、载荷试验等。桩柱体的强度、压缩模量、搅拌的均匀性以及尺寸均应符合设计要求。

我国粉体材料资源丰富，粉体喷射搅拌法常用于公路、铁路、水利、市政、港口等工程软土地基的加固，较多用于边坡稳定及筑成地下连续墙或深基坑支护结构。被加固软土中有机质含量不应过多，否则效果不大。

（2）水泥浆搅拌法（深搅桩法）

水泥浆搅拌法是用回转的搅拌叶将压入软土内的水泥浆与周围软土强制拌和形成水泥加固体。搅拌机由电动机、中心管、输浆管、搅拌轴和搅拌头组成，并有灰浆搅拌机、灰浆泵等配套设备。我国生产的搅拌机现有单搅头和双搅头两种，加固深度达30m形成，的桩柱体直径为60～80cm（双搅头形成8字形桩柱体）。

水泥浆搅拌法加固原理基本和水泥粉喷搅拌桩相同，与粉体喷射搅拌法相比有其独特的优点：a. 加固深度加深；b. 由于将固化剂和原地基软土就地搅拌，因而最大限度地利用了原土；c. 搅拌时不会侧向挤土，环境效应较小。

施工顺序大致为：在深层搅拌机起吊就位后，搅拌机先沿导向架切土下沉；下沉到设计深度后开启灰浆泵将制备好的水泥浆压入地基；边喷边旋转搅拌头并按设计确定提升速度，进行提升、喷浆、搅拌作业，使软土与水泥浆搅拌均匀，提升到上面设计标高后再次控制速度将搅拌头搅拌下沉，到设计加固深度再搅拌提升出地面。为控制加固体的均匀性和加固质量，施工时应严格控制搅拌头的提升速度，并保证喷压阶段不出现断桩现象。

加固形成桩柱体强度与加固时所用水泥标号、用量、被加固土含水量等有密切关系，应在施工前通过现场试验取得有关数据，一般用425号水泥，水泥用量为加固土干重的2%～15%，三个月龄期试块变形模量可达75MPa以上，抗压强度在1.5～3MPa以上（加固软土含水量40%～100%）。按复合地基设计计算加固软土地基可提高承载力2～3倍以上，沉降量减少，稳定性也明显提高，而且施工方便，是目前公路、铁路厚层软土地基加固常用技术措施的一种，也用于深基坑支护结构、港口码头护岸等。由于水泥浆与原地基软土搅拌结合对周围建筑物影响很小，施工无振动噪声对环境无污染，因此更适用于市政工程，而不适用于含有树根、石块等的软土层。

（五）排水固结预压

排水固结预压法是利用地基排水固结的特性，通过施加预压荷载，并增设各种排水条件（砂井和排水垫层等排水体），以加速饱和软黏土固结，提高土体强度的一种软土地基处理方法，如图5-0-10所示。

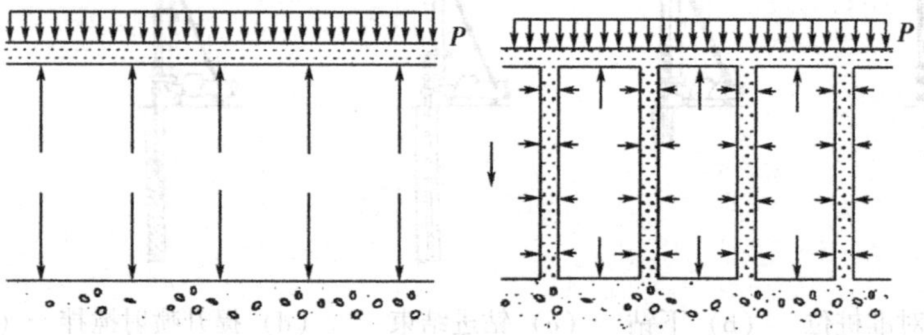

（a）竖向排水情况　　（b）砂井地基排水情况

图5-0-10　排水因结法的原理

排水固结法可解决以下两个问题。

（1）沉降问题。使地基的沉降在加载预压期间大部分或基本完成，使建筑物在使用期间不致产生不利的沉降和沉降差。

（2）稳定问题。加速地基土的抗剪强度的增长，从而提高地基的承载力和稳定性。

排水固结法适用于处理淤泥质土、淤泥和冲填土等饱和黏性土地基。

排水固结法是由排水系统和加压系统两部分共同组合而成。

排水系统：由水平排水垫层和竖向排水体构成。竖向排水体可选用普通砂井、袋装砂井或塑料排水板。设置排水系统主要在于改变地基原有的排水边界条件，增加孔隙水排出的途径，缩短排水距离。当软土层较薄、或土的渗透性较好而施工期较长时，可仅在地面铺设一定厚度的砂垫层，然后加载，土层中的水竖向流入砂垫层而排出。当工程上遇到深厚的透水性很差的软黏土层时，可在地基中设置砂井等竖向排水体，地面连以排水砂垫层，构成排水系统。

加压系统：即起固结作用的荷载。它使地基土的固结压力增加而产生固结。

工程上广泛使用且行之有效的增加固结压力的方法是堆载法。此外，还有真空法、降低地下水位法、电渗法和联合法。采用真空法、降低地下水位法、电渗法不会像堆载法那样有可能引起地基土的剪切破坏，所以较为安全，但操作技术比较复杂。

1. 砂垫层法

砂垫层是指作为湿软土层地基固结所需要的上部排水层，同时又是路堤内土体含水量增多的排水层。砂垫层的作用是加速软弱土层的排水固结，从而提高承载能力，减少沉降量，同时防止冻胀，消除膨胀土的胀缩作用，也可处理暗穴。

其基本原理是通过在软土层顶面铺设排水砂层，以增加排水面，使软土地基在填土荷载的作用下加速排水固结，提高其强度，满足稳定性要求。

施工要点。

（1）在填料选择时，以中粗砂为宜，要求级配良好，砂砾最大粒径不应大于5cm，且含泥量不大于5%，砾石强度不低于四级。

（2）尽量采用分层填筑碾压的方法施工，而不采用水压法、夯实法等。

（3）碾压时的含水量一定要在大于最佳含水量的状态下进行。

（4）砂垫层厚度，一般在0.5～1.0m之间，太厚施工困难，太薄效果较差。分层施工，摊铺砂砾料无粗细料分离现象，每层的压实厚度不大于20cm，并且在压实好的层次上进行下一层次的填筑时，应采用推进、整平、进料的方式填筑。不允许运输车辆进入到碾压好的层面上。

（5）严格检查压实度，达到规定的标准要求。

2. 砂井排水法

砂井排水法是在湿软地基中人为设置垂直排水砂井，缩短排水距离，减少固结时间，以达到提高地基抗剪强度的一种方法。一般情况下，砂井上堆载预压的加载量大致可取与设计荷载接近，这样可预压至80%的固结度。

（1）砂井直径和间距

砂井直径和间距主要取决于土的固结特性和施工期限的要求。“细而密”比“粗而稀”效果好。砂井直径一般为300～400mm，袋装砂井直径为70～120mm。

工程上常用的井距，一般为砂井直径的6～8倍，袋装砂井一般为15～30倍。设计时，可先假定井距，再计算固结度，若不能满足要求，则可缩小井距或延长工期。

（2）砂井深度

砂井深度主要根据土层的分布、地基中附加应力大小、施工期限和条件及地基稳定性等因素确定，一般为10～25m。

①当软土层不厚、底部有透水层时，砂井应尽可能穿过软土层；

②当深厚的压缩土层间有砂层或砂透镜体时，砂井应尽可能打至砂层或砂透镜体处；而采用真空预压时，应尽可能避免砂井与砂层相连接，以免影响真空效果。

（3）砂井排列

图5-0-11为砂井平面布置的两种形式：等边三角形和正方形，以等边三角形排列较为紧凑和有效。当砂井为正方形排列时，砂井的有效排水范围为正方形；而等边三角形排列时则为正六边形，并认为在该有效范围内的水系通过位于其中的砂井排出。在实际进行固结计算时，由于多边形作为边界条件求解很困难，建议每个砂井的影响范围由多边形改为由面积与多边形面积相等的圆来求解，等效圆的直径 D 与砂井间距 L 的关系如下：

正方形排列时

$$De = 1.13L \tag{5-0-1}$$

等边三角形排列时

$$De = 1.05L \tag{5-0-2}$$

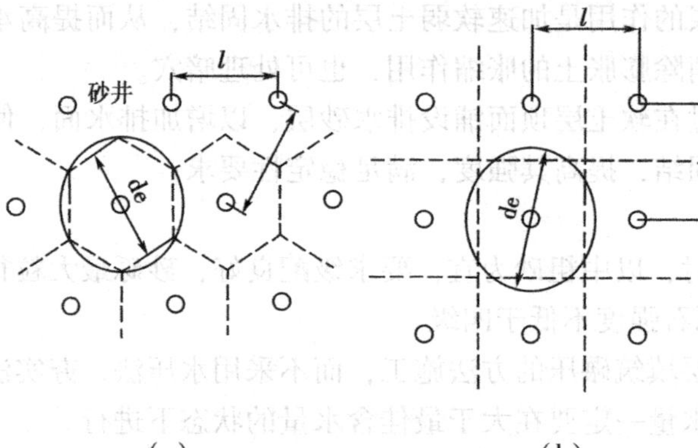

图 5-0-11　砂井平面布置图

式中：*De* 为砂井的有效直径，*L* 为砂井间距。

(4) 砂井布置范围

砂井的布置范围一般可由基础的轮廓线向外增 2 ~4m。

(5) 砂料

宜选用中粗砂，其含泥量不能超过 3%。

(6) 砂垫层

砂井顶部铺设砂垫层，可使砂井排水有良好的通道，将水排到工程场地以外。

砂井排水法的施工。

a. 铺砂。在砂井施工前，先在地表均匀地铺设一层 0.5 ~1.5m 的砂垫层。

b. 砂井的位置确定。

c. 施打砂井。砂井的施打方法主要有打入式、振动锤式、射水式、螺钻式和袋装式。

3. 袋装砂井排水法

袋装砂井排水法适用范围与上述普通砂井法相同，但特别适用于地基土水平位移较大的情况。

基本原理与砂井法相同，但此法是先将砂装入长条形透水性好的编织袋内，再用专门的机具设备打入软土地基内，因而既具有大直径砂井的作用，又可保证砂井的连续性，避免缩颈的现象。其直径小、用料少造价低、施工速度快、设备轻，适于在软弱土地基上施工。

普通砂井是常用的施工方法，其缺点是：套管成孔法在打设套管时必将扰动其周围土，使透水性减弱（即涂抹作用）；射水成孔法对含水量高的软土地基施工质量难以保证，砂井中容易混入较多的泥沙；螺旋成孔法在含水量高的软土地基中也难做到孔壁直立，施工过程中需要排除废土，而处理废土需要人力、场地和时间，因此它的适用范围也受到一定的限制。应当注意的是，对含水量很高的软土，应用砂井容易产生缩颈、断颈和错位现象。

普通砂井即使在施工时能形成完整的砂井，但当地面荷载较大时，软土层便产生侧向变形，也有可能使砂井错位。

袋装砂井是用具有一定伸缩性和抗拉强度很高的聚丙烯或聚乙烯编织袋装满砂子来填

筑的。它基本上解决了大直径砂井所存在的问题，使砂井的设计和施工更加科学化，保证了砂井的连续性，施工设备实现了轻型化，比较适应在软弱地基上施工，用砂量大为减少，施工速度加快、工程造价降低，是一种比较理想的竖向排水体。

（1）砂袋材料的选择

砂袋材料必须选用抗拉力、抗腐蚀和抗紫外线能力强，透水性、韧性和柔性好，透气，并且在水中能起滤网作用和不外露砂料的材料制作。国内采用过的砂袋材料有麻布和聚丙烯编织袋。

（2）袋装砂井的施工工艺流程如图 5-0-12 所示。

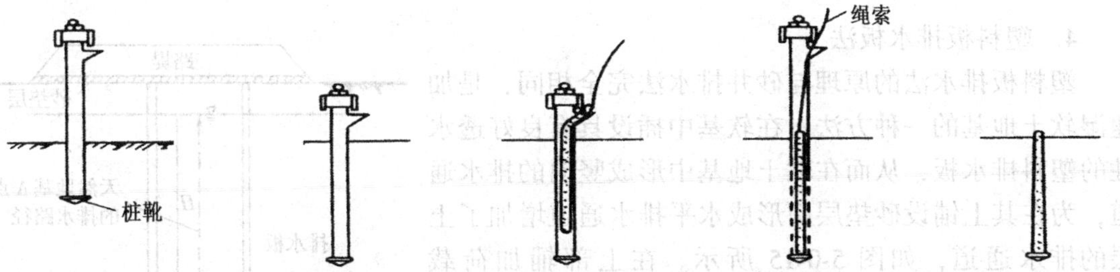

（a）打入成孔套管（b）套管到达设计标高（c）放入砂袋　（d）拔套管　（e）袋装砂井施工完毕

图 5-0-12　袋装砂井的施工工艺流程

（3）施工要点

①严格选择砂的质量，砂应选择中、粗砂，大于 0.5mm 粒径的颗粒应占 60% 以上，特别应严格控制含泥量不得超过 3%。每天对进场砂进行质量检验，并力争使砂保持干燥，特别是装袋时的干燥，防止出现露天暴晒砂袋，以免因袋老化、干燥而短桩。

②下垫砂层的厚度一定掌握到均匀一致。

③井位放样要准确，一般不要出现“+”误差。

④根据土质情况，优先选择施工方便、对井周围的土扰动小的成孔方法，目前常用的有振动贯入法、锤击法、射水法、钻孔法和压入法等。

⑤砂袋入井时，用吊杆将砂袋垂直放入井内，防止砂袋扭转打结、缩颈、断裂和砂袋磨损。不能垂直放入时，管口要安设滚轮，防止砂袋被刮破漏砂。

⑥严格控制砂井及导管的深度，特别要注意导管口是否封的严密，避免导管内进入泥土而影响加固深度。

⑦井孔深度、导管深度与砂袋长度一定要匹配，不可出现砂袋达不到井底或全部进入井内的现象，砂袋留出管口外的长度应满足设计要求，伸入到砂垫层一般不小于 30cm，并不得卧倒，如图 5-0-13 所示。

⑧袋内灌砂量，实际值与理论值应达到一致，有较大出入时要重新施工。

⑨向袋中灌入砂时，砂最好处于风干状态，以免袋内砂干燥后体积减小，造成袋装砂井缩短或与排水垫层不搭接的事故，如图 5-0-14 所示。

（4）袋装砂井排水法的优缺点

a. 袋装砂井排水法的优点即施工工艺简单，成本低廉（相对于塑料排水板而言）。

b. 袋装砂井排水法的缺点即地基变形后，容易产生断颈和颈宿，不利于排水。

图 5-0-13　袋装砂井施工现场

图 5-0-14　灌装沙袋

4. 塑料板排水板法

塑料板排水法的原理与砂井排水法完全相同，是加速湿软土地基的一种方法。在软基中插设具有良好透水性的塑料排水板，从而在软土地基中形成竖向的排水通道，为在其上铺设砂垫层而形成水平排水通道增加了土层的排水通道，如图 5-0-15 所示。在上部辅加荷载（如预压堆载、砂垫层，或者真空预压等）的作用下，使水通过塑料排水板和砂垫层排出，从而增加土体密实度。

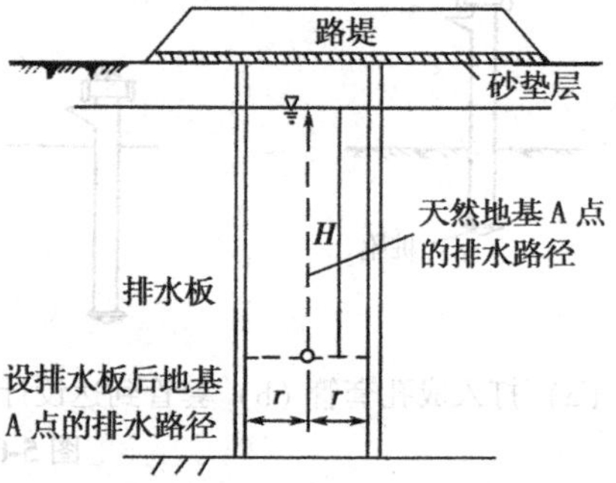

图 5-0-15　排水示意图

塑料板排水与砂井比较具有如下优点：

a. 塑料板由工厂生产，材料质地均匀可靠，排水效果稳定；

b. 塑料板重量轻，便于施工操作；

c. 施工机械轻便，能在超软弱地基上施工，施工速度快，工程费用较低。

塑料排水板抽所用材料、制造方法不同，结构也不同。塑料排水板基本上分两类：一类是用单一材料制成的多孔管道的板带，表面刺有许多微孔（如图 5-0-16 所示）；另一类是两种材料组合而成，板芯为各种规律变形断面的芯板或乱丝、花式丝的芯板，外面包裹一层无纺土工织物滤套（如图 5-0-17 所示）。

塑料排水板可采用砂井加固地基的固结理论和设计计算方法。计算时应将塑料板换算成相同直径的砂井，根据两种排水体与周围土接触面积相等原理进行换算，当量换算直径 d_P 为：

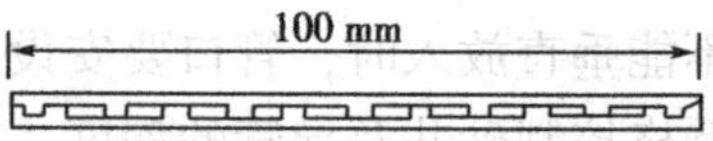

图 5-0-16　多孔单一结构型塑料排水板

$$d_P = \frac{2\ (b+\delta)}{\pi} \quad (5\text{-}0\text{-}1)$$

式中：b——塑料板宽度，mm；

δ——塑料板厚度，mm。

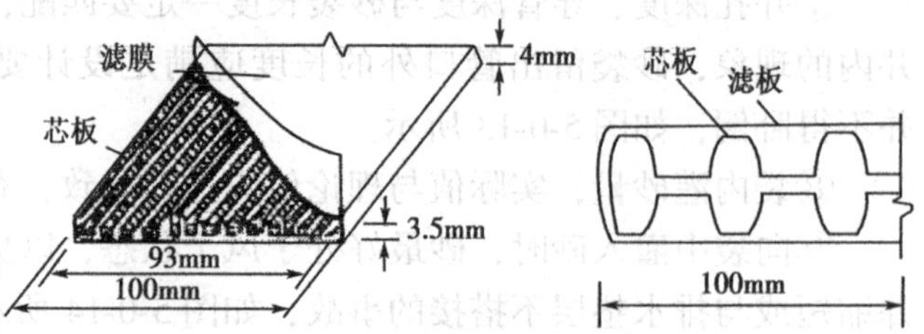

图 5-0-17　复合结构塑料瓶排水板

目前应用的塑料排水板产品成卷包装，每卷长约数百米，用专门的插板机插入软土地基，先在空心套管装入塑料排水板，并将其一端与预制的专用钢靴连接，插入地基下预定标高处，拔出空心套管，由于土对钢靴的阻力，塑料板留在软土中，在地面将塑料板切断，即可移动插板机进行下一个循环作业。

塑料板排水固结法的施工要点如下：

①塑料板排水法的施工工艺

a. 平整原地面；

b. 摊铺下层砂垫层；

c. 机具就位；

d. 塑料排水板穿靴；

e. 插入套管；

f. 拔出套管；

g. 割断塑料排水板；

h. 机具移位；

g. 摊铺上层砂垫层。

②施工过程注意事项

a. 塑料板插入过程中，防止淤泥进入板芯，以免堵塞排水通道，影响排水效果；

b. 塑料板与桩尖连接要牢固，避免提管时脱开，将塑料板带出；

c. 导管与桩尖要配合适当，避免错缝，防止淤泥进入，增大塑料板与导管壁的摩擦力，造成塑料板带出；

d. 严格控制间距和深度，凡塑料板带出2m的，应作废补打；

e. 严格控制塑料板结长质量，如图5-0-18（a）（b）所示。

（a）现场1

（b）现场2

图5-0-18 插打塑料排水板

5. 预压法

（1）砂井堆载预压法

砂井堆载预压法是在软弱地基中用钢管成孔，孔中灌砂并振实后，形成竖向排水的砂井，砂井顶部设置水平排水的砂垫层，再堆载预压的地基处理方法。

（2）真空预压法

为了避免堆卸土、石等笨重预压荷载时费时费力，也可利用大气压力作为预压荷载的真空预压法。同时，若地质条件允许，可在场地埋设井点系统来降低地下水位，既加速排水，又使土的自重加大起到预压作用。

此法可与堆载法联合使用，两种加固效果可叠加，合理协调后可取得良好效果。

复习思考题

1. 软弱土有哪些种类？
2. 常用软弱地基处理的方法有哪些？
3. 简述软弱地基处理的适用范围。
4. 简述软弱地基处理的加固原理。
5. 简述软弱地基处理的施工要点。
6. 塑板桩处置软土地基施工要求有哪些？

课题实训项目：软弱地基处理

（一）实习目的及要求

通过实习使学生掌握一般软弱地基常见处理方法的选择和施工工艺要点，增强感性认识，使理论与实践有机结合。在实习时要求学生首先注意施工操作安全，通过仔细观察，结合所学理论知识，认真思考，总结经验逐步提高认知能力和工程实践能力，并及时完成参观实习报告和实习心得。

（二）实习所需工具

钢尺、皮尺、铝盒、检测尺、线绳若干、摄像机等。

（四）实习操作内容

1. 对于软弱土质现场取样并进行含水量测定。
2. 对于施工工艺过程现场摄像，并认真分析学习。
3. 现场测定各施工层次铺筑厚度及软弱土层厚度。
4. 实习操作项目及质量标准附表，根据实习内容不同，选择不同实习表格，见表5-0-3，表5-0-4，表5-0-5，表5-0-6。

表5-0-3　　砂井实习操作检查项目

检查项目	质量标准	检查方法	备注
井距/mm	±150	尺量	
井长/mm	不小于设计	尺量	
井径/mm	±10	尺量	
竖直度/%	1.5	查施工记录	
灌砂量	+5	查施工记录	

表5-0-4　　塑料排水板实习操作检查项目

检查项目	质量标准	检查方法	备注
板距/mm	±150	尺量	
板长/mm	不小于设计	查施工记录	
竖直度/%	1.5	查施工记录	

表 5-0-5　碎石桩实习操作检查项目

检查项目	质量标准	检查方法	备注
桩距/mm	±150	尺量	
桩径/mm	不小于设计	尺量	
桩长/mm	不小于设计	查施工记录	
灌石量	不小于设计	查施工记录	

表 5-0-6　土工布实习操作检查项目

检查项目	质量标准	检查方法	备注
下承层平整度	符合设计	检查尺	
搭接宽度/mm	350	尺量	
搭接缝距离/mm	符合设计	尺量	

（四）结果整理及实习建议

主要根据实习现场观察对测定结果进行整理，评价正在施工或已完工的结构物质量状况，并对不合格项目进行原因分析，提出改正或补救措施。其附表见表 5-0-7；表 5-0-8；表 5-0-9；表 5-0-10。

表 5-0-7　砂井实习操作检查表

实测项目	实测值					结果
井距/mm	1	2	3	4	5	
井长/mm						
井径/mm						
竖直度/%						
灌砂量						

表 5-0-8　塑料排水板实习操作检查表

实测项目	实测值					结果
板距/mm	1	2	3	4	5	
板长/mm						
竖直度/%						

表 5-0-9　　　　碎石桩实习操作检查表

实测项目	实测值					结果
井距/mm	1	2	3	4	5	
井长/mm						
井径/mm						
竖直度/%						
灌碎石量/m^3						

表 5-0-10　　　　土工布实习操作检查表

实测项目	实测值					结果
下承层平整度	1	2	3	4	5	
搭接宽度/mm						
搭接缝距离/mm						

学习情境 6　路基防护与加固工程施工

[知识目标]

1. 掌握路基坡面防护及冲刷防护的施工方法及技术要求。
2. 掌握挡土墙构造形式、布置及施工要求。

[能力目标]

1. 能够对路基坡面进行相应的防护处置。
2. 能够进行石笼防护的施工指导。
3. 能独立完成挡土墙的施工放样工作。
4. 具有重力式挡土墙的施工能力。

为确保路基的强度与稳定性，路基的防护与加固也是不可缺少的工程技术措施。实践证明，防护工程无论从保证公路的适用品质上还是提高投资效益上，均具有举足轻重的地位。

任务1　坡面防护加固与施工

坡面防护即通常指的“护坡工程”，主要是保护路基边坡表面免受雨水冲刷，减缓温差及湿度变化的影响，防止和延缓软弱岩土表面的风化、破碎、剥蚀演变进程，从而保护路基边坡的整体稳定性，在一定程度上还可兼顾路基美化和协调自然环境。坡面防护设施必须要求坡面岩土整体稳定牢固。

常用的坡面防护方式有植物防护（种草、铺草皮、植树等）和工程防护（抹面、喷浆、勾缝、砌石、护面墙等）。前者可视为有“生命”防护，后者可视为无机物防护。有“生命”防护以土质边坡为主，无机物防护以石质路堑边坡为主。在一定程度上，有“生命”防护在边坡稳定和改善路容方面，优于无机物防护。

一、植物防护

植物防护可美化路容，协调环境，调节边坡土的湿温状况，起到固结和稳定边坡的作用。它对于坡高不大、边坡比较平缓的土质坡面是一种简易有效的防护设施，其方法有种草、铺草皮和植树。土质边坡防护也可采用拉伸网草皮、固定草种布或网格固定撒种，用土工合成材料进行土质边坡防护的边坡坡度宜在1∶1～1∶2之间。

1. 种草（如图6-1-1所示）

图 6-1-1　西柞高速公路高边坡绿化

种草适用于边坡稳定、坡面冲刷轻微的路堤或路堑边坡。一般要求边坡坡度不陡于 1 :1，边坡地面水径流速度不超过 0.6m/s。长期浸水的边坡不宜采用。采用种草防护时，对草籽的选择应注意当地的土壤和气候条件，通常应以容易生长、根部发达、叶茎低矮或有匍匐茎的多年生草种为宜。最好采用几种草籽混合播种，使之生成一个良好的覆盖层。播种的坡面应平整、密实、湿润。

播种方法有撒播法、喷播法和行播法等。采用撒播法时，草籽应均匀撒布在已清理好的土质边坡上，同时做好保护措施。对于不利于草类生长的土质，应在坡面上先铺一层 5 ~10cm 的种植土。路堑边坡较陡或较高时，可通过试验采用草籽与含肥料的有机质泥浆混合，用喷播法将混合物喷射于坡面。采用行播法时，草籽埋入深度应不小于 5cm 且行距均匀。种草应在温度、湿度较大的季节播种。播种前应在路堤的路肩和路堑的堑顶边缘埋入与坡面齐平的宽为 20 ~ 30cm 的带状草皮。播种后，应适时进行洒水施肥、清除杂草等养护管理，直到植物覆盖坡面。

2. 铺草皮

铺草皮适用于各种土质边坡。特别是当坡面冲刷比较严重，边坡较陡，径流速度大于 0.6m/s 而又需要快速绿化时，采用铺草皮防护比较适宜。草皮应选择根系发达、茎矮叶茂的耐旱草种，不宜选用喜水草种。铺草皮的方式有平铺（平行于坡面）、水平叠置、垂直坡面或与坡面成一半坡角的倾斜叠置，以及采用片石铺砌成方格或拱式边框，方格式框内铺草皮等，如图 6-1-2 所示。

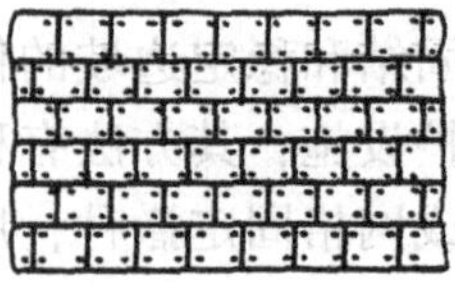

（a）平铺平面

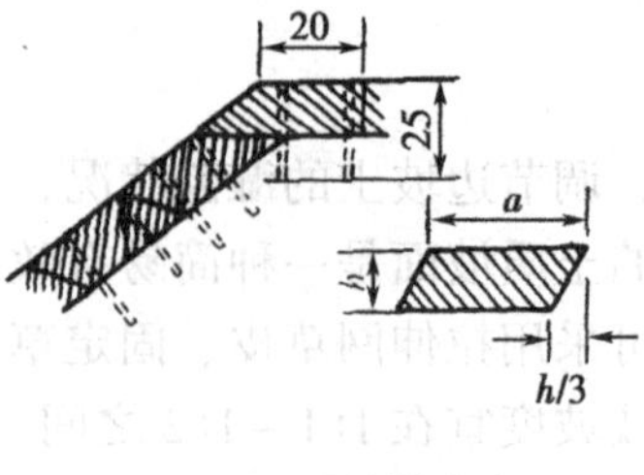

（b）平铺剖面

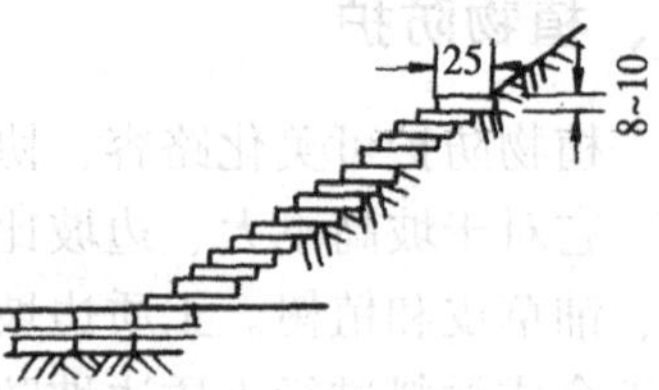

（c）水平叠铺

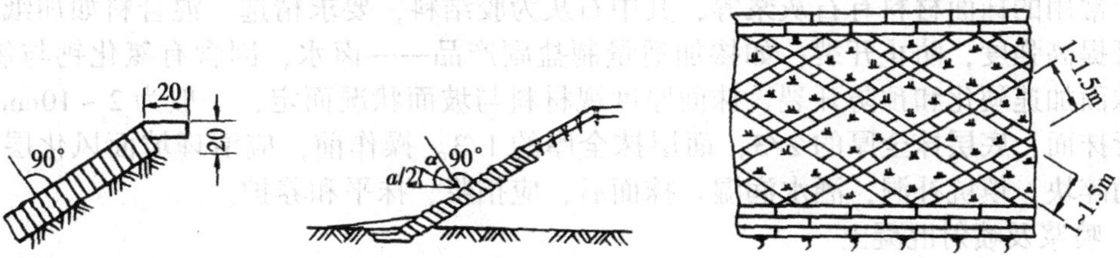

（d）垂直叠铺　　（e）斜交叠铺　　（f）网格式

图 6-1-2　草皮防护示意图

（图中 h 为草皮厚度，约 5～8cm，a 为草皮边长，约为 20～25cm）

铺草皮需预先备料，草皮可就近培育，切成整齐块状，然后移铺在坡面上。草皮的规格一般为 20cm×25cm、25cm×40cm 及 30cm×50cm 的块状或宽 25cm，长 200～300cm 的带状，草皮厚约 6～10cm，干旱和炎热地区为 15cm。铺时应自下而上，并用竹木小桩将草皮钉在坡面上，使之稳定。草皮根部土应随草切割，坡面要预先整平，必要时还应加铺种植土，草皮应随挖随铺，注意相互贴紧。铺草皮施工时，应将边坡表面挖松整平，并尽可能在春秋季或雨季进行，不宜在冰冻时期或解冰时期施工。

3. 拉伸网草皮

拉伸网草皮是在土工网或土工垫等土工合成材料上铺设 3～5cm 厚的种植土层，经过撒种、养护后形成的人工草皮。固定草种布（也可称植生带）是在土工织物纺织时，将草种固定于土工织物中，然后到现场铺筑、养护，以促使草皮生长的一种土工合成材料草皮制品。网格固定撒种是先将土工网固定于需防护的边坡上，然后撒播草种形成草皮的一种边坡防护方法。

4. 植树

植树适用于各种土质边坡和风化极严重的岩石边坡（边坡坡度不陡于 1∶1.5）。在路基边坡和漫水河滩上植树，对于加固路基与防护河岸可受到良好的效果。它可以降低水流速度，种在河滩上可促使泥沙淤积，防止水流直接冲刷路堤。在风沙和积雪地面，林带可以防沙防雪，保护路基不受侵蚀。此外还可以美化路容，调节气候，改善高等级道路的美学效果。

植树防护宜选用在当地土壤与气候条件下能迅速生长、根系发达、枝叶茂密的树种，用于冲刷防护时宜选用生长很快的杨柳类或不怕水淹的灌木类树木。公路弯道内侧边坡严禁栽植高大树木。种植后在树木未成长前，应防止流速大于 3m/s 的水流侵害。必要时应在树前方设置障碍物加以保护，植树防护最好与种草结合使用，使坡面形成一个良好的覆盖层，才能更好地起到防护作用。

二、工程防护

当不宜使用植物防护或考虑就地取材时，采用砂石、水泥、石灰等矿物材料进行坡面防护是常用的防护形式。它主要有砂浆抹面、喷浆、勾缝或喷涂以及石砌护坡或护面墙等。这些形式各自适合于一定条件。

1. 抹面防护

抹面防护适于石质挖方坡面，即岩石表面易风化，但比较完整，尚未剥落（如页岩、泥沙岩、千枚岩）的新坡面。对此应及时予以封面，以预防风化成害。抹面作业前，应对被处置的边坡加以清理，去掉风化层、浮土、松动石块并填坑补洞，洒水湿润，以利牢固耐久。常用的抹面材料有石灰浆等，其中石灰为胶结料，要求精选。混合料如加纸筋或竹筋，可提高强度，防止开裂；如掺加适量制盐副产品——卤水，因含有氯化钙与氯化镁，可使抹面加速硬化和预防开裂。抹面厚度视材料与坡面状况而定，一般为 2 ~ 10cm，分两次进行抹面，底层抹全厚的 2/3，面层抹全厚的 1/3。操作前，应清理坡面风化层、浮土与松动碎块，填坑补洞，洒水润湿。抹面后，应拍浆、抹平和养护。

2. 喷浆及喷射混凝土

喷浆及喷射混凝土适用于易风化但尚未严重风化的岩石边坡，且坡面较干燥。对高而陡的边坡、上部岩层较破碎而下部岩层完整的边坡和需大面积防护的边坡，采用此种方法较为适宜。对成岩作用差的黏土岩边坡不宜采用。喷浆厚度一般为 5 ~ 10 cm，喷射混凝土厚度以 8cm 为宜，分 2 ~ 3 次喷射。由于喷浆的水泥用量较大，建议在重点工程时选用。比较经济的砂浆是用水泥、石灰、河砂及水，按质量比 1:1:6:3 配合。坡脚应做 1 ~ 2m 高的浆砌片石护坡。施工前，坡面如有较大裂缝、凹坑应先嵌补牢固，使坡面平顺整齐；岩体表面要冲洗干净，土体表面要平整、密实、湿润。喷层厚度应均匀，喷后应养护 7 ~ 10d。

3. 勾缝与灌缝

勾缝适用于较硬、不易风化、节理缝多而细的岩石路堑边坡；灌缝适用于较坚硬、裂缝较大、较深的岩石路堑边坡。灌缝可用体积比为 1:4 或 1:5 的水泥沙浆。灌缝和勾缝前应先用水冲洗，并清除裂缝内的泥土、杂草。勾缝时要求砂浆嵌入缝中，与岩体牢固结合；灌缝时要求插捣密实，灌满缝口并抹平。

上述几种防护方法，可以局部处置、综合使用，并与放缓边坡等方法加以比较，力求实用和经济。如果在坡面防护时着色或修饰，还有助于改善路容。

4. 砌石防护

砌石防护有干砌和浆砌两种，可用于土质、风化岩质路堑或土质路堤边坡的坡面防护，也可用于浸水路堤及排水沟渠作为冲刷防护，如图 6-1-3 所示。

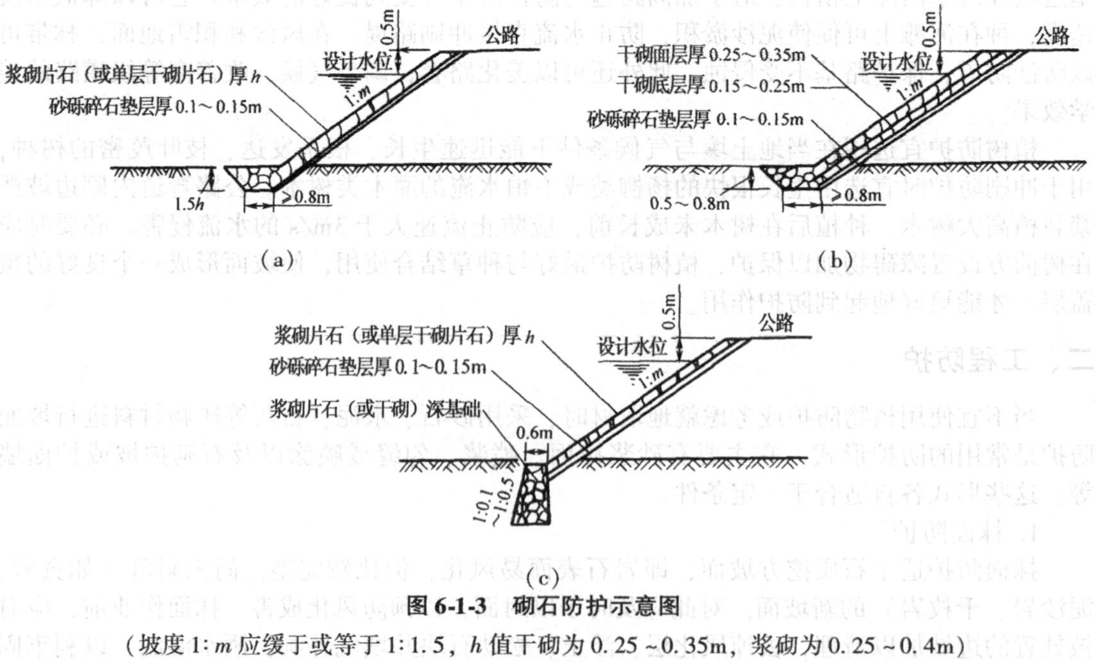

图 6-1-3　砌石防护示意图

（坡度 1: m 应缓于或等于 1: 1.5，h 值干砌为 0.25 ~ 0.35m，浆砌为 0.25 ~ 0.4m）

易遭受雨、雪、水流冲刷的较缓土质边坡，风化较重的软质岩石坡，受水流冲刷较轻的河岸和路基，均可采用干砌片石防护。这些边坡应符合路基边坡稳定要求，坡度一般为1∶1.5～1∶2。干砌片石防护一般有单层铺砌、双层铺砌和网格内铺砌三种。流速较大时宜采用网格内铺石的防护，单层铺砌厚度为0.25～0.35m，双层铺砌的上层为0.25～0.35m，下层为0.15～0.25m。

当干砌片石护坡效果不好时，或水流速度较大，波浪作用强，有漂浮物冲击时，可采用浆砌片石护坡。其厚度一般为0.25～0.35m。用于冲刷防护时，最小厚度一般不小于0.35m。浆砌片石护坡较长时，应在每隔10～15m处设置沉降缝，缝宽约2cm，内填沥青麻筋或沥青木板；护坡的中、下部设10cm×10cm的矩形泄水孔或直径为10cm的圆形泄水孔，其间距为2～3m，孔后0.5m范围内设置反滤层。

砌石防护应先在片石下面设置0.1～0.5m厚的碎（砾）石或砂砾混合物垫层，以起到整平、反滤的作用，并可增强抗冲击能力；然后由下而上平整铺砌片石，要错缝嵌紧，并用砂浆勾缝，以防渗水。石砌护坡坡角处应设置墁石基础。在无河水冲刷时，基础埋置深度一般为护坡厚度的1.5倍；当受水流冲刷时，基础应埋置在冲刷线以下0.5～1.0m处，或采用石砌深基础。

5. 护面墙

如图6-1-4所示，护面墙指为覆盖各种软质岩层和较破碎岩石的挖方边坡，以免其受自然因素影响，防止雨水渗入而修的墙。护面墙应紧贴边坡坡面修建，只承受自重，不承受墙背土侧压力。故要求挖方边坡必须符合稳定性要求。护面墙厚度尺寸的设定可参照表6-1-1所列。墙基要求设置在可靠地基上，在底面做成向内斜的反坡。冰冻地区墙背应埋置在冰冻线0.25m以下。

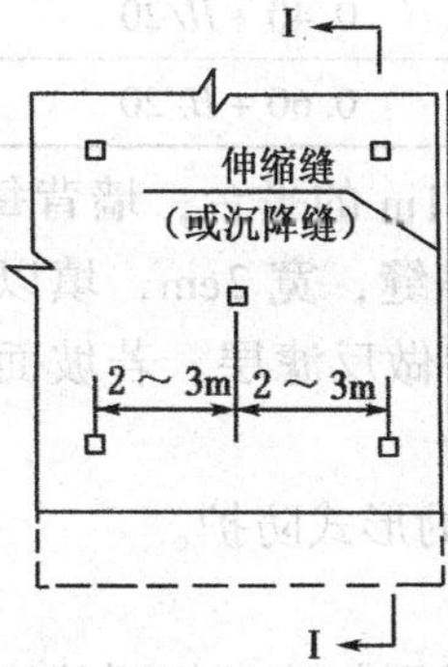

（a）立面图

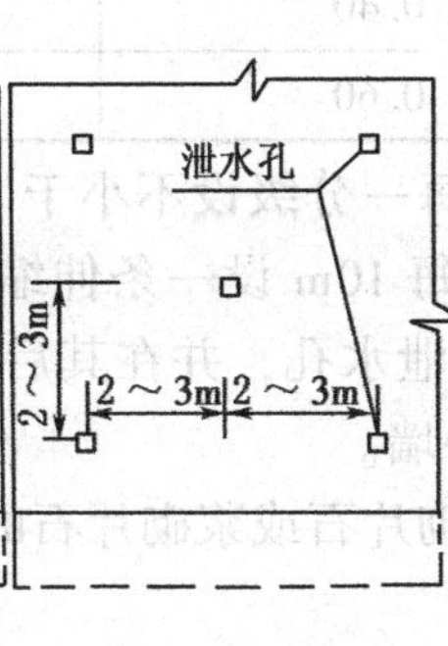

（b）剖面图

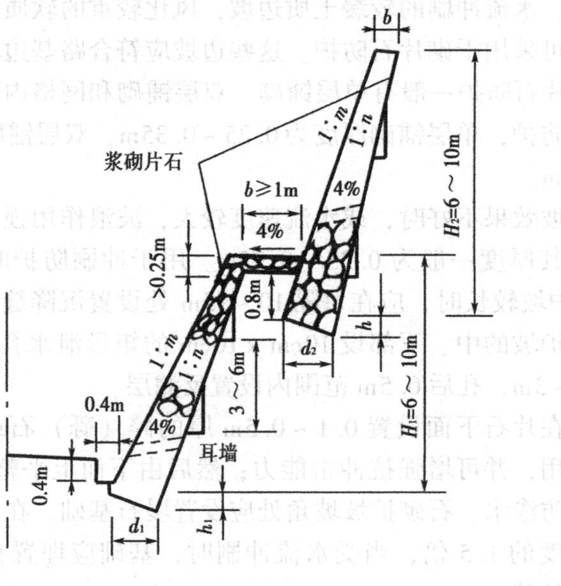

（c）二级护面墙

图 6-1-4　护面墙示意图

表 6-1-1　　　　　　　　护面墙厚度参考表

护面墙高 H/m	路堑边坡	护面墙高 H/m	
		顶宽 b	底宽
≤2	1∶0.5	0.40	0.40
≤6	>1∶0.5	0.40	0.40 + H/10
6 < H≤10	1∶0.5～1∶0.75	0.40	0.40 + H/20
10 < H≤16	1∶0.75～1∶1	0.60	0.60 + H/20

护面墙较高时，应分级修筑，每级6～10m，每一分级设不小于1m的平台，墙背每4～6m高设耳墙，耳墙一般宽0.5～1.0m，沿墙长每10m设一条伸缩缝，宽2cm，填以沥青麻筋。墙身应预留6cm×6cm或10cm×10cm的泄水孔，并在其后做反滤层。若坡面开挖后形成凹陷，应以石砌圬工填塞平整，称为支补墙。

对缓于1∶1.25或1∶1的路堑边坡也可采用干砌片石或浆砌片石的形式防护。

坡面护墙防护施工应符合下列要求。

①坡面应平整、密实、线形顺适。局部有凹陷处，应挖成台阶后用与墙身相同的圬工材料找平。

②墙基应坚固可靠，并埋至冰冻线以下0.25m。当地基软弱时，应采取加深或加强施。

③墙面及两端面砌筑平顺，墙背与坡面密贴结合，墙顶与边坡间缝隙应封严。局部坡面砌筑时，应切入坡面，使表面与周边平顺衔接。

④砌体石质坚硬，浆砌砌体砂浆和干砌咬扣都必须顶密、错缝，严禁通缝、叠砌、贴砌和浮塞。砌体勾缝应牢固、美观。

⑤应做好伸缩缝和泄水孔，每隔 10 ~ 15m 宜设一道伸缩缝。

任务2　路基冲刷防护工程的施工

冲刷防护与加固主要针对沿河滨海路堤、河滩路堤及水泽区路堤，亦包括桥头引道，以及路基边坡的防护堤岸等。此类堤岸常年或季节性浸水，受流水冲刷、拍击和淘洗，造成路堤浸湿、坡角淘空或水位骤降时路基内细粒料流失，致使路基失稳，边坡崩坍。所以，堤岸冲刷的防护与加固，主要针对水流的破坏作用而设，起防水治害和加固堤岸的双重功效。

冲刷防护措施有两种：一种是加固岸坡的直接防护，如坡面防护、抛石防护、石笼防护等；另一种是改变水流性质的间接防护，主要指导流构造物，如丁坝、顺坝、防洪堤、拦水坝等。

一、直接防护

直接防护措施包括植物和砌石防护与加固、抛石或石笼防护两种，常用的方法有植树、铺石、抛石或石笼等，此法直接加固稳定边坡，很少干扰或不干扰原来水流的性质。植物防护和砌石防护，与坡面防护相近，只是要求更高。

当水流速度达到 3.0 ~ 5.0m/s，路基经常浸水且水流方向平顺，河床承载力较好，无严重冲刷时，宜采用抛石防护。一般在枯水季节施工，附近盛产大块砾石、卵石以及废石方较多的路段，应优先考虑采用此种方法。缺乏石料的地区可用混凝土预制块代替。抛石防护不受气候条件限制，季节性浸水或长期浸水亦可采用。抛石垛的边坡坡度，不应陡于抛石浸水后的天然休止角。抛石粒径应大于 0.3m，并小于设计抛石厚度的 1/2。抛石厚度一般为粒径的 3 ~ 4 倍或最大粒径的 2 倍。

如果缺乏大石块或水流速度达到或超过 5.0m/s 时，可改用石笼防护，如图 6-2-1 所示。为防铁丝被磨损而破坏，可在石笼内浇灌混凝土，也可用钢筋混凝土框架石笼。临时工程可用竹石笼代替。

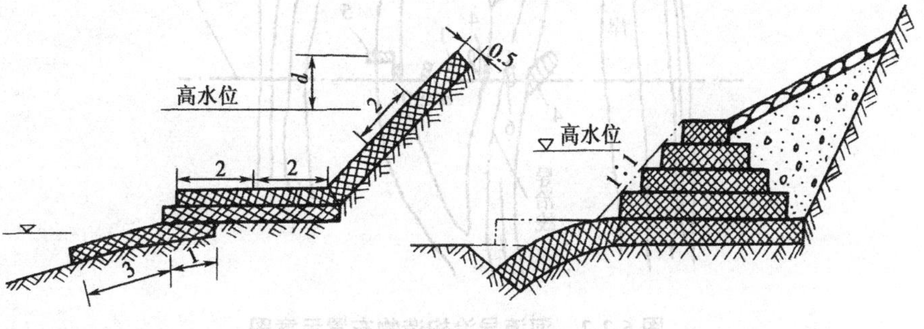

图 6-2-1　石笼防护（单位：m）

石笼是用铁丝编织成框架，内填石料，设在坡脚处，以防急流和大风浪破坏堤岸，也可用来加固河床，防止淘刷的构造物。铁丝框架可以为箱形或圆形。笼内填石最好为密度大，坚硬未风化的石块，粒径不能小于石笼网孔，最小不小于 4cm，一般为 5 ~ 20cm。外层应用大石块并使棱角突出网孔，内层用较小石块填充。石笼应平铺并与坡角线垂直，必要时底层各角应用铁棒固定于基底土中。

二、间接防护

间接防护是采用导流与调治构造物，改变水流方向，消除和减缓水流对堤岸的直接破坏，同时可减轻堤岸近旁淤积，彻底解除水流对局部堤岸的损害作用的措施，起安全保护作用的措施。主要有丁坝、顺坝、拦河坝及改河工程等。导治结构物是桥涵和路基的重要附属工程，由于涉及水流方向，影响范围较大，工程费用亦较高，务必慎重。用于防护堤岸的改河工程，一般限于小型工程，如裁弯取直，挖滩改道，清除孤石等，可在小河的局部段落上进行。

导治结构物主要用于设坝，按其与河道的相对位置，一般可分为丁坝、顺坝和格坝，如图 6-2-2 所示。

丁坝也叫挑水坝，是指坝根与岸滩相接，坝头伸向河槽，坝身与水流方向成某一角度，能将水流挑离河岸的结构物。丁坝一般用来束水归槽，改善水流状态，保护河岸。

顺坝为坝根与岸滩相接，坝头大致与堤岸平行的结构物。主要用于导流、束水，调整河道，改变流态，也可称做导流坝、顺水坝。

格坝为建于顺坝与河岸之间，其一端与河岸相连，另一端与顺坝坝身相连的横向导治结构物。格坝的作用是将水流反射入主河床，同时防止洪水溢入顺坝冲刷坝后河床与河岸，并促进其间的淤积。

导治结构物的构造与要求以及具体计算方法，可查阅《路基设计手册》等有关文献。

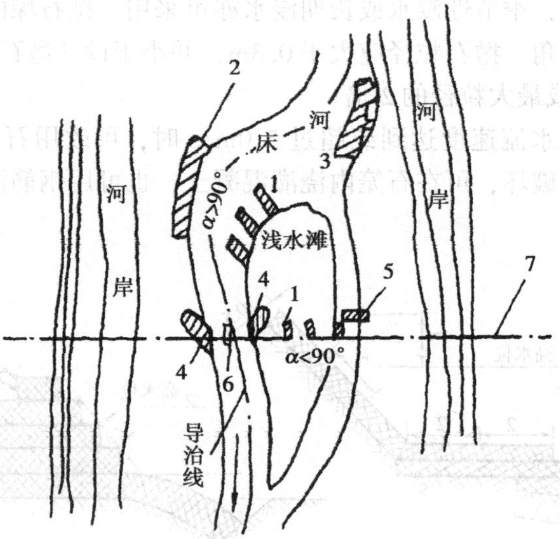

图 6-2-2　河流导治构造物布置示意图

1—丁坝；2—顺坝；3—格坝；4—导流坝；5—拦水坝；6—桥墩；7—路中线

任务3　路基支挡工程的施工

一、挡土墙的分类

挡土墙是指承受土体侧压力的墙式构造物。在路基工程中，挡土墙可用以稳定路堤和路堑边坡，减少土石方工程量和占地面积，防止水流冲刷路基，并经常用于整治坍方、滑坡等路基病害。在山区公路中，挡土墙的应用更为广泛。

路基在遇到下列情况时可考虑修建挡土墙：

1. 陡坡地段；
2. 岩石风化的路堑边坡地段；
3. 为避免大量挖方及降低边坡高度的路堑地段；
4. 可能产生坍方、滑方的不良地段；
5. 高填方地段；
6. 水流冲刷严重或长期受水浸泡的沿河路基地段；
7. 为节约用地、减少拆迁或少占农田的地段；
8. 为保护重要建筑物、生态环境或其他特殊需要的地段。

挡土墙各部分的名称如图6-3-1（a）所示。墙身靠填土（或山体）一侧称为墙背，大部分外露一侧称为墙面（或墙胸），墙的顶面部分称为墙顶，墙的底面部分则称为墙底，墙背与墙底的交线称为墙踵，墙面与墙底的交线称为墙趾。墙背与竖直面的夹角称为墙背倾角，一般用 α 表示，工程中常用单位墙高与其水平长度之比来表示，即可表示为 $1:n$。墙踵到墙顶的垂直距离称为墙高，用 H 表示。

按照挡土墙在路基横断面上的位置，挡土墙可分为路肩墙、路堤墙、路堑墙、浸水墙、山坡墙及抗滑墙等类型，如图6-3-1所示。

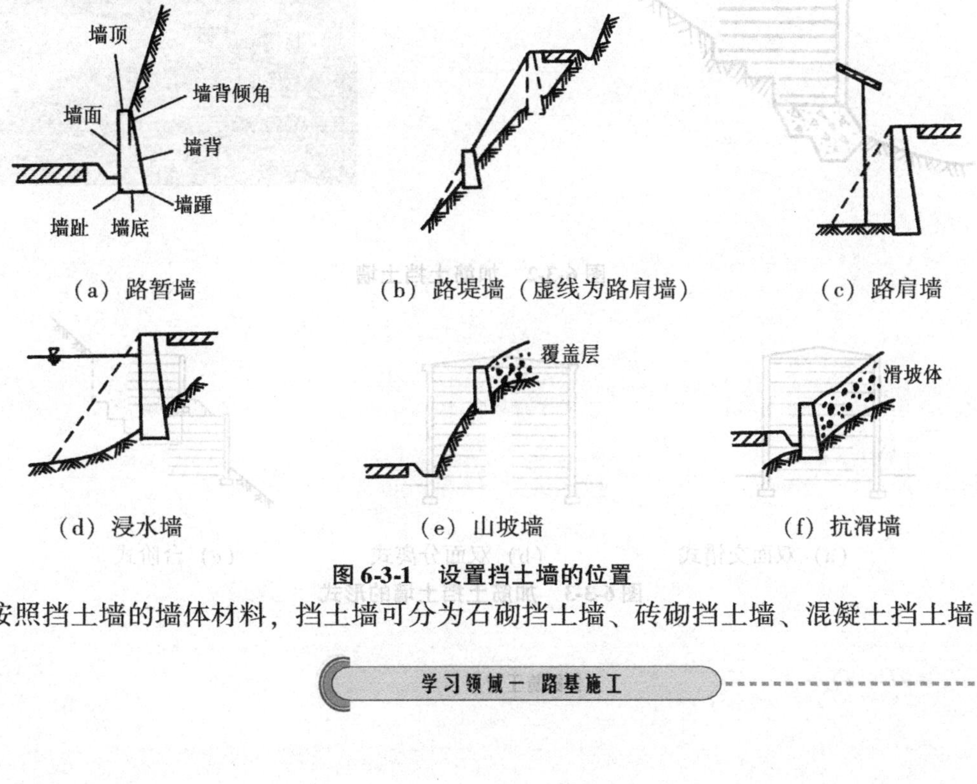

图6-3-1　设置挡土墙的位置

按照挡土墙的墙体材料，挡土墙可分为石砌挡土墙、砖砌挡土墙、混凝土挡土墙、钢筋混凝土挡土墙、钢板挡土墙等类型。

按照挡土墙的结构型式，挡土墙可分为重力式挡土墙、加筋土挡土墙、锚定式挡土墙、薄壁式挡土墙、桩板式挡土墙等类型。

二、挡土墙的使用条件

挡土墙应综合考虑工程地质、水文地质、冲刷深度、荷载作用、环境条件、施工条件、工程造价等因素，经论证后选择使用。

1. 重力式挡土墙

重力式挡土墙是指依靠墙身自重抵抗土体侧压力来维持其稳定的挡土墙。一般多用片（块）石砌筑，在缺乏石料的地区有时也用混凝土修建。重力式挡土墙形式简单，施工方便，可就地取材，适应性较强，故被广泛应用。但其圬工数量较大，对地基的承载能力要求较高，适用于一般地区、浸水地区和地震地区的路肩、路堤和路堑等支挡工程。重力式挡土墙墙高不宜超过12m，干砌挡土墙的高度不宜超过6m。高速公路、一级公路不应采用干砌挡土墙。

2. 加筋土挡土墙

加筋土挡土墙是填土、拉筋、面板三者的结合体，如图6-3-2所示。填土和拉筋之间的摩擦力改善了土的物理力学性质，而使得填土与拉筋结合为一个整体。在这个整体中起控制作用的是填土与拉筋之间的摩擦力，面板的作用是阻挡填土坍落挤出，迫使填土与拉筋结合为整体。加筋土挡土墙按设置位置分为路堤式、路肩式，按设置方式分为双面交错式、双面分离式、台阶式等，如图6-3-3所示。

图6-3-2　加筋土挡土墙

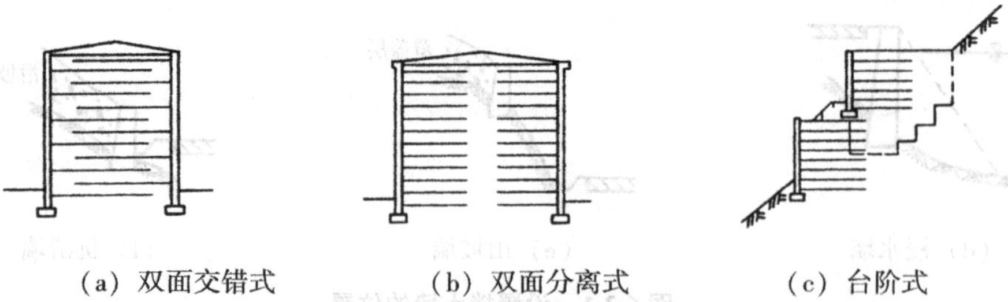

（a）双面交错式　（b）双面分离式　（c）台阶式

图6-3-3　加筋土挡土墙的形式

加筋土挡土墙属于柔性结构，对地基变形适应性强，建筑高度大，具有省工、省料，施工方便、快速等优点，适用于一般地区的路肩式挡土墙、路堤式挡土墙，但不应修建在滑坡、水流冲刷、崩塌等不良地质地段。高速公路、一级公路墙高不宜大于12m，二级及二级以下公路墙高不宜大于20m。当采用多级墙时，每级墙高不宜大于10m，上、下级墙体之间应设置宽度不小于2m的平台。

3. 锚定式挡土墙

锚定式挡土墙可分为锚杆式和锚定板式两种。

锚杆式挡土墙是指由钢筋混凝土墙板和锚杆组成，依靠锚固在岩层内的锚杆的水平拉力来承受土体侧压力的挡土墙，如图6-3-4（a）所示。锚杆的一端与立柱连接，另一端被锚固定在山坡深处的稳定岩层或土层中。墙后侧向土压力由挡土板传给立柱，由锚杆与稳定岩层或土层之间的锚固力，使墙获得稳定。它适用于墙高较大的岩质路堑地段，具有锚固条件的路堑墙，对地基承载力要求不高。锚杆式挡土墙还可用做抗滑挡土墙，可采用肋柱式或板壁式单级墙或多级墙，每级墙高不宜大于8m，多级墙的上下级间应设置宽度不小于2m的平台。

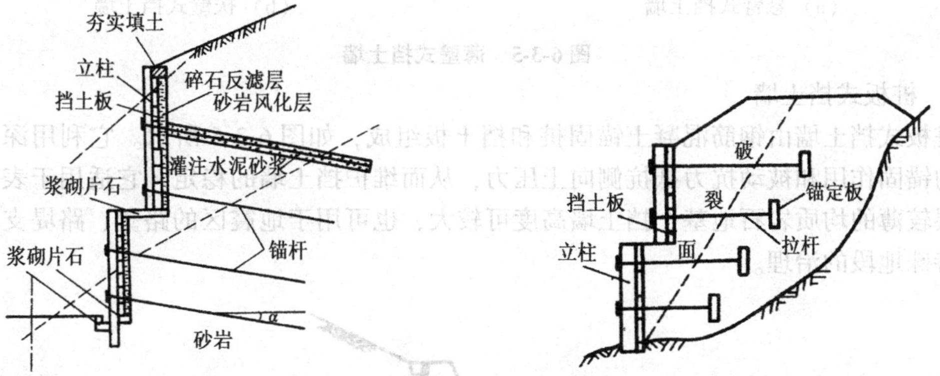

（a）锚杆式挡土墙　　（b）锚定板式挡土墙

图6-3-4　锚定式挡土墙

锚定板式挡土墙是指由钢筋混凝土墙板、拉杆、锚定板以及其间的填土共同形成的一种组合挡土结构，如图6-3-4（b）所示。它借助于埋在填土内的锚定板的抗拔力抵抗侧向土压力，保持墙的稳定。锚定板式挡土墙的特点在于构件断面小，工程量省，不受地基承载力的限制，构件可预制有利于实现结构轻型化和施工机械化。它适用于缺少石料地区的路肩墙或路堤墙，但不应修建于滑坡、坍塌、软土及膨胀土地区，可采用肋柱式或板壁式，墙高不宜超过10m，肋柱式锚定板挡土墙可采用单级墙或多级墙，每级墙高不宜超过6m，上、下级墙体之间应设置宽度不小于2m的平台，上、下两级墙的肋柱宜交错布置。

4. 薄壁式挡土墙

薄壁式挡土墙属于钢筋混凝土结构，可以分为悬臂式和扶壁式两种。

悬臂式挡土墙是指由立壁、墙趾板和墙踵板三个钢筋混凝土悬臂式构件组成的挡土墙，如图6-3-5（a）所示。扶壁式挡土墙是指沿悬臂式挡土墙的立壁，每隔一定距离加设一道扶壁（肋板），将立壁与踵板连接起来的挡土墙，如图6-3-5（b）所示。薄壁式挡土墙结构的稳定不是依靠本身的重量，而是主要依靠墙踵板上的填土重量来保证。他们具有断面尺寸小、自重轻、能修建在较弱的地基上等优点，适用于城市或缺乏石料的地区及地基承载力较低的填方地段。悬臂式墙高不宜超过5m，扶壁式墙高不超过15m。薄壁式挡土墙的缺点是需耗用一定数量的水泥和钢筋，施工工艺较为复杂。

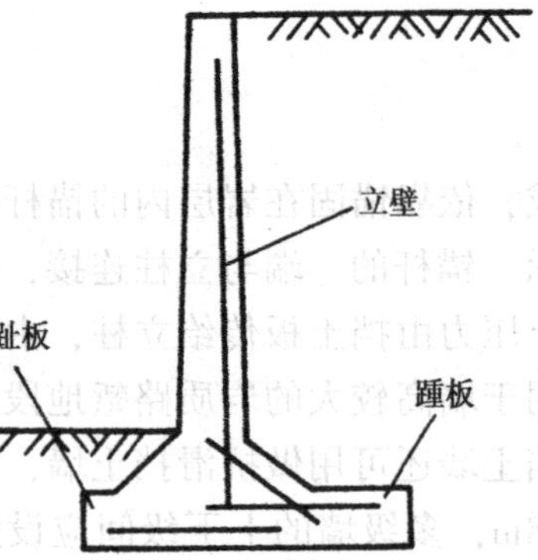

（a）悬臂式挡土墙

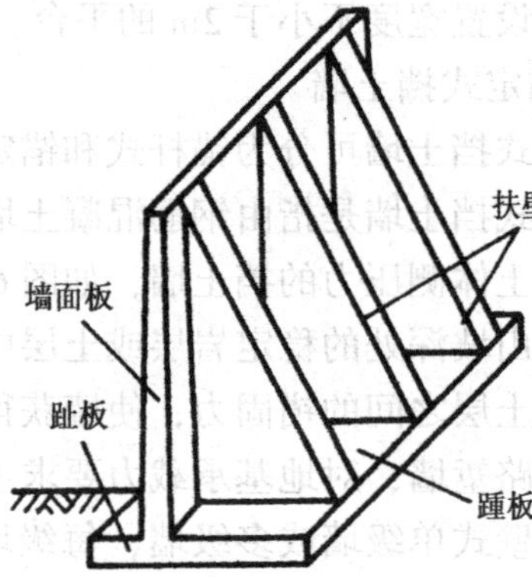

（b）扶壁式挡土墙

图6-3-5　薄壁式挡土墙

5．桩板式挡土墙

桩板式挡土墙由钢筋混凝土锚固桩和挡土板组成，如图6-3-6所示。它利用深埋的锚固段的锚固作用和被动抗力抵抗侧向土压力，从而维护挡土墙的稳定。它适用于表土及强风化层较薄的均质岩石地基，挡土墙高度可较大，也可用于地震区的路堑、路堤支挡或滑坡等特殊地段的治理。

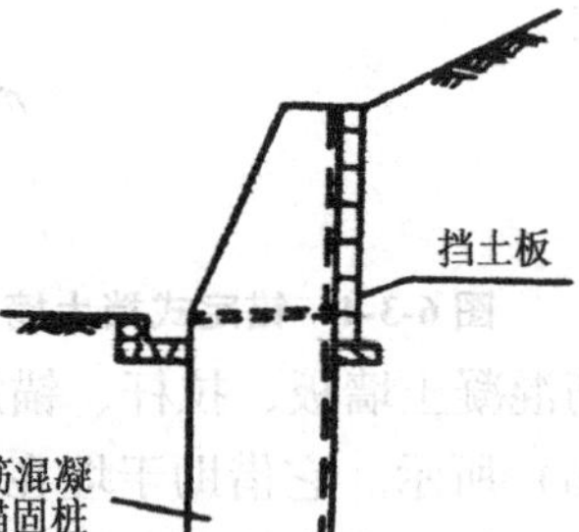

图6-3-6　桩板式挡土墙

三、重力式挡土墙的构造与布置

（一）挡土墙的构造

挡土墙的构造必须满足强度和稳定性的要求，同时考虑就地取材、结构合理、断面经济、施工养护方便和安全。

常用的重力式挡土墙一般是由墙身、基础、排水设施和沉降伸缩缝等部分组成。

1. 墙身

（1）墙背

重力式挡土墙的墙背可做成直线式墙背和折线式墙背两大类型，如图6-3-7所示。直线式墙背常见的有仰斜式、垂直式、俯斜式墙背三种；折线式墙背常见的有凸形折线式和衡重式墙背两种。

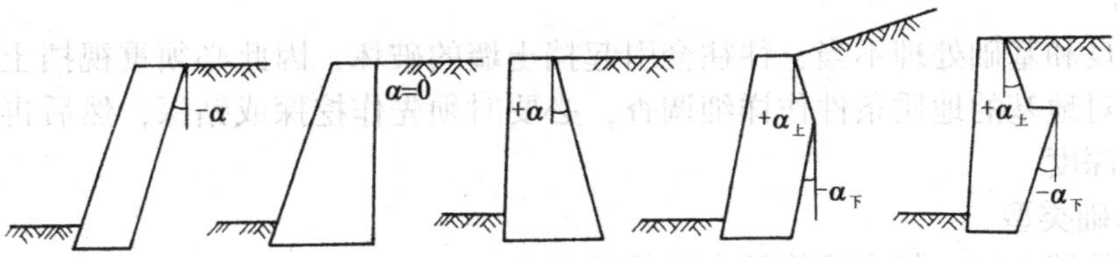

（a）仰斜式 （b）垂直式 （c）俯斜式 （d）凸形折线式 （e）衡重式

图6-3-7 重力式挡土墙的断面类型

仰斜式墙背所受的土压力较小，故墙身断面较经济。其用于路堑墙时，墙身与开挖面坡较贴合，故开挖量与回填量均较小；但当墙趾处地面横坡较陡时，会使墙身增高，断面增大。故仰斜墙背适用于路堑墙及墙趾处地面平坦的路肩墙或路堤墙。仰斜式墙背的坡度不宜缓于1:0.3，以免施工困难。

俯斜式墙背所受的土压力较大。在地面横坡陡峻时，俯斜式挡土墙可采用陡直的墙面，借以减小墙高。俯斜式墙背也可做成台阶形，以增加墙背与填料间的摩擦力。

垂直式墙背的特点介于仰斜和俯斜墙背之间。

凸形折线式墙背是将仰斜式挡土墙的上部墙背改为俯斜，以减小上部断面尺寸，多用于路堑墙，也可用于路肩墙。

衡重式墙在上、下墙这之间设置衡重台，并采用陡直的墙面。其适用于山区地形陡峻处的路肩墙和路堤墙，也可用于路堑墙。上墙俯斜墙背的坡度在1:0.25～1:0.45之间，下墙仰斜墙背的坡度在1:0.25左右，上、下墙的墙高比一般采用2:3。

（2）墙面

墙面一般均为平面，其坡度应与墙背坡度相协调。墙面坡度又直接影响挡土墙的高度。因此，在地面横坡较陡时，墙面坡度一般为1:0.05～1:0.20，矮墙可采用陡直墙面；地面平缓时，一般采用1:0.20～1:0.35较为经济，但不宜缓于1:0.4，以免过分增加墙高。

根据经验，俯斜式、衡重式和凸形折线式挡土墙可采用1:0.05——近乎于陡直的墙面坡度。仰斜式挡土墙的墙面坡度可采用与墙背坡度相同的坡度，两者也可不同，视墙前地面横坡不同，可采用1:0.15～1:0.25的墙面坡度。垂直式挡土墙墙面坡度常采用1:0.25左右。

（3）墙顶

墙顶最小宽度，浆砌挡土墙不小于50cm；干砌挡土墙不小于60cm；钢筋混凝土挡土墙墙顶宽度按施工条件确定，一般不应小于20cm。浆砌路肩墙顶一般宜采用粗石料或C15混凝土材料做成顶帽，厚40cm。如不做顶帽，对路堤墙和路堑墙，墙顶应以大块石砌筑，并用砂浆勾缝，或用M5砂浆抹平顶面，砂浆厚20cm。干砌挡土墙墙顶厚度小于50cm时，应用M5号砂浆砌筑，以增加墙身稳定。

（4）护栏

为保证交通安全，在地形险峻地段，或过高、过长的路肩墙的墙顶应设置护栏。为满足路肩最小宽度的要求，护栏内侧边缘与路面边缘的距离为：二、三级路不小于0.75cm，四级路不小于0.5cm。

2. 基础

地基不良和基础处理不当，往往会引起挡土墙的破坏，因此必须重视挡土墙的基础设计，事先应对地基的地质条件作详细调查，必要时须先作挖探或钻探，然后再来确定基础类型与埋置深度。

（1）基础类型

绝大多数挡土墙，都直接修筑在天然地基上。

当地基承载力不足，地形平坦而墙身较高时，为了减小基底压应力和增加抗倾覆稳定性，常常采用扩大基础，如图6-3-8（a）所示，将墙趾或墙踵部分加宽成台阶，或两侧同时加宽，以加大承压面积。加宽宽度视基底压应力需要减少的程度和加宽的合力偏心距的大小而定，一般不小于20cm。台阶高度按加宽部分的抗剪、抗弯拉和基础材料的刚性角的要求确定（刚性角：浆砌片石为35°，混凝土为45°）。

当地基压应力超过地基承载力过多时，需要的加宽值较大，为避免加宽部分的台阶过高，可采用钢筋混凝土底板，如图6-3-8（b）所示，其厚度由剪力和主拉应力控制。

地基为软弱土层（如淤泥、软黏土等）时，可采用砂砾、碎石、矿渣或灰土等材料予以换填，以扩散基底压应力，使之均匀地传递到下卧软弱土层中，如图6-3-8（c）所示。一般换填深度 h_2 与基础埋置深度 h_1 之总和不宜超阶级过5m，对淤泥和泥炭等应更浅些。

当挡土墙修筑在陡坡上，而地基又为完整、稳固、对基础不产生侧压力的坚硬岩石时，可如图6-3-8（d）所示，设置台阶基础，以减少基坑开挖和节省圬工。台高一般约1m左右，台宽视地形和地质情况而定，不宜小于0.25m，高宽比可以采用3:2或2:1。最下一个台阶的底宽应满足偏心距的有关规定，不宜小于1.5～2.0m。

如地基有短段缺口（如深沟等）或挖基困难（如需水下施工等），可采用拱形基础，以石砌拱圈跨过，再在其上砌筑墙身，如图6-3-8（e）所示，但应注意土压力不宜过大，以免横向推力导致拱圈开裂。设计时，对拱圈应予验算。

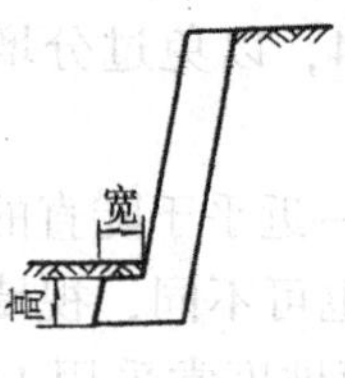

（a）墙趾或墙部分加宽

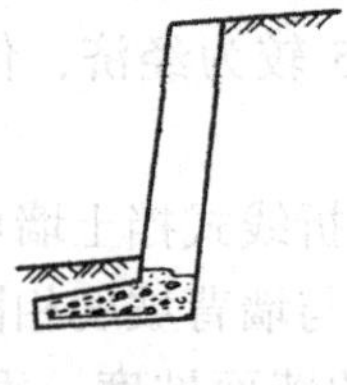
（b）钢筋混凝土底板

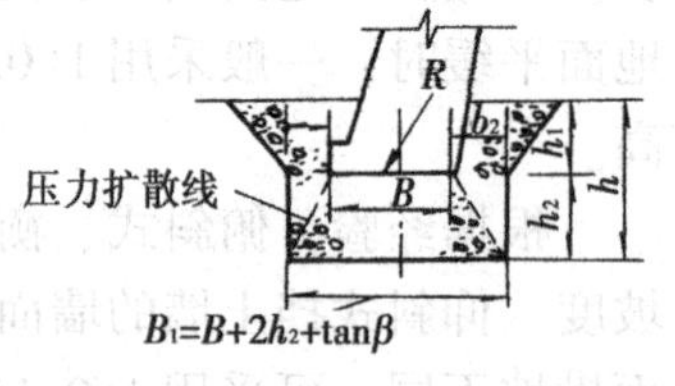

（c）换填地基

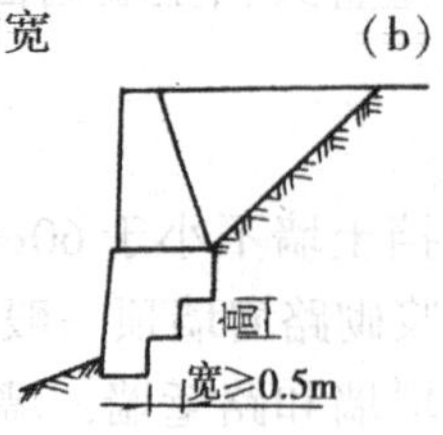

（d）台阶基础

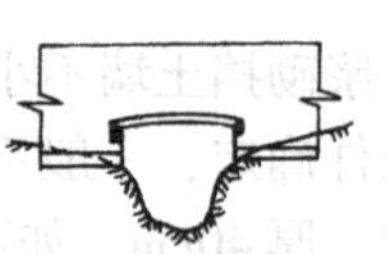
（e）拱形基础

图6-3-8　重力式挡土墙的基础类型

（2）基础埋置深度

为保证挡土墙基础的稳定性，必须根据下列要求，将基础埋入地面以下适当深度。

①应保证基底土层的容许承载力大于基底可能出现的最大应力，避免地基产生剪切破坏。

②应保证基础不受冲刷。在墙前地基受水冲刷地段，如未采取专门的防冲刷措施，应将基础埋置冲刷线以下，以免基底和墙趾前的土层被水淘蚀。

③在季节性冰冻地区，应将基础埋置到冰冻线以下，以防止地基因冻融而破坏。

对于土质地基，基础埋置深度应符合下列要求：

a. 无冲刷时，应在天然地面以下至少 1m；

b. 有冲刷时，应在冲刷线以下至少 1m；

c. 受冻胀影响时，应在冻结线以下不少于 0. 25m；当冻深超过 1m 时，应在冻线以下不少于 1. 25m，但基底应夯填一定厚度的砂砾或碎石垫层，垫层底面亦应位于冻结线以下不少于 0. 25m；碎石、砾石和砂类地基，不考虑冻胀影响，但基础埋深不宜小于 1m。

对于岩石地基，应清除表面风化层。当风化层较厚难以全部清除时，可根据地基的风化程度及其容许承载力将基底埋入风化层中。基础位于横向斜坡地面上时，前趾埋入地面的深度和距地表的水平距离应满足表 6-3-1 的要求，以防止地基剪切破坏。

表 6-3-1　　斜坡地面基础埋置条件

土层类别	最小埋入深度 h /m	距地表水平距离 L/m	示意图
较完整的硬质岩石	0. 25	0. 25 ~ 0. 50	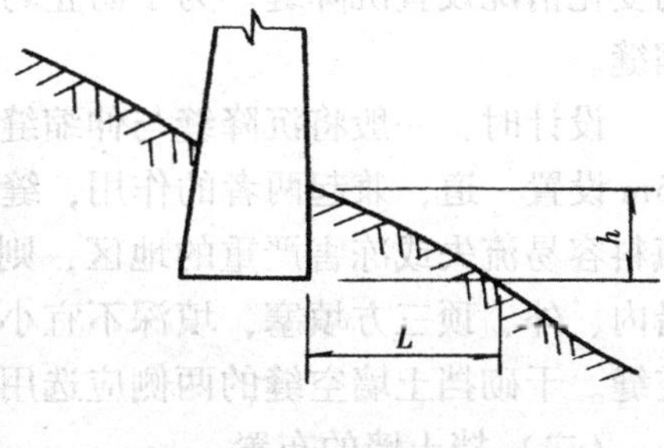
一般硬质岩石	0. 60	0. 60 ~ 1. 50	
软质岩石	1. 00	1. 00 ~ 2. 00	
土质	≥1. 00	1. 50 ~ 2. 50	

当挡土墙位于地质不良地段，地基土内可能出现滑动面时，应进行地基抗滑稳定性验算，将基础底面埋置在滑动面以下，或采用其他措施，以防止挡土墙滑动。

3. 排水设施

挡土墙应设置排水措施，以疏干墙后土体和防止地面水下渗，防止墙后积水形成静水压力，减少寒冷地区回填土的冻胀压力，消除黏性土填料浸水后的膨胀压力。

挡土墙常用的排水措施可以分为地面排水和墙身排水两部分。

地面排水主要是防止地表水渗入墙背土体或地基。防止地表水渗入墙后土体的主要措施有：在墙后地面设置排水沟，引排地面水；夯实回填土和地表松土，防止雨水及地面水下渗，必要时还需采取封闭处理等。防止地表水渗入地基的主要措施有：加固边沟（路堑墙）或在适当位置设置排水沟。

墙身排水主要是为了迅速排除土内积水。其方法是在浆砌块（片）石墙身的适当高度处设置一排或数排泄水孔，如图 6-3-9 所示。泄水孔的尺寸一般为 5cm×10cm、10cm×10cm、15cm×20cm 的方孔或直径为 5～10cm 圆孔。孔眼间距一般为 2～3m；对于浸水挡土墙，孔，眼间距一般 1.0～1.5m；干旱地区可适当加大，孔眼上下错开布置。下排排水孔的出口应高出墙前地面 0.3m（若为路堑墙，应高出边沟水位 0.3m；若为浸水挡土墙，应高出常水位 0.3m）。为防止水分渗入地基，下排泄水孔进水口的底部应铺设 30cm 厚的黏土隔水层。泄水孔的进水部分应设置粗粒料反滤层，以免孔道堵塞。当墙背填土透水性不良或可能发生冻胀时，应在最低一排泄水孔至墙顶以下 0.5m 的范围内铺设厚度不小于 0.3m 的砂卵石排水层。

干砌挡土墙因墙身透水，可不设泄水孔。

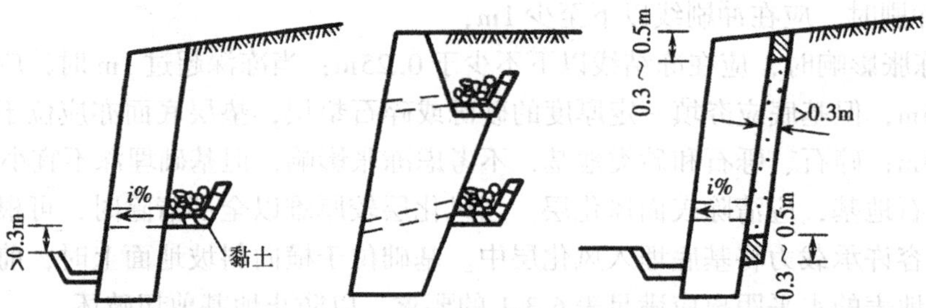

图 6-3-9　挡土墙的泄水孔及排水层

4. 沉降伸缩缝

为避免因地基不均匀沉陷而引起墙身开裂，需根据地质条件的变异和墙高、墙身断面的变化情况设置沉降缝。为了防止圬工砌体因收缩硬化和温度变化而产生裂缝，应设置伸缩缝。

设计时，一般将沉降缝与伸缩缝合并设置，统称为沉降伸缩缝。沿路线方向每隔 10～15m 设置一道，兼起两者的作用，缝宽 2～3cm，缝内一般可用胶泥填塞，但在渗水量大、填料容易流失或冻害严重的地区，则宜用沥青麻筋或涂以沥青的木板等具有弹性的材料，沿内、外、顶三方填塞，填深不宜小于 0.15m，当墙后为岩石路堑或填石路堤时，可设置空缝。干砌挡土墙空缝的两侧应选用平整石料砌筑，使之成为垂直通缝。

（二）挡土墙的布置

挡土墙的布置是挡土墙设计的一个重要内容，通常是在路基横断面图和墙趾纵断面图上进行，个别复杂的挡土墙还应作平面布置。

1. 横向布置

横向布置主要在路基横断面图上进行，其内容有：选择挡土墙的位置，确定断面形式，绘制挡土墙横断面图等。

（1）挡土墙的位置选择

路堑挡土墙，大多设置在边沟的外侧。路肩墙应保证路基宽度布设。路堤墙应与路肩墙进行技术经济比较，以确定墙的合理位置。路堤墙与路肩墙的墙高或圬工数量相近，其基础情况亦相仿时，宜做路肩墙，因为采用路肩墙可减少填方和占地；但当路堤墙的墙高或圬工数量比路肩墙显著降低，且基础可靠时，则宜做路堤墙。浸水挡土墙应结合河流情况布置，以保持水流顺畅，不致挤压河道而引起局部冲刷。山坡挡土墙应考虑设在基础可靠处，墙的高度应保证设墙后墙顶以上边坡的稳定性。

（2）确定断面形式，绘制挡土墙横断面图

不论是路堤墙，还是路肩墙，当地形陡峻时，可采用俯斜式或衡重式；地形平坦时，则可采用仰斜式。对路堑墙来说，宜用仰斜式或折线式。

挡土墙横断面图的绘制，选择在起讫点、墙面最大处、墙身断面或基础形式变异处，以及其他必须桩号处的横断面上进行。根据墙身形式、墙高和地基与填料的物理力学指标等设计资料，进行设计或套用标准图，确定墙身断面尺寸，基础形式和埋置深度，布置排水设计，指定墙背填料的类型等。

2. 纵向布置

纵向布置主要在墙址纵断面图上进行，布置后绘制挡土墙正面图，如图6-3-10所示。

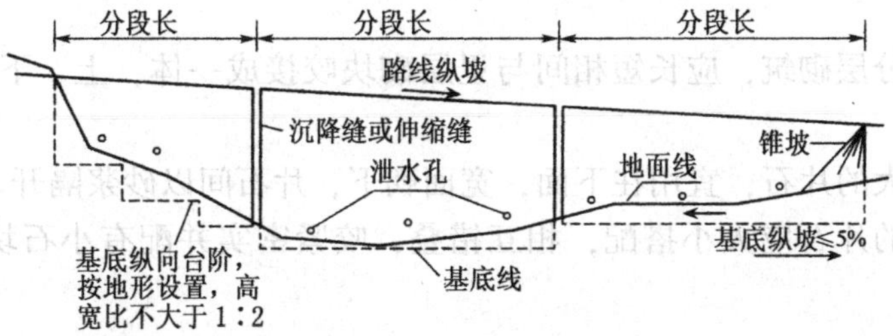

图6-3-10　挡土墙的正面图

（1）确定挡土墙的起讫点和墙长，选择挡土墙与路基或其他结构物的连接方式。

路肩墙与路堑连接应嵌入路堑中2～3cm，与路堤连接采用锥坡和路堤衔接；与桥台连接时，为了防止墙后回填表土从桥台尾端与挡土墙连接处的空隙中溜出，应在台尾与挡土墙之间设置隔墙及接头墙。

路堑挡土墙在隧道洞口应结合隧道洞门、翼墙的设置情况平顺衔接，与路堑边坡衔接时，一般将墙顶逐渐降低到2m以下，使边坡坡脚不致伸入沟内，有时也可用横向端墙连接。

（2）按地基及地形情况进行分段，布置沉降伸缩缝的位置。

（3）布置各段挡土墙的基础。

沿挡土墙长度方向有纵坡时，挡土墙的纵向基底宜做成不大于5%的纵坡。当墙趾地面纵坡不超过5%时，基底可按此纵坡布置；若大于5%，应在纵向挖成台阶，台阶的尺寸随地形而变化，但其高宽比不宜大于1∶2。地基为岩石时，纵坡虽不大于5%，但为减少开挖，也可在纵向做成台阶。

（4）布置泄水孔和护栏（或护桩、护墙）的位置，包括数量、尺寸和间距，如图6-3-10所示。

（5）标注各特征断面的桩号，及墙顶、基础、冲刷线、冰冻线和设计洪水位的标高等。

3. 平面布置

对于个别复杂的挡土墙，如高的、长的沿河挡土墙和曲线挡土墙，除了横、纵向布置处，还应平面布置，并绘制平面布置图。

在平面图上，应标示挡土墙与路线平面位置的关系，与挡土墙有关的地物、地貌等情况；沿河挡土墙还应标示河道及水流方向，以及其他防护、加固工程等。

在挡土墙设计图纸上，应附有简要说明，说明选用挡土墙设计参数的依据，主要工程数量，对材料和施工的要求及注意事项等，以利指导施工。

四、挡土墙的施工

在工程施工时，通常以重力式挡土墙、混凝土挡土墙和加筋土挡土墙为主。

（一）重力式挡土墙的施工

重力式挡土墙一般采用明挖基础，当基底松软或水下挖基困难时，可采用换填基础、桩基础或沉井基础。

1. 浆砌片石

（1）片石宜分层砌筑，应长短相间与里层砌块咬接成一体，上、下层石块交错排列，避免竖缝重合。

（2）砌筑较大的片石，宜用在下面，宽面朝下，片石间以砂浆隔开。

（3）砌体中的片石应大小搭配，相互错叠，咬紧密实并配有小石块，作挤浆填缝之用。

2. 浆砌块石

（1）用做镶面的块石，表面四周应修整，以便安砌。

（2）块石应平砌，每层石料高度应做到基本齐平。

3. 料石砌筑（如图 6-3-11 所示）

（1）每层镶面料石均应事先按规定的灰缝宽及错缝要求配好石料，再用铺浆法顺序砌筑和随砌随填立缝，并应先砌角石。

（2）镶面石砌筑完毕后，方可砌填心石，其高度与镶面石齐平。

图 6-3-11　料石砌筑

图 6-3-12　墙顶施工

4. 墙顶（如图 6-3-12 所示）

墙顶宜用粗料石或现浇混凝土做成顶帽，路肩墙顶面宽宜用大石块砌筑、5 号砂浆勾缝或抹面，并均应在墙顶外缘线留出 10cm 帽沿。

5. 基础

（1）在松软地层或坡积层地段时，基坑不宜全段贯通，应采用跳槽办法开挖以防治上部失稳。

（2）当基底软弱、地形平坦、墙身又超过一定高度时，可在墙趾处伸出一台阶，以拓宽基础。

（3）当地层为淤泥土、杂填土等，可采用砂砾、碎石、矿渣灰土等材料予以换填，或用砂桩、石灰桩、碎石桩、土工织布、粉喷桩等方法处理。

（4）当岩层有空隙裂缝时，应以水泥沙浆或小石子混凝土浇注饱满。

（5）基坑底面开挖宽度应比设计尺寸各边增宽0.5～1.0m，并保持一定开挖边坡度。

6. 墙背填料

（1）砌体砂浆强度达到70%以上时，方可回填墙背填料，并应优先选择渗水性较好的砂砾土填筑。

（2）墙背回填要均匀摊铺平整，并设不小于3%的横坡逐层填筑，逐层夯实。

（3）压实时，临近墙背1.0m范围内，应采用小型压实机具。

图6-3-13　隧道入口混凝土挡土墙

（二）混凝土挡土墙（如图6-3-13所示）

混凝土挡土墙的特点是墙身断面小、自重轻、圬工省，适用于石料缺乏、地基承载力较低的路堤和路肩墙。

1. 基础施工

（1）基底处理

与砌石挡土墙基础基本相同。若为软基，可以采用桩基础、加固结剂等加固措施。

（2）桩基础

挡土墙的桩体规模不大时，常用挤密振冲桩或沉桩。

（3）施工方式

混凝土底板可以在地基上直接立模；钢筋混凝土底板则需先浇注垫层，在垫层上放线扎钢筋立模。钢筋混凝土基础施工时，要注意钢筋的保护层厚度，并有可靠的固定措施。混凝土的施工缝应尽量避免设置在基础与墙体的分界面，基础混凝土成型面设置在墙体以上10cm处，其界面做成毛面。

2. 墙体模板

（1）基本要求

挡土墙分段施工时，相邻段应错开间断施工。

（2）整体模板

整体模板是目前发展比较快的一种模板技术，特点是整体设计、工厂加工、整体拼装。整体模板成型混凝土质量高，功效也大大提高。

（3）其他辅助施工

需作排水、渗水和接缝处理。

3. 墙体钢筋及混凝土施工

（1）墙体钢筋安装

墙体钢筋安装应在立模前施工。安装模板时，必须控制钢筋的位置，对每根钢筋，控制上下位置准确，拉紧固定。

（2）墙体混凝土

钢筋混凝土挡土墙截面较小，钢筋密，混凝土浇注时，坍落度可适当增大。另外，混凝土应分层浇注，分层振捣。

（三）加筋土挡土墙（如图 6-3-14 所示）

加筋土挡土墙具有圬工工程量少、地基强度要求不高、抗震性能好、造价低、施工方便、进度快等特点，在公路工程中广泛应用于挡土墙和桥台部位。

图 6-3-14　加筋土挡土墙施工

1. 施工准备

（1）面板形式及预制

面板一般采用混凝土预制板，预制构件可以在工厂进行，机械化操作，批量生产。预制模板时采用定型钢模，这种模板虽然需专用设计，一次成本大，但综合效益高。

（2）筋带选择

筋带采用强度高、受力变形小、能与土料产生足够摩擦力、耐腐蚀材料制成，一端通过预留孔与面板连接，另一端由拉直锚固在压实的土料上。

（3）填料分类及选用

回填土要求有较好的稳定性和较高的抗剪强度，一般采用中低液限黏土、砂类土、砾碎石土和各种稳定土，对于满足要求的工业废渣也可采用。填料的选用宜根据当地土源情况，尽可能选择力学性能好的土料。

（4）排水滤水构件

为了保证土体稳定，必须控制土壤含水量。施工中通过埋设滤水管网和铺设滤水粒料，及时排除加筋体内积水或渗水。

2. 施工方法

加筋土工程施工一般包括：基坑开挖、基底处理、基础浇注、构件准备、面板安装、筋带布设、填料摊铺及压实、封闭压顶、附属构件安装等。

（1）基础施工

加筋土挡土墙的基底处理措施同其他挡土墙一样，一般是钢筋混凝土条基。它的作用不仅要承受荷载，而且是作为加筋土挡土墙面板施工的起点和控制点，所以顶面要水平整齐。

（2）控制放线

加筋土挡土墙墙面垂直，平面上随现场条件做成直线或曲线。第一层面板安装准备后，每层只需用垂线控制即可。

挡土墙的另一个控制内容是面板的接缝线条。挡土墙的美观主要体现在线条上，要求平顺整齐，接缝大小一致，每层面板安装前都应准确放出每块面板的位置，精确对线。

（3）施工技术要点

①面板施工要点

a. 面板安装以外缘定线。高程、位置和接缝都以外缘为测量点。

b. 为防止相邻面板错位，可采用螺栓夹木或斜撑固定。

c. 相邻段面板的沉降缝施工应明显错开，以保证沉降缝顺直、等宽和贯通。施工缝与沉降缝宜设在一起，且填缝料应在后一段施工前放入。

②筋带铺设施工要点

a. 筋带铺设应与面板的安装同步，进行铺设的底料应平整密实。

b. 筋带不得弯曲，接头和防锈处理应符合标准规定。

c. 筋带或面板间的钢筋连接，可采用焊接、拉环连接或螺栓连接，且连接处应浇混凝土保护。

d. 筋带应呈扇形辐射状铺设在硬基上，不得与硬质棱角填料直接接触。

③填料施工要点

a. 面板安装、筋带铺设和埋地排水管完成到位并检查验收合格后，用准备充足的合格填料进行填料施工。

b. 运土机具不得在未覆盖填料的筋带上行驶，且要离面板 1.5m 以上。

c. 填料可用机械或手工摊铺，摊铺应厚度均匀，表面平整，并有不小于 3% 的向外倾斜横坡。

d. 填料采用机械碾压。禁止使用羊足碾，不得在填料上急转弯和急刹车，以免破坏筋带。碾压前，应确定最佳含水量及碾压标准，碾压过程应随时检测填料的含水量和密实度。

④其他工程施工要点

a. 加筋土的排水管、反滤层及沉降缝等设施应同时施工。排水设施施工中应注意水流通道，不得有碍水流或积水等。

b. 压顶的目的是封固边口，防止外界作用造成面板松动脱落。一般用 C15 混凝土现浇，厚度 20 ~ 50cm。但加筋土挡土墙更注重外观，所以压顶应线条平整，与墙体一致。

c. 错层施工应有明显停顿，一层完工后，再进行第二层施工。错台护板的主要作用是防水。

（四）锚杆挡土墙

1. 施工方法及工艺流程：

（1）整平场地，预制构件，制作拉杆并对其进行防锈处理；

（2）测量放线；

（3）开挖基础，验槽签收；

（4）灌注基础混凝土；

（5）搭设辅助脚手架；

（6）汽车起重机吊装立柱；

（7）填筑卵石土，随填土的升高，安装挡土板，同时于板后铺设土上布；

（8）开挖锚定板及拉杆沟槽；

（9）安装锚定板；

（10）加拉杆拧紧螺帽；

（11）锚定板槽内孔隙灌注混凝土填塞密实；

（12）由下至上逐层填筑砂卵石土，直至完成全部拉杆的安装；

（13）调试检查；

（14）安装人行道板及栏杆扶手；

（15）包封拉杆外露端头。

2. 施工要点

（1）锚杆挡土墙的施工需按图纸要求和规范的有关规定，进行挡土板、立柱的预制浇筑。

（2）应做好施工场地清理，平整夯实；场内注意排水畅通；锚孔孔位正确，并经监理工程师检验认可，方能进行下一工序。

（3）施工前，承包人应将锚杆挡地土墙的施工方法的全部细节报请监理工程师批准后方可进行施工。

（4）锚杆挡土墙的施工，应由有经验的施工人员主持，掌握锚孔处地层地质和水文情况。钻孔设备完好，施工时作好记录。

（5）锚孔轴线应准确，锚孔直径及锚孔深应不小于图纸规定。孔口位置允许偏差为±50cm，钻孔轴线与设计轴线的偏差应小于3%孔长，孔深允许偏差为+200mm；相邻锚孔间距应符合图纸规定。

（6）锚孔钻孔时，不应损伤岩体结构，以避免岩层裂隙扩大，造成坍孔和灌浆困难。

（7）锚孔成孔后，应将孔内岩粉屑等杂物排除干净，保持孔内干燥及孔壁干净粗糙。

（8）为增加锚杆的抗拔能力，在钻孔过程，可将锚固部分或锚孔底部用小药量爆破成葫芦状。

（9）锚杆挡土墙不宜在雨天施工。锚孔钻孔、放置锚杆、锚孔灌浆各工序应连续完成，以一根桩、一个孔为工作单元。锚杆放入锚孔后应检验灌浆孔及排气孔是否畅通、完好。

（10）锚孔的灌浆工艺影响锚固能力，灌浆前应用水冲洗孔壁，清除孔中碎渣岩粉。灌浆时在孔口深0.5m范围内先用1∶3水泥沙浆封闭。灌浆过程中，应随进注意排气孔不被堵塞，待灌满浆，抽出灌浆管，封闭排气孔及灌浆孔。

（11）锚孔灌浆应符合图纸要求，采用抗压强度30MPa以上水泥沙浆。水泥沙浆配合比应经试验确定，细集料粒径不宜大于2mm。为加快进度提高砂浆强度，可适当掺加外加剂，掺加品种和数量经试验确定。

（12）为判定锚杆能否满足图纸要求，应进行锚杆确认试验。锚杆极限抗拔力试验数量不少于锚杆总数量的5%，且不得少于3根，应在灌浆后水泥沙浆强度达到设计强度后进行。试验中若变位量不断增加，直到2h后仍不稳定，即认为该锚杆已被破坏；或变位过大，超过图纸规定控制的变位值，或者极限抗拔力小于图纸规定值，也可认为锚杆已破坏。试验可使用YC-60型穿心千斤顶或其他相适应的设备。

（13）立柱、挡土板及锚杆按图纸要求安置完毕，墙背应立即进行回填，填料宜选择砂类土、碎砾石土、严禁使用腐殖土和树皮、草根等杂物，并按图纸要求的压实度进行碾压和夯实。墙背回填时，应特别注意不得将锚杆钢筋压弯造成立柱、挡土板的损坏。

（14）墙背回填时，应按图纸规定的位置和要求，设置防、排水设施。

3. 规范要求

（1）锚杆挡土墙

①锚杆应按设计尺寸下料、调直、除污、加工。

②按照设计要求，在施工前应作锚杆抗拔力验证试验。

③钻孔施工应符合下列规定；

a. 施工前，应清除岩面松动石块，整平墙背坡面；

b. 根据设计孔径及岩土性质合理选择钻孔机具；

c. 孔轴应保持直线，孔位允许偏差为±50mm，深度允许偏差为－10～＋50mm；

d. 钻孔后应将孔内粉尘、石渣清理干净。

④安装普通砂浆锚杆应符合下列规定：

a. 锚杆应安装在孔位中心；

b. 锚杆未插入岩层部分，必须按设计要求作防锈处理；

c. 有水地段安装锚杆，应将孔内的水排出或采用早强速凝药包式锚杆；

d. 砂浆应随拌随用。

⑤宜先插入锚杆然后灌浆，灌浆应采用孔底注浆法，灌浆管应插至距孔底50～100mm，并随水泥沙浆的注入逐渐拔出，灌浆压强宜不小于0.2MPa。

⑥砂浆锚杆安装后，不得敲击、摇动。普通砂浆锚杆在3天内，早强砂浆锚杆在12小时内，不得在杆体上悬挂重物。必须待砂浆达到设计强度的75%后方可安装肋柱、墙板。

⑦安装墙板时，应边安装墙板边进行墙背回填及墙背排水系统施工。

（2）锚定板挡土墙

①拉杆使用前应按规定取样试验。拉杆埋于土中部分，必须进行防锈处理。

②吊装时应保证肋柱不前倾。

③拉杆及锚定板埋设，应先填土后挖槽就位，挖槽时，锚定板比设计位置宜高30～50mm。锚定板前方超挖部分宜用C10水泥混凝土或灰土回填夯实。严禁直接碾压拉杆和锚定板。

④肋柱、锚定板上的锚头及螺丝杆应作防锈处理和防水封闭。

⑤分级平台应按设计要求进行封闭，并设2%的外倾排水坡。

复习思考题

1. 路基坡面防护有哪些种类？请简要说明各种防护措施的适用条件。
2. 挡土墙的形式有哪几种？
3. 重力式挡土墙的施工要点是什么？
4. 混凝土挡土墙有何施工特点？
5. 加筋土挡土墙的施工工艺有何特点？

课题实训练项目一：坡面防护工程的施工

（一）实习目的及要求

通过实习使学生掌握常用坡面防护工程设施的类型、适用条件、结构组成、施工工艺及技术要点，增强对坡面防护工程多样性的认识，使所学理论知识能有机地与社会实践相结合，并在实践中得到不断检验和发展。在实习前要求学生首先预习相关理论，重点掌握各种防护设施的施工工艺及技术要点，在实习时要注意施工安全。通过仔细观察，结合所学理论知识，认真思考、总结，逐步提高坡面防护工程的类别选择及灵活运用能力，并及时完成参观实习报告和实习心得。

（二）实习所需工具

回弹仪、钢尺、公路检测尺、摄像机等。

（三）实习操作内容

1. 对坡面防护的工程构造物进行检查复核。
2. 对植物防护的三种方法进行优化比较。
3. 在施工工艺过程中现场取样，并认真分析学习。
4. 实习操作项目及质量标准附表，根据实习内容不同，选择实习有关内容填写表格，见表 6-3-2。

表 6-3-2　护坡实习操作检查项目

检查项目	质量标准	检查方法	备注
砂浆强度/MPa	符合标准	强度评定	
顶面高程/mm	±50	水准仪	
表面平整度	30	检查尺	
厚度/mm	不小于设计	尺量	
坡度/%	不陡于设计	检测尺	
底面高程/mm	±50	水准仪	

（四）结果整理及实习建议

主要根据实习现场观察及测定结果进行整理，评价正在施工或已完工的结构物质状况，并对不合格项目进行原因分析并提出改正或补救措施，见表 6-3-3。

表 6-3-3　　　　　　　　　　浆砌水沟实习操作检查表

实测项目	实测值					结果
	1	2	3	4	5	
砂浆强度/MPa						
顶面高程/mm						
表面平整度						
厚度/mm						
坡度/%						
底面高程/mm						

课题实训项目二：挡土墙施工放样或质量验收

（一）实训目的及要求

1. 通过在不同地形环境上，对不同类别的挡土墙进行施工放样，掌握各类挡土墙的结构特点及施工放样方法，并要求在施工放样前，选择不同类别的设计图和地形条件。分小组进行施工放样，要求放样结果精度满足，有利于施工。

2. 如果有条件，可对已经建成的各类挡土墙进行测量，并根据测量数据归纳整理，对已有结构物进行质量评定，对挡土墙不符合要求的部分提出维护、加固意见及建议。

（二）实训准备工作

1. 均场地布置：选择一块地形较复杂的场地，根据各挡土墙结构的不同进行现场清理和布置。

2. 实训所用器材：经纬仪、水准仪、皮尺、花杆、塔尺、回弹仪、检测尺、全站仪，每小组各一套。

3. 需用材料：木桩、小钉、油漆、白灰。

（三）实训操作程序及内容及操作方法

1. 根据有关施工图，在选择好的场地首先进行基坑开挖和施工放样，并用木桩或钢桩定位；然后测量具体尺寸，分析比较存在的原因。

2. 由于挡土墙砌筑较费工费时，因此对于已修筑成的相关结构物进行实地量测、记录、数据整理。

3. 根据现行挡土墙施工工地，实际进行挡土墙施工放样及校核、砂浆配合比试拌与调配、浆砌片石的砌筑方法训练、基底高程测定及施工挂线、加筋土挡墙的面板质量验收、水泥混凝土强度检测等相关项目操作，掌握其施工工艺和技术要点，并分析操作过程中存在的质量隐患及其原因，并及时采取补救措施。

（四）质量验收及评定

1. 砌石、水泥混凝土挡土墙质量验收标准见表 6-3-4。

表 6-3-4　　浆砌片石、水泥混凝土基础实习操作检查项目

检查项目	质量标准		检查方法	备注
砂浆强度/MPa	符合标准		强度评定方法	
平面尺寸/mm	50		用尺量长、宽各 3 处	
轴线偏位/mm	25		经纬仪测纵、横各 2 处	
顶面高程/mm	±50		水准仪测 5 ~ 8 点	
基底高程/mm	土质	±20	水准仪测 5 ~ 8 点	
	石质	±50，－200		

2. 浆砌砌体及水泥混凝土挡土墙质量验收标准见表 6-3-5。

表 6-3-5　　浆砌砌体及水泥混凝土挡土墙实习操作检查项目

检查项目		质量标准	检查方法	备注
砂浆或混凝土强度/MPa		符合设计标准	强度评定方法	
断面尺寸/mm		不小于设计标准	每 20m 用尺量 2 处断面	
表面平整度	块石	20	每 20m 用 3m 尺测 3 处	
	片石	30		
	水泥混凝土	10		
底面高程		±50	每 20m 用水准仪测 1 点	
顶面高程	浆砌	±20	20m 用水准仪测 1 点	
	水泥混凝土	±10		
平面位置	浆砌	50	每 20m 用水准仪测 3 点	
	水泥混凝土	30		

3. 干砌片石挡土墙质量验收标准见表 6-3-6。

表 6-3-6　　干砌片石挡土墙实习操作检查项目

检查项目	质量标准	检查方法	备注
平面位置/mm	50	每 20m 用水准仪测 3 点	
顶面高程/mm	±30	每 20m 用水准仪测 3 点	
竖直度或坡度	0.5%	每 20m 掉吊检查 3 处	
断面尺寸/mm	不小于设计	每 20m 用尺量测 2 处	
底面高程/mm	±50	每 20m 用水准仪测 1 点	
表面平整度/mm	50	每 20m 用 3m 尺测 3 点	

4. 预制加筋面板质量验收标准见表 6-3-7。

表 6-3-7　　预制加筋面板实习操作检测项目

检查项目	质量标准	检查方法	备注
混凝土强度	符合设计标准	强度评定方法	
边长/mm	±5 或 0.5% 边长	长宽各量一次，每批抽查 10%	
两对角线差/mm	10 或 0.7% 对角线	用尺量，每批抽查 10%	
厚度/mm	+5，－3	量 2 处，每批抽查 10%	
表面平整度/mm	4 或 0.3% 边长	长宽各量一次，每批抽查 10%	

5. 加筋上档土墙质量验收标准见表 6-3-8。

表 6-3-8　　加筋土挡土墙总体质量实习操作检查项目

检查项目	质量标准		检查方法	备注
墙顶平面位置/mm	路堤式	±50，－200	经纬仪：每 20m 检查 3 处	
	路肩式	±50		
墙顶高程/mm	路堤式	±50	水准仪：每 20m 用水准仪测 3 点	
	路肩式	±30		
墙面竖直度或坡度	0.5% 墙高及 +50 －1% 墙高及 －100		每 20m 吊线或坡度板测 2 处	
面板缝宽/mm	10		每 20m 至少检查 5 条	
墙面平整度/mm	15		每 20m 用直尺测定 3 处	

（五）实习报告

主要根据实习现场观察及测定结果进行整理，评价施工放样正确性及正在施工或已完工的结构物质量状况，对不合格项目进行原因分析并提出改正或补救措施见表 6-3-9，表 6-3-10，表 6-3-11，表 6-3-12，表 6-3-13。

表 6-3-9　　浆砌片石、水泥混凝土基础实习操作检查表

实测项目	实测值					结果
	1	2	3	4	5	
砂浆强度/MPa						
平面尺寸/mm						
轴线偏位/mm						
顶面高程/mm						

表 6-3-10　　浆砌砌体及水泥混凝土挡土墙实习操作检查项目

实测项目	实测值					结果
	1	2	3	4	5	
砂浆或混凝土强度/MPa						
断面尺寸/mm						

续表 6-3-10

实测项目	实测值					结果
	1	2	3	4	5	
表面平整度						
底面高程/mm						
顶面高程/mm						
平面位置/mm						

表 6-3-11　　干砌片石挡土墙实习操作检查项目

实测项目	实测值					结果
	1	2	3	4	5	
平面位置/mm						
顶面高程/mm						
竖直度或坡度						
断面尺寸/mm						
底面高程/mm						
表面平整度/mm						

表 6-3-12　　预制加筋面板实习操作检测项目

实测项目	实测值					结果
	1	2	3	4	5	
混凝土强度						
边长/mm						
两对角线差/mm						
厚度/mm						
表面平整度/mm						

表 6-3-13　　加筋土挡土墙总体质量实习操作检查项目

实测项目	实测值					结果
	1	2	3	4	5	
墙顶平面位置/mm						
墙顶高程/mm						
墙面竖直度或坡度						
面板缝宽/mm						
墙面平整度/mm						

学习情境 7　排水设施构造与施工

[知识目标]

1. 掌握地面排水设施的结构组成及断面形式。
2. 掌握地下排水设施的结构组成及断面形式。

[能力目标]

1. 具有进行地面排水设施施工的能力。
2. 能够依据施工要点进行施工过程的技术指导。

公路的最大病因之一是水害，例如：水分的积聚使得沥青与集料之间的黏结力下降，造成路面基层承载能力下降，降低了路面材料的强度；受土质、气温的影响又容易引起土质松软、边坡坍塌、基身沉陷或产生滑动，进而导致道路的冻胀与翻浆产生。因此，为保证路基的强度与稳定性，在路基路面设计、施工和养护中，必须重视路基路面的排水工程。

任务 1　地面排水工程的施工

一、地面排水设施的设置

地面排水设施主要有边沟、截水沟、排水沟、跌水与急流槽等。

（一）边沟

1. 边沟的设置与作用

边沟一般在路堑、矮路堤、零添零挖路基及陡坡路堤的边缘外侧或坡脚外侧，以及路基边缘高度小于边沟深度时均应设置。其作用主要用来汇集和排除流向路基范围内的少量地表水。边沟流量不大，一般不需要进行水力水文计算，可直接套用标准横断面形式，当流量较大时，断面则应根据水力计算确定。

2. 边沟的横断面形式

（1）原地面为土质时，可采用梯形断面。

（2）原地面为石质时，可采用矩形断面。

（3）在矮路堤施工或采用机械化施工时，可采用三角形断面。

（4）防积沙和积雪路段，可采用流线形边沟，并可改善道路的景致、美观和舒畅度。

3. 边沟的断面尺寸

高速公路、一级公路边沟的底宽、深度不应小于 0.6m；其他等级公路不应小于 0.4m。当流量较大时，可根据水流量的大小加大边沟断面尺寸。

边沟内侧坡度如图 7-1-1 所示。

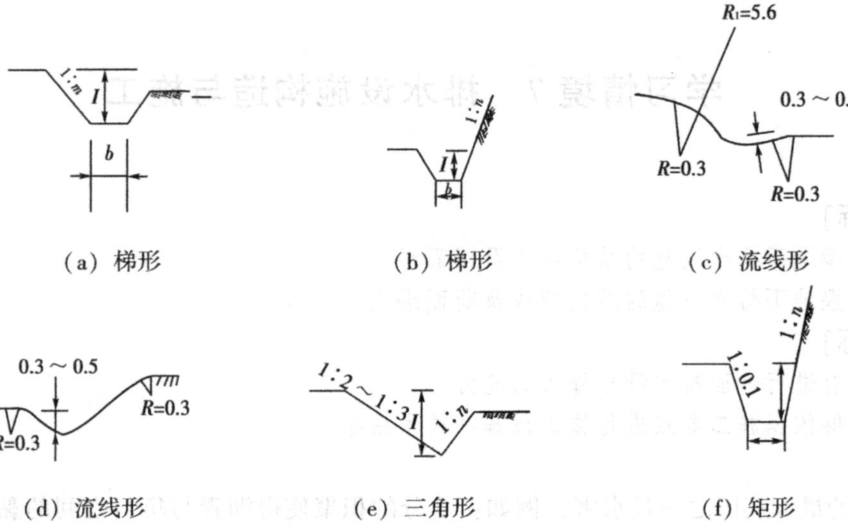

图 7-1-1　边沟的横断面形成示意图（单位：m）

梯形边沟的内侧边坡坡度一般为 1:1～1:1.5。岩石边坡坡度一般为 1:0～1:0.5，浆砌边沟内侧边坡可直立，三角形边沟内侧边沟坡度一般为 1:2～1:3。各种沟渠外侧边坡坡度与挖方边坡一致。

4. 边沟的纵坡与长度

边沟的纵坡应与路线的纵坡相一致，并不宜小于 0.3% 以防淤积，在特殊情况下容许减至 0.1%。路线纵断面设计时，为兼顾边沟的设置，在横向排水不畅路段及各级公路的长路堑路段，均应采用坡度不小于 0.3% 的纵坡。路堑边沟的水流，不应流经隧道排出。

边沟的水应顺势排至低洼地段或天然河流中，受地形的限制为防止水流漫溢或冲刷，边沟的单向排水长度一般不宜超过 300～500m。若超过此值，则应添设排水沟和涵洞，将水引出路基范围以外。

5. 边沟出水口处理

为防止冲刷，目前常采用排水沟、跌水或急流槽将边沟所汇集的水引至低洼地、天然河流处。在回头曲线处，应顺着原来边沟方向沿山坡开挖排水沟，将水引出路基范围以外。在由路堑过渡到路堤，边沟沟底到填土坡脚高差过大处，山坡路基在大坡下的回头曲线处，边沟水引向桥涵进口处等，水流的冲刷过度，有使桥涵进口淤塞，或冲毁构造物的危险，必须采取加固措施予以解决。

（二）截水沟（又叫天沟）

1. 截水沟的设置和作用

挖方路基的堑顶截水沟应设置在坡口 5m 以外，并宜结合地形进行布设，填方路基上侧的路堤截水沟距填方坡脚的距离应不小于 2m。在多雨地区，视实际情况可设一道或多道截水沟。其作用是拦截路基上方流向路基的地面水流，保护挖方边坡和填方坡脚不受水流冲刷。

2. 截水沟的构造和布置

如图 7-1-2 所示，路堑段挖方边坡上方设置的截水沟，图中距离 $d \geq 5.0$m（土质不良地段可取 10.0m 或更大）。截水沟下方一侧，可堆置挖沟的土方，要求做成顶部向沟倾斜 2% 的土台。路堑上方设置弃土堆时，截水沟的位置及断面尺寸，如图 7-1-3 所示。山坡填方路段可能遭到上方水流的破坏作用，此时必须设截水沟，以拦截山坡水流保护路堤。如图 7-1-4 所示，截水沟应与坡脚之间距离不小于 2.0m，并做 2% 的向沟倾斜横坡，确保路堤不受水害。

截水沟的横断面形式，一般为梯形，其边坡坡度，因岩土条件而定。沟底纵坡不应小于 0.3%，如图 7-1-5 所示。

沟底宽度 b 不小于 0.5m，沟深 h 按设计流量而定，亦不应小于 0.5m。

为尽快截住上方的水流，截水沟的布置应尽可能与水流的方向垂直。

截水沟的出水口，可用排水沟或跌水、急流槽相连接，将水引至山坡一侧的自然沟中或桥涵进水口处。截水沟在转弯处应以曲线相连，使水流畅通。为防止水流的冲刷和渗漏，应对截水沟进行防渗加固，必要时可设跌水或急流槽。

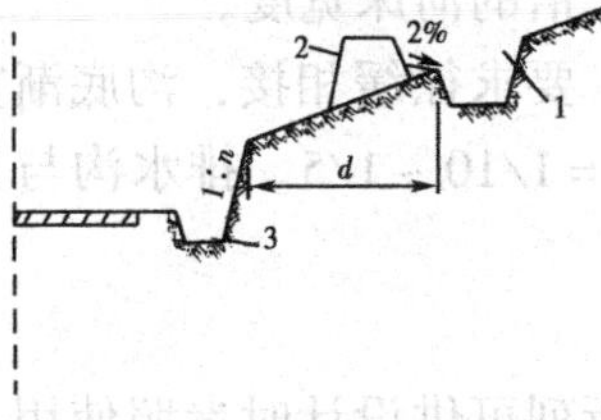

图 7-1-2　挖方路段截水沟示意图

1—截水沟；2—弃土堆；3—边沟

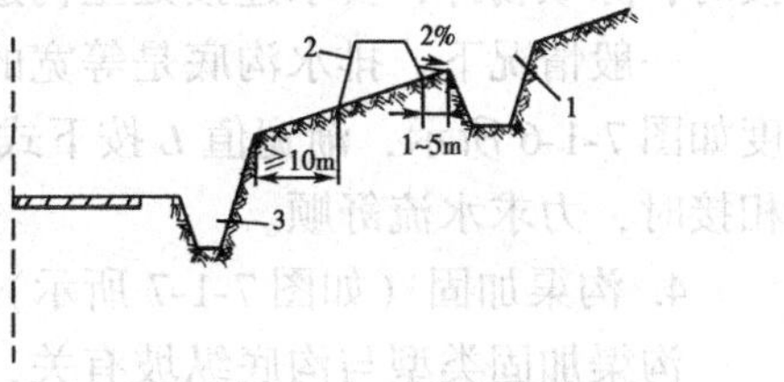

7-1-3　挖方路段弃土堆与截水沟关系图

1—截水沟；2—土台；3—边沟

图 7-1-4　填方路段上的截水沟示意图

1—土台；2—截水沟

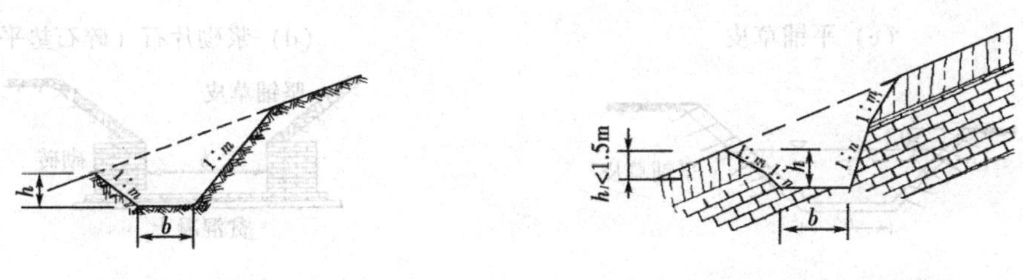

图 7-1-5　截水沟的横断面图例

（三）排水沟

1. 排水沟的作用

其作用是将边沟、截水沟、取土坑所汇集的水流或路基附近的积水，引致桥涵或路基范围以外的天然河流与低洼地。

2. 排水沟的横断面形式

其断面一般采用梯形，尺寸大小应通过水力计算选定，底宽、沟深均不宜小于 0.5m，边坡坡度一般定为 1∶1～1∶1.5。

3. 排水沟的布置

排水沟的布置可根据需要并结合当地地形条件而定，距路基尽可能远一点，一般距路基坡脚不宜小于 3～4m。沟底纵坡应不小于 0.3%，以 1%～3% 为宜，纵坡大于 3% 时沟渠应加固，大于 7% 时则必须修跌水或急流槽。其连续长度一般不宜超过 500m，线形要求平顺，需要转弯时可做成弧形，其半径尽量采用较大值，不宜小于 10～20m。当排水沟与其他水道连接时，除顺畅外，要求连接处至构造物的距离应不小于 2 倍的河床宽度。

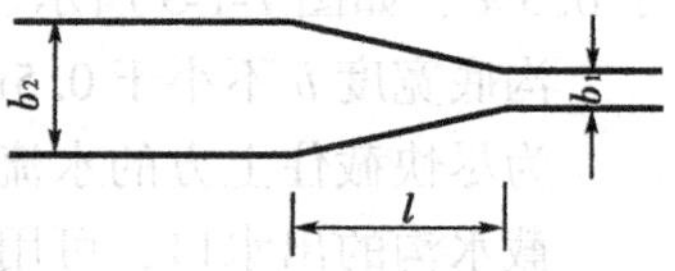

图 7-1-6 沟渠底宽的渐宽值

一般情况下，排水沟底是等宽的，沟底宽度不同时，要求徐缓相接，沟底渐宽值的长度如图 7-1-6 所示，渐宽值 L 按下式计算：$(b_2-b_1)/L=1/10\sim1/5$。排水沟与其他沟渠相接时，力求水流舒顺。

4. 沟渠加固（如图 7-1-7 所示）

沟渠加固类型与沟底纵坡有关，表 7-1-1、表 7-1-2 所列可供设计时参照使用。沟渠加固断面如图 7-1-7 所示。

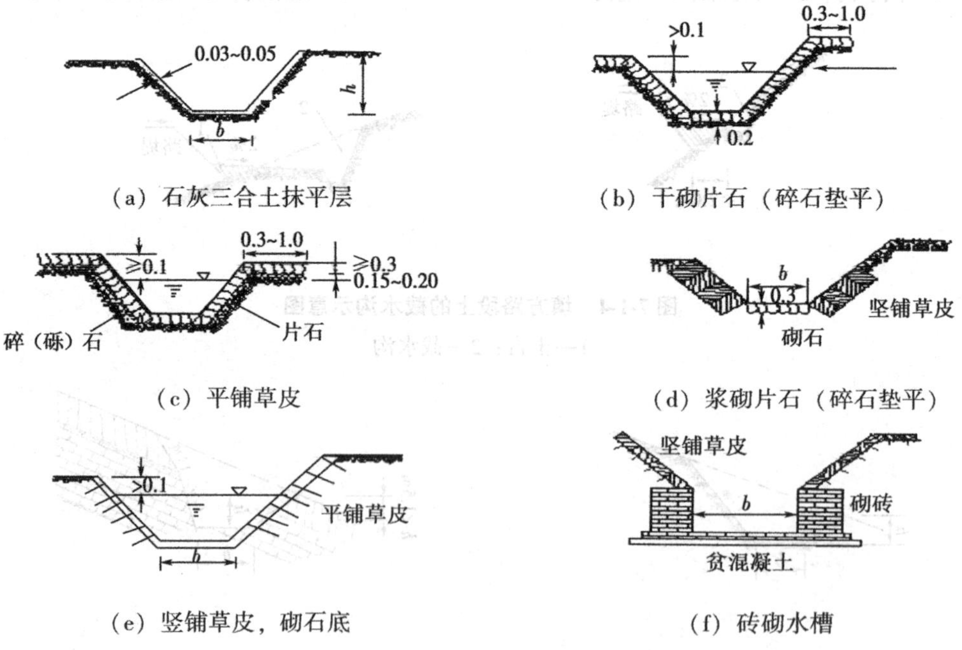

图 7-1-7 沟渠加固断面图

表 7-1-1　　　　　　　　　　　　　沟渠加固类型

型式	名称	铺砌厚度/cm
简易式	平铺草皮 竖铺草皮 水泥沙浆抹平层 石灰三合土抹平层 黏土碎（砾）石加固层 石灰三合土碎（砾）石加固层	单层 迭铺 2～3 3～5 10～15 10～15
干砌式	干砌片 石干砌片石砂浆勾缝 干砌片石砂浆抹平	15～25 15～25 20～25
浆砌式	浆砌片石 混凝土预制块 砖砌水槽	20～25 6～10

表 7-1-2　　　　　　　　　　加固类型与沟底纵坡关系

纵坡/%	<1	1～3	3～5	5～7	>7
加固类型	不加固	1. 土质好，不加固 2. 土质不好，简易加固	简易加固或干砌式加固	干砌式或浆砌式加固	浆砌式加固或改用跌水

（四）跌水与急流槽

1. 概念

在陡坡或深沟地段设置的沟底为阶梯，水流呈瀑布式跌落的沟槽称为跌水；在陡坡或深沟地段设置的坡度较陡，水流不离开槽底的沟槽称为急流槽。水流通过坡度大于10%、水头高差大于1.0m的陡坡地段或特殊陡坎地段，宜设置跌水或急流槽，并对其采取加固措施。

2. 作用

跌水的作用是在较短距离内降低水流流速，消减水流能量；急流槽的作用是将上、下游水位差较大的水流引致桥涵进口或路基下方。

3. 布置和运用

跌水、急流槽的形式、断面尺寸和位置的确定应结合当地土质、地形及水流量的大小，必须保证能够宣泄全部的水流，适时予以加固，并在适当地点与桥涵进口连接。

跌水、急流槽的纵坡大、水流冲刷较为严重，二者一般均须用浆砌片石或水泥混凝土砌筑，且基础应埋设牢固。因此，二者均为人工排水沟渠的特殊形式，既可单独使用，也可与其他排水构造物联合使用，形成完整的排水系统。

4. 跌水的一般构造与布置

跌水分两种，即单级跌水和多级跌水。单级跌水适用于连接沟渠的水位落差较大，需要消能或改善水流方向（如：边沟水进入涵洞前所设置的单级跌水——窨井），如图7-1-8

所示。当陡坡较长时，为减缓水流速度，并予以消能，可采用多级跌水，如图 7-1-9 所示。跌水的构造分为进水口、消力池和出水口三部分，如图 7-1-10 所示，各个组成部分的尺寸由水力计算而定。一般情况下，如果地质条件良好，地下水位较低，设计流量小于 1.0 ~ 2.0m^3/s，跌水台阶（护墙）高度 P，最大不超过 2.0m。常用简易多级跌水，P 值约为 0.3 ~0.6m，每阶高度与长度之比一般应大致等于地面坡度。护墙要求石砌或混凝土浇注。墙基埋置深度约为水深 a 的 1.0 ~1.2 倍，并不得小于 1.0m，且埋入冰冻线以下；石砌墙厚不小于 0.4m，混凝土为 0.25 ~0.30m。消力池起消能作用，要求坚固耐用，槽底有 2% ~3% 的纵坡，底厚 0.2 ~0.4m，槽底高出计算水深 0.2m 以上，壁厚与护墙相类似。消力池末端设消力槛，其高度 C 依计算而定，比池内水深低点，约为 0.2 ~0.3P，一般取 0.15 ~0.20m，槛顶厚度约为 0.3 ~0.4m，底部预留 5 ~10cm 孔径的泄水口，间距1 ~2m，以便断流时池内不致积水。跌水两端的土质沟渠，宜适当加固，保证水流畅通，不致使跌水产生淤塞或冲刷。

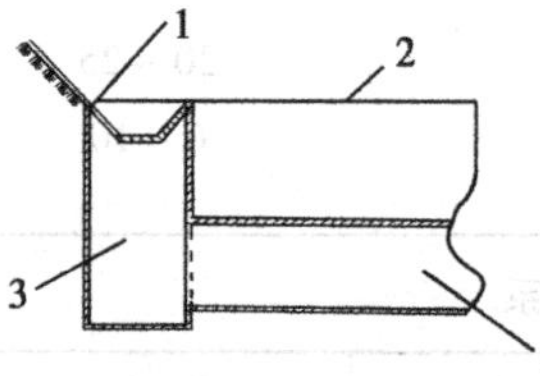

图 7-1-8　边沟与涵洞单级跌水连接图

1—边沟；2—路基；3—跌水井；4—涵洞

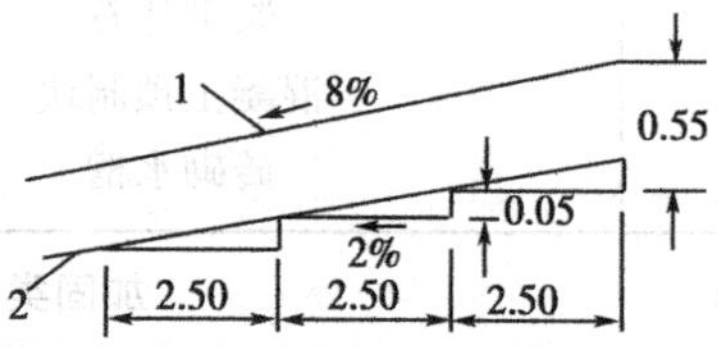

图 7-1-9　多级跌水纵剖面图（单位：m）

1—沟顶线；2—沟底线

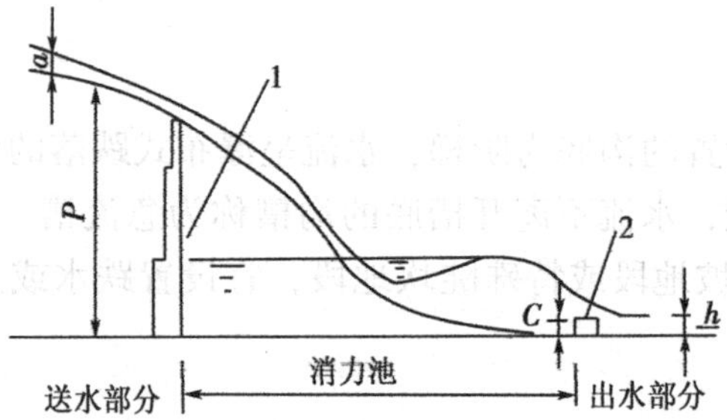

图 7-1-10　跌水构造示意图

1—护墙；2—消力槛

5. 急流槽的一般布置和构造

为在较短距离达到降速、消能的作用，急流槽的纵坡比跌水的平均纵坡更陡，因此要求其结构宜坚固、稳定、耐用。一般要求用石砌或混凝土修筑，也可在岩石坡面上开槽。临急使用时，可用竹木结构做成竹（木）槽。

急流槽的结构分为进水口、槽身和出水口三部分组成，如图 7-1-11 所示。

急流槽的主要尺寸由水力计算而定。若设计流量小于及槽底纵坡 1∶1 ~1∶1.5，也可参照经验使用。急流槽的纵坡，一般不宜超过 1∶2。槽壁厚度：浆砌块石为 0.3 ~0.4m；混凝土为 0.2 ~0.3m。槽底厚度为 0.2 ~0.4m，水槽壁应高出计算水位至少 0.2m，每隔 2.5 ~5.0m 设 0.3 ~0.5m 深的耳墙（凸榫）嵌入基底，以防止滑动。进水口与出水口应予以加固。若急流槽较长时，应分段砌筑，每段长度不宜超过5～10m，预留伸缩缝，接头处用防水材料填缝。进水口与槽身连接处因断面不同需设过渡段，为使出水口水流流速与下游的容许流速相适应，槽底可用几个坡度，上坡较陡，向下逐渐放缓。若流速过大，可在出水口处设置消力池或与跌水联合使用。

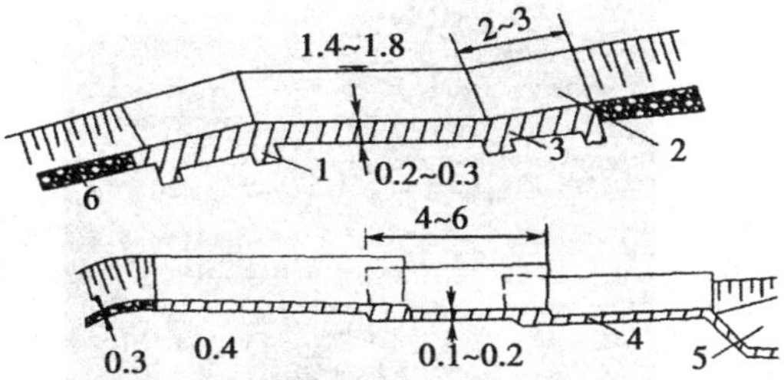

图 7-1-11　急流槽构造示意图（单位：m）

1—耳墙；2—消力池；3—混凝土槽底；4—钢筋混凝土槽底；5—横向沟底；6—砌石护底

（五）蒸发池

蒸发池是指在气候干燥地区的排水困难地段，于公路两侧每隔一定距离，为汇集边沟流水任其蒸发所设置的积水池。一般蒸发池边缘与路基边沟外缘的距离应以保证路基的稳定和安全为原则，并不应小于5m，湿陷性黄土地区不得小于湿陷半径，且池中设计水位应低于排水沟的沟底。池的容积按汇水流量决定，一般应以一个月内路基汇流入池中的雨水能及时完成渗透与蒸发作为设计依据。深可达1.5～2.0m。池周围可用土埂围护，防止其他水流进入池内。蒸发池应视具体情况采取适当的防护加固措施，并注意其设置不应使附近地面盐渍化或沼泽化。

二、地表排水设施施工要点

1. 边沟

（1）边沟沟底纵坡应衔接平顺。

（2）土质地段的边沟纵坡大于3%时应采取加固措施，如图7-1-12所示。

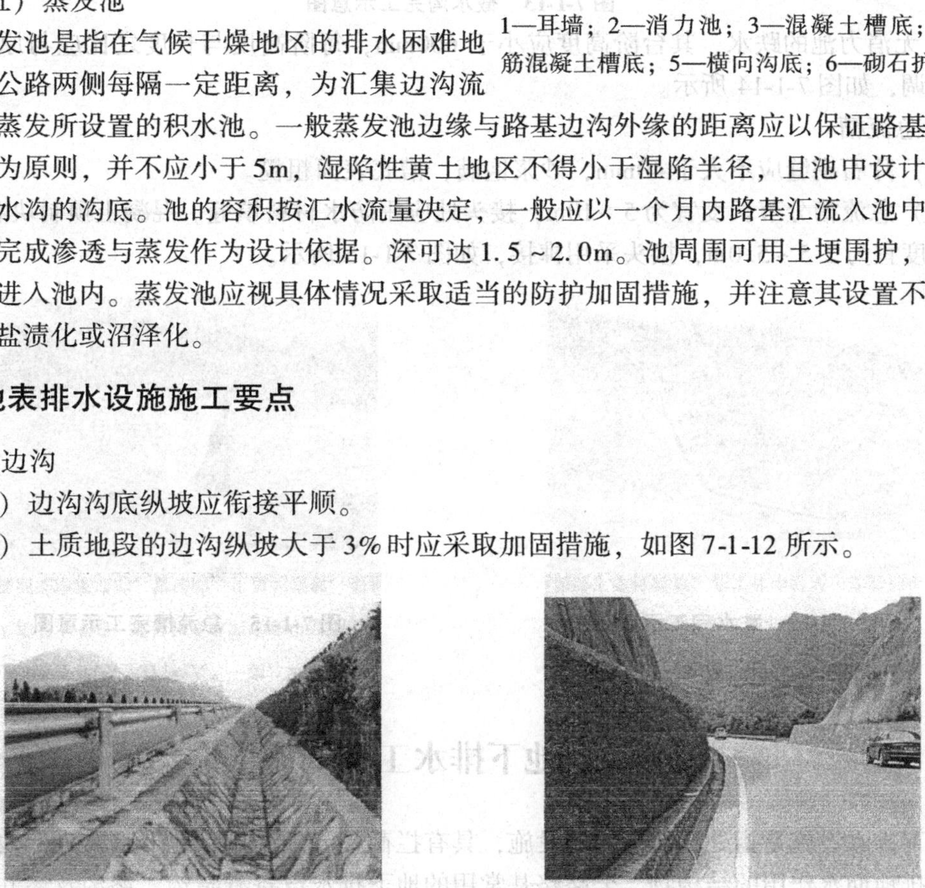

图 7-1-12　边沟完工示意图

2. 截水沟

（1）截水沟应先施工，并与其他排水设施衔接平顺。

（2）截水沟应按设计要求进行防渗及加固处理。地质不良地段、土质松软路段、透水性大或岩石裂隙较多地段，截水沟沟底、沟壁、出水口都应进行加固处理，防止水流渗漏和冲刷，如图7-1-13所示。

3. 排水沟

（1）排水沟线形要平顺，转弯处宜为弧线形。

（2）排水沟的出水口，应设置跌水和急流槽，将水流引出路基或引入排水系统。

图 7-1-13 截水沟完工示意图

4. 无消力池的跌水，其台阶高度应小于 600mm，每阶高度与长度之比应与原地面坡度相协调，如图 7-1-14 所示。

5. 急流槽

(1) 片石砌缝应不大于 40mm，砂浆饱满，槽底表面粗糙。

(2) 急流槽分节长度宜为 5 ~ 10m，接头处应用防水材料填缝。混凝土预制块急流槽，分节长度宜为 2.5 ~ 5.0m，接头采用榫接，如图 7-1-15 所示。

图 7-1-14 跌水完工示意图

图 7-1-15 急流槽完工示意图

任务 2 地下排水工程的施工

地下排水设施是指处置地下水的设施，具有拦截、汇集、排除地下水，降低地下水位或能兼排地面水作用的结构物。公路路基常用的地下排水设备有暗沟、渗沟及渗井。若存在流量较大的地下水或地面水，应设置专用地下管道予以排除。

由于地下排水设施设置于地面以下，不易维修，建成后难以查明失效情况，因此在施工及质量检测过程中应严格按设计施工，并注重平常的养护，以免结构失效而引起无穷后患。

一、地下排水设施的设置

(一) 暗沟（管）

暗沟是指在路基或地基内设置的充填碎砾石等粗砺材料（有的其中埋设透水管）的排水、截水暗沟。

1. 暗沟的设置与作用

其设置是当路线无法绕避泉眼或高速公路、一级公路中央分隔带有雨水浸入时，通过雨水口将地面水引入设在地面以下引导水流的沟渠。它的主要作用是把路基范围内的泉水或渗沟所拦截、汇集的水流排到路基范围以外，其本身无汇水、渗水的作用。

2. 暗沟的构造及施工注意事项

暗沟属隐蔽工程，需注意施工，以避免失效。暗沟应在路基填土前或开挖后，按照泉眼范围及流量的大小或渗沟汇集的水流情况，确定断面尺寸，如图 7-2-1 所示。

暗沟可分成洞式和管式两大类，沟宽或管径 b 按泉眼范围或流量大小决定，一般为 20 ~30cm，净高 h 约为 20cm。若两侧沟壁为石质，盖板可直接放在两侧石壁上。为防止泥土淤塞，盖板周围用碎（砾）石做成反滤层，其颗粒直径自上而下、由外及里逐渐增大，即上面和外层铺砂，中间铺砾石，下面和内层铺碎石，每层厚度不小于 15cm。反滤层顶部设双层反铺草皮，再用黏土夯实，以免地面水下渗入和黏土颗粒落入。可沿沟槽每隔 10 ~15m 或在沟槽通过软硬岩层分界处，设置伸缩缝或沉降缝。

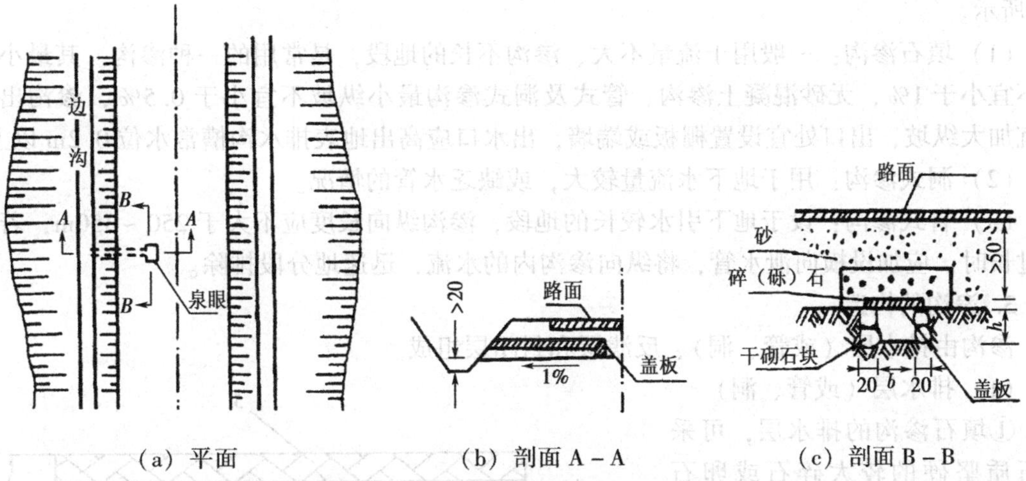

（a）平面　　（b）剖面 A – A　　（c）剖面 B – B

图 7-2-1　暗沟结构示意图（单位：m）

暗沟的沟底纵坡坡度宜不小于 1%，条件困难时亦不得小于 0.5%，出口处沟底应高出边沟最高水位 0.2m 以上。寒冷地区的暗沟，应作防冻保温处理或将暗沟设置在冻结深度以下。施工时宜由下游向上游施工，并应随挖、随撑、随填。

（二）渗沟

1. 渗沟的作用和适用范围

渗沟主要用来吸收、降低地下水位，汇集和拦截流向路基的地下水，并将其排除路基范围之外，使路基土保持干燥，不致被地下水破坏。

渗沟是公路路基最常见的一种地下排水沟渠，根据地下水分布情况，可设置在边沟、路肩、路基中线以下或路基上侧山坡适当位置，当地下水埋藏较浅或有固定含水层时宜采用渗沟。

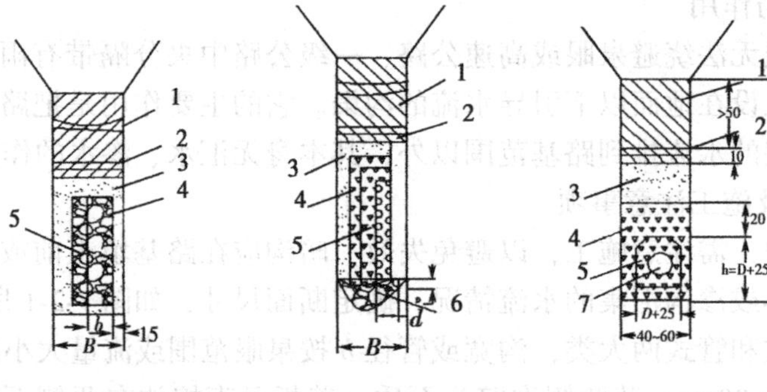

（a）盲沟式　　（b）洞式　　（c）管式

图 7-2-2　渗沟结构图

1—黏土夯实；2—双层反铺草皮；3—粗砂；4—石屑；5—碎石；6—浆砌片石沟洞；7—预制混凝土管

2. 渗沟的分类及使用条件

根据构造的不同，渗沟可分为填石渗沟（盲沟）、管式渗沟和洞式渗沟三类，如图 7-2-2 所示。

（1）填石渗沟：一般用于流量不大、渗沟不长的地段，是常用的一种渗沟。其最小纵坡不宜小于 1%，无砂混凝土渗沟、管式及洞式渗沟最小纵坡不宜小于 0.5%，渗沟出口段宜加大纵坡，出口处宜设置栅板或端墙，出水口应高出地表排水沟槽常水位 0.2m 以上。

（2）洞式渗沟：用于地下水流量较大，或缺乏水管的情况。

（3）管式渗沟：设于地下引水较长的地段，渗沟纵向长度应不大于 250～350m，若渗沟过长时，应加设横向泄水管，将纵向渗沟内的水流，迅速地分段排除。

3. 渗沟的构造

渗沟由排水层（或管、洞）、反滤层和封闭层组成。

（1）排水层（或管、洞）

①填石渗沟的排水层，可采用石质坚硬的较大碎石或卵石（粒径 3～5cm）填充，以保证具有足够的空隙度排除设计流量。

②洞式渗沟的排水层采用浆砌片石砌洞，其作用与水管相仿，能排较大水流，如图 7-2-3 所示。

③管式渗沟的泄水管一般采用混凝土预制管或用陶土、石棉等材料制成，管壁应设泄水孔并交错布置，间距不宜大于 20cm。

（2）反滤层

汇集水流时，为防止砂、土

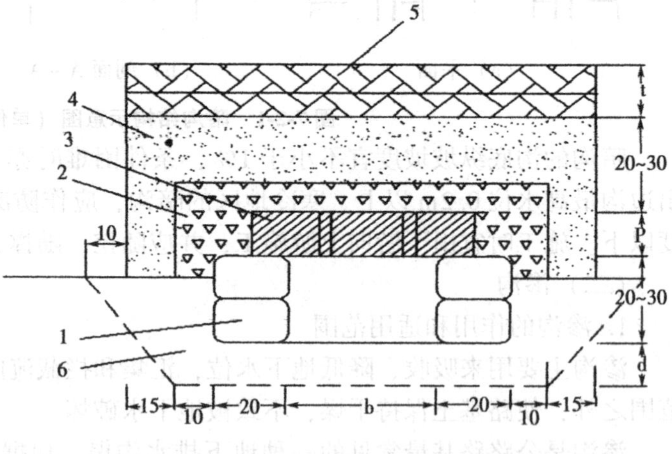

图 7-2-3　洞式渗沟结构示意图（单位：m）

1—浆砌块石；2—碎砾石；3—盖板；4—砂；5—双层反铺草皮；6—基础

挤入渗沟，应设反滤层。

反滤层应用筛洗过的中砂、粗砂、砾石等渗水材料分层填筑，颗粒粒径由上而下、自外向内逐渐增大，相邻层的粒径比一般不小于1∶4，每层厚度不小于15cm或采用渗水土工织物做反滤层。

(3) 封闭层

为防止地面水流入渗沟，渗沟顶部应设封闭层。封闭层可用双层反铺草皮或其他材料铺成隔层，并在其上夯填厚度不小于0.5m的防水层或用浆砌片石筑成。

（三）渗井

1. 渗井的作用及使用条件

在平坦地区，当路基附近的地面水或浅层地下水无法排除时，如距离地面不深处有渗透性土层，而且地下水背离路基或较深，可设置渗井，将地面水或地下水经渗井通过不透水层中的钻孔流入下层透水层中排除。

渗井施工比较麻烦，造价较高，因易淤塞一般不宜采用。确因地面水较多而排除较为困难时，在与其他方案做经济技术比较后，有条件地进行选用。

2. 渗井的构造

渗井上部为集水结构，下部为排水结构。

(1) 上部构造

渗井断面一般采用直径为0.7m圆形，或边长为0.6~1.0m的方形。渗井的顶部四周(进口除外)用黏土夯实筑堤围护，顶部加筑混凝土盖。

(2) 下部结构

渗井的下部，必须穿过不透水层而深达透水层，井内填充砂石料。

(3) 渗井结构图

渗井结构与布置如图7-2-4所示。

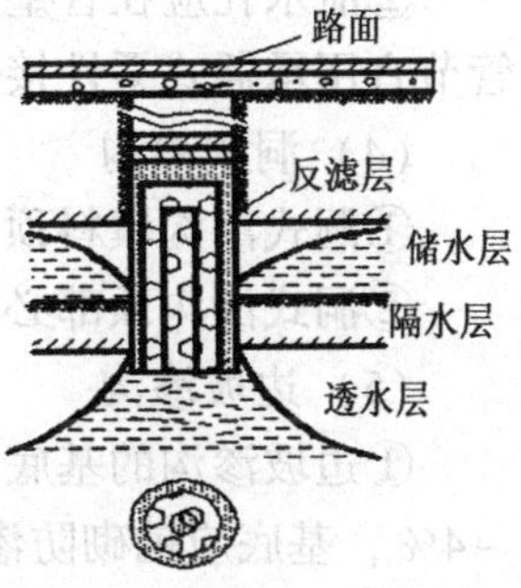

图7-2-4 渗井结构与布置

（四）仰斜式排水孔

1. 作用及使用条件

仰斜式排水孔是排泄挖方路基边坡上地下水的有效措施，当坡面上有集中地下水时，宜采用成群布置的仰斜式排水孔。

2. 构造与布置

仰斜式排水孔钻孔直径一般为75~150mm，仰角不小于6°，长度应伸至地下水富集或潜在滑动面层。孔内透水管直径一般为50~100mm。透水管应外包1~2层渗水土工布，防止泥土将渗水孔堵塞，管体四周宜用透水土工布作为反滤层。

二、地下排水的施工要点

1. 暗沟(管)

(1) 沟底必须埋入不透水层内，沟壁最低一排渗水孔应高出沟底至少200mm。

(2) 暗沟设在路基旁侧时，宜沿路线方向布置；设在低洼地带或天然沟谷处时，宜顺山坡的沟谷走向布置。沟底纵坡应大于0.5%，出水口处应加大纵坡，并高出地表排水沟常水位200mm以上。

（3）寒冷地区的暗沟应按照设计要求做好防冻保温处理，出口处也应进行防冻保温处理，坡度宜大于5%。

（4）暗沟采用混凝土或浆砌片石砌筑时，在沟壁与含水层接触面以上高度，应设置一排或多排向沟中倾斜的渗水孔，沟壁外侧应填筑粗粒透水性材料或土工合成材料形成反滤层。沿沟槽底每隔10～15m或在软硬岩层分界处，应设置沉降缝和伸缩缝。

（5）暗沟顶面必须设置混凝土盖板或石料盖板，板顶上填土厚度应大于500mm。

2. 渗沟

（1）各类渗沟均应设置排水层、反滤层和封闭层。

（2）填石渗沟

①石料应洁净、坚硬、不易风化。砂宜采用中砂，含泥量应小于2%，严禁用粉砂、细砂。

②渗水材料的顶面（指封闭层以下）不得低于原地下水位。当用于排除层间水时，渗沟底部应埋置在最下面的不透水层。在冰冻地区，渗沟埋置深度不得小于当地最小冻结深度。

③填石渗沟纵坡不宜小于1%。出水口底面标高应高出渗沟外最高水位200mm。

（3）管式渗沟

①管式渗沟长度大于100m时，应在其末端设置疏通井，并设横向泄水管，分段排除地下水。

②泄水孔应在管壁上交错布置，间距不宜大于200mm。渗沟顶标高应高于地下水位。管节宜用承插式柔性接头连接。

（4）洞式渗沟

①洞式渗沟填料顶面宜高于地下水位。

②洞式渗沟顶部必须设置封闭层，厚度应大于500mm。

（5）边坡渗沟

①边坡渗沟的基底应设置在潮湿土层以下的干燥地层内，阶梯式泄水坡坡度宜为2%～4%，基底应铺砌防渗材料。

②沟壁应设反滤层，其余部分用透水性材料填充。

（6）支撑渗沟

①支撑渗沟的基底宜埋入滑动面以下至少500mm，排水坡度宜为2%～4%。当滑动面较缓时，可做成台阶式支撑渗沟，台阶宽度宜大于2m。

②渗沟侧壁及顶面宜设反滤层。寒冷地区，渗沟出口应进行防冻处理。

③渗沟的出水口宜设置端墙。端墙内的出水口底标高应高于地表排水沟常水位200mm以上，寒冷地区宜大于500mm。承接渗沟排水的排水沟应进行加固。

（7）反滤层

①在渗沟的迎水面设置粒料反滤层时，粒料反滤层应用颗粒大小均匀的碎、砾石分层填筑。

②土工布反滤层采用缝合法施工时，土工布的搭接宽度应大于100mm。铺设时应紧贴

保护层，但不宜拉得过紧。土工布破损后应及时修补，修补面积应大于破坏面积的 4 ~ 5 倍。

③坑壁土质为黏性土或粉细沙土，采用无砂混凝土板作反滤层时，在无砂混凝土板的外侧，应加设 100 ~ 150mm 厚的中粗砂或渗水土工织物反滤层。

（8）渗沟基底应埋入不透水层，沟壁的一侧应设反滤层汇集水流，另一侧用黏土夯实或浆砌片石拦截水流。如渗沟沟底不能埋入不透水层时，两侧沟壁均应设置反滤层。

（9）渗沟顶部应设置封闭层，封闭层宜采用浆砌片石或干砌片石水泥沙浆勾缝，寒冷地区应设保温层，并加大出水口附近纵坡。保温层可采用炉渣、沙砾、碎石或草皮等填筑。

（10）渗沟宜从下游向上游开挖，开挖作业面应根据土质选用合理的支撑形式，并应随挖、随支撑、随回填，不可暴露太久。支撑渗沟应分段间隔开挖。

3. 渗井

（1）填充料含泥量应小于 5%，按单一粒径分层填筑，不得将粗细材料混杂填塞。下层透水层范围内宜填碎石或卵石，上层不透水范围内宜填砂或砾石。井壁与填充料之间应设反滤层。

（2）渗井顶部四周用黏土填筑围护，井顶应加盖封闭。

（3）渗井开挖应根据土质选用合理的支撑形式，并应随挖、随支撑、随回填。

4. 隔离工程土工合成材料施工的规定

（1）采用搭接铺设，搭接长度宜为 1000mm。

（2）土工织物上填料为碎石、砂砾或矿渣时，其最大粒径宜小于 26.5mm，通过 19mm 筛孔的材料不得大于 10%，通过 0.075mm 筛孔的材料塑性指数不得大于 6。

（3）排水隔离层顶面应高出地下水位 300mm 以上。

5. 仰斜式排水孔施工的规定

（1）钻孔成孔直径宜为 75 ~ 150mm，仰角不小于 6°。孔深应延伸至富水区。

（2）排水管直径宜为 50 ~ 100mm，渗水孔宜梅花形排列，渗水段裹 1 ~ 2 层无纺土工布，防止渗水孔堵塞。

6. 承压水的排除

（1）一般地区，埋深较浅的承压水宜采用在承压水出口处抛填片石或混凝土预制块等措施，使承压水流变为无压水流后再采用排水沟、渗沟等方式将其排走，也可用隔离层把承压水引入排水沟。

（2）一般地区，层间重力水可根据不同的含水情况和压力情况，采用渗沟、排水沟、渗井和暗沟（管）等措施排除。

（3）寒冷地区，埋藏于冻土层以下的承压水，宜采用渗沟、排水沟、渗井和暗沟（管）等方法排除。但如果因地形条件有限，排水设施不能埋设于当地冰冻深度以下时，上层填土宜采取保温措施，与排水设施出口处相连接的沟槽应做成保温沟，保温沟的保温覆盖层，其布设范围应在排水设施出口处向外延伸 2 ~ 5m，并应加大出水口处排水沟纵坡。

（4）在寒冷地区，山坡较平缓，含水量和覆盖层又较浅，且涌水量、动水压力不大的情况下，可在覆盖层中挖冻结沟。

复习思考题

1. 公路路基常用的排水设施有哪些？
2. 什么是倒虹吸？其与涵洞有什么区别？
3. 各种排水设施的施工要点有哪些？

课题实训练项目：地面排水工程的施工

（一）实习目的及要求

通过实习使学生掌握常用地面排水设施，如边沟、截水沟、排水沟、涵洞等的结构组成、施工工艺及技术要点，增强感性认识，使所学理论知识能有机地与社会实践相结合，并在实践中得到不断检验和发展。在实习前要求学生首先预习相关理论，重点掌握施工放样方法与排水构造物的施工工艺，在实习时要注意施工操作安全。通过仔细观察，结合所学理论知识，认真思考、总结，逐步提高认知能力和工程实践能力，并及时完成参观实习报告和实习心得。

（二）实习所需工具

水准仪、经纬仪、钢尺、摄像机等。

（三）实习操作内容

1. 对排水构造物的放样进行复核。
2. 对施工工艺过程现场摄像，并认真分析学习。
3. 现场采用经纬仪、水准仪、皮尺、吊线锤等工具，测定已完成排水构造物的几何尺寸。
4. 现场对结构物的建筑材料进行仔细观察、对比、度量；并在施工工地查看施工过程中的砂浆配合比、强度，石料强度及性质等有关资料。分析所用建筑材料的合理性及结构强度情况。
5. 实习操作项目及质量标准见表7-2-1，表7-2-2。

表7-2-1　　土沟实习操作检查项目

检查项目	质量标准	检查方法	备注
沟底纵坡/%	符合设计	水准仪	
断面尺寸/mm	不小于设计	尺量	
边坡坡度/%	不陡于设计	检查尺	
边棱顺直度/mm	±50	尺量	

表7-2-2　　浆砌水沟实习操作检查项目

检查项目	质量标准	检查方法	备注
砂浆强度/MPa	符合标准	强度测试	
轴线偏位 mm	50	经纬仪	
断面尺寸 mm	±30	尺量	

续表 7-2-2

检查项目	质量标准	检查方法	备注
沟底高程/mm	±50	水准仪	
边坡坡度/%	不陡于设计	检测尺	
墙面顺直度/mm	±30	尺量	
基础垫层宽、厚/mm	不小于设计	尺量	

（四）结果整理及实习建议

主要根据实习现场观察对测定结果进行整理，评价正在施工或已完成的结构物质量状况，对不合格项目进行原因分析，并提出改正或补救措施。见表 7-2-3；表 7-2-4。

表 7-2-3　土沟实习澡作检查表

实测项目	实测值					结果
	1	2	3	4	5	
沟底纵坡/%						
断面尺寸/mm						
边坡坡度/%						
边棱顺直度/mm						
沟底纵坡/%						

表 7-2-4　浆砌水沟实习操作检查表

实测项目	实测值					结果
砂浆强度/MPa	1	2	3	4	5	
轴线偏位/mm						
断面尺寸/mm						
沟底高程/mm						
边坡坡度/%						
墙面顺直度/mm						
基础垫层宽、厚/mm						

学习领域二　路面施工

学习情境 1　路基构造与要求

[知识目标]

1. 了解路面工程的特点、面层类型及适用范围。

2. 掌握路面功能要求，结构及组成。

[能力目标]

1. 具有识别路面结构层的能力。

认识路面　路面是在路基顶面的行车部分用各种混合料铺筑而成的层状结构物。

相关链接　路基和路面是道路的主要工程结构物。路面结构层的存在保护了路基，使之避免直接经受车辆和大气的破坏作用，长久处于稳定状态。而坚实又稳定的路基为路面结构长期承受汽车荷载提供了重要的保证。由此可见，路基和路面是相辅相成，不可分离的整体，应综合考虑它们的工程特点、综合解决两者的强度、稳定性等工程技术问题。

任务 1　路面类型与分类

一、路面类型

现行的《公路工程技术标准》（JTG B01—2003）不再提及路面等级，只列出路面类型的使用范围，以逐步弱化路面等级的概念，见表 1-1-1。

表 1-1-1　　路面面层类型及适用范围

面层类型	适 用 范 围
沥青混凝土	高速、一级、二级、三级、四级公路
水泥混凝土	高速、一级、二级、三级、四级公路
沥青贯入、沥青碎石沥青表面处置	三级、四级公路
砂石路面	四级公路

注：砂石路面是以砂石等为骨料以土灰为结合料通过一定的配比铺筑而成的路面系统，包括级配碎（砾）石路面、泥结碎（砾）石路面、水结碎石路面、填隙碎石路面等其他粒料路面。

二、路面分类

路面类型可以从不同角度来划分，一般都按面层所用的材料区划，如水泥混凝土路面、沥青路面、砂石路面等。但是在路面结构设计中，主要从路面结构在行车荷载作用的力学特性和设计方法的相似性出发，将路面划分为柔性路面、刚性路面和半刚性路面三类。

1. 柔性路面

柔性路面的总体结构刚度较小，在车辆荷载作用之下产生较大的弯沉变形，路面结构本身的抗弯拉强度较低，通过各结构层将车辆荷载传递给土基，使土基承受较大的单位压力。路基路面结构主要靠抗压强度和抗剪强度承受车辆荷载的作用。柔性路面主要由包括各种未经处理的粒料基层和各类沥青面层、碎（砾）石面层或块石面层组成的路面结构。

2. 刚性路面

刚性路面主要指用水泥混凝土作面层或基层的路面结构。水泥混凝土的强度高，与柔性路面相比较，它的抗弯拉强度高，并且有较高的弹性模量，故呈现出较大的刚性，因此，在车辆荷载作用下，水泥混凝土结构于板体工作状态，竖向弯沉较小，路面结构主要靠水泥混凝土板的抗弯拉强度承受车辆荷载。通过板体的扩散分布作用，传递到基础上的单位压力较柔性路面小得多。

3. 半刚性路面

用水泥、石灰、粉煤灰等无机结合料处置的土或碎（砾）石及含有水硬性结合料的工业废渣修筑的基层，在前期具有柔性路面的力学性质，后期的强度和刚度均有较大幅度的增长，但是最终的强度和刚度仍远小于水泥混凝土。由于这种材料的刚性处于柔性路面与刚性路面之间，因此把这种基层和铺筑在它上面的沥青面层统称为半刚性路面。这种基层称为半刚性基层。

刚性路面、柔性路面和半刚性路面，这种以力学特性为标准的分类方法主要是为了便于从功能原理和设计方法出发进行区分，并没有绝对的定量分界界限。近年来，材料科学的发展正在逐步改变这种属性，如水泥混凝土的增塑研究正在使它的刚性降低而保留它的高强性质，沥青的改性研究使得沥青混凝土随气候而变化的力学性质趋向于稳定，大幅度提高其刚度。这说明不同的路面类型是处于发展和相互转化中的。

任务 2　路面工程的结构组成与基本要求

一、路面的结构组成

1. 路拱横坡度

为了保证路面上雨水能及时排出，减少雨水对路面的浸润和渗透进而减弱路面结构强度，路面表面应做成中间高两边低的直线型或抛物线型的路拱。高等级路面，平整度和水稳定性较好，透水性也小，通常采用直线型路拱和较小的路拱横坡度。等级低路面，为了有利于迅速排除路表积水，一般采用抛物线型路拱和较大的路拱横坡度。表 1-2-1 列出了各种不同类型路面的路拱平均横坡度。

表 1-2-1　**各类路面的路拱平均横坡度**

路面类型	路拱平均横坡度/%
沥青混凝土、水泥混凝土	1 ~ 2
沥青贯入式、沥青碎石、沥青表面处置	1.5 ~ 2.5
砂石路面	3 ~ 4

选择路拱横坡度，应充分考虑有利于行车平稳和有利于横向排水两方面的要求。在干旱和有积雪、浮冰的地区，应采用低值；多雨地区采用高值；当道路纵坡较大、路面较宽、行车速度较高、交通量和车辆载重较大或常有拖挂汽车行驶时，应采用平均横坡度的低值；反之则应取用高值。

高速公路和一级公路设有中央分隔带。通常采用两种方式布置路拱横断面：若分隔带未设置排水设施，则做成中间高，两侧路面低，由单向横坡向路肩方向排水；若分隔带设置排水设施，则两侧路面分别单独做成中间高两边低的路拱，向中间排水设施和路肩两个方向排水。

路肩横坡度一般较路面横坡大 1%。但是高速公路和一级公路的硬路肩采用与路面行车道相同的结构时，应采用与路面行车道相同的路面横坡度。

2. 路面结构分层及层位功能

行车荷载和自然因素对路面的影响，随深度的增加而逐渐减弱。因此，对路面材料的强度、抗变形能力和稳定性的要求也随深度的增加而逐渐降低。为了适应这一特点，路面结构通常是分层铺筑的，按照使用要求、受力状况、土基支承条件和自然因素影响程度的不同，分成若干层次。通常按照各个层位功能的不同，划分为三个层次，即面层、基层和垫层。如图 1-2-1 所示。

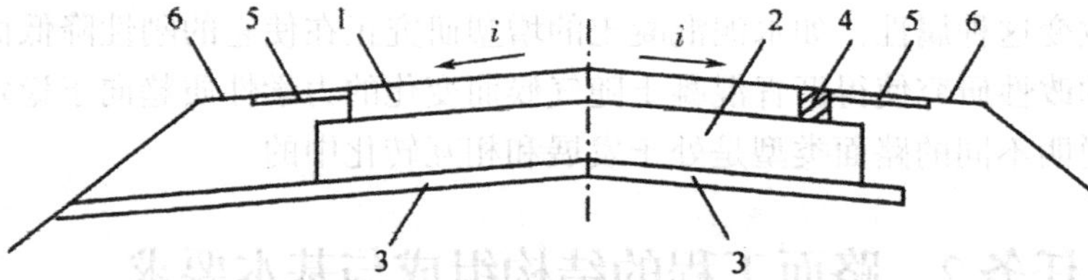

图 1-2-1　路面结构层次示意图

i—路拱横坡度；1—面层；2—基层（有时包括底基层）；

3—垫层；4—路缘石；5—加固路肩；6—土路肩

（1）面层

面层是路面结构最上面的一个层次，它承受较大的行车荷载的垂直力、水平力和冲击力的作用。同时还受到降水的侵蚀和气温变化的影响。因此，同其他层次相比，面层应具备较高的结构强度，抗变形能力，较好的水稳定性和温度稳定性，而且应当耐磨，不透水，其表面还应有良好的抗滑性和平整度。

修筑面层所用的材料主要有：水泥混凝土、沥青混凝土、沥青碎（砾）石混合料、砂砾或碎石掺土或不掺土的混合料以及块料等。

面层分两层或三层铺筑，如高速公路沥青面层总厚度 18 ~ 20cm，可分为上、中、下三层铺筑，并根据各分层的要求采用不同的级配等级。水泥混凝土路面也有分上、下两层铺筑，分别采用不同标号的水泥混凝土材料。水泥混凝土路面上加铺 4cm 沥青混凝土这样的复合式结构也是常见的。需要指出的是，用做封闭表面空隙，防止水分侵入面层的封层，砂石路面上所铺的 2 ~ 3cm 厚的磨耗层或 1cm 厚的保护层，以及厚度不超过 1cm 的简易沥青表面处置，不能作为一个独立的层次，应看做面层的一部分。

（2）基层

基层是面层的下卧层，主要承受由面层传来的车辆荷载的垂直力，并将其扩散到下面的垫层和土基中去，实际上基层是路面结构中的承重层，它应具有足够的强度和刚度，并应具有良好的扩散应力的能力。虽然基层位于面层之下，遭受大气因素的影响比面层小，但是仍然有可能经受地下水和通过面层渗入雨水的侵蚀，所以基层结构应具有足够的水稳定性。基层表面虽不直接供车辆行驶，但仍然要求有较好的平整度，这是保证面层平整性的基本条件。

修筑基层的材料主要各种结合料（如石灰、水泥或沥青等）稳定土、稳定碎（砾）石、贫水泥混凝土、天然砂砾，各种碎石、砾石、片石、块石或圆石，各种工业废渣（如煤渣、粉煤灰、矿渣、石灰渣等）和土、砂、石所组成的混合料等。

高等级公路的基层一般较厚，当基层太厚时，为保证工程质量可分为两层或三层铺筑。位于基层的最下层称为底基层，对底基层材料质量的要求较低，可使用当地材料来修筑。

（3）垫层

垫层介于土基与基层之间，直接与土基接触，它的功能是改善土基的湿度和温度状况，以保证面层和基层的强度、刚度和稳定性不受土基水温状况变化所造成的不良影响。另外可以将基层传下的车辆荷载应力加以扩散，以减小土基产生的应力和变形，同时也能阻止路基土挤入基层中，影响基层结构的性能。

修筑垫层的材料，强度要求不一定高，但水稳定性和隔温性能一定要好。常用的垫层材料分为两类，一类是由松散粒料，如砂、砾石、炉渣等组成的透水性垫层；另一类是用水泥或石灰稳定土等修筑的稳定性垫层。

为了保护路面面层的边缘，一般公路的基层宽度应比面层每边至少宽出 25cm，垫层宽度应比基层每边至少宽出 25cm，或与路基同宽以利排水。

二、基本要求

为保证公路最大限度地满足车辆运行的要求，提高车速、增强安全性和舒适性，降低运输成本和延长道路使用年限，要求路面具有足够的下述一系列的性能。

1. 具有足够的强度和刚度

行驶在路面上的车辆，通过车轮把垂直力和水平力传给路面，在水平力中又分为纵向的和横向的两种。此外，由于汽车发动机的机械震动和悬挂系统与车身的相对运动，路面还会受到车辆的震动力和冲击力作用，在车身后面还会产生真空吸力作用。

在上述各种外力的综合作用下，路面会出现断裂、沉陷、波浪和磨损等破坏，从而会影响道路的使用质量，严重时还可能中断交通。因此，路面结构整体及其各组成部分必须具备足够的强度，以抵抗在行车作用下所产生的各种应力，如压应力、拉应力、剪应力等，保证不发生压碎、拉断、剪切等各种破坏。

刚度是指路面抵抗变形的能力。路面结构整体或某一组成部分刚度不足，即使强度足够，在车轮荷载作用下也会产生严重过量的变形，而形成车辙、沉陷或波浪等破坏。因此，路面结构整体及其各组成部分必须具备足够的刚度，把路面结构整体及其各组成部分的变形量控制在容许范围内。

2. 具有足够的稳定性

路面的稳定性是指路面保持其本身结构强度的性能，也就是指在外界各种影响因素的作用下，路面强度的变化幅度。

大气降水使路面结构内部的湿度发生变化。水泥混凝土路面，如果不能及时将水分排出结构层，会发生唧泥现象，冲刷基层，导致结构层提前破坏；沥青混凝土路面中水分的侵蚀，会引起沥青结构层剥落，结构松散；雨季时，砂石路面会因雨水渗入路面结构而强度下降，产生沉陷、松散等病害。因此，防水、排水是确保路面稳定的重要方面。

大气温度周期性的变化对路面结构的稳定性有重要影响。高温季节沥青路面软化，在车辆荷载作用下产生车辙和推挤，冬季低温时又可能因收缩或变脆而开裂；水泥混凝土路面在高温时会发生拱胀破坏，温度急骤变化时会因翘曲而产生破坏。

3. 具有足够的耐久性

路面结构要承受车辆荷载的反复作用和大气水温周期性的重复作用，路面材料的各项性能也可能老化衰变，路面使用性能将逐年下降，从而引起路面结构的损坏，缩短路面的使用年限。因此，必须精心设计、精心施工、精选材料，并且要把长年的养护、维修、恢复路用性能的工作放在重要的位置，提高路面的耐久性，保持其强度、刚度、几何形态经久不衰。

4. 具有良好的表面平整度

路面表面平整度是影响行车安全、行车舒适性以及运输效益的重要使用性能。特别是高速公路，对路面的平整度要求更高。不平整的路表面会增大行车阻力，并使车辆产生附加的振动作用。这种振动作用会造成行车颠簸，影响行车的速度和安全、驾驶的平稳和乘客的舒适。同时，振动作用还会对路面施加冲击力，从而加剧路面和汽车机件的损坏和轮胎的磨损，并增大油料的消耗。而且，不平整的路面还会积滞雨水，加速路面的破坏。因此，为了减小振动冲击力，提高行车速度和增进行车舒适性、安全性，路面应保持一定的平整度。道路等级越高，设计车速越大，对路面平整度的要求也越高。

优良的路面平整度，要依靠优良的施工装备、精细的施工工艺、严格的施工质量控制以及经常和及时的养护来保证。同时，路面的平整度还同整个路面结构和面层材料的强度以及抗变形能力有关。强度和抗变形能力差的路面结构和面层混合料，经不起车轮荷载的反复作用，极易出现沉陷、车辙和推挤等破坏，从而形成不平整的路面表面。

5. 具有良好的表面抗滑性能

路面表面要求平整，但不宜光滑。汽车在光滑的路面上行驶时，车轮与路面之间缺乏足够的附着力或摩擦阻力。在雨天高速行车，或紧急制动或突然启动，或爬坡、转弯时，车轮也易产生空转或打滑，致使行车速度降低，油料消耗增多，甚至引起严重的交通事故。通常用摩擦系数表征抗滑性能。摩擦系数越小，则抗滑能力越小，越易引起滑溜事故。因此，路面应具有足够的抗滑性能，特别是行车速度较高时，对抗滑性能要求应越高。

路表面的抗滑能力可以通过采用坚硬、耐磨、表面粗糙的骨料组成路面表层材料来实现，有时也可采用一些工艺性措施来实现，如水泥混凝土路面的刷毛或刻槽等。此外，路面上的积雪、浮冰或污泥等，也会降低路面的抗滑性，必须及时予以清除。

6. 具有良好的环保性

砂石路面在车辆行驶时引起的灰尘以及行车时车辆在各类路面上产生的噪音，对旅客、沿路居民的环境卫生、货物和路旁农作物以及车辆本身均带来不良影响。因此，要求路面在行车过程中尽量减少扬尘，降低噪音。

7. 符合规范要求

路面断面形式及尺寸应符合交通部标准《技术标准》的有关规定。

复习思考题

1. 路面工程具有哪些特点？
2. 按照各个层位功能的不同，路面工程可划分为几个层次？各具有什么特点？
3. 要求路面工程具有哪些功能？

强化训练

（一）填空题

1. 路面的基本要求是：有足够的强度和刚度、足够的________、足够的________、表面平整度、抗滑性等。

2. 路面的结构层可分为________、________、________。

3. 路面的横断面形式有________式和________式。

（二）名词解释

1. 路面 2. 面层 3. 基层 4. 垫层

学习情境2　路面基层（底基层）施工

[知识目标]

1. 熟悉各类基层对材料的质量要求。
2. 掌握石灰稳定土基层的施工方法。
3. 掌握水泥稳定土基层的施工方法。
4. 掌握石灰稳定粒料基层的施工工序及生产工艺。

[能力目标]

1. 具有石灰稳定土基层施工及缺陷处理能力。
2. 具有水泥稳定土基层施工过程的指导能力。
3. 具有石灰稳定粒料基层施工的能力。

知识导入　基层是面层的下卧层，主要承受由面层传来的车辆荷载的垂直力，并将其扩散到下面的垫层和土基中去，是路面结构中的承重层。基层材料质量的好坏将直接影响到路面的质量和使用性能。因此，在施工中必须严格控制原材料及混合料的质量和施工质量。

一、认识路面基层

路面基层可分为基层和底基层。直接位于沥青面层或水泥混凝土面板下面、用高质量材料铺筑的主要承重层称为基层。在沥青路面或水泥混凝土路面基层下、用质量较次材料铺筑的次要承重层或辅助层称为底基层。

1. 路面基层、底基层常用的原材料

路面基层、底基层常用的原材料有水泥、石灰、土、碎石、砾石和粉煤灰等。其中的土又分为细粒土，如塑性指数不同的各种黏性土、粉性土、砂性土、砂和石屑等；中粒土，如砂砾土、碎石土、级配砂砾、级配碎石等；粗粒土，如砂砾石、碎石土、级配砂砾、级配碎石等。路面基层、底基层原材料的试验项目见表2-0-1。

表2-0-1　路面基层、底基层原材料的试验项目

试验项目	材料名称	目的	额度
含水量	土、砂砾、碎石等集料	确定原始含水量	每天使用前测2个样品
颗料分析	砂砾、碎石等集料	确定级配是否符合要求，确定材料的配比	每种土使用前测2个样品，使用过程中每2000m³测2个样品

续表 2-0-1

试验项目	材料名称	目的	额度
液限、塑限	土、级配砾石或级配碎石中 0.5mm 以下的细土	求塑性指数，审定是否符合规定	每种土使用前测 2 个样品，使用过程是 2000m^3 测 20 个样品
相对毛体积密度、吸水率	砂砾、碎石等	评定边料质量，计算固体体积率	使用前测 2 个样品，砂砾使用过程中每 2000m^3 测 2 个样品，碎石种类变化重做 2 个样品
压碎值	砂砾、碎石等	评定石料的抗压碎能力是否符合要求	同上
有机质和硫酸盐含量	土	确定土是否适宜用石灰或水泥稳定	对土有怀疑时做此试验
有效钙、氧化钙	石灰	确定石灰质量	做材料组成设计和生产使用时分别测 2 个样品，以后每月测 2 个样品
水泥标号和终凝时间	水泥	确定水泥的质量是否适宜应用	做材料组成设计和生产使用时分别测 2 个样品，以后每月测 2 个样品
烧失量	粉煤灰	确定粉煤灰是否适用	做材料组成设计测 2 个样品

2. 路面基层、底基层常用混合料种类

路面基层、底基层可分为无机结合料稳定类和粒料稳定类。无机结合料稳定类又称为半刚性型或整体型。无机结合料稳定类主要有水泥稳定类、石灰稳定类和工业废渣稳定类（二灰、二灰碎石、二灰砂砾、二灰矿渣、二灰土、石灰煤渣）。粒料稳定类主要有嵌锁型和级配型（级配碎石、级配砾石、填隙碎石、泥结碎石、泥灰结碎石和天然砂砾等）。路面基层、底基层混合料的试验项目，如表 2-0-2 所列。

表 2-0-2 路面基层、底基层混合料的试验项目

试验项目	目的
重型击实试验	求最佳含水量和最大干密度，以规定工地碾压时的合适含水量和应该达到的最小干密度，确定制备强度试验和耐久性试验试件所应该用的含水量和干密度；确定制备承载比试件的材料含水量
承载比	求工地预期干密度下的承载比，确定材料是否适宜做基层或底基层
抗压强度	进行材料组成设计，选定最适宜于用水泥或石灰稳定的土（包括粒料），规定施工中所用的结合料剂量，为工地提供评定质量的标准

续表 2-0-2

试验项目	目的
延迟时间	对已定水泥剂量的混合料，确定延迟时间对混合料密度和抗压强度的影响，并据此确定施工允许的延迟时间

二、路面基层、底基层的特点

路面的基层（底基层）可分为无机结合料稳定类和粒料类。无机结合料稳定类又称半刚性基层，一般包括水泥稳定类、石灰稳定类和综合稳定类。粒料类包括级配碎（砾）石、填隙碎石、泥结碎石和天然砂砾（石）。

半刚性型或整体型结构的特点是：整体性好、承载力大、刚度大、水稳性好，而且是一种因地制宜的较为经济的结构，目前已广泛应用于各等级公路路面的基层、底基层。

粒料类中的泥（灰）结碎石、填隙碎石属于嵌锁型基层（底基层），强度主要依靠碎石之间的嵌锁和摩阻作用所形成的内摩阻力以及黏结力，其强度和稳定性取决于石料的强度、形状、尺寸、均匀性、表面粗糙度以及施工时的压实程度等。

粒料类中的级配碎（砾）石、符合级配的天然砂砾属于级配型基层（底基层），其强度和稳定性取决于粒料之间的内摩阻力和黏结力，即很大程度上取决于碎（砾）石的类型、最大粒径、细料含量及塑性指数以及密实度等。

在目前国内的一级公路及高速公路施工中，底基层一般采用石灰土底基层、二灰土底基层和级配碎石底基层；基层一般采用二灰碎石基层和水泥稳定级配碎石基层。

三、铺筑试验路段

在正式施工前，应铺筑长度为 100 ~ 200m 的试验路段，制定标准施工方法后进行大面积施工。经验收合格的试验路段，可作为永久工程的一部分，否则应移出重做试验。

(1) 铺筑试验路段的目的。确认混合料的稳定性及拌和、摊铺和压实设备的效率与施工方法、施工组织的适应性。

①检验计划投入、拌和、运输、摊铺、碾压、养护等过程使用设备的可靠性；

②检验混合料的组成设计是否符合质量要求，以及各道工序的质量控制措施；

③确定大面积施工的材料配合比及松铺系数；

④确定每一作业段的合适长度和合理厚度；

⑤提出标准施工方法。

(2) 28d 前，承包人应安装好与本项目有关的全部试验设备和仪器，依据批准的混合料组成设计，提出具体实施方案、施工程序、工艺操作及试验段开工报告，并申报监理工程师批准。

(3) 试验段施工过程中，记录备料、运输拌和、摊铺及压实等各工序的施工方法、交接验收及质量要求。

试验段的检验频率应为规范中规定正式路面的 2 ~ 3 倍，当使用的原材料和混合料、施工机具、施工方法及试验路面各检测项目都符合规定，经监理抽检确认，即可按以上内容编写《试铺总结》，经驻地监理工程师审核，报建设单位批准后即可作为正式开工的依据。

任务1　石灰稳定土基层的施工

一、认识石灰稳定土

在粉碎的或原来松散的土（包括各种粗、中、细粒土）中，掺入足量的石灰和水，经拌和、压实及养护后得到的混合料，当其抗压强度符合规定要求时，称为石灰稳定土。

用石灰稳定细粒土得到的强度符合规定要求的混合料，称为石灰土。石灰稳定土适用于各级公路的底基层以及二级和二级以下公路的基层，但石灰土不得用于二级公路的基层和二级以下公路高级路面的基层。

（一）石灰稳定土强度形成的原理

在土中掺入适当的石灰，并在最佳含水量下压实后，既发生了一系列的物理力学作用，也发生了一系列的物理－化学作用，从而使土的性质发生了根本的改变。在初期，主要表现在土的结团性、塑性降低、最佳含水量的增大和最大密实度的减小等；后期变化主要表现在结晶结构的形成，从而提高其板体性、强度和稳定性。

石灰稳定土强度形成主要依靠离子交换作用、火山灰作用、碳酸化作用、结晶作用。

（二）影响石灰土强度的因素

1. 土质

各种成因的亚黏土、亚砂土、粉土类土、黏土类土都可以用石灰来稳定，但生产实践表明，黏质土较好，其稳定的效果显著，强度也高。当采用塑性指数过高的土时施工不易粉碎，且增加干缩裂缝；采用塑性指数偏小的土时容易拌和，但难以碾压成型，稳定效果不显著。选用土质，既要考虑其强度，还要考虑到施工时易于粉碎、便于碾压成型。一般选用塑性指数为15～20的黏质土。塑性指数偏大的黏质土，要加强粉碎，粉碎后，土中粒径为15～25mm的土块不宜超过5%。经验证明，塑性指数小于12的土不宜用石灰稳定。对于硫酸盐类含量超过0.8%或腐殖质含量超过10%的土，对强度有显著影响，不宜直接采用。

2. 灰质

石灰的等级愈高（即活性CaO＋MgO的含量愈高），稳定效果愈好；石灰的细度愈大，其表面积愈大，在相同剂量下与土粒的作用愈充分，因而效果愈好。同时，石灰消解后不能在空气中存放过久，以免碳化降低活性。

3. 石灰剂量

石灰剂量是指石灰质量占全部粗细土颗粒（即砾石、碎石、砂砾、粉粒和黏粒）干质量的百分率。（石灰剂量＝石灰质量/干土质量）

石灰剂量对石灰稳定土强度影响显著，如图2-1-1所示，石灰剂量较低（小于3%～4%）时，石灰主要起稳定作用，土的塑性、膨胀、吸水量减小，使土的密实度、强度得到改善。随着剂量的增加，强度和稳定性均提高，但剂量超过一定范围时，强度反而降低。生产实践中常用的最佳剂量范围，对于黏质土及粉质土为 8% ~14%；对于细粒土则为 9% ~16%。剂量的确定应根据结构层技术要求进行混合料组成设计。

4. 含水量

水是石灰稳定土的重要组成部分，具有以下作用：

①使石灰与土发生物理－化学反应，从而提高强度。

②是土的粉碎、拌和与压实的必要条件，在最佳含水量下可达到最佳压实效果。

③养护时保持一定湿度。

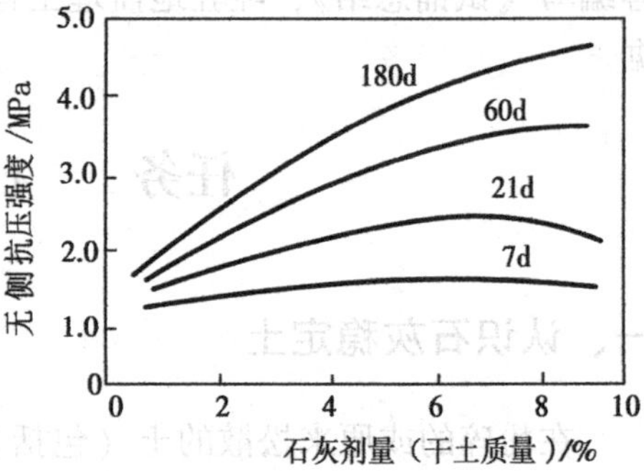

图 2-1-1　石灰土强度同石灰剂量的关系

不同土质的石灰稳定土有不同的最佳含水量，需通过标准击实试验确定，并用以控制施工中的实际加水量。

5. 压实度

石灰稳定土的强度随压实度的增加而增长。实践证明，石灰稳定土的压实度每增减 1%，强度约增减 4% 左右。而且密实的石灰稳定土，其抗冻性、水稳定性好，缩裂现象也少。

6. 龄期

石灰稳定土强度具有随龄期增长的特点。如图 2-1-2 所示，石灰稳定土初期强度低，随着时间的逐渐增长而趋于稳定。一般情况下石灰稳定土的强度在 90d 以前增长比较显著，以后比较缓慢。石灰稳定土的这种特性对施工程序的衔接有相当的灵活性。

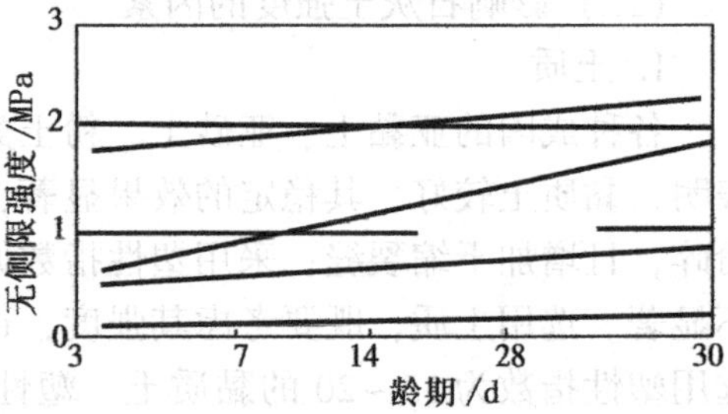

图 2-1-2　石灰土强度随龄期的增长

（石灰剂量）/%

7. 养护条件

养护条件主要指温度与湿度。养护条件不同，其强度也有差异。当温度高时，物理－化学反应、硬化、强度增长快，反之强度增长慢，在负温条件下甚至不增长。因此，要求施工的最低温度应在 5℃以上。经验证明，夏季施工的石灰稳定土强度高，质量可以保证。湿度条件对石灰稳定土的强度有很大影响，在一定潮湿条件下养护，强度的形成比在一般空气中养护要好。

（三）一般规定

（1）石灰稳定土适用于各级公路的底基层以及二级以下公路的基层，但石灰土不得用做二级公路及二级以上公路高级路面的基层。

（2）在冰冻地区的潮湿路段以及其他地区的过分潮湿路段，不宜采用石灰土做基层。当只能采用石灰土时，应采取措施防止水分浸入石灰土层。

（3）石灰稳定土层应在春末和夏季组织施工。施工期的日最低气温应在 5℃以上，并应在第一次重冰冻（-5 -3℃）到来之前一个月到一个半月完成。稳定土层宜经历半月以上温暖气候养护。多雨地区，应避免在雨季进行石灰土结构层的施工。

（4）在雨季施工需要使用石灰稳定中粒土和粗粒土时，应采用排除表面水的措施，防止运到路上的集料过分潮湿，并应采取措施保护石灰免遭雨淋。

（5）石灰稳定土层施工时，应遵守下列规定。

①细粒土应尽可能粉碎，土块最大尺寸不应大于15mm。

②配料应准确。

③路拌法施工时，石灰应摊铺均匀。

④洒水、拌和应均匀。

⑤应严格控制基层厚度和高程，其路拱横坡应与面层一致。

⑥石灰稳定土结构层应用12t以上的压路机碾压。用12~15t三轮压路机碾压时，每层压实厚度不应超过15cm；用18~20t三轮压路机和振动压路机碾压时，每层的压实厚度不应超过20cm。对于石灰稳定土，采用能量大的振动压路机碾压时，或对于石灰土，采用振动羊足碾与三轮压路机配合碾压时，每层的压实厚度可以根据试验适当增加。压实厚度超过上述规定时，应分层铺筑，每层的最小压实厚度为10cm，下层宜稍厚。对于石灰土，应采用先轻型、后重型压路机碾压。

⑦石灰稳定土层应在混合料处于最佳含水量或略小于最佳含水量（1%~2%）时进行碾压，直到达到确定的要求压实度如表2-1-1所列。宜在当天碾压完成，碾压完成后必须保湿养护，不使稳定土层表面干燥，也不应过分潮湿。

表2-1-1　　石灰稳定土压实度

公路等级		二级和二级以下公路		高速公路和一级公路	
稳定土类		石灰稳定中粒土和粗粒土	石灰稳定细粒土	石灰稳定中粒土和粗粒土	石灰稳定细粒土
		压实度/%			
层位	基层	97	93	–	–
	底基层	95	93	97	95

⑧石灰稳定土层上未铺封层或面层时，禁止开放交通；当施工中断，临时开放交通时，应采取保护措施，不使基层表面遭破坏。

⑨石灰稳定土基层施工时，严禁用薄层贴补的办法进行找平。

⑩在采用石灰土做基层时，必须采取措施防止表面水透入基层，同时应经历一个月以上的温暖气候养护。作为沥青路面的基层时，还应采取加强基层与面层联结的措施。

（6）施工方法。

①对于二级以下的公路，石灰稳定土基层和底基层可以采用路拌法施工。对于二级公路，宜采用专用的稳定土拌和机路拌或用集中厂拌法拌制混合料。

②对于高速公路和一级公路，直接铺筑在土基上的底基层下层，可以用专用稳定土拌和机进行路拌法施工，如土基上层已用石灰或固化剂处理，则底基层的下层也应用集中拌和法拌制混合料。其上的各个稳定土层都应用集中厂拌法拌制混合料并用摊铺机摊铺混合

料。

二、材料要求

1. 石灰

要符合表2-1-2中Ⅲ级或Ⅲ级以上石灰各项技术指标的要求。石灰要分批进料，做到既不影响施工进度，又不过多存放。高速公路和一级公路，宜用磨细生石灰粉。生石灰应在使用前7～10d，充分消解成能通过10mm筛孔的熟石灰粉，并尽快使用，石灰消解后存放期不应超过3个月，以免降低活性，需尽量缩短堆放时间，如存放时间稍长应予覆盖，并采取封存措施，妥善保管。

表2-1-2　　石灰的技术指标

项目		钙质生石灰			镁质生石灰			钙质消石灰			镁质消石灰		
		等级											
		Ⅰ	Ⅱ	Ⅲ	Ⅰ	Ⅱ	Ⅲ	Ⅰ	Ⅱ	Ⅲ	Ⅰ	Ⅱ	Ⅲ
有效钙加氧化镁含量/%		≥85	≥80	≥70	≥80	≥75	≥65	≥65	≥60	≥55	≥60	≥55	≥50
未消化残渣含量/%（5mm圆孔筛的筛余）		≤7	≤11	≤17	≤10	≤14	≤20						
含水量/%								≤4	≤4	≤4	≤4	≤4	≤4
细度	0.71mm方孔筛的筛余/%							0	≤1	≤1	0	≤1	≤1
	0.125mm方孔筛的累计筛余/%							≤13	≤20	-	≤13	≤20	—
钙镁石灰的分类界限，氧化镁含量/%		≤5			>5			≤4			>4		

注：硅、铝、镁氧化物含量之和大于5%的生石灰，有效钙加氧化镁含量指标，Ⅰ等≥75%、Ⅱ等≥70%、Ⅲ等≥60%、未消化残渣含量指标与镁质生石灰指标相同。

2. 土质：

黏性土、砂性土以及含有一定数量黏性土的中粒土和粗粒土（如天然砂砾土和碎石土，旧石灰稳定中级路面及旧级配砾石路面等）均适宜于用石灰稳定。不含黏性土的砂砾、级配碎石和未筛分碎石，应用石灰土进行稳定。

塑性指数在15～20之间的黏性土，易于粉碎，便于碾压成型，施工和使用效果都较好。塑性指数偏大的黏性土，要加强粉碎，粉碎后土块的尺寸不宜超过标准规定的5%。可以采取两次拌和法，第一次加部分石灰拌和后，闷放24～48h，再加入其余石灰，进行第二次拌和。塑性指数偏小的亚砂土和砂土中石灰较多，难于碾压成形，应采取适当的施工措施。

石灰稳定土用土的质量指标，如表2-1-3所列。

3. 水

水应洁净，不含有害物质。一般人或牲畜饮用的露天水源均可用于石灰土施工。遇有可疑水源时，应按照《公路工程水质分析操作规程》（JTJ056—84）要求进行试验鉴定。

表 2-1-3　　石灰稳定用土的质量指标

项目	高速公路、一级公路	其他公路		
	底基层	二级公路基层	二级以下公路基层	底基层
塑性指数	15～20			
有机质含量/%	≤10			
硫酸盐含量/%	≤0.8			

续表 2-1-3

项目	高速公路、一级公路	其他公路		
	底基层	二级公路基层	二级以下公路基层	底基层
压碎值/%	≤35	≤30	≤35	≤40
最大粒径/mm	≤37.5	≤37.5		≤53

三、石灰稳定土施工

在路面的基层、底基层的施工中，混合料的拌和方式主要有路拌法和厂拌法，其摊铺方式有人工和机械两种。这里主要讲解路拌施工工序的质量控制。

（一）路拌法施工

石灰稳定土路拌法施工工序，如图 2-1-3 所示。

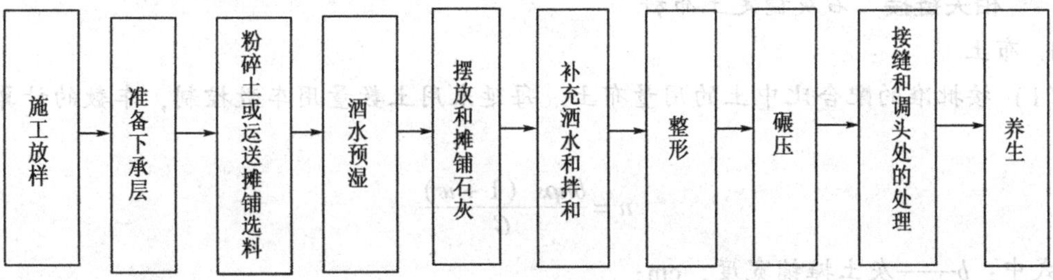

图 2-1-3　石灰稳定土路拌法施工工序

1. 准备工作

（1）准备下承层

石灰稳定土的下承层表面应平整、坚实，具有规定的路拱。当石灰稳定土用作基层时，要准备底基层；当石灰稳定土用作底基层时，要准备土基。无论土基还是底基层，都必须按规范规定进行验收。凡验收不合格的路段，必须采取措施，使其达到标准后，方能在上铺筑石灰稳定土层。

在槽式断面的路段，两侧路肩上每隔一定距离（如 5～10m）应交错开挖泄水沟（或做盲沟）。

（2）测量

在底基层或土基上恢复中线，直线段每 15～20m 设一桩，平曲线段每 10～15m 设一桩，并在对应断面的路肩外侧设指示桩。在两侧指示桩上用红漆标出石灰稳定土层边缘的设计高度。

（3）备料

①集料。采备集料前，应先将树木、草皮和杂土清除干净，并在预定采料深度范围内自上而下采集集料，不宜分层采集，不应将不合格材料采集在一起。如分层采集集料，则应将集料先分层堆放在一场地上，然后从前到后（上下层一起装入汽车），将料运到施工现场。料中的超尺寸颗粒应予筛除。对于塑性指数小于15的黏性土，机械拌和时，可视土质和机械性能确定土是否需要过筛。人工拌和时，应筛除粒径在1.5cm以上的土块。

②石灰。石灰宜选在公路两侧宽敞而邻近水源且地势较高的场地集中堆放。预计堆放时间较长时，应用土或其他材料覆盖封存，石灰堆放在集中拌和场地时，宜搭设防雨棚。石灰应在使用前7～10d充分消解。每吨石灰消解需用水量一般为500～800kg。消解后的石灰应保持一定的湿度，以免过干飞扬，但也不能过湿成团。消石灰宜过孔径10mm的筛，并尽快使用。

③材料用量。根据各段石灰稳定土层的宽度、厚度及预定的压实度（换算为压实密度），计算各路段需要的干集料质量。根据料场集料的含水量和运料车辆的吨位，计算每车料的堆放距离。根据石灰稳定土层的厚度和预定的干容量及石灰剂量，计算每平方米石灰稳定土需用的石灰质量，并计算每车石灰的摊铺面积，如使用袋装生石灰粉，则计算每袋石灰的摊铺面积。计算每车石灰的卸放位置，即纵向和横向间距，或计算每袋石灰的纵横间距。

相关链接 *石灰稳定土布料*

1. 布土

（1）按批准的配合比中土的用量布土。每延米用土数量用车数控制，车数的计算见下式。

$$n = \frac{bh\rho s\ (1+w)}{G}$$

式中：b——灰土摊铺宽度，cm；

n——每延米需要的车数；

h——灰土摊铺厚度，m；

ρ——灰土混合料最大干密度，$10^3 kg/m^3$；

s——混合料中土的质量分数，%

G——每车湿土的标准质量，$10^3 kg$；

w——土的含水量，%。

按每车土摊铺的面积作为一个方格，在路上划定方格网，将每车土卸在已划定的网格，然后用推土机摊土，除平并排压，使厚度基本一致。

（2）洒水预湿。当已摊铺好的土其含水量小于最佳含水量时，应根据每立方米土中的含水量进行计算。洒水车控制喷洒量一次补足到最佳含水量，并视具体情况高出1%～2%，细粒土宜闷放一夜，中粗粒土视细土含量多少可缩短闷料时间。

当土的含水量较大时，应摊开翻拌晾晒，当含水量合适后再整平使厚度达到要求。

2. 布灰

(1) 用机动车布灰。先在灰土作业层面的路中央划撒一条灰线，根据每延米使用的石灰剂量，将消解合格的石灰运至作业面，沿灰线码出一梯形灰带，每延米梯形石灰带的量，就是该延米路的石灰用量，待检验合格后，用人工扣反锹逐次排列均匀布撒在相应段落上。

(2) 手推车运布时，以一车石灰为单位计算摊铺面积，并按此面积大小划定网格，人工均匀布撒石灰。

(3) 袋装灰宜以50kg或100kg为单位按比例计算摊铺面积，划定网格人工均匀布撒。

拌和、整形、碾压和养护与石灰稳定土施工相同。

附：石灰土路拌法施工铺土铺灰计算

消石灰与土的体积比：

$$石灰:土=\frac{p_2}{\gamma_2}:\frac{p_1}{\gamma_1}$$

式中：p_1、p_2——分别为消石灰和土的质量分数（$p_1=100\%$）；

γ_2——消石灰的天然松方干密度，kg/m³；$\gamma_2=\dfrac{天然松方密度}{1+w_2}$

γ_1——土的天然松方干密度，kg/m³；$\gamma_1=\dfrac{天然松方密度}{1+w_1}$

w_1、w_2——分别为土、消石灰的天然含水量（以小数计）。

(4) 土（石灰）的松铺厚度：

$$h_1=\frac{\gamma_0 h_0\dfrac{P_1}{P_1+P_2}}{\gamma_1}\quad\left(h_2=\frac{\gamma_0 h_0\dfrac{P_1}{P_1+P_2}}{\gamma_2}\right)$$

式中：h_1（h_2）——土（石灰）的松铺厚度，cm；

γ_0——石灰土的最大密实度，kg/m³；

h_0——石灰土铺装层压实厚度，cm。

(5) 每延米铺装层的消石灰（土）天然松方体积用量：

$$V_2=\frac{b_0 h_0\gamma_0\dfrac{P_2}{P_1+P_2}}{\gamma_2}\quad\left(V_1=\frac{b_0 h_0\gamma_0\dfrac{P_1}{P_1+P_2}}{\gamma_1}\right)$$

式中：V_2（V_1）——每延米铺装层的消石灰（土）天然松方体积用量，m³；

b_0——石灰土铺装层宽度，m；

h_0——石灰土铺装层压实厚度，m。

3. 实例

灰剂量为11%的石灰土基层，宽度6m，压实厚度15cm。经试验得：石灰土最大密实度为1680kg/m³，消石灰天然松方密度为495kg/m³，土的天然密度为1092kg/m³，消石灰的含水量为28%，土的含水量为4%。

(1) 灰土体积比：

石灰：土 $=\frac{p_2}{\gamma_2}:\frac{p_1}{\gamma_1}=\frac{11}{495/(1+0.28)}:\frac{100}{1092/(1+0.04)}=1:3.35$

（2）土的松铺厚度：

$$h_1=\frac{\gamma_0 h_0\frac{P_1}{P_1+P_2}}{\gamma_1}=\frac{1680\times 15\times\frac{100}{100+11}}{1092/1.04}=21.6$$

（3）每延米用灰量：$V_2=\frac{b_0h_0\gamma_0\frac{P_2}{P_1+P_2}}{\gamma_2}=\frac{6\times 0.15+1680\times\frac{11}{100+11}}{495/1.28}=0.43\text{m}^3$

2. 运输及摊铺

（1）运料

运料时要注意：对预定堆料的下层在堆料前应先洒水，使其湿润；不应过分潮湿而造成泥泞；集料装车时，应控制每车料的数量基本相等；在同一料场供料的路段，由远到近将料按计算的距离（间距）卸置于下承层中间或上侧。卸料距离应严格掌握，避免料不够或过多；料堆每隔一定距离应留一缺口；集料在下承层上的堆置时间不应过长。运送集料较摊铺集料工序宜只提前1～2d，在同料场集料做石灰稳定土时，如路肩用料与稳定土层用料不同，应采取培肩措施，先将两侧路肩培好。路肩料层的压实厚度应与稳定土层的压实厚度相同。在路肩上，每隔5～10m应交错开挖临时泄水沟。

（2）摊铺集料

在摊铺集料时，应事先通过试验确定集料的松铺系数。人工摊铺混合料时，其松铺系数可参考表2-1-4的值。在摊铺集料前，应先在未堆料的下承层上洒水使其湿润，不应过分潮湿而造成泥泞，对能封闭交通的道路，摊铺集料应在摊铺石灰的前一天进行。摊料长度应与施工日进度相同，以够次日加石灰、拌和、碾压成型为准。对不能封闭交通的道路，或在雨季，宜在当天摊铺集料，用平地机或其他合适的机具将集料均匀摊铺在预定的宽度上，表面应力求平整，并有规定的路拱。摊铺过程中，应注意将土块、超尺寸颗粒及其他杂物拣除。如集料中有较多土块，亦应进行粉碎。检验松铺材料层的厚度，看其是否符合预计要求（松铺厚度＝压实厚度×松铺系数）。必要时，应进行减料或补料工作。

表2-1-4　　人工摊铺混合料松铺系数参考值

材料名称	松铺系数	说明
石灰土	1.53～1.58	现场人工摊铺土和石灰，机械拌和，人工整平
石灰土	1.68～1.70	路外集中拌和，运到现场人工摊铺
石灰土、砂砾	1.52～1.56	路外集中拌和，运到现场人工摊铺

（3）摊铺石灰

摊铺石灰时，如黏性土过干，应事先洒水闷料，使土的含水量略小于最佳值。细粒土宜闷料一夜；中粒土和粗粒土，视细土含量的多少，可闷放1～2h。在人工摊铺的集料层上，用6～8t两轮压路机碾压1～2遍，使其表面平整，并有一定密实度。然后，按计算的每车石灰的纵横间距，用石灰在集料层上做卸置石灰的标记，同时划出摊铺石灰的边线，用刮板将卸置的石灰均匀摊开。石灰摊铺完后，表面应没有空白位置。量测石灰的松铺厚度，根据石灰的含水量和松密度，校核石灰用量是否合适。

3. 拌和与洒水

（1）集料应采用稳定土拌和机拌和，拌和深度应达到稳定层底。应设专人跟随拌和机，随时检查拌和深度并配合拌和机操作员调整拌和深度，除直接铺在土基上的一层外，严禁在拌和层底部留有“素土”夹层。拌和应适当破坏（约1cm左右，不应过多）下承层的表面，以利上下层黏结。通常应拌和两遍以上（如使用的是生石灰粉，宜先用平地机或多铧犁紧贴下承层表面翻拌一遍。直接铺在土基上的拌和层也应避免“素土”夹层。

（2）在没有专用机械的情况下，如为石灰稳定细粒土和中粒土，也可用农用旋转耕作机与铧犁或平地机相配合拌和四遍，但其拌和效果较差。先用旋转耕作机拌和，后用多铧犁或平地机将底部“素土”翻起。再用旋转耕作机拌和第二遍，用铧犁或平地机将底部料再翻起，并随时检查调整翻犁的深度，使稳定土层全部翻透。严禁在稳定土层和下承层之间残留一层“素土”，也应防止翻犁过深，过多破坏下承层的表面。还可以用缺口圆盘耙与多铧犁或平地机相配合，拌和石灰稳定细粒土、中粒土和粗粒土（但其拌和效果较差）。用平地机或多铧犁在前面翻拌，用圆耙跟在后面拌和，即采用边翻边耙的方法。圆盘耙的速度应尽量快，使石灰与集料拌和均匀。共翻拌4～6遍，开始的两遍不应翻犁到底，以防石灰落到底部，后面的几遍应翻犁到底。随时检查调整翻犁的深度，使稳定土层全部翻透。

（3）在拌和过程中，及时检查含水量。用喷管式洒水车补充洒水，使混合料的含水量等于或略大于最佳值（视土类而定可大1%左右），洒水车距离应长些。水车起洒处和另一端调头处都应超出拌和段2m以上。洒水车不应在正进行拌和的以及当天计划拌和的路段上调头和停留，以防局部水量过大。拌和机械应紧跟在洒水车后面进行拌和。尤其在纵坡大的路段上更应配合紧密，减少水分流失。

（4）在洒水过程中，要人工配合拣出超尺寸颗粒，清除粗细石料“窝”，以及局部过湿之处。拌和完成的标志是：混合料色泽一致，没有灰条、灰团和花面；没有粗细石料“窝”；水分合适均匀。

（5）拌和石灰加黏土的稳定碎石或砂砾时，应先将石灰土拌和均匀，然后均匀地摊铺在碎石或砂砾层上，再一起进行拌和。用石灰稳定塑性指数大的黏土时，由于黏土难以粉碎，宜采用两次拌和法。即每一次加70%～100%预定剂量的石灰进行拌和，闷放一夜，然后补足石灰用量，再进行第二次拌和。

4. 整形与碾压

（1）整形

平地机整形。混合料拌和均匀后，先用平地机初步整平和整形。在直线段，平地机由两侧向路中心进行刮平；在平曲线段，平地机由内侧向外侧进行刮平。需要时，再返回刮一遍。用平地机或轮胎压路机快速碾压1～2遍。在用平地机整平前，应先用齿耙把低洼处表层5cm以上耙松，避免在较光滑的表面产生薄层找补的情况。用平地机进行整形后再碾压一遍。对于局部低洼处，应用齿耙将其表层5cm以上耙松，并用新拌的石灰混合料进行找补平整，再用平地机整形一次。每次整形都要按规定的坡度和路拱进行。特别要注意接缝处的整平，接缝必须顺适平整。

（2）碾压

整形后，当混合料处于最佳含水量 ±1% 时（如表面水分不足，应适当洒水），立即用12t 以上三轮压路机、重型轮胎压路机或振动压路机在路基全宽内进行碾压。直线段，由两侧路肩向路中心碾压；平曲线段，由内侧路肩向外侧路肩进行碾压。碾压时后轮应重叠1/2 的轮宽，后轮必须超过两段的接缝处。后轮压完路面全宽时即为一遍。碾压一直进行到路面达到要求的密实度为止，一般需 6 ~ 8 遍。压实的方式同路基碾压。碾压过程中，石灰稳定土的表面应始终保持湿润。如石灰稳定土表面水蒸发得快，应及时补洒少量的水；如有“弹簧”、松散、起皮等现象，应及时翻开重新拌和，或用其他方法处理，使其达到质量要求。在碾压结束之前，用平地机再终平一次，使其纵向顺适，路拱和超高符合设计要求。终平应仔细进行，必须将局部高出部分刮除并扫出路外，对于局部低洼之处，不再进行找补，留待铺筑面层时处理。

5. 养护

（1）石灰稳定土在养护期间应保持一定的湿度，不应过湿。养护期一般不少于 7d。养护方法可视具体情况采用洒水、覆盖砂、低塑性土或沥青膜等。在养护期间石灰土表层不应忽干忽湿，每次洒水后，应用两轮压路机将表层压实。石灰稳定土层碾压结束 1 ~ 2d 后，当其表层较干燥（如石灰土的含水量不大于 10%，石灰粒料土的含水量在 5% ~ 6%）时，可以立即喷洒透层油，做下封层或铺筑面层。但初期应禁止重型车辆通行。

（2）在养护期间未采用覆盖措施的石灰稳定土层上，除洒水车外，应封闭交通。在采用覆盖措施的石灰稳定土层上，不能封闭交通时，应限制车速不得超过 30km/h。如石灰稳定土分层施工时，下层石灰稳定土碾压完后，可以立即在上铺筑另一层石灰稳定土，不需专门的养护期。

（3）养护期结束后，应立即喷洒透层沥青或做下封层，并在 5 ~ 10d 内铺筑沥青面层。在喷洒透层沥青后，应撒布 3 ~ 8mm 或 5 ~ 10mm 的小碎（砾）石，小碎石约撒 60% 的面积（不完全覆盖，但均匀覆盖 60% 的面积，露黑）。如喷洒的透层沥青能透入基层，当运料车辆和面层混合料摊铺机在上行驶不会破坏沥青膜时，可以不撒小碎石。如为水泥混凝土面层时，也不宜让基层长期暴晒开裂。

6. 施工中应注意的问题

（1）接缝和“调头”处的处理

两工作段的搭接部分，应采用对接形式。前一段拌和后，留 5 ~ 8m 不进行碾压。后一段施工时，将前段留下未压部分，一起再进行拌和。拌和机械及其他机械不宜在已压成的石灰稳定土层上调头。如必须在上进行调头，应采取措施（如覆盖 10cm 厚的砂或砂砾）保护调头部分，使石灰稳定土表层不受破坏。

（2）纵缝的处理

石灰稳定土层的施工应尽可能避免纵向接缝，必须分两幅施工时，纵缝必须垂直相接，不应斜接。

一般情况下，纵缝可按下述方法处理。在前一幅施工时，在靠中央一侧用方木或钢模板做支撑，方木或钢模板的高度与稳定土层的压实厚度相同。混合料拌和结束后，靠近支撑木（或板）的一条带，应人工进行补充拌和，然后进行整形和碾压。在铺筑另一幅时，或在养护结束时，拆除支撑木（或板）；第二幅混合料拌和结束后，靠近第一幅的一条带，应人工进行补充拌和，然后进行整形和碾压。

（3）路缘处理

如石灰稳定土层上为薄沥青面层，基层每边应较面层展宽 20cm 以上。在基层全宽上喷洒透层沥青或设下封层，沥青面层边缘以三角形向路肩抛出 6～10cm。如设路缘块时，必须注意防止路缘块阻滞路面表面水和结构层中的水。

（4）用石灰稳定低塑限指数的砂、粉性土的处理

用石灰稳定低塑限指数的砂性土和粉性土时，碾压过程中容易起皮松散，成型困难，施工时要大量洒水，分两阶段碾压。第一阶段，洒水后用履带拖拉机先压 2～3 遍，达到初步稳定；第二阶段，待水分接近最佳含水量时，再继续用 12t 以上压路机压实。当缺少履带拖拉机时，洒水后，先用轻型压路机碾压两遍，然后覆盖一层素土，继续用 12t 以上压路机压实。养护后，将素土层清除干净。

（5）通车路段的施工

对于不能中断交通的路段，可采用半幅施工方法。接缝处应对接，必须保持平整密合，同时，要加强管理，消除隐患，确保工程质量。

四、石灰稳定土施工中注意事项

石灰土施工中应注意以下事项（否则将会给灰土质量造成影响）。

（1）土为塑性指数较大的黏性土，拌和中土块不易打碎，过筛也不可能。但还必须使用时，应将石灰剂量分两次添加。第一次备土时在土场，将 4%～5% 石灰掺入，闷放 2～3d 使其含水量和塑性指数降低，通过土场的翻倒、装运、现场布土、推平、翻拌后，土块就易碎了；第二次再将剩余的石灰加入，经翻拌使土块破碎至满足规范要求。这种土解决了打碎的问题后，有时还会存在开裂、龟裂的现象。这主要是由于碾压时含水量高，在养护时，洒水跟不上。因此这种灰土要加强养护，最好是覆盖养护，或者是在未开裂时就做好上层结构。

（2）消石灰随着消解存放时间的延长，其有效钙镁含量随之降低。施工时，往往又不可能及时将已消解的消石灰用完，因此使用时所含钙镁的有效成分下降，如果还按设计配合比的剂量掺入，灰土的强度将受到影响。为保证强度必须多掺灰才能使灰土中的钙镁含量满足要求。但是，这时的灰土标准容重也要根据新的掺量重新确定，否则，灰土的压实度就不能满足要求。

（3）“弹簧”现象也时有发生，这主要是由于压实时含水量大引起的。一旦发现就应挖开处理，或是晾晒，或是换料。控制好压实时的含水量就能避免出现“弹簧”。

（4）应避免薄层贴补、起皮和夹层的发生。在灰土拌和厚度控制不好时，特别是整平工艺不当时，易造成在光面上贴补薄层，这就造成两层结合不好，从而发生起皮脱层破坏。因此，整平时的排压是必需的，但不能压成光面，对一些局部低洼的光面，一定要在松后补料。对一些低塑性的粉土灰土，如含水量偏小，压实功能超过土的抗剪力时，表面易起皮开裂。对于这类土，应将含水量提高到比最佳水量高 3～4 个百分点。在压实工艺上一般是先静压，后强振压 2 遍，根据表面情况适度洒水湿润后再轻压 2 遍即可，决不可

过压。由于夹层见水就软化，使路面强度下降，引发路面破坏，所以拌和时一定要消灭夹层。如果是两层以上的灰土，第二层灰土也是路拌法，层间容易出现夹层。因此，拌和深度一定深入下层1cm左右，在上第二层灰土之前，应处理表面浮土，并洒水湿润，以解决夹层问题；另外也可以在拌和第二层灰土时，在灰土铺筑的起点预留5～10m不上料，然后在拌和铺筑段上，把拌和均匀的灰土混合料，依次向前清底倒运至铺筑位置，然后按要求控制标高、横坡，用平地机整平，每10～20m设置一个断面拉线，用五点法控制高程与横坡，这也是消除夹层的好方法。

（5）桥头、墙（台）背铺筑灰土时，由于机械无法操作，应留下5～10m不上土，将已拌好的混合料倒运至此，按要求摊铺。压实时，先沿桥（涵）向碾压，后顺路向碾压，压路机压不到的地方，应用电夯夯压至规定要求。

（6）雨季施工，注意集中力量，分段铺筑，在雨前做到碾压坚实。施工时应随时疏通边沟，保证排水良好。在垫层或基层施工之前，完工的路基顶面或垫层，应始终保持合格的状态。在雨季期间，路基或垫层不允许车辆通行。

（7）石灰土基层的缩裂控制。由于土的温缩系数（温度每降低1℃时单位长度的收缩量）较干缩系数（含水量每减少1%时长度的收缩量）要大4～5倍，所以石灰土基层的缩裂大多发生在冬季。土的黏性愈大或石灰剂量愈高，则所造成的石灰土基层裂缝愈多、愈宽。

石灰土基层上沥青面层的开裂多在气温－5℃以下时产生，即温缩裂缝，缝较窄（0.2～2mm）；但少数道路也发生过干缩裂缝，缝较宽（有的在5mm以上）。当沥青面层较薄时，裂缝下的石灰土基层亦多产生相应的缝隙；当面层较厚时，其下石灰土基层的裂缝并不正对面层裂缝，石灰土基层产生不规则的开裂时，其上的沥青面层则产生较规则的横缝。路面的吸缩裂缝，除影响路容观瞻外，还将使路面强度有所降低。严重的是路面水如长期由裂缝渗入，则会破坏沥青面层与石灰土基层的结合，使路面在行车作用下受到破坏。故对收缩裂缝也要及早填补维修。

石灰土基层的防裂措施有下列7种。

①改善土质。石灰土的缩裂性质与用土的黏性有关，用土愈黏则缩裂愈严重，故应采用黏性较小的土，或在黏性土中掺入砂性土、粉煤灰等，以降低土的塑性指数。

②控制压实含水量。在大于最佳含水量下压实的石灰土，具有较大的缩裂性质，故石灰土应在含水量不大于（最好小于）最佳含水量下压实。当石灰土的含水量为最佳含水量的0.9时，对施工压实并不造成困难，还能改善石灰土的缩裂性质。

③铺筑碎石过渡层。在石灰土与沥青路面间铺筑一层碎石过渡层，当厚度为15～27cm时，沥青面层可以避免开裂；当厚度为5～10cm时，沥青面层仍将产生收缩裂缝，横缝间距大为增长。

④掺加粗粒料。在石灰土中掺入一些粗粒料（如砂、碎石、碎砖、煤渣及矿渣等），掺入量按质量比应小于50%，这不仅可以减除裂缝，还可以节约石灰和改善碾压时的拥推现象。

⑤分期铺筑。在石灰土基层的强度形成期，任其产生收缩裂缝后，再铺沥青路面，可以大大减少面层开裂，这些措施一般需要经过一个冬季。

⑥设置伸缩缝。在灰土层中每隔 5 ~ 10mm 设一道伸缩缝，宽 5 ~ 10mm，深为层厚的 0.5 ~ 1.0 倍，内填土砂、沥青砂或油毛毡，在混合料碾压至 80% 压实度时，将薄板切入灰土中，拔出后填入填缝料，再继续碾压到所要求的密实度。

⑦综合措施。即在粗粒料石灰土基层上铺筑厚 7 ~ 10cm 的沥青稳定碎石过渡层，再铺沥青面层，可以比较有效地防止裂缝产生。

五、石灰稳定土质量检验

按现行《公路工程质量检验评定标准》（JTG F80/1—2004）进行。

1. 石灰土基层和底基层

（1）基本要求

①土的性质应符合设计要求，土块要经粉碎。

②石灰质量应符合设计要求，土块灰须经充分消解才能使用。

③石灰和土的用量按设计要求控制准确，未消解的生石灰块必须剔除。

④路拌深度要达到层底。

⑤混合料处于最佳含水量状况下，用重型压路机碾压至要求的压实度。

⑥保湿养护，养护期要符合规范要求。

（2）外观鉴定

①表面平整密实、无坑洼。

②施工接茬平整、稳定。

（3）实测项目

石灰土基层和底基层实测项目如表 2-1-5 所列。

表 2-1-5　　石灰土基层和底基层实测项目

项次	检查项目		规定值或允许偏差				检查方法
			基层		底基层		
			高速公路、一级公路	其他公路	高速公路、一级公路	其他公路	
1	压实度/%	代表值	–	95	95	93	按附录 B 检查，每 200m 每车道 2 处
		极值	–	91	91	89	
2	平整度/mm		–	12	12	15	3m 直尺：每 200m2 处 ×10 尺
3	纵断高程/mm			+5，-15	+5，-15	+5，-20	水准仪：每 200mm 测 4 断面
4	宽度/mm		不小于设计值		不小于设计值		尺量：每 200m 测 4 处
5	厚度/mm	代表值	–	-10	-10	-12	按附录 H 检查，每 200m 每车道 1 处
		极值	–	-20	-25	-30	
6	横坡/%		–	±0.5	±0.3	±0.5	水准仪：每 200mm 测 4 断面
7	强度/MPa		符合设计要求		符合设计要求		按附录 G 检查

注：附录 B、附录 H、附录 G 是据《公路工程质量检验评定标准》（JTG F80/1—2004）中的附录相关计算及规定取得。（查阅公路工程质量检验评定标准）

2. 石灰稳定粒料基层和底基层

（1）基本要求

①粒料应符合设计和施工规范要求，矿渣应分解稳定后使用。

②土、石灰质量及技术要求同石灰土基层和底基层。

（2）外观鉴定

①表面平整密实、无坑洼。

②施工接茬平整、稳定。

（3）实测项目

石灰稳定粒料基层和底基层，如表 2-1-6 所列。

表 2-1-6　　石灰稳定粒料基层和底基层实测项目

项次	检查项目		规定值或允许偏差				检查方法
			基层		底基层		
			高速公路、一级公路	其他公路	高速公路、一级公路	其他公路	
1	压实度/%	代表值	–	97	96	95	按附录 B 检查，每 200m 每车道 2 处
		极值	–	93	92	91	
2	平整度/mm		–	12	12	15	3m 直尺：每 200m2 处 ×10 尺
3	纵断高程/mm			+5，−15	+5，−15	+5，−20	水准仪：每 200mm 测 4 断面
4	宽度/mm		不小于设计值		不小于设计值		尺量：每 200m 测 4 处
5	厚度/mm	代表值	–	−10	−10	−12	按附录 H 检查，每 200m 每车道 1 处
		极值	–	−20	−25	−30	
6	横坡/%						水准仪：每 200mm 测 4 断面
7	强度/MPa		符合设计要求		符合设计要求		按附录 G 检查

注：附录 B、附录 H、附录 G 是据《公路工程质量检验评定标准》（JTG F80/1—2004）中的附录相关计算及规定取得。

课题实训项目：石灰土施工

（一）实习目的及要求

1. 目的

通过参观实习，掌握石灰土路拌法施工程序及施工要点，重点掌握石灰土施工参数的计算和现场布料。

2. 参观实习要求

（1）选择一段正在施工的公路工程。

（2）班级分组，5 ~ 8 名学生一组，以组为单位进行施工现场的调查、察勘。

（3）按现行《公路路面基层施工技术规范》（JTJ 034—2000）结合本情境所学理论知识进行收集有关资料。

（4）写出所参观路段承包商采用的石灰土施工程序。

(5) 按本工程设计要求，自己计算出布灰、布土有关数据与承包商的数据对照。

(6) 计算出农村公路石灰土施工时，土的松铺厚度、每延米用灰量并设计出灰王布置图（位置、尺寸）。

(7) 对参观路段的施工找出存在问题并提出改进建议；做必要的摄录工作。

(8) 完成参观实习报告和参观实习体会。

(二) 实习所需工具

钢（皮尺）、花杆（3 根/组）、摄像机等。

(三) 实习操作内容

1. 参观路段工程概况；

2. 承包商石灰土施工程序；

3. 计算布土布灰的有关数据；

4. 设计某农村公路石灰土施工布土、布灰参数。

(四) 结果整理及实习建议

根据本次参观实习现场观察及测定结果，对本工程出现不合格或缺陷（如果有），提出维修建议并写出参观实习体会。

1. 参观路段工程概况。

2. 参观路段石灰土施工程序，承包商石灰土施工程序。

3. 计算布土、布灰有关数据（自己计算与承包商对比）。

(1) 每延米用土量。

(2) 每延米用灰量。

4. 设计农村公路石灰土施工。

用参观工程土、石灰、石灰土的试验资料，设计农村公路石灰土宽 6m、压实厚度 15cm，石灰剂量 12%，求土的松铺厚度、每延米用灰量并设计出灰土布置图（位置、尺寸）。

(1) 土的松铺厚度：$h_1 =$

(2) 每延米用灰量：$V_2 =$

5. 参观实习建议和体会。

案例分析

案例 1

【背景材料】某高速公路路面为沥青混凝土路面，基层为石灰稳定土基层，施工单位在基层施工过程中，对无机结合料进行了讨论，决定改用水泥稳定土基层，并对先前已做好的石灰稳定土基层进行了质量检验。

【问题】

1. 上述石灰稳定类基层分类及适用范围是什么？

2. 基层中石灰原材料的技术要求是什么？

3. 石灰土基层实测的项目是什么？

4. 过湿路段和冰冻潮湿地段允许直接铺筑石灰土底基层吗？为什么？

案例2

某二级公路全长68.53km，施工期气候干燥，气温较低。全路段的土质有粉质黏土、砂性土、重黏土，但当地石灰产量很多。设计单位根据相关情况在路面结构设计中采用了石灰稳定土无机结合料基层，面层为沥青混凝土。施工单位采用路拌法施工基层。为了保证石灰稳定土基层的强度，施工单位对土质进行了改善，施工中还对压实度进行了控制，在沥青混凝土面层施工前，在K30+500~K37+800段发现已成型的石灰稳定基层表面产生大量裂缝，施工单位提出，由于该路段基层用土是重黏土，出现裂缝是正常的。

【问题】

1. 石灰稳定土基层产生的裂缝有哪些类型？说明产生的机理及简述防治措施。

2. 背景材料中全路段有三类土质，哪些土质需要改善？简述改善方法。

3. 简述石灰稳定土基层裂缝主要防治措施。

任务2　水泥稳定土基层的施工

一、认识水泥稳定土

在粉碎的或原来松散的土中，掺入足量水泥和水，经拌和得到的混合料在压实及养护后，其抗压强度符合规定的要求时，称为水泥稳定土。

用水泥稳定细粒土得到的混合料，视所用原材料而命名。当用细粒土为砂性土、粉性土或黏性土时，简称水泥土；当所用细粒土属于砂时，简称水泥沙。

用水泥稳定粗粒土和中粒土得到的混合料，视所用原材料，可简称水泥碎石、水泥石渣、水泥石屑、水泥沙砾、水泥碎石土或水泥沙砾土。

1. 水泥稳定土强度形成的原理

在水泥稳定土中，由于水泥用量很少，水泥的水化完全是在土中进行的，土对这一过程起着很大的影响，故凝结速度比在水泥混凝土中进行得缓慢。

水泥与土拌和后，水泥矿物与土中的水分发生强烈的水解和水化反应，同时从溶液中分解出氢氧化钙并形成其他水化物。当水泥的各种水化物生成后，有的自身继续硬化形成水泥石骨架，有的则与有活性的土进行反应。

水泥稳定土强度主要依靠离子交换、团粒化作用、硬凝反应及碳酸化作用形成。

2. 影响水泥稳定土强度的因素

(1) 土质

土的类别和性质是影响水泥土强度的重要因素之一。除有机质或硫酸盐含量高的土以外，各种砂砾土、砂土、粉土和黏土均可用水泥稳定。但稳定的效果不尽相同。如表2-2-1所列，为各类土用水泥稳定后的一些特性。重黏土由于难以粉碎和拌和，以及水泥用量过高而不经济，不宜用水泥稳定。土的液限不得大于40，塑性指数不得大于20。

表 2-2-1　　　　水泥稳定土的特性

土类	无侧限抗压强度（7d）/MPa	弯拉弹性模量 /MPa	CBR *	水泥大致用量（干土质量/%）
级配良好的砾石、砂、黏土、砂或砂砾	2.8～10.5 以上	$(7 \sim 21) \times 10^3$	大于 600	≤5
粉质砂、砂质黏土	1.7～3.5	7×10^3	600	7
粉质－砂质黏土、级配差的砂	0.7～1.7	$(3.5 \sim 7) \times 10^3$	200	9
粉土、粉质黏土、级配很差的砂	0.35～1.05	小于 3.5×10^3	100	10
重黏土	<0.7	1.4×10^3	50	≥13

注：* 为加州承载比值，指所用建筑材料相对于标准碎石的承载力之比。

（2）水泥的成分和剂量

各种类型的水泥都可以用于稳定土。对于同一种土，水泥矿物成分是决定水泥土强度的主导因素。在通常的情况下，硅酸盐水泥的稳定效果较好，而铝酸盐水泥则较差。

过多的水泥用量，虽可获得强度的增长，但经济上是不合理的。因而存在一个经济用量。所需的水泥用量，按强度和耐久性需要并考虑其经济性，由试验确定。如表 2-2-1 所列，各类土的水泥用量随细粒含量而增加。

（3）含水量

当混合料中含水不足时，水泥就要与土争水，若土对水有更大的亲和力，就不能保证水泥的完全水化和发生水解作用。水泥正常水化所需要的水量约为水泥质量的 20%。另外，水泥土的含水量不适宜时，也不能保证大土团被粉碎和水泥在土中的均匀分布，更不能保证达到最大压实度的要求。

（4）工艺过程及养护条件

水泥、土和水拌和得愈均匀，水泥土的强度和稳定性愈高。拌和不均匀会使水泥剂量少的位置强度不能满足设计要求，而水泥剂量多的地方则裂缝增加。

从开始加水拌和到完成压实的延迟时间，对水泥土的密实度和强度有很大的影响。间隔过长，水泥会部分结硬，一方面影响到水泥土的压实度，而压实度对强度的影响很大。另一方面将破坏已结硬水泥的胶凝作用，使水泥土的强度下降。

水泥土的强度也随龄期增加而增长，为保证水泥的水化，在初期养护阶段应洒水保持潮湿，每天洒水的次数和养护天数视当地气候条件而定。

3. 一般规定

（1）水泥剂量以水泥质量占全部粗细土颗粒的干质量的百分率表示，即水泥剂量＝水泥质量/干土质量。

（2）水泥稳定土可适用于各级公路的基层和底基层，但水泥土不得用做二级和二级以上公路高级路面的基层。

（3）水泥稳定中粒土和粗粒土用做基层时，水泥剂量不宜超过 6%。必要时，应首先改善集料的级配，然后用水泥稳定。在只能使用水泥稳定细粒土做基层时或水泥稳定集料的强度要求明显大于规定时，水泥剂量才不受此限制。

(4) 水泥稳定土结构层宜在春末和夏季组织施工。施工期的日最低气温应在5℃以上，在有冰冻的地区，并应在第一次重冰冻（-3～-5℃）到来之前半个月到一个月完成。

(5) 在雨季施工水泥稳定土、特别是水泥土结构层时，应注意气候变化，勿使水泥和混合料淋雨。降雨时应停止施工，已经摊铺的水泥混合料应尽快碾压密实。路拌法施工时，应采取措施排除下承层表面的水，勿使运到路上的集料过分潮湿。

(6) 水泥稳定土结构层施工时，应遵守下列规定：

①土块应尽可能粉碎，土块最大尺寸不应大于15mm。

②配料应准确。

③路拌法施工时水泥应摊铺均匀。

④洒水、拌和应均匀。

⑤应严格控制基层厚度和高程，其路拱横坡应与面层一致。

⑥应在混合料处于或略大于最佳含水量时进行碾压，直到达到如表2-2-2所列，按重型击实试验法确定的要求压实度（最低要求）。

表2-2-2　　水泥稳定土压实度

公路等级		二级和二级以下公路		高速公路和一级公路	
稳定土类		水泥稳定中粒土和粗粒土	水泥稳定细粒土	水泥稳定中粒土和粗粒土	水泥稳定细粒土
		压实度/%			
层位	基层	97	93		98
	93	底基层	95	93	95

⑦水泥稳定土结构层应用12t以上的压路机碾压。用12～15t三轮压路机碾压时，每层的压实厚度不应超过15cm；用18～20t三轮压路机和振动压路机碾压时，每层的压实厚度不应超过20cm；对于水泥稳定中粒土和粗粒土，采用能量大的振动压路机碾压时，或对于水泥稳定细粒土，采用振动羊足碾与三轮压路机配合碾压时，每层的压实厚度可以根据试验适当增加；压实厚度超过上述规定时，应分层铺筑，每层的最小压实厚度为10cm，下层宜稍厚。对于稳定细粒土，以及用摊铺机摊铺的混合料，都应采用先轻型、后重型压路机碾压。

⑧路拌法施工时，必须严密组织，尽可能缩短从加水拌和到碾压终了的延迟时间，此时间不应超过3～4h，并应短于水泥的终凝时间。采用集中厂拌法施工时，延迟时间不应超过2h。

⑨水泥稳定土基层施工时，严禁用薄层贴补法进行找平。

⑩必须保湿养护，使稳定土层表面不干燥，也不忽干忽湿。

⑪水泥稳定土基层上未铺封层或面层时，除施工车辆可慢速（不超过30km/h）通行外，禁止一切机动车辆通行。

(7) 施工方法

①对于二级以下的公路，水泥稳定土基层和底基层可以采用路拌法施工。但对于二级

公路，应采用专用的稳定土拌和机或使用集中拌和法制备混合料。

②对于高速公路和一级公路，直接铺筑在土基上的底基层下层可以用稳定土拌和机进行路拌法施工，当土基上层已用石灰或固化剂处理时，底基层的下层也宜用集中拌和法拌制混合料。其上的各个稳定土层都应用集中厂拌法拌制混合料，并用摊铺机摊铺基层混合料。

③基层分两层施工时，在铺筑上层前，应在下层顶面先撒薄层水泥或水泥净浆。

二、材料要求

1. 土

凡能被经济地粉碎的土，都可用水泥稳定。

土的质量要求有压碎值、最大粒径、颗粒组成、液限、塑性指数、有机质含量、硫酸盐含量等。水泥稳定土的质量指标，如表2-2-3所列。

表2-2-3　　水泥稳定土用土的质量指标

项目	二级及二级以下公路		高速公路、一级公路	
	基层	底基层	基层	底基层
液限		<40	<28	<40
塑性指数		<17	<9	<17
均匀系数	>10	>5	>10	>5
有机质含量	≤2%		≤2%	
硫酸盐含量	≤0.25%		≤0.25%	
压碎值	≤35%	≤40%	≤30%	
最大粒径/mn	≤375	≤53	≤31.5	≤37.5

（1）对于二级和二级以下公路

①水泥稳定土用做底基层时，颗粒的最大粒径不应超过53mm。土的颗粒组成应在表2-2-4所列的范围内，细粒土的液限不应超过40，塑性指数不应超过17；对于中粒土和粗粒土，如土中小于0.6mm的颗粒含量在30%以下，塑性指数稍大一些。实际工程中宜选用塑性指数小于12的土。塑性指数大于17的土，宜采用石灰稳定，或用水泥和石灰综合稳定。

表2-2-4　　用做底基层时水泥稳定的土的颗粒组成范围

筛孔尺寸/mm	53	4.75	0.6	0.075	0.002
通过百分比/%	100	50~100	17~100	0~50	0~30

②水泥稳定土用作基层时，土的最大粒径不应超过37.5mm。土的颗粒组成应在表2-2-5所列范围内。集料中不宜含有塑性指数的土。对于二级公路宜选级配范围的下限组配混合料或采用表2-2-5中所列的2号级配。

③级配碎石、未筛分碎石、砂砾、碎石土、砂砾土、煤矸石和各种粒状矿渣均适宜用水泥稳定。碎石包括岩石碎石、矿渣碎石、破碎砾石等。土中碎石或砾石的压碎值应不大于35%~40%（如表2-2-3所列）。

表 2-2-5　　　　　　　　　　　用做基层时水泥稳定土的颗粒组成范围

筛孔尺寸/mm	37.5	26.5	19	9.5	4.75	2.36	1.18	0.6	0.075
通过百分比/%	90～100	66～100	54～100	39～100	28～84	20～70	14～57	8～47	0～30

（2）对于高速公路和一级公路

①水泥稳定土用作底基层时，集料的最大粒径不应超过 37.5mm。水泥稳定土的颗粒组成应表 2-2-6 所列 1 号级配的颗粒组成范围内。细粒土的液限不应超过 40%。塑性指数不应超过 17。对中粒土和粗粒土，宜采用表 2-2-6 中 2 号级配，但小于 0.075mm 的颗粒含量和塑性指数可不受限制。

②水泥稳定土用作基层时，集料的最大粒径不应超过 31.5mm。集料的颗粒组成应在表 2-2-6 所列 2 号级配的所列范围内。

表 2-2-6　　　　　　　　　　　水泥稳定的土的颗粒组成范围

编号	通过下列方孔筛/mm 的质量百分率/%									液限/%	塑性指数
	37.5	31.5	26.5	19	9.5	4.75	2.36	0.6	0.075		
1	100					50～100		17～100	0～30		
2	100	90～100		67～90	45～68	29～50	18～38	8～22	0～7*		
3		100	90～100	72～89	47～67	29～49	17～35	8～22	0～7*	<28	<9

注：* 集料中 0.5mm 以下细粒土有塑性指数时，小于 0.075mm 的颗粒含量不应超过 5%；细粒土无塑性指数时，小于 0.075mn 的颗粒含量不应超过 7%。

③水泥稳定土用作基层时，对所有的碎石或砾石，应预先筛分成 3～4 个不同粒级，然后配合，使颗粒组成符合表 2-2-6 上所列级配范围。

（3）水泥稳定粒径较均匀的砂，宜在砂中添加少部分塑性指数小于 10 的黏性土或石灰土，也可加少部分粉煤灰。加入比例可按使混合料的标准干密度接近最大值确定，一般为 20%～40%。

（4）有机质含量超过 2% 以及塑性指数偏高（大于 4～6）的土，不应单用水泥稳定。如需采用这种土，必须先用石灰进行处理，闷料一夜后再用水泥稳定。

（5）硫酸盐含量超过 0.25% 的土，不应用水泥稳定。

2. 水泥

普通硅酸盐水泥、矿渣水泥或火山灰质水泥都可用于稳定土，但应选用初凝时间大于 3h 和终凝时间大于 6h 的水泥。

3. 石灰

石灰应是消石灰粉或生石灰粉。符合 III 级以上石灰的要求。

4. 水

凡人或牲畜的饮用水均可用于水泥稳定土施工。

三、水泥稳定土施工

水泥稳定土施工时，必须采用流水作业法，使各工序紧密衔接。特别是要尽量缩短从拌和到完成碾压之间的延迟时间。所以在施工时应做延迟时间对强度影响的试验，以确定合适的延迟时间，并使此时水泥稳定土的强度仍能满足设计要求。

水泥稳定土基层的施工方法主要有路拌法和中心站集中拌和（厂拌）法两种。

（一）路拌法施工

水泥稳定土路拌法施工与石灰稳定土的施工相似，其施工工序如图2-2-1所示。

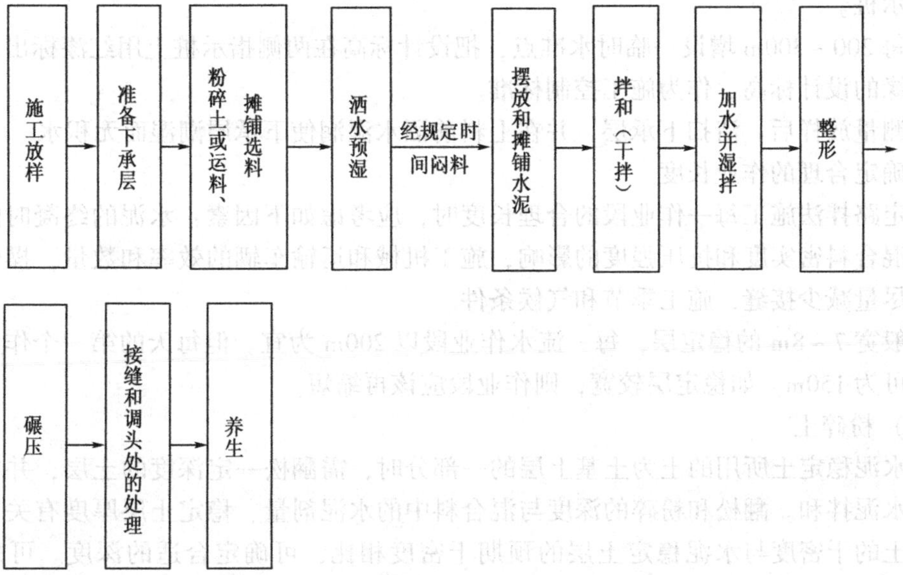

图2-2-1　水泥稳定土路拌法施工工艺流程

1. 准备工作

（1）准备下承层

当水泥稳定土用作基层时，要准备底基层；当水泥稳定土用作底基层时，要准备土基。无论底基层还是土基，都必须按规范进行验收，凡验收不合格的路段，必须采取措施，使其达到标准后，方可铺筑水泥稳定土层。

如底基层或土基已遭破坏，则必须作如下处理：

①对土基必须用12～15t三轮压路机或等效的碾压机械进行碾压检验（压3～4遍）。在碾压过程中，如发现土过干、表层松散，应适当洒水；如土过湿，发生“弹簧”现象，应采取挖开晾晒、换土、掺石灰或粒料等措施进行处理。

②对于底基层，根据压实度检查和弯沉测定的结果，凡不符合设计要求的路段，必须根据具体情况，分别采用补充碾压、加厚底基层、换填好的材料、挖开晾晒等措施，使其达到标准。

③底基层上的低洼和坑洞，应仔细填补及压实，达到平整。底基层上的搓板和车辙应刮除，松散处，应耙松洒水并重新碾压。

④逐一断面检查土基或底基层标高是否符合设计要求，平整度、压实度、路拱是否符合规定，且应没有任何松散的材料和软弱地点。

应注意在槽式断面的路段，两侧路肩上每隔一定距离（5～10m）应交错开挖泄水沟或做盲沟，以便排出路基积水。

（2）测量放样及下承层清扫洒水润湿

进行水平测量。在两侧指示桩上用红漆标出水泥稳定土层边缘的设计高。

①在验收合格后，施工摊铺前，首先是在底基层或土基上恢复中线。直线段每 15 ~ 20m 设一桩，平曲线段每 10 ~ 15m 设一桩，并根据中桩和摊铺宽度每边外 30 ~ 50cm 定出边桩指示桩。

②每 200 ~ 300m 增设一临时水准点，把设计标高在两侧指示桩上用红漆标出水泥稳定土层边缘的设计标高，作为施工控制标准。

③测量放样后，清扫下承层，并在上料前洒水湿润使下承层潮湿而无积水。

④确定合理的作业长度。

确定路拌法施工每一作业段的合理长度时，应考虑如下因素：水泥的终凝时间，延迟时间对混合料密实度和抗压强度的影响，施工机械和运输车辆的效率和数量，操作的熟练程度，尽量减少接缝，施工季节和气候条件。

一般宽 7 ~ 8m 的稳定层，每一流水作业段以 200m 为宜。但每天的第一个作业段宜稍短些，可为 150m。如稳定层较宽，则作业段应该再缩短。

（3）粉碎土

当水泥稳定土所用的土为土基上层的一部分时，需翻松一定深度的土层，并粉碎直至适合与水泥拌和。翻松和粉碎的深度与混合料中的水泥剂量、稳定土层厚度有关，根据翻松层的土的干密度与水泥稳定土层的预期干密度相比，可确定合适的深度。可采用圆盘耙、旋转耕作机、稳定土拌和机或旋转松土机等设备配合平地机或铧犁进行粉碎。为了便于粉碎，可在 8 ~ 24h 之前，喷洒合适的水量预湿土壤。粉碎结束后，用平地机整平，均匀地摊铺在预定长度和宽度的路段上。

（4）备料

准备选料，主要是选择稳定混合料中的土料。主要包括以下步骤。

①料场选择：从沿线初步选定的料场，分别选取代表性的土样，做土的性能试验和水泥土混合料的力学试验，以选定料场。

②选料采集：将料场表层覆盖土、草皮、植被、树根等杂物用推土机清除干净，按预定深度自上而下采集土料，有明显分层变化时，应及时采集样品做各项试验。

③选料的运输与堆放：土料应按计算的数量和间距进行堆放，并做好排水工作。较大的土块应进行粉碎和筛除，然后用平地机整平。

（5）洒水预湿与整平轻压

翻松、粉碎和运到现场的选料，均需洒水预湿。一般预湿后土的含水量应为最佳含水量的 70% 左右。对中粒土、粗粒土预湿后的含水量比最佳含水量低 2% ~ 3% 为宜；对含砂较多的土，可比最佳含水量大 1% ~ 2%，预湿后，应整形成要求的路拱和坡度，并用两轮压路机碾压 1 ~ 2 遍，使表面平整，并具有一定的密实度。

（6）摆放和摊铺水泥

用袋装水泥时（通常每袋水泥 50kg）根据水泥稳定土层的压实厚度、预定的干密度、水泥剂量及施工作业面计算每一平方米水泥稳定土需要的水泥用量，并计算每袋水泥的摊铺面积和堆放间距。

①根据水泥稳定土层的宽度，确定摆放水泥的行数，计算每行水泥的间距，在现场放置标记，并划出摊铺水泥的边线。

②根据每袋水泥的摊铺面积和每行水泥的间距，计算每袋水泥的纵向间距。

③按每袋水泥的纵横间距，用石灰线划格网，标出摆放位置，如图 2-2-2 所示。

图 2-2-2 石灰线方格网

④将水泥运到摊铺路段后，按事先做好的标记摆放水泥。应检查有无遗漏和多余。将水泥袋拆开，到出水泥后，用刮木板将水泥均匀摊开。应注意使每袋水泥的摊铺面积相等，水泥摊铺完毕后，表面应没有空白位置，也没有过分集中的地方。有条件时，用散装水泥撒布车撒铺水泥将更准确、均匀。

(7) 干拌

①用稳定土拌和机拌和。拌和深度应达稳定层底。应设专人跟随拌和机，随时检查拌和深度并配合拌和机操作员调整拌和深度。严禁在拌和层底部留有“素土”夹层。应略破坏（约 1cm 左右）下承层的表面，以利上下层黏结。通常应拌和 2 遍以上。在最后一遍拌和之前，必要时可先用多铧犁紧贴底面翻拌一遍。直接铺在土基上的拌和层也应避免“素土”夹层。

②在没有专用拌和机械的情况下，也可用农用旋转耕作机与多铧犁或平地机相配合进行拌和。先用平地机或多铧犁（4 铧犁或 5 铧犁）将铺好水泥的集料翻拌两遍，使水泥分布到集料中，但不翻犁到底，以防止水泥落到底部。第一遍由路中心开始，将混合料向中间翻，同时机械应慢速前进。第二遍相反，由两边开始，将混合料向外侧翻，接着用旋转耕作机拌和两遍再用多铧犁或平地机将底部料翻起。随时检查调整翻拌深度，使稳定土层全部翻透。严禁在底部留有“素土”夹层，也应防止过多破坏下承层的表面，通常应翻犁两遍，接着再用旋转耕作机拌和两遍，用多铧犁或平地机再翻犁两遍。

③在没有专用拌和机械的情况下，还可以用缺口圆盘耙与多铧犁或平地机相配合，拌和水泥稳定中粒土和粗粒土。用平地机或多铧犁在前面翻拌，用圆盘耙跟随在后面拌和，即采用边翻边耙的方法。圆盘耙的速度应尽量快，使水泥与集料拌和均匀。共翻拌 4 遍，开始的 2 遍不应翻犁到底，以防水泥落到底部。后面的 2 遍，应翻犁到底，随时检查调整翻犁的深度，使稳定土层全部翻透。

2. 洒水的湿拌

干拌过程结束时，特别是在用农业机械进行拌和的情况，如果混合料含水量不足，洒水车的数量应视水源远近而定，常用的洒水车仅两侧各有一个喷嘴，喷出的水量不均匀，不宜用作路面施工。应在后面改接一根 Φ50mm、长约 2m 的横向水平钢管，管壁钻三排 Φ4mm 的孔眼。洒水车不应使洒水中断，洒水距离应长些，水车起洒处和另一端调头处都应超出拌和段 2m 以上。洒水车不应在正进行拌和的以及当天计划拌和的路段上调头和停留，以防局部水量过大。洒水后，应再次进行拌和，使水分在混合料中分布均匀。拌和机械应紧跟在洒水车后面进行拌和，尤其在纵坡大的路段上应配合紧密，以减少水分流出。

洒水及拌和过程中，应及时检查混合料的含水量，可采用含水量快速测定仪测定混合料的含水量。混合料的最佳含水量也可以在现场人工控制。处于最佳含水量时的混合料，在手中能紧捏成团，落在地上能散开，并应参考室内击实试验最佳含水量的混合料的状态。水分宜略大于最佳值，稳定粗粒土和中粒土，应较最佳含水量大0.5%～1.0%，稳定细粒土，较最佳含水量大1%～2%，不应小于最佳值，以补偿施工过程中水分的蒸发，并有利于减轻延迟时间的影响。在洒水拌和过程中，还要人工配合拣出超尺寸颗粒，消除粗细颗粒"窝"以及局部过分潮湿或过分干燥之处。拌和完成的标志是：混合料没有灰条、灰团和花面，没有粗细颗粒"窝"，且水分合适和均匀。

3. 整形与碾压

同石灰稳定土。

4. 接缝和"调头"处的处理

(1) 当天两工作段的衔接处，应搭接拌和。第一段拌和后，留5～8m不进行碾压；第二段施工时，前段留下来碾压部分，要再加部分水泥重新拌和，并与第二段一起碾压。当天其余各段的接缝都可如此处理。

(2) 应十分注意每天最后一段末端缝（工作缝）的处理。工作缝隙和"调头"处的处理如图2-2-3所示。在已碾压完成的水泥稳定土层末端沿稳定土挖一条宽约30cm的槽，直挖到下承层顶面。此槽与路的中心线垂直，靠稳定土的面应切成直线，而且应垂直向下。将两根方木（长度为水泥稳定土层宽的一半，厚度与其压实厚度相同）放在槽内，并紧靠着已完成的稳定土，以保护其边缘，不致遭第二天工作时的机械破坏。用原挖出的素土回填槽内其余部分。如拌和机械及其他机械必须到已压成的水泥稳定土层上"调头"，应采取措施保护"调头"部分。一般，可在准备用于"调头"的约8～10cm长的稳定土层上，先覆盖一张厚塑料布（或油毡纸），然后在塑料布上盖约10cm厚的一层土、砂或砂砾。第二天，摊铺水泥及湿拌后，除去顶木，用混合料回填。靠近顶木末能拌和的一小段，应人工进行补充拌和。整平时，接缝处的水泥稳定土应较已完成断面高出约5cm，以便将"调头"处的土除去后，能刮成一个平顺的接缝。整平后，用平地机将塑料布上大部分土除去，注意勿刮破塑料布。然后人工除去余下的土，并收起塑料布。在新混合料碾压过程中，将接缝修整平顺。

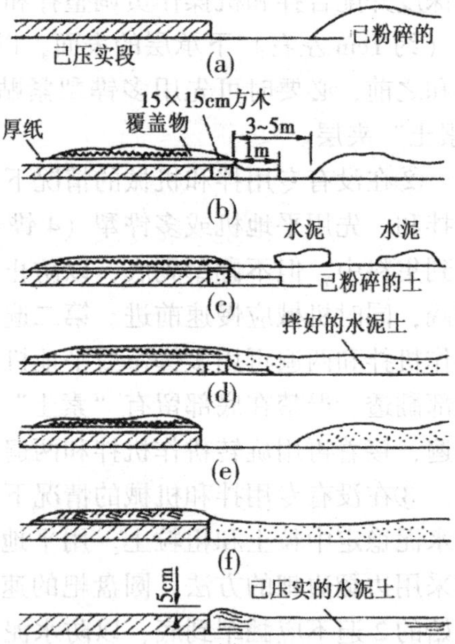

图2-2-3　两工作段间接缝施工方法

(3) 工作缝也可按下述方法处理：在水泥稳定土混合料拌和结束后，在预定长度的末端，按前述方法挖一条横贯全路宽的槽，槽内放两根与压实厚度等厚的方木，方木的另一侧用素土回填至3～5cm长，然后进行整形和碾压。第二天，邻接的作业段拌和结束后，除去方木，用混合料回填，靠近顶木未能拌和的一小段，应人工进行补充拌和。

（4）纵缝的处理。如图 2-2-4 所示，水泥稳定土层的施工应该避免纵向接缝，在必须分两幅施工时，纵缝必须垂直相接，不应斜接，并按下述方法处理：当前一幅施工时，在靠中央一侧用方木或钢模板做支撑，方木或钢模板的高度与稳定土层的压实厚度相同。混合料拌和结束后，靠近支撑木（或板）的一部分，应人工进行补充拌和，然后整形和碾压。在铺筑另一幅时，或在养护结束后，拆除支撑木（或板）。第二幅混合料拌和结束后，靠近第一幅的部分，应人工进行补充拌和，然后进行整平和碾压。

图 2-2-4　纵缝的处理

（二）中心站集中拌和（厂拌）法施工

对于高等级公路，尤其是高速公路，应采用集中拌和制备基层和底基层的第二层混合料，以保证拌和质量和消除“素土”夹层的危险。工程中，常采用固定式稳定土拌和机，也可采用强制式水泥混凝土拌和机或沥青混凝土拌和机来拌和水泥稳定土。

图 2-2-5　下承层清扫

1. 下承层准备与测量放样

（1）下承层验收检查同路拌法施工。

（2）测量放样及下承层清扫洒水润湿，如图 2-2-5 所示。

①在验收合格后，施工摊铺前，首先恢复中线。根据中桩和摊铺宽度每边外 30cm 定出边桩指示桩。

②每 200 ~ 300m 增设一临时水准点，把设计标高在两侧指示桩上用红漆标出水泥稳定土

③设置钢丝基准线，如图 2-2-6 所示。

图 2-2-6　设置钢丝基准线

注意事项有以下三点。

一是选用 $\varphi2 \sim \varphi3$mm 的钢丝作为基准线。

二是每段基准线长度以 300m 左右为宜（曲线上不超过 100m 为宜），在钢丝两端必须用紧线器同时张拉，张力 1kN 以上，以钢丝不产生挠度为准。

三是固定钢丝基准线的钢纤采用刚度大的 $\varphi16 \sim \varphi18$mm 光圆钢筋加工，并配固定架，固定架采用丝扣以便拆卸和调整标高，钢纤间距一般采用 5 ~ 10m（直线上 10m、曲线上 5m）。桩距铺设宽度外 30 ~ 40cm 处。两侧均设钢丝基准线，其标高控制误差为 -2 ~ +5mm。钢纤应支设牢固，在整个作业时间内设专人看管，严禁碰撞，发现问题，及时纠正。

2. 混合料的拌和

（1）准备工作

①拌和场应设置在空旷、排水良好、运输方便、位置适中的地方。

②各种集料分仓储存，防止混料、污染、受水侵蚀。

③拌和设备应选用性能好的、拌和质量高的配有电子计量装置的。拌和站必须满足现场摊铺设备的要求，如图2-2-7所示。

④施工拌和前应安装调试好拌和机，使配料计量满足施工配合比的误差要求。

图 2-2-7 稳定土拌和站

（2）拌和质量控制

①拌和前检测集料含水量，并作为拌和用水量的调整依据。

②混合料拌和前检查各种材料的运送线路，开启拌和机，按照规定的比例上料。

③考虑施工的离散性，拌和时水泥用量应比试验室所确定的水泥剂量提高0.5%。

④混合料含水量对其成型质量影响较大，在拌和中应严加控制。在炎热的夏季施工时，应考虑拌和、运输、摊铺过程的水分散失，而应适当加大含水量。其增加量应由拌和出料时的含水量和碾压时的含水量进行测试比较，蒸发损失多少，就补充多少。在雨季施工期间，由于集料含水量增大，拌和时应实测集料含水量，调整拌和用水量。

⑤每天开始拌和前几盘料时，应抽样做筛分试验，如有问题应及时调整。全天拌和料应按摊铺规定的频率进行抽样试验，检测各项技术指标，使之达到规定要求。

⑥拌和时，应严防水泥下料口堵塞不流动或者流量不足，造成缺少水泥现象，应勤检查，观看拌和料是否均匀、色泽一致，否则应废弃。

3. 混合料运输

（1）运输混合料宜采用大吨位的自卸翻斗车，运输车的数量应根据运距长短、道路状况摊铺能力等因素综合确定，以满足摊铺要求为准。

（2）对运料车，每天都要认真检查，排除故障，并准备好覆盖苫布，以便需要时进行覆盖。

（3）装料时，车要有规律地移动，使拌料在装车时不致产生离析。

（4）发料时应认真填写发料单，记录车号、出料时间、吨位等，运至摊铺现场，应由收料人核对查收，并注明摊铺时间，以备检查剔除超出延时时间的混合料，以防影响工程质量。

（5）自卸汽车将混合料倒车进行摊铺，喂料时应听从现场人员指挥，严禁撞击摊铺机。

4. 混合料摊铺

（1）摊铺机选择及调整

①优先考虑全幅摊铺机、性能良好的摊铺机，没有全幅摊铺机也可采用两台摊铺机摊铺。

②根据摊铺速度、厚度和宽度等因素调整好摊铺机夯锤频率，保证碾压前摊铺的混合料有足够的密实度。

③把螺旋送料器调整到最佳状态，使螺旋送料器中混合料的高度将螺旋送料器直径的2/3埋没，以避免离析和大料沉底的现象发生。一般情况螺旋器轮边距底面为15~17cm。

(2) 松铺系数的确定与调整

使用不同的摊铺机、不同的混合料及不同的夯锤振动频率就会产生不同的松铺系数。一般常用摊铺机，其松铺系数在 1.15 ~ 1.35 之间，施工时使用的松铺系数应在铺筑试验路时实测计算确定。在摊铺前，应按松铺系数调整好摊铺机。

(3) 混合料摊铺

①一台摊铺机全宽摊铺，如图 2-2-8 所示。产生纵向接缝应采用一台摊铺机全宽摊铺。

图 2-2-8　一台摊铺机全宽摊铺

a. 拌和好的混合料运至现场，等到存有一定车数应立即按松铺厚度均匀摊铺。在摊铺前应检查两侧分料器接头处有无离析的料，并清除处理。注意检查混合料含水量大小是否合适，及时反馈给拌和站以便调整。

图 2-2-9　两台摊铺机梯队摊铺

b. 开始摊铺时，当铺到 10m 左右时，应检测摊铺面标高、横坡、厚度，如不符合设计时，应适当调整，再进行摊铺。正常施工时，应每 10m 做一次松铺厚度检验并记录，每 50m 检测一次横坡。如发现摊铺面上有杂物、大块石料，应清除并补填合格料。

c. 摊铺时应保持匀速摊铺，根据拌和能力确定摊铺速度，一般规定在 1 ~ 3m/min。设专人指挥运料车卸料，以保证不撞击摊铺机。

d. 摊铺过程中因故中断 2h 或每天的工作结束时，必须设置横缝，摊铺机应驶离混合料末端一定距离。

②两台摊铺机摊铺。当没有可摊全幅的摊铺机时，或者为减少边部离析现象，就采用两台摊铺机摊铺，如图 2-2-9 所示。

a. 两台摊铺机宜为同种型号的摊铺机，前后相距 8 ~ 10m，同时向前摊铺。

b. 前一台摊铺机使用一侧钢丝基准线控制标高，并用摊铺机横坡仪控制横坡。第二台摊铺机以一侧的钢丝基准线控制标高，另一侧走滑靴控制横坡，滑靴放在第一台摊铺机铺好未碾压的混合料上，摊铺宽度应与先摊铺层搭接 5cm 左右，以保证两次摊铺接缝紧密。

c. 其他操作程序与一台摊铺机摊铺相同。

5. 横缝施工

(1) 人工把末端混合料整修齐平，紧靠混合料放置方木，方木应与混合料压实厚度同高、同宽。

(2) 方木的另一侧设支撑，保证在碾压时不移动变形。

(3) 碾压混合料密实。

(4) 用 3m 直尺检测平整度，不合格处应处理至合格。同时检测压实度，如不合格继续碾压至合格。

（5）在重新摊铺混合料时，应先清扫下承层。

（6）摊铺机返回已压实好的末端，设好松铺厚度重新开始摊铺混合料。

（7）两层结构的横缝应避免设在同一断面上。

6. 纵缝施工

在不可避免的情况下必须设置纵缝时，施工时应按下述方式进行。

①摊铺前一幅时，在靠后一幅的一侧用方木或钢模板做支撑，使前幅施工成型后纵缝顺直，断面与下层垂直。其支撑高度与结构层厚度相同，并且支撑牢固稳定不变形。

②当养护结束并施工后一幅时，拆除支撑，清扫并刷水泥浆润湿后铺筑。

7. 混合料的碾压施工

①压实机具组合、压实顺序、压实工艺与路拌法施工相同。

②结构层的成型应尽快完成，必须在延时试验确定的时间内完成。

8. 养护及路缘处理

水泥稳定土基层每一段碾压完成并经压实度检查合格后应立即开始养护，不应延误。但如水泥稳定土分层施工时，下层水泥稳定土碾压完后，过一天就可以铺筑上层水泥稳定土，不需经过7d养护期。但在铺筑上层稳定土之前，应始终保持下层表面湿润。为增加上下层之间的黏结性，在铺筑上层稳定土时，宜在下层表面撒少量水泥或水泥浆。

图 2-2-10　洒水养护

水泥稳定土基层养护方法如下。

①用不透水薄膜或湿砂进行养护。用砂覆盖时，砂层厚7～10cm，砂铺匀后，应立即洒水并保持在整个养护期间砂的潮湿状态。也可以用潮湿的帆布、粗麻布、草帘或其他合适的材料覆盖，但不得用湿黏土覆盖。养护结束后，必须将覆盖物清除干净。

②采用沥青乳液进行养护。乳液应采用沥青含量约35%的慢裂沥青乳液，使其能透入基层几毫米深。沥青乳液的用量1.2～1.4kg/m^2，宜分两次喷洒。乳液分裂后，宜撒布3～8mm或5～10mm的小碎砾石、小碎石约均匀覆盖60%的面积。养护结束后，沥青乳液相当于透层沥青。也可以在完成基层12h后做下封层，利用下封层进行养护。

③无上述条件时，可用洒水车经常洒水进行养护，每天洒水的次数应视气候而定。整个养护期间应始终保持稳定土层表面潮湿。如图2-2-10所示。

除洒水车外，应封闭交通，若采用了覆盖措施，不能封闭交通时，应限制重车通行，其他车辆的车速不得超过30km/h。

养护期结束后，应立即喷洒透层沥青或做下封层，并在5～10d内铺筑沥青面层。在喷洒透层沥青后，应撒布3～8mm或5～10mm的小碎（砾）石。如喷洒的透层沥青能透入基层，且运料车辆和面层混合料摊铺机在上行驶不会破坏沥青膜时，可以不撒小碎（砾）石。如面层为水泥混凝土时，也不宜让基层长期暴晒开裂。

四、水泥稳定土质量检验

按现行《公路工程质量检验评定标准》(JTG F80/1—2004)进行。

1. 基层和底基层

(1) 基本要求

①土的性能应符合设计要求，土块要粉碎。

②水泥用量按设计要求控制准确。

③路拌深度要达到层底。

④混合料处于最佳含水量状况下，用重型压路机碾压至要求的压实度。

⑤碾压检查合格后立即覆盖或洒水养护，养护期要符合规范要求。

⑥对水泥稳定基层的龄期 7～10d 时，应能取出完整的钻件芯样。若取不出完整的钻件，则找出不合格基层的界限，进行返工处理。

(2) 实测项目

水泥土基层、底基层实测项目如表 2-2-7 所列。

表 2-2-7　　水泥土基层、底基层实测项目

项次	检查项目		规定值或允许偏差				检查方法
			基层		底基层		
			高速公路、一级公路	其他公路	高速公路、一级公路	其他公路	
1	压实度/%	代表值		95	95	93	按附录 B 检查，每 200m 每车道 2 处
		极值		91	91	89	
2	平整度/mm			12	12	15	3m 直尺：每 200m2 处×10 尺
	纵断高程/mm			+5，－15	+5，－15	+5，－20	水准仪：每 200mm 测 4 断面
4	宽度/mm		不小于设计值				尺量：每 200m 测 4 断面
5	厚度/mm	代表值		－10	－10	－12	按附录 H 检查，每 200m 每车道 1 处
		极值		－20	－25	－30	
6	横坡/%			±0.5	±0.3	±0.5	水准仪：每 200mm 测 4 断面
7	强度/MPa		符合设计要求				按附录 G 检查

注：附录 B、附录 H、附录 G 是根据《公路工程质量检验评定标准》(JTG F80/1—2004)中的附录相关计算及规定取得。

(3) 外观鉴定

①表面平整密实，边线整齐，无松散、坑洼、软弹现象。

②施工接茬平顺。

2. 水泥稳定粒料基层和底基层

(1) 基本要求

①粒料应符合设计和施工规范要求，并应根据当地料源选择质地干净的粒料，矿渣应分解稳定，发现未分解渣块应予剔除。

②水泥用量和矿料级配按设计控制准确。

③路拌深度要达到层底。

④摊铺时要注意消除粗细料离析现象。

⑤混合料处于最佳含水量状况下，用重型压路机碾压至要求的压实度。

⑥碾压检查合格后立即覆盖或洒水养护，养护期要符合规范要求。

（2）实测项目

水泥稳定粒料基层、底基层实测项目，如表2-2-8所列。

表2-2-8　　水泥稳定粒料基层、底基层实测项目

项次	检查项目		规定值或允许偏差				检查方法和频率
			基层		底基层		
			高速公路、一级公路	其他公路	高速公路、一级公路	其他公路	
1	压实度/%	代表值	98	97	96	95	按附录B检查，每200m每车道2处
		极值	94	93	92	91	
2	平整度/mm		8	12	12	15	3m直尺：每200m2处×10尺
	纵断高程/mm		+5，－10	+5，－15	+5，－15	+5，－20	水准仪：每200mm测4断面
4	宽度/mm		不小于设计值				尺量：每200m测4断面
5	厚度/mm	代表值	－8	－10	－10	－12	按附录H检查，每200m每车道1处
		极值	－15	－20	－25	－30	
6	横坡/%		0.3	0.5	±0.3	±0.5	水准仪：每200mm测4断面
7	强度/MPa		符合设计要求				按附录G检查

注：附录B、附录H、附录G是据《公路工程质量检验评定标准》（JTG F80/1—2004）中的附录相关计算及规定取得。

（3）外观鉴定

同水泥土基层和底基层。

案例分析

案例1

【背景材料】某一级公路全长66.56km，双向六车道，路幅宽27m，设计车速100km/h。在中心桩号k10+028处有一座5m×30m连续箱梁桥，桩柱式桥墩，重力式桥台。施工单位严格按设计要求施工，台背回填与路基填筑同步进行，填筑方式、粒径、压实度符合规范要求。

路面基层为水泥稳定土无机结合料基层，根据工程实际情况及施工单位人力、设备条件，施工单位采用了路拌法水泥稳定土基层施工工艺。摊铺水泥日进度1.5km（单向），k5+700～k10+700路段具体施工过程如下。

（1）施工放样，恢复中线，根据施工布料需要在下承层上划颁布料网络。

（2）对水泥稳定土基层施工所需的土料、集料、水泥等按要求进行备料。

（3）确定松铺系数后，施工单位共用 5 天时间完成摊铺土任务。每日摊铺土 2. 5km。

（4）按规定洒水闷料，整平轻压。

（5）按规定摆放水泥，用刮板将水泥均匀摊开。

（6）为保证拌和质量，按规定采用了稳定土拌和机进行拌和。为了避免损坏下承层，拌合深度保持在下承层顶面 5 ~ 10mm。

（7）拌和料拌和均匀后，立即用平地机初步整形，为保证整形质量，全路段平地机均由两侧路肩向路中心进行刮平。

（8）整形后，当混合料的含水量为最佳含水量（+1% ~ ±2%）时，按规定用轻型压路机配合 12t 以上的压路机进行碾压。直线和平曲线段，由两侧路肩向路中心碾压，设超高的平曲线段，由外侧路肩向内侧路肩碾压。

【问题】

1. 无机结合料稳定基层根据使用材料和施工方法各分为哪几类？

2. 本项目路拌法水泥稳定土基层施工准备中少了什么重要环节？并简述这一环节的主要工作。

3. 请指出本项目具体施工过程中存在哪些问题，并进行纠正。

4. 路面基层的主要检验内容有哪些？

案例 2

【背景材料】某一级公路，路面基层为水泥稳定土无机结合料基层，根据工程实际情况及施工单位人力、设备条件，施工单位采用了路拌法水泥稳定土基层施工工艺，该工程路面施工队在施工的时候，发现路基工程出现了问题，向路基施工队索赔。

【问题】

1. 该路段设计水泥剂量如何确定？

2. 基层中水泥原材料的技术要求是什么？

3. 施工备料时对水泥拌料是怎样要求的？

4. 路面施工队向路基施工队索赔是否合理？

任务 3　石灰、粉煤灰稳定土基层的施工

一、认识石灰工业废渣稳定土

一定数量的石灰和粉煤灰或石灰和煤渣与其他集料相配合，加入适量的水，经拌和、压实及养护后得到的混合料，当其抗压强度符合规定的要求时，称为石灰工业废渣稳定土。

石灰工业废渣稳定土包括两大类：一是石灰粉煤灰类，又可分为石灰粉煤灰、石灰粉煤灰土、石灰粉煤灰砂、石灰粉煤灰砂砾、石灰粉煤灰碎石、石灰粉煤灰矿渣、石灰粉煤灰煤矸石等。这些材料分别简称二灰、二灰土、二灰砂、二灰砂砾、二灰碎石、二灰矿渣、二灰煤矸石等。二是石灰其他废渣类，可分为石灰煤渣、石灰煤渣土、石灰煤渣碎石、石灰煤渣砂砾、石灰煤渣矿渣、石灰煤渣碎石土等。

1. 石灰工业废渣稳定基层的特性

（1）水硬性

工业废渣来源不同，但主要成分不外乎钙、硅、铝及少量的镁和其他物质，属硅酸盐一类的材料，经配合、拌和、加水、压实成型后都有明显的水硬性。因此，水是强度形成的重要条件，碾压和养护时应保持足够的水分。

（2）缓凝性

石灰稳定工业废渣基层28d的强度约为一年龄期的17%~25%，而在2~3年内继续增长。缓凝性给施工带来有利条件，各施工工序间的衔接没有水泥混凝土那样严格；但是，缓凝性给早期开放交通带来不利。

（3）抗裂性好、抗磨性差

与水泥混凝土相比，工业废渣混合料在一定的龄期后，具有较低的抗弯拉强度和刚度，但是它的极限弯拉应变则较大。工业废渣混合料抗磨性较差。因此，一般只适宜于用作基层或底基层。

（4）温度影响较大

气温对工业废渣混合料的强度增长有很大影响。

（5）板体性好

工业废渣混合料压实成形后，经一定的龄期，具有较高的强度和良好的板体性，作为沥青路面基层时，变形与开裂现象大为改善。

2. 一般规定

（1）石灰工业废渣混合料采用质量配合比计算，以石灰、粉煤灰、集料的质量比表示。

（2）石灰工业废渣稳定土可适用于各级公路的基层和底基层，但二灰、二灰土和二灰砂不应用做二级和二级公路以上高级路面的基层。

（3）石灰工业废渣稳定土宜在春末和夏季组织施工。施工期的日最低气温应在5℃以上，并应在第一次重冰冻（-3~5℃）到来之前一个月到一个半月完成。

（4）石灰工业废渣稳定土结构层施工时，应遵守下列规定。

①配料应准确。

②石灰应摊铺均匀。

③洒水、拌和应均匀。

④应严格控制基层厚度和高程，其路拱横坡应与面层一致。

⑤应在混合料处于或略大于最佳含水量时进行碾压，直到达到表2-3-1所列，按重型击实试验法确定的要求压实度操作。

表2-3-1　　石灰工业废渣稳定土压实度

公路等级	二级和二级以下公路		高速公路和一级公路	
稳定土类	稳定中粒土和粗粒土	稳定细粒土	稳定中粒土和粗粒土	稳定细粒土
	压实度/%			

续表 2-3-1

公路等级		二级和二级以下公路		高速公路和一级公路	
层位	基层	97	93	98	
	底基层	95	93	97	95

⑥石灰工业废渣稳定土应用 12t 以上的压路机碾压。用 12～15t 三轮压路机碾压时，每层的压实厚度不应超过 15cm；用 18～20t 三轮压路机和振动压路机碾压时，每层的压实厚度不应超过 20cm。对于二灰级配集料，采用能量大的振动压路机碾压时，或对于二灰土，采用振动羊足碾与三轮压路机配合碾压时，每层的压实厚度可以根据试验适当增加。压实厚度超过上述规定时，应分层铺筑，每层的最小压实厚度为 10cm，下层宜稍厚。

⑦必须保湿养护，使石灰工业废渣稳定土层表面不干燥。

⑧石灰工业废渣稳定土基层上未铺封层或面层时，应封闭交通，保护表层不受破坏。当施工中断，临时开放交通时，必须采取保护措施。

⑨石灰工业废渣基层施工时，严禁用薄层贴补的办法进行找平。

（5）施工方法

①对于二级以下的公路，用石灰工业废渣做基层和底基层时，可以采用路拌法施工；对于二级公路，应采用专用的稳定土拌和机，或用集中厂拌法拌制混合料。

②对于高速公路和一级公路，直接铺筑在土基上的底基层下层可以用专用的稳定土拌和机进行路拌法施工，如土基上层已用石灰或固化剂处理，则底基层的下层也应用集中拌和法拌制混合料。其上的各个稳定土层都应用集中厂拌法拌制混合料，并应用摊铺机摊铺基层混合料。

3. 二灰土的优点

用石灰、粉煤灰稳定细粒土得到的混合料简称二灰土。二灰土是用石灰、粉煤灰与细粒土三种材料，按一定比例，通过专用机具，加水拌和均匀、再摊铺碾压成形的一种路面结构层。本单元重点介绍二灰土的施工。

二灰土具有以下优点：

（1）二灰土具有较高的强度，虽然它早期强度偏低，但后期强度比较高。

（2）二灰土成形后经过一段时间的养护，强度逐渐增高，最后形成一个板体，有较好扩散应力的作用。

（3）二灰土在形成过程中，内部进行物理-化学反应，形成致密整体，具有良好的水稳定性和抗冻性。

（4）二灰土具有废物利用、有利环保的优点。

二、二灰土材料要求

1. 石灰

石灰质量应符合规范规定的Ⅲ级消石灰或Ⅲ级生石灰的技术指标，应尽量缩短石灰的存放时间，如存放时间较长，应采取覆盖封存措施，妥善保管。

2. 粉煤灰

粉煤灰中 SiO_2、Al_2O_3、Fe_2O_3 总质量分数应大于 70%，粉煤灰的烧失量不应超过 20%。干湿粉煤灰均可使用，干粉煤灰应防止扬尘污染，湿粉煤灰的含水量不宜超过 35%。使用时，应将固结的粉煤灰块打碎或过筛，同时清除有害杂质。

3. 土

细粒土宜采用塑性指数为 12 ~ 20 的黏性土，易于粉碎均匀，便于碾压成型，铺筑效果较好。土块的最大尺寸不应大于 15mm，有机质含量不宜超过 10%。

4. 水

凡人或牲畜的饮用水均可用于水泥稳定土施工。

三、混合料组成设计

混合料的组成设计应按照《公路路面基层施工技术规范》（JTJ 034—2000）进行。石灰工业废渣混合料的组成设计包括：根据二灰混合料的强度标准，通过试验选取最适宜于稳定的土，确定石灰与粉煤灰、石灰与煤渣及石灰与其他废渣的比例，确定石灰粉煤灰、石灰煤渣或其他废渣与土的比例，确定混合料的最佳含水量。

混合料的设计步骤如下：

1. 原材料的试验

在石灰工业废渣基层混合料配比设计前，应取有代表性的样品按《公路工程无机结合料稳定材料试验规程》（JTJ057—94）和《公路土工试验规程》（JTJ 051—93）进行土的颗粒分析、液限和塑性指数及粒料的压碎值试验，进行土的有机质含量、石灰的有效钙和氧化钙含量等试验。

2. 混合料配比范围

（1）对于氧化钙含量为 2% ~6% 的硅铝粉煤灰，采用石灰粉煤灰做基层或底基层时，石灰与粉煤灰的比例可以是 1∶2 ~1∶9。

（2）采用二灰土做基层或底基层时，石灰与粉煤灰的比例常用 1∶2 ~1∶4，石灰粉煤灰与细粒土的比例可以是 30∶70 ~90∶10（采用 30∶70 比例时，石灰与粉煤灰之比宜为 1∶2 ~1∶3）。

（3）采用石灰粉煤灰粒料做基层时，石灰与粉煤灰的比例常用 1∶2 ~1∶4；石灰粉煤灰与级配粒料的比例可以是 20∶80 ~15∶85。

（4）采用石灰煤渣做底基层时，石灰与煤渣的比例可以是 20∶80 ~15∶85。

（5）采用石灰煤渣土做基层或底基层时，石灰与煤渣的比例可用 1∶1 ~1∶4，石灰煤渣与细粒土的比例可以是 1∶1 ~1∶4。但混合料中石灰不应少于 10%，或通过试验选取强度较高的配合比。

（6）采用石灰煤渣粒料做基层或底基层时，石灰∶煤渣∶粒料 =（7 ~9）∶（26 ~33）∶（67 ~58）。

（7）为提高石灰工业废渣的早期强度，可外加 1% ~2% 的水泥或 2% ~5% 的外加剂。

3. 混合料的设计步骤

（1）制备同一种土样，需要 4 ~5 种不同配合比的二灰土混合料。其配合比应位于上述所列范围内。对于二灰混合料或其他混合料，配合比亦应位于上述所列相应的范围内。

（2）确定各种二灰土或二灰混合料的最佳含水量和最大干压实密度。

（3）按工地预定达到的压实度，分别计算不同配合比时二灰土或二灰试件的干压密实度。

（4）按最佳含水量和计算得到干压实密度制备试件。进行强度试验时，作为平行试验的试件数量应符合表2-3-2中所列的规定。如试验结果的偏差系数大于表中规定的值，则应重做试验，找出原因，并加以解决。如不能降低偏差系数，则应增加试验数量。

表2-3-2　　最小的试验数量

稳定土类型	下列偏差系数时的实验数量		
	小于10%	10%～15%	15%～20%
细粒土	6	9	-
中粒土	6	9	13
粗粒土	-	9	13

（5）试件在规定温度下保湿养护6d，浸水1d后，进行无侧限抗压强度试验。计算试验结果的平均值和偏差系数。石灰工业废渣稳定土7d浸水无侧限抗压强度标准，如表2-3-3所列。

表2-3-3　　二灰混合料的抗压强度标准

公路等级 用的层位	二级和二级以下公路	高速公路和一级公路
基层	0.6～0.8	0.8～1.1
底基层	≥0.5	≥0.6

（6）根据强度标准，选定合适的混合料的配比，此配比下试件室内试验结果的平均抗压强度为$\overline{R}$，$\overline{R}$的计算方法同石灰稳定土。

四、二灰土施工

二灰土的施工有路拌法和中心站集中拌和（厂拌）法两种。施工程序与图2-3-1所示基本相同。

（一）路拌法

二灰土路拌法施工工序，如图2-3-1所示。

1. 准备工作

（1）准备下承层

当二灰土用做基层时，要准备底基层；当二灰土用做底基层时，要准备土基。对下承层总的要求是：平整、坚实、具有规定的路拱，没有任何松散的材料和软弱地点。因此，对底基层或土基，必须按规范规定进行验收。凡验收不合格的路段，必须采取措施，使其达到标准后，方能在其上铺筑石灰工业废渣层。若底基层或土基因开放交通而受到破坏，则应逐一进行找平、换填、碾压等处理，使其达到标准，逐一断面检查下承层标高是否符合设计要求。在槽式断面的路段，两侧路肩上每隔一定距离（如5～10m）应交错开挖泄水沟（或做盲沟）及时排出积水，保证底基层或土基的干燥。

（2）施工放样

测量的主要内容是在底基或土基上恢复中线。直线段每隔15～20m设一桩，平曲线段

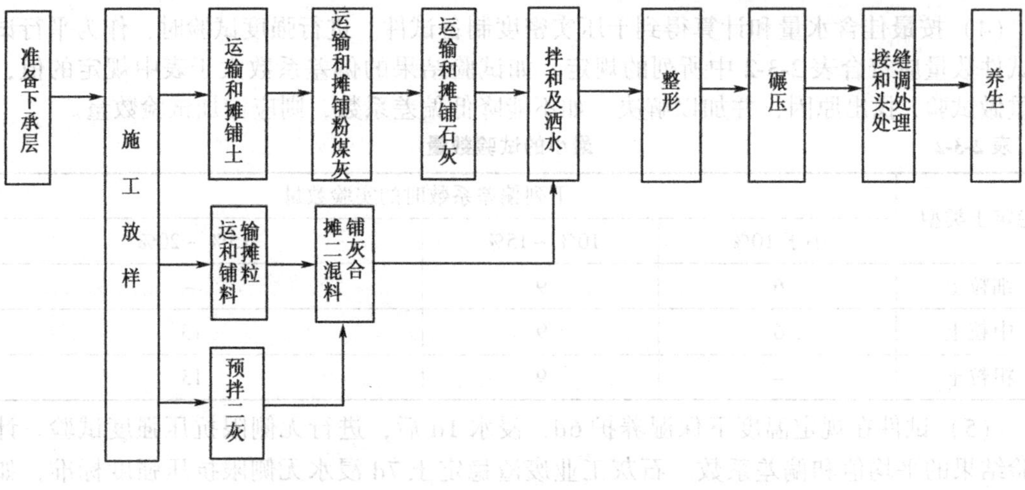

图 2-3-1　二灰土路拌法施工工序

10m 设一桩，并在两侧边缘外 0.3 ~ 0.5m 设指示桩，然后进行水平测量。在两侧指示桩上用红漆标出二灰土边缘的设计高。

（3）备料

①粉煤灰被运到路上、路旁或厂内场地后，通常露天堆放。此时，必须使粉煤灰含有足够的水分（含水量 15% ~ 20%），以防飞扬。特别在干燥和多风季节，必须使料堆表面保持潮湿或者覆盖。如在堆放过程中，部分粉煤灰凝结成块，使用时，应将灰块打碎。

②土或粒料的准备。采备集料前，应先将树木、草皮和杂土清除干净。集料中的超尺寸颗粒应予筛除。应在预定采料深度范围内自上而下采集集料，不应分层采集，不应与不合格的集料采集在一起。对于黏性土，可视土质和机械性能确定是否需要分筛。

③石灰的准备。石灰宜选在公路两侧宽敞而邻近水源且地势较高场地集中堆放。预计堆放时间较长时，应用土或其他材料覆盖封存。石灰应在使用前 7 ~ 10d 充分消解。1t 石灰消解需用水量一般为 500 ~ 800kg。消解后的石灰应保持一定的湿度，以免过干飞扬，但也不能过湿成团。消石灰宜过孔径 10mm 的筛，并尽快使用。

（4）其他

①如路肩用料与石灰工业废渣层用料不同，应采取培肩措施，先将两侧路肩培好。路肩料层的压实厚度应与稳定土层的压实厚度相同。路肩上每隔 5 ~ 10m 应交错开挖临时泄水沟。

②计算材料用量，根据各路段石灰工业废渣层的宽度、厚度及预定的干压实密度，计算各路段需要的干混合料数量。根据混合料的配合比、材料的含水量，以及所用运料车辆的吨位，计算每车各种材料的堆放距离。

2. 运输和摊铺集料

集料运输和摊铺的方法和步骤是：

（1）预定堆料的下承层在堆料前应先洒水，使其表面湿润。

（2）材料装车时，应控制每车料的数量基本相等。

(3) 采用二灰混合料时，先将粉煤灰运到路上；采用二灰土时，先将土运到路上；采用二灰粒料时，先将粒料运到路上。在同一料场供料的路段内，按由远到近的计算距离卸置于下承层中间或上侧。卸料距离应严格掌握，避免料不够或过多。

(4) 料堆每隔一定距离应留一缺口，材料在下承层上的堆置时间不应过长。

(5) 应事先通过试验确定各种材料及混合料的松铺系数。

(6) 采用机械路拌时，应采用层铺法，即将先运到路上的材料摊铺均匀后，再往路上运送第二种材料；将第二种材料摊铺均匀后，再往路上运送第三种材料。

在摊铺集料前，应先在未堆料的下承层上洒水，使其表面湿润。然后再用平地机或其他合适的机具将料均匀地摊在预定的宽度上，表面应力求平整，并具有规定的路拱。粒料应较湿润，必要时先洒少量水。第一种材料摊铺均匀后，宜先用压路机碾压 1 ~ 2 遍，然后再运送并摊铺第二种材料；在第二种材料层上，也应先用压路机碾压 1 ~ 2 遍，然后再运送并摊铺第三种材料。

3. 拌和及洒水

(1) 机械拌和时，应采用稳定土拌和机或粉碎拌和机。在无专用拌和机械的情况下，也可采用平地机、多铧犁、旋转耕作机或缺口圆盘耙柏配合进行拌和。采用专用拌和机时，干拌 1 遍；采用其他机械时，干拌 2 ~ 4 遍。具体拌和方法如下。

①用稳定土拌和机拌和 2 遍以上。拌和深度应直到稳定层底。应设专人跟随拌和机，随时检查拌和深度，严禁在底部留有“素土”夹层，也应防止过多破坏（以 1mm 左右为宜）下承层的表面，以免影响结合料的剂量以及底部的压实。在进行最后 1 遍拌和之前，必要时先用多铧犁紧贴底面翻拌 1 遍，直接铺在土基上的拌和层也应避免“素土”夹层。

②在没有专用机械的情况下，如拌和二灰稳定中粒土和细粒土，也可用旋转耕作机与多铧犁或平地要相配合拌和 4 遍。先用旋转耕作机拌和，后跟铧犁或平地机将底部“素土”翻起；再用旋转耕作机拌和第 2 遍，用铧犁或平地要将底部料再翻起并随时检查、调整翻犁的深度，使稳定土层全部翻透。严禁在稳定土层和下承层之间残留一层“素土”，也应防止翻犁过深，过多破坏下承层的表面。

③在没有专用拌和机械的情况下，也可以用缺口圆盘耙与多铧犁或平地机相配合，拌和二灰稳定中粒土和粗粒土（但其拌和效果较差）。用平地机或铧犁在前面翻拌用圆盘耙跟在后面拌和，即采用边翻边耙的方法。圆盘耙的速度应尽量快，使二灰与集料拌和均匀。共翻拌 4 遍，开始的 2 遍不应翻犁到底，以防二灰落到底部。后面的 2 遍，应翻犁到底，随时检查、调整翻犁的深度，使稳定土层全部翻透。

(2) 用洒水车将水均匀地喷洒在干拌后混合料上，洒水距离应长些，水车起洒处和另一端调头处都应超了拌和段 2m 以上。洒水车不应在正进行拌和的以及当天计划拌和的路段上调头和停留，以防止局部水量过大。

(3) 拌和机械紧跟在洒水车的后面进行拌和。洒水及拌和过程中，应及时检查混合料的含水量，水分宜略大于最佳含水量度 1% ~2%，尤其在纵坡大的路段上应配合紧密，以减少水分流失。拌和过程中，要及时检查拌和深度，要使石灰工业废渣层全深都拌和均匀。拌和完成的标志是：混合料色泽一致，没有灰条、灰团、花面，没有粗细颗粒“窝”，且水分合适和均匀。对于二灰粒料，应先将石灰和粉煤灰拌和均匀，然后均匀地摊铺在粒料层上，再一起进行拌和。

4. 整形与碾压

（1）整形

拌和结束后应及时整形，整形按三步进行。

①初平时应及时恢复丢失的施工标高控制标志，用平地机大致整平后，利用履带拖拉机或推土机排压1~2遍。

②复平时按机械试铺的压实系数，利用边桩标定的控制标高拉线检查控制横坡、标高，应从高处向低处刮，避免薄层贴补。

③终平时按压实系数考虑压路机的碾压，再拉线检查控制最后一次整平，在整平过程中，平地机通过每个断面时，都按照事先拉线来调整刀片的高低，以保证要求的平整度和路面横坡。

在整形过程中，必须禁止任何车辆通行。

（2）碾压

终平结束后，抽检该层的终平标高是否符合要求。混合料含水量符合当时施工最佳含水量1%时，及时进行碾压。碾压分三步进行：第一步，初压，选用轻型压路机（8~10t）或轮胎压路机进行稳压，慢速碾压1~2遍；第二步，复压，用重型压路机（12~15t）碾压，以1~2档的速度压2~3遍；第三步，终压，用重型压路机快压一遍。必要时，用轮胎压路机再压1遍。最后压至表面无明显轮迹，经检查达到规定压实度为止。

严禁压路机在已经完成的或正在碾压的路段上调头和急刹车，以保证稳定土层表面不受破坏。

碾压过程中，二灰稳定土的表面应始终保持湿润。如表面水蒸发得快，应及时补洒少量的水。如有“弹簧”、松散、起皮等现象，应及时翻开重新拌和，或用其他方法处理，使其达到质量要求。

在碾压结束之前，用平地机再终平一次，使其纵向顺适，路拱和超高符合设计要求。终平应仔细进行，必须将局部高出部分刮除并扫除路外，对于局部低洼之处，不再进行找补，留待铺筑面层时处理。

5. 其他

（1）接缝和调头处理

①横缝，两工作段的搭接部分，应采用对接式。前一段拌和整平后，留5~8m不进行碾压，后一段施工时，将前段留下未压部分，一起再进行拌和。如第二天接着向前施工，则当天最后一段的末端缝可按此法处理。如第二天不接着向前施工，则当天最后一段的工作缝应按下述方法处理。

a. 在石灰工业废渣拌和结束后，在预定长度的末端，挖一条横贯全宽的槽，槽内放两根与压实厚度等厚的方木（两根方木加在一起的长度等于铺筑层的宽度），方木的另一侧用素土回填3~5mm，然后进行整形和碾压。

b. 继续往前施工时，紧接的作业段拌和结束后，除去顶木，用混合料回填。靠近顶木末端拌和的一小段，应人工进行补充拌和。

②纵缝。石灰工业废渣层的施工应该避免纵向接缝，在必须分两幅施工时，纵缝必须

垂直相接，其处理方法与石灰稳定土相同。

③拌和机械及其他机械不宜在已压成的石灰工业废渣层上调头，如必须在上进行调头，应采取措施（如覆盖10cm厚的砂或砂砾），保护调头部分，使石灰工业废渣表层不受破坏。

（2）路缘处理

如石灰工业废渣层上为薄沥青路面，基层每边应较面层宽20cm以上。在基层全宽上喷洒透层沥青或设下封层。最好是满铺沥青面层，也可将沥青面层边缘以三角形向路肩抛出6～10cm。如设置路缘砖（块）时，必须注意防止路缘砖（块）阻滞路面表面水和结构层中水的排除。

（3）养护及交通管理

①石灰工业废渣层碾压完成后的第二天或第三天开始养护。通常采用洒水养护法。每天洒水的次数视气候条件而定，应始终保持表面潮湿或湿润。养护期一般为7d。也可借用透层沥青或下封层进行养护。

②在养护期间，除洒水车外，应封闭交通。

③养护期结束，应立即铺筑面层或做下封层。其要求与石灰稳定土相同。

④石灰工业废渣分层施工时，下层碾压完毕后，可以立即在铺筑另一层，不需专门的养护期。

（二）中心站集中拌和法施工流程

二灰土的厂拌法施工与路拌法施工的不同之处，就是厂拌法施工的混合料拌和是将石灰（或水泥）、粉煤灰和土集中在一个场地采用机械进行集中拌和，然后再将拌和好的混合料用自卸汽车运到铺筑路段用摊铺机摊铺，压路机碾压整形。二灰土中心站集中拌和法施工工艺流程，如图2-3-2所示。

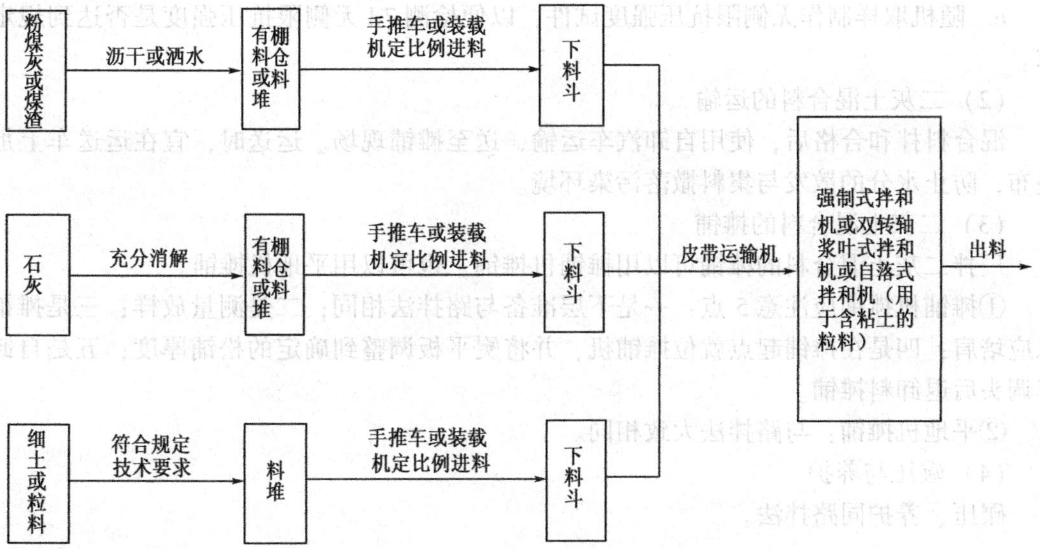

图2-3-2　二灰土中心站集中拌和法施工工艺流程

中心站集中拌和法的主要施工工序，如图2-3-3所示。

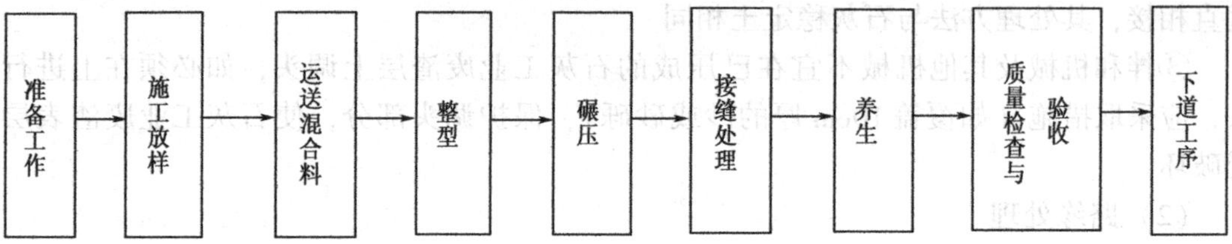

图 2-3-3　二灰土中心站集中拌和法施工工序

(1) 二灰土混合料的拌和

①二灰土混合料的拌和必须满足以下 4 个条件：

a. 土块、粉煤灰块要粉碎，土块粒径要小于 15mm；

b. 配料一定要准确，配料的偏差不能超过规范要求；

c. 混合料必须满足碾压时含水量接近最佳含水量；

d. 拌和的混合料要均匀。

②二灰土混合料可用多种机械进行集中拌和。例如强制式拌和机、双转轴浆叶式荆机等。也可以用路拌机或人工在场地上进行分批集中拌和。

③二灰土的配比调试。配比应根据混合料各种材料的比例，使在同一时间输出的材料刚好等于配合比要求数量或者是数量偏差在规定的误差范围内。另外，每次开盘拌和时，还应测定石灰、粉煤灰和土的含水量，以便调整拌和时的加水量，使拌和时混合料的含水量正好满足要求。

④拌和料的拌和与检测。对已拌和好的混合料应按规定进行检测，并随机抽样制作强度试件。主要应做以下检测试验：

a. 分别测石灰、粉煤灰和土含水量是否满足设计要求；

b. 粗粒土应进行筛分，判定集料级配是否符合要求；

c. 随机取样制作无侧限抗压强度试件，以便检测 7d 无侧限抗压强度是否达到规定要求。

(2) 二灰土混合料的运输

混合料拌和合格后，使用自卸汽车运输，送至摊铺现场。运送时，宜在运送车上加盖篷布，防止水分的散发与集料撒落污染环境。

(3) 二灰土混合料的摊铺

厂拌二灰土混合料的摊铺可以用摊铺机摊铺，也可以用平地机摊铺。

①摊铺机摊铺应注意 5 点：一是下层准备与路拌法相同；二是测量放样；三是摊铺边缘应培肩；四是在摊铺起点就位摊铺机，并将熨平板调整到确定的松铺厚度；五是自卸汽车调头后退卸料摊铺。

②平地机摊铺：与路拌法大致相同。

(4) 碾压与养护

碾压、养护同路拌法。

五、二灰土的质量检验

按现行《公路工程质量检验评定标准》JTG F80/1—2004）进行。

1. 基本要求

（1）土的性质应符合图纸和规范要求，土块要打碎。

（2）石灰、粉煤灰质量应符合图纸和规范要求，块灰须经充分消解才能使用。

（3）各项材料用量按图纸要求控制准确，未消解生石灰块应剔除。

（4）混合料拌和均匀。

（5）碾压达到要求的压实度，养护期符合规范要求。

2. 实测项目

石灰、粉煤灰土基层和底基层实测项目，如表2-3-4所列。

表2-3-4　　石灰、粉煤灰稳定土基层和底基层实测项目

<table>
<tr><th rowspan="3">项次</th><th rowspan="3" colspan="2">检查项目</th><th colspan="4">规定值或允许偏差</th><th rowspan="3">检查方法</th></tr>
<tr><th colspan="2">基层</th><th colspan="2">底基层</th></tr>
<tr><th>高速公路、一级公路</th><th>其他公路</th><th>高速公路、一级公路</th><th>其他公路</th></tr>
<tr><td rowspan="2">1</td><td rowspan="2">压实度/%</td><td>代表值</td><td>–</td><td>95</td><td>95</td><td>93</td><td rowspan="2">每200m每车道测2处</td></tr>
<tr><td>极值</td><td>–</td><td>91</td><td>91</td><td>89</td></tr>
<tr><td>2</td><td colspan="2">平整度/mm</td><td>–</td><td>12</td><td>12</td><td>15</td><td>3m直尺：每200m测2处×10尺</td></tr>
<tr><td>3</td><td colspan="2">纵断高程/mm</td><td>–</td><td>+5，–15</td><td>+5，–15</td><td>+5，–20</td><td>水准仪：200m测4个断面</td></tr>
<tr><td>4</td><td colspan="2">宽度/mm</td><td colspan="4">不小于设计值</td><td>尺量：每200m测4处</td></tr>
<tr><td rowspan="2">5</td><td rowspan="2">厚度/mm</td><td>代表值</td><td>–</td><td>–10</td><td>–10</td><td>–12</td><td rowspan="2">每200m每车道测1点</td></tr>
<tr><td>极值</td><td>–</td><td>–20</td><td>–25</td><td>–30</td></tr>
<tr><td>6</td><td colspan="2">横坡/%</td><td>–</td><td>±0.5</td><td>±0.3</td><td>±0.5</td><td>水准仪：200m测4个断面</td></tr>
<tr><td>7</td><td colspan="2">强度/MPa</td><td colspan="4">符合设计要求</td><td>按《公路工程质量评定标准》（JTG F80/1—2004）附录G检查</td></tr>
</table>

3. 外观鉴定

（1）表面平整密实、无坑洼。

（2）施工接茬平整、稳定、无缝隙。

六、二灰土路拌法配料参数施工实例

天津港公路（K9+000～K11+000段）的底基层为两层15cm二灰土，基层为15cm二灰渣。单向快车道施工宽度8.6m，单向慢车道施工宽度6.6m。

1. 原材料资料

（1）土：选用塑性指数为10～20的土。

（2）粉煤灰：测定结果如表2-3-5所列。

表 2-3-5　　　　　　　　　　粉煤灰化学成分表

种类	SiO_2	Al_2O_3	CaO	MgO	Fe_2O_3	烧失量
粉煤灰	45% ~60%	26% ~38%	2% ~6%	1% ~2%	2% ~10%	8% ~9%

（3）石灰：选用石灰的质量不低于Ⅲ级灰标准。

（4）水：自来水或无污染露天水源及地下水。

（5）原材料试验结果如表 2-3-6 所列。

表 2-3-6　　　　　　　　　　原材料试验结果

项目	湿密度/（t/m^3）	干松密度/（t/d）	含水量/%	最大干密度/（t/d）	最大含水量/%
粉煤灰	0.66 ~0.75	0.47 ~0.54	38 ~50		
消石灰	0.52 ~056	0.56 ~0.52	5 ~10		
生石灰	0.97 ~1.05	0.85 ~0.95	16 ~20		
土	1.26 ~1.45	1.20 ~1.28	2 ~5		
二灰土				1.35 ~1.559	19 ~27

2. 材料虚（松）铺厚度

计算公式：$h = \dfrac{\rho_0 p h_0 \ (1+w)}{\rho}$

3. 选用二灰土配比

该工程所用原材料的试验数据如下：粉煤灰湿松密度：666kg/m^3，含水量40%；石灰松密度525kg/m^3，含水量10%；土松密度1290kg/m^3，含水量20%；二灰土配比为粉煤灰: 石灰: 土 =35: 12: 53；二灰土的最大干密度1463kg/m^3，最佳含水量22.5%。

4. 计算配料参数表

为了施工使用方便，根据不同的混合料压实厚度，按不同的施工宽度，计算出有关参数，供施工时查用，如表 2-3-7 所列。

表 2-3-7　　　　　　　　　　二灰配料参数参考表

厚度/mm \ 项目	粉煤灰			石灰			土		
	松铺厚度/cm	用量/（m^3/m）	用量/（t/m）	松铺厚度/cm	用量/（m^3/m）	用量/（t/m）	松铺厚度/cm	用量/（m^3/m）	用量/（t/m）
14	15.00	1.30	0.86	4.95	0.42	0.22	10.10	0.87	1.12
15	16.17	1.39	0.92	5.27	0.45	0.24	10.82	0.93	1.20
16	17.26	1.43	0.98	5.62	0.48	0.26	11.54	0.99	1.28
17	18.33	1.58	10.5	5.97	0.51	0.27	12.36	1.05	1.35
18	19.40	1.67	1.11	6.32	0.54	0.28	12.98	1.12	1.14
19	20.48	1.76	1.17	6.67	0.57	0.30	13.70	1.18	1.52
20	21.56	1.85	1.23	7.02	0.60	0.32	14.42	1.24	1.60

注：表中为单向快车道 15cm 二灰土底基层，施工宽度 8.6m 的用料参考值。

课题实训项目：二灰粒料施工

（一）实习目的及要求

1. 目的

通过参观实习使学生掌握二灰粒料集中拌和法施工程序及施工要点。

2. 参观实习要求

（1）选择一段正在施工的工程。

（2）班级分组，5～8 名学生一组，以组为单位进行施工现场的调查、察勘。

（3）按现行《公路路面基层施工技术规范》（JTJ 034—2000）和《公路工程质量检验评定标准〉（JTG F80/1—2004）结合本单元所学理论知识进行参观实习。

（4）选一段（200m）已完工程进行质量检验。

（5）对参观路段的施工找出存在问题并提出改进建议，做必要的摄录工作。

（6）完成参观实习报告和参观实习体会。

（二）实习所需工具

经纬仪或全站仪、水准仪、钢尺、3m 直尺、花杆、摄像机等。

（三）实习操作内容

1. 收集承包商有关资料、工程概况、二灰粒料组成材料的试验数据、二灰粒料施工程序、工艺等。

2. 参观承包商拌和站。

3. 参观施工摊铺、施工碾压现场。

4. 二灰粒料基层（或底基层）质量检验，如表 2-3-8 所列。

表 2-3-8　二灰粒料基层（或底基层）实习操作检查项目

项次	检查项目		规定值或允许偏差				检查方法
			基层		底基层		
			高速公路、一级公路	其他公路	高速公路、一级公路	其他公路	
1	压实度/%	代表值	98	97	96	95	每 200m 每车道测 2 处
		极值	94	91	92	91	
2	平整度/mm		8	12	12	15	3m 直尺：每 200m 测 2 处 × 10 尺
3	纵断高程/mm		+5，－10	+5，－15	+5，－15	+5，－20	水准仪：200m 测 4 个断面
4	宽度/mm		不小于设计值				尺量：每 200m 测 4 处
5	厚度/mm	代表值	－8	－10	－10	－12	每 200m 每车道测 1 点
		极值	－15	－20	－25	－30	
6	横坡/%		±0.3	±0.5	±0.3	±0.5	水准仪：200m 测 4 个断面
7	强度/MPa		符合设计要求				

（四）结果整理及实习建议

根据本次参观实习现场观察及测定结果，对本工程如果出现不合格或缺陷，提出建议并写出参观实习体会。

1. 收集承包商有关资料

（1）工程概况

（2）二灰粒料组成材料的试验数据：原材料试验结果（填入表2-3-9）。二灰土铺装层厚度、宽度、路拱横坡度、最大干密度、施工配合比等。

表2-3-9　　原材料试验结果

项目	湿密度/（g/m³）	干松密度/（g/m³）	含水量/%	最大干密度/（t/m³）	最大含水量/%
粉煤灰					
消石灰					
生石灰					
碎石					
二灰碎石					

（3）承包商的二灰粒料施工程序（工艺）。

2. 参观承包商拌和站，描述拌和过程并划出平面布置图。

3. 参观施工摊铺和现场碾压并描述其过程。

4. 实习操作：二灰粒料基层（或底基层）质量检验。

（1）实测项目：选一段已完工程实测填入表2-3-10。

表2-3-10　　二灰粒料基层（或底基层）实习操作检查表：

工程名称：　　　　承包商：　　　　施工段桩号：

实测项目			实测值					结果
			1	2	3	4	5	
1	压实度/%	代表值						询问承包商
		极值						
2	平整度/mm							
3	纵断高程/mm							
4	宽度/mm							
5	厚度/mm							无条件测时，询问承包商
6	横坡/mm							
7	强度/MPa							询问承包商

（2）进行外观质量鉴定描述。

（3）写出参观实习建议和体会。

任务4　石灰、粉煤灰稳定粒料基层的施工

一、概述

用石灰、粉煤灰稳定集料（碎石、砾石或矿渣等）得到的混合料简称二灰粒料。如二灰碎石、二灰砂砾、二灰矿渣等。

我国通常使用两种类型石灰粉煤灰粒料混合料。一种是密实式的，即粒料含量占80% ~88%，同时具有规定的级配，石灰加粉煤灰含量为12% ~20%，起填充粒料的孔隙和黏结作用；另一种是悬浮式的，即粒料仅占50% ~60%，不要求粒料具有一定级配，粒料悬浮在石灰和粉煤灰混合料之间。

二灰材料具有良好的力学性能、板体性、水稳性和一定的抗冻性，其抗冻性较石灰土高得多。在二灰中加入粒料、少量水泥或其他外加剂可提高其早期强度。

二灰粒料的特性和一般规定见学习情境2任务3。

二、材料要求

（一）石灰、粉煤灰和水

同学习情境2任务3要求。

（二）煤渣

煤渣的松方干密度为700 ~1100kg/m^3，最大粒径不大于30mm，颗粒组成宜有一定的级配，且不含杂质。

（三）集料

集料的要求主要有压碎值、最大粒径、颗粒组成等。二灰稳定的中粒土和粗粒土不宜含有塑性指数的土。

1. 用于高速公路和一级公路的二灰粒料

（1）做基层时，二灰的质量应占15%，最多不超过20%。石料最大粒径不超过31.5mm，

其颗粒组成宜符合表2-4-1或表2-4-2中级配范围，粒径小于0.075mm的颗粒含量宜接近0。

（2）做底基层时，碎石、砾石颗粒最大粒径不应超过37.5mm。

表2-4-1　　二灰级配砂砾中集料的颗粒组成范围

结构层	通过下列方孔筛/mm的质量百分率/%								
	37.5	31.5	19.0	9.5	4.75	2.36	1.18	0.60	0.075
底基层	100	85 ~100	68 ~85	50 ~70	35 ~55	25 ~45	17 ~35	10 ~27	0 ~15
基层		100	85 ~100	55 ~75	39 ~59	27 ~47	17 ~35	10 ~25	0 ~10

表 2-4-2　　二灰级配碎石中集料的颗粒组成范围

结构层	通过下列方孔筛/mm 的质量百分率/%								
	37.5	31.5	19.0	9.5	4.75	2.36	1.18	0.60	0.075
底基层	100	90 ~ 100	72 ~ 90	48 ~ 68	30 ~ 50	18 ~ 38	10 ~ 27	6 ~ 20	0 ~ 7
基层		100	81 ~ 98	52 ~ 70	30 ~ 50	18 ~ 38	10 ~ 27	6 ~ 20	0 ~ 7

2. 用于二级及二级以下公路的二灰粒料

(1) 做基层时，石料颗粒最大粒径不应超过 37.5mm，碎石、砾石或其他粒状材料的质量宜占 80% 以上，并符合表 2-4-1 或表 2-4-2 级配范围。

(2) 做底基层时，石料颗粒最大粒径不应超过 53mm。

3. 二灰粒料的质量指标，如表 2-4-3 所列。

表 2-4-3　　二灰粒料的质量指标

项目	二级及二级以下公路		高速公路、一级公路	
	基层	底基层	基层	底基层
集料质量比例/%	≥80	-	80 ~ 85	-
压碎值/%	≤35	≤40	≤30	≤30
最大粒径/m	≤37.5	≤53	≤31.5	≤37.5

三、混合料组成设计

同任务 3 “石灰、粉煤灰稳定土基层施工”

四、二灰稳定粒料的施工

开工前应向监理工程师上报开工申请报告。开工报告的内容包括拟用施工工艺流程、进场人员、机具设备、试验设备的试验和检修情况，以及各种计量工具是否进行标定。各项准备工作达到开工条件，经监理工程师同意后，方可铺筑试验路段。

在基层和底基层开工之前，应铺筑试验路段，并做好试验检测工作。铺筑试验路段应做好如下几方面的工作。

(1) 明确用于施工的集料配合比例。

(2) 明确材料的松铺系数。

(3) 确定标准施工方法。

(4) 做好集料数量的控制。

(5) 弄清集料摊铺方法、备齐适用机具。

(6) 确定合适的拌和机械、拌和方法、拌和深度和拌和遍数。

(7) 确定集料含水量的添加和控制方法。

(8) 明确整平和整形的合适机具与方法。

(9) 明确压实机械的选择及其组合、压实的顺序、速度和遍数。

(10) 掌握拌和、运输、摊铺和碾压机械的协调和配合。

(11) 掌握密实度的检查方法、初定每一作业段的最小检查数量。

(12) 掌握控制结合料数量和均匀性的方法。

(13) 确定每一作业段的合适长度。

(14) 确定一次铺筑的合适厚度。

试验路段施工结束后，承包人应及时总结和上报试铺段的总结报告，监理工程师应及时组织人员对试验段进行检测。检测项目有：混合料的压实度、厚度、高程、强度、横坡及各部位的几何尺寸等。若各项指标超过允许误差，则认为该工艺不能用于实际工程施工，应加以改进，重做试验路段。不成功的试验路段承包人应自费清理现场，且不能计量支付。若试验路段各项指标符合要求，监理工程师可作为工程的一部分予以验收，并进入计量支付。

二灰粒料施工根据公路等级不同和所处结构层不同，可采用路拌法和厂拌法（集中拌和）。

1. 二灰粒料的路拌法施工

二灰粒料的路拌法施工工艺流程同图 2-3-1 所示。

主要施工工序如下。

(1) 下承层的检查、验收

当二灰料用做基层时，要准备底基层；当二灰料用做底基层时，要准备土基。对下承层总的要求是：平整、坚实、具有规定的路拱，没有任何松散的材料和软弱地点。因此，对底基层或土基，必须按规范规定进行验收。下承层的平整度、压实度、标高等各项验收指标应符合规范规定的要求。凡验收不合格的路段，必须采取措施，使其达到标准后，方能在其上铺筑二灰层。若底基层或土基因开放交通而受到破坏，则应逐一进行找平、换填、碾压等处理，使其达到标准，并逐一断面检查下承层标高是否符合设计要求。在槽式断面的路段，两侧路肩上每隔一定距离（如 5 ~ 10m）应交错开挖泄水沟（或做盲沟）及时排出积水。保证底基层或土基的干燥。

(2) 施工放样

施工放样的主要内容是在底基层或土基上恢复中线。施工开始前应仔细检查中线放样及水平测量是否准确，是否达到规定的要求。中线的放样一般按直线段每 15 ~ 20m 设一桩，平曲线段每 10 ~ 15m 设一桩，在小半径平曲线段还需加密，一般每 5 ~ 10m 设一桩，并在两侧路自边缘外 0.3 ~ 0.5m 设指示桩。进行水平测量时，可在两侧指示桩上用明显标记标出二灰粒料层边缘的设计标高。

(3) 备料及摊铺集料

①粉煤灰被运到路上、路旁或厂内场地后，通常露天堆放。此时，必须使粉煤灰含有足够水分（含水量 15% ~ 20%），以防飞扬。特别在干燥和多风季节，必须使料堆表面保持潮湿，或者覆盖。如在堆放过程中，部分粉煤灰凝结成块，使用时，应将灰块打碎。

②粒料的准备。采备集料前，应先将树木、草皮和杂土清除干净。集料中的超尺寸颗粒应筛除。应在预定采料深度范围内自上而下采集集料，不应分层采集，不应与不合格的集料采集在一起。

③石灰的准备。石灰宜选在公路两侧宽敞而邻近水源但地势较高的场地集中堆放。预计堆放时间较长时，应用土或其他材料覆盖封存。石灰应在使用前 7 ~ 10d 充分消解。1t

石灰消解需用水量一般为500~800kg。消解后的石灰应保持一定的湿度，以免过干飞扬，但也不能过湿成团。消石灰宜过孔径10mm的筛，并尽快使用。

④其他。

a. 如路肩用料与二灰层用料不同，应采取培肩措施，先将两侧路肩培好。路肩料层的压实厚度应与稳定土层的压实厚度相同。路肩上每隔5~10m应交错开挖临时泄水沟。

b. 计算材料用量。根据各路段二灰粒料层的宽度、厚度及预定的干压实密度，计算各路段需要的干混合料数量。根据混合料的配合比、材料的含水量以及所用运料车辆的吨位，计算每车各种材料的堆放距离。

（4）运输和摊铺集料

①预定堆料的下承层在堆料前应先洒水，使其表面湿润。

②材料装车时，应控制每车料的数量基本相等。

③采用二灰粒料混合料时，先将粒料运到路上。在同一料场供料的路段内，由远到近按计算的距离卸置于下承层中间。卸料距离应严格掌握，避免料不够或过多。

④料堆每隔一定距离应留一缺口，材料在下承层上的堆置时间不应过长。

⑤应事先通过试验确定各种材料及混合料的松铺系数。

⑥采用机械路拌时，应采用层铺法，即将先运到路上的材料摊铺均匀后，再往路上运送第二种材料，将第二种材料摊铺均匀后，再往路上运送第三种材料。二灰粒料混合料上料顺序为 集料、粉煤灰、石灰、水泥（外掺）。在摊铺集料前，应先在未堆料的下承层上洒水，使其表面湿润，然后再用平地机或其他合适机具将料均匀地摊铺在预定的宽度上。摊铺表面应力求平整，并具有规定的路拱。粒料应较湿润，必要时先洒少量水。第一种材料摊铺均匀后，宜先用两轮压路机碾压1~2遍，然后再运送并摊铺第二种材料。在第二种材料层上，也应先用两轮压路机碾压1~2遍，然后再运送并摊铺第三种材料。

（5）拌和及洒水

①对二级和二级以上公路，要求采用专用稳定土拌和机进行拌和，并应先干拌2遍。

②用稳定土拌和机拌和时，拌和深度应直到稳定层底，并宜侵入下承层5~10mm（不应过多），以加强上下层粘结。应派专人跟随拌和机，随时检查拌和深度并配合拌和机操作员调整拌和深度。直接铺在土基上的拌和层宜避免“素土”夹层，其余各层严禁在拌和层底部留有“素土”夹层。通常拌和两遍以上，在进行最后一遍拌和之前，必要时先用多铧犁紧贴底面翻拌1遍。

③对于三、四级公路，在没有专用拌和机械的情况下，如拌和二灰稳定中粒土和粗粒土，也可以用缺口圆盘耙与多铧犁或平地机配合干拌。用平地机或多铧犁在前面翻拌，用圆盘耙跟在后面拌和，即采用边翻边耙的方法。圆盘耙的速度应尽量快，使二灰和集料拌和均匀。共翻拌4遍，开始的2遍不应翻犁到底，以防二灰落到底部，后面的2遍，应翻犁到底，随时检查调整翻犁的深度，要求同上。

④用喷管式洒水车将水均匀地喷洒在干拌后的混合料上，洒水距离应长些，水车起洒处和另一端调头处都应超出拌和段2m以上。洒水车不应在正进行拌和的以及当天计划拌和的路段上调头和停留，应防止局部水量过大。

⑤拌和机械应紧跟在洒水车后面进行拌和，尤其在纵坡大的路段上应配合紧密，以减

少水分流失。

⑥在洒水拌和过程中，应及时检查混合料的含水量。水分宜大于最佳含水量1%左右。

⑦拌和过程中，要及时检查拌和深度，使二灰层全深都拌和均匀。拌和完成的标志是：混合料色泽一致、没有灰条、灰团和花面，没有粗细颗粒“窝”或“带”，且水分合适并均匀。

⑧二灰粒料，应先将石灰和粉煤灰拌和均匀，然后均匀地摊铺在粒料层上，再一起进行拌和。

(6) 整形与碾压

①整形。

a. 混合料拌和均匀后，先用平地机初步整平和整形。在直线段，平地机由两侧向路中心进 行刮平。在设超高的平曲线段，平地机由内侧向外侧进行刮平，必要时，再向回刮一遍。

b. 用拖拉机、平地机或轮胎压路机快速碾压1~2遍，以暴露潜在的不平整。

c. 再用平地机按a那样进行整形，并用b所述机械再碾压1遍。整形过程中，应及时消除粗细集料离析现象。

d. 对于局部低洼处，应用齿耙将其表5cm以上耙松，并用新拌的二灰级配集料找补整平。

e. 再用平地机整形一次。

f. 每次整形都要按照规定的坡度和路拱进行。特别要注意接缝处的整平，接缝必须顺适平整。在整形过程中必须禁止任何车辆通行。

初步整形后，检查混合料的松铺厚度，必要时应进行补料或减料。人工整形二灰粒料的松 铺系数为1.3~1.5，石灰煤渣土的松铺系数为1.6~1.8，石灰煤渣集料的松铺系数约为1.4。用机械拌和及机械整形时，集料松铺系数为1.2~1.3。

②碾压。经整形后，当混合料处于最佳含水量±1%时，即可进行碾压。应用12t以上三轮压路机、重型轮胎压路机或振动压路机在路基全宽内进行碾压。直线段由两侧路肩向路中心碾压。平曲线段由内侧路肩向外侧路肩进行碾压。碾压时，后轮应重叠1/2的轮宽，后轮必须超过两段的接缝。后轮压完路面全宽时，即为一遍。碾压到要求的密实度为止。一般需碾压6~8遍。

压路机的碾压速度，头两遍以采用Ⅰ档（1.5~1.7km/h）为宜，以后用Ⅱ档（2.0~2.5km/h）。在道路两侧，应多压2~3遍。

在碾压过程中，严禁压路机在已经完成的或正在碾压的路段上调头和紧急制动，以保证稳定土层表面不受破坏。二灰稳定土的表面应始终保持湿润，如表面水分不足，应适当洒水，但严禁过分洒水碾压。应注意检查碾压方法是否正确，各部分碾压到的次数是否相同，路面的两侧是否多压了2~3遍，有无“弹簧”、松散、起皮等现象。碾压终了时，表面有无明显轮迹。

在碾压结束之前，用平地机再终平一次，使其纵向顺适，路拱和超高符合设计要求。终平 应仔细进行，必须将局部高出部分刮除并扫出路外，对于局部低洼之处，不再进行找补，留待铺就面层时处理。

(7) 接缝和调头处的处理

同日施工的两工作段的衔接处，应采用搭接工艺。工作缝及调头处的处理方法按《公路路面基层施工技术规范》(JTJ 034—2000) 有关规定进行。

①横缝。两工作段的搭接部分，应采用对接形式。前一段拌和整平后，留5~8m不进行碾压，后一段施工时，将前段留下未压部分，一起再进行拌和。如第二天接着向前施工，则当天最后一段的末端缝可按此法处理。如第二天不继续施工，则当天最后一段的工作缝应按下述方法处理。

a. 在二灰拌和结束后，在预定长度的末端，挖一条横贯全宽的槽，槽内放两根与压实厚度等厚的方木（两根方木加在一起的长度等于铺筑层的宽度），方木的另一侧用“素土”回填3~5m长，然后进行整形和碾压。

b. 继续往前施工时，紧接的作业段拌和结束后，除去顶木，用混合料回填。靠近顶木未能拌和的一小段，应人工进行补充拌和。

c. 前一施工段与后一施工段的间隔时间在24h以上或压实层末端未用方木作支撑处理，应将施工好的接头处切成垂直断面，凿除料不得使用。

②纵缝。二灰层的施工应该避免纵向接缝，在必须分两幅施工时，纵缝必须垂直相接，不应斜接。其处理方法与石灰稳定土相同。

③调头处的处理。拌和机械及其他机械不宜在已压成的二灰层上调头。如必须在其上进行调头，应采取措施（如覆盖10cm厚的砂或砂砾），保护调头部分，使二灰表层不受破坏。

(8) 路缘处理

如二灰层上为薄沥青路面，基层每边应较面层展宽20cm以上。在基层全宽上喷洒透层沥青或设下封层。最好是满铺沥青面层 也可将沥青面层边缘以三角形向路肩抛出6~10cm。

如设置路缘砖（块）时，必须注意防止路缘砖（块）阻滞路面表面水和结构层中水的排除。

(9) 养护及交通管理

①二灰层碾压完成后的第二天或第三天开始养护。通常采用洒水养护法。每天洒水的次数视气候条件而定，应始终保持表面潮湿或湿润。养护期一般为7d。对于二灰稳定粗、中粒土的基层，也可用沥青乳液和沥青下封层进行养护。

②在养护期间，除洒水车外，应封闭交通。

③养护期结束后，应立即铺筑面层或做下封层。其要求与石灰稳定土相同。

④二灰粒料分层施工时，下层碾压完毕后，可以立即在上铺筑另一层，不需专门的养护期。

2. 中心站集中拌和（厂拌）法施工

二灰稳定粒料混合料用多种机械在中心站集中拌和。拌和机械有强制式拌和机、双转轴浆叶式拌和机等，如图2-4-1，图2-4-2所示。

①厂拌的设备及布置位置应在拌和以前提交监理工程师并取得批准后，方可进行设备安装、检修、调试，使混合料的颗粒组成、含水量达到规定的要求。

②运输混合料的运输设备，应根据需要配置，在已完成的铺筑层上通过时，速度宜缓，以减少不均匀碾压或车辙。

③摊铺时混合料的含水量应高于最佳含水量，以补偿摊铺及碾压过程中的水分损失。

④拌和场离摊铺地点较远时，混合料在运输时应予以覆盖，以防水分蒸发；卸料时应注意卸料速度，防止离析；运到现场的混合料应及时摊铺，现场存放时间不得超过24h。

⑤路床表面摊铺前应洒水湿润。

⑥碾压、养护、接逢和调头处理等与二灰稳定粒料集中拌和相同。

自落式二灰稳定土拌和机，如图2-4-1所示。

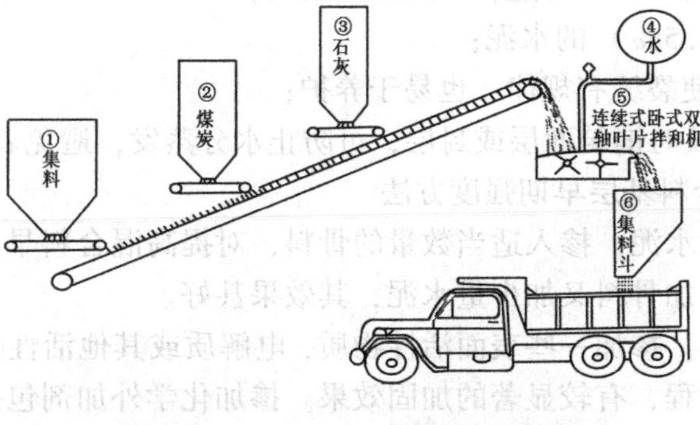

图2-4-1 自落式二灰稳定土拌和机

全自动配料稳定土拌和机（WDDB－300），如图2-4-2所示。

图2-4-2 全自动配料稳定土拌和机

二灰粒料集中拌和工艺流程如图2-3-2所示。

3. 石灰稳定粒料施工中应注意的问题

（1）裂缝问题

二灰稳定土的裂缝有两类：一类属于强度不足引起的裂缝，与结构设计和施工质量有关，只要搞好结构设计和加强质量管理，这类裂缝是可以避免的；另一类就是收缩裂缝，因为二灰稳定土是一种慢凝的胶凝材料，和其他胶凝材料一样也有收缩的性质，主要是干缩和冷缩。当发生收缩时，如受到底层或其他因素限制，就有出现收缩裂缝的可能。故解决裂缝问题，就要了解影响收缩的原因。

①导致裂缝的外因。

a. 施工含水量过大，收缩裂缝的发生与发展和含水量有密切关系，含水量大则干缩和冷缩都大，因而施工中必须严格控制含水量。

b. 压实度不够，结构中存在大孔隙的结构才可能产生较大的收缩。孔隙也是水分的藏身之处。

c. 施工期间重车行驶的影响，在混合料结品结构形成后，车轮作用使结构破坏产生细微裂缝，收缩裂缝就可能出现在这些地方。

d. 刚度增长的影响，随着混合料基层的龄期增大，刚度随之增大，变形能力随之减少，容易因收缩而开裂，故混合料的刚度不宜过大。

②减少干缩裂缝措施。除了上面提出的控制好施工含水量，保证基层密实度以外，还有以下几点措施：

a. 增加混合料的粉末含量，可减少干缩；

b. 适当减少混合料中二灰含量，以减低其刚度；

c. 掺加少量（<1.5%）的水泥；

d. 预设收缩缝，使裂缝有规律，也易于养护；

e. 在施工中，应及时铺筑面层或封层，可防止水分蒸发，避免表层失水过多而开裂。

（2）提高二灰混合料基层早期强度方法

①掺入骨料或少量水泥。掺入适当数量的骨料，对提高混合料早期强度具有较好的效果。加入少量水泥或掺加骨料又加少量水泥，其效果甚好。

②掺加化学外加剂。掺加一些表面活性物质，电解质或其他活性外掺剂可加强化学反应和物理-化学反应过程，有较显著的加固效果。掺加化学外加剂包括以下几方面。

一是单一外掺剂，常用的有 NaOH、Na_2CO_3、Na_2SiO_3、Na_3PO_4、$KMnO_4$ 等。

二是复合外掺剂，有 NaOH、Na_2CO_3、Na_2SiO_3 等单一外掺剂相互复合使用。

三是工业废渣（液）外掺剂，作为早强剂，不但可行而且有明显的经济效益和社会效益。

四是用水泥代替石灰作粉煤灰活性激发剂。

五、二灰粒料质量检验

按现行《公路工程质量检验评定标准》（JTG F80/1—2004）进行。

1. 基本要求

（1）粒料应符合设计和施工规范要求，并应根据当地料源选择干净的粒料。矿渣应分解稳定，发现未分解渣块应予剔除。

（2）石灰和粉煤灰质量应符合设计要求，石灰应经充分消解后才能使用。

（3）混合料配合比应准确，不得含有灰团和生石灰块。

（4）摊铺时要注意消除粗细料离析现象。

（5）碾压时应先用轻型压路机稳压，后用重型压路机碾压至要求的压实度。

（6）保持一定湿度养护，养护期要符合规范要求。

2. 实测项目

石灰、粉煤灰稳定粒料基层、底基层实测项目，如表2-4-4 所列。

表 2-4-4　　石灰、粉煤灰稳定粒料基层和底基层实测项目

项次	检查项目		规定值或允许偏差				检查方法
			基层		底基层		
			高速公路、一级公路	其他公路	高速公路、一级公路	其他公路	
1	压实度/%	代表值	98	97	96	95	每 200m 每车道测 2 处
		极值	94	91	92	91	
2	平整度/mm		8	12	12	15	3m 直尺：每 200m 测 2 处×10 尺
3	纵断高程/mm		+5，-10	+5，-15	+5，-15	+5，-20	水准仪：200m 测 4 个断面
4	宽度/mm		不小于设计值				尺量：每 200m 测 4 处
5	厚度/mm	代表值	-8	-10	-10	-12	每 200m 每车道测 1 点
		极值	-15	-20	-25	-30	
6	横坡/%		±0.3	±0.5	±0.3	±0.5	水准仪：200m 测 4 个断面
7	强度/MPa		符合设计要求				按附录 G 检查
8	整体性		龄期 20～28d 时应能取出完整的钻件				每车道 500m 或每一作业段取样一次

注：附录 B、附录 H、附录 G 是据《公路工程质量检验评定标准》（JTG F80/1—2004）中的附录相关计算及规定取得。

3. 外观鉴定

（1）表面平整密实、无坑洼。

（2）施工接茬平整、无缝隙。

复习思考题

1. 水泥稳定土对水泥有什么要求？
2. 石灰稳定土对石灰有什么要求？使用中注意事项有哪些？
3. 稳定土对碎石和砾石压碎值有什么要求？
4. 选定合适的水泥和石灰剂量要注意什么？
5. 稳定土的最低施工气温有什么要求？
6. 石灰工业废渣稳定土集中厂拌法施工主要工艺流程是什么？
7. 对稳定土的下承层检测哪些项目？
8. 稳定土先做实验段的目的是什么？
9. 如何计算和控制水泥（石灰）摊铺面积？
10. 袋装水泥（石灰）如何摊铺？

课题实训项目：二灰土路拌法施工

（一）实训目的及要求

1. 目的

通过操作训练使学生掌握二灰土路拌法的施工程序和施工要点，重点训练二灰土施工放样、备料的计算和上料摊铺。

2. 实训要求

（1）班级分组：5～8 名学生一组，以组为单位进行操作训练。

（2）训练可真题真做（具体工程段）或假题真做（模拟工程）。

（二）实训准备工作

1. 场地布置

根据实际情况任选一方案。

【方案Ⅰ】选择一块地形平坦长 100～150m，宽 10m 的空地，准备做 100m 二灰土所需的土、石灰、粉煤灰等材料。

【方案Ⅱ】选正在施工的工地现场（或学校实习基地单位），拿出准备施工的一个作业段进行操作训练。

2. 实训所用器材

经纬仪（套）（或全站仪）、水准仪（套）、钢尺、花杆、木桩、小钉、油漆、白灰及运料小推车、摊铺用的手工工具。

（三）实训操作内容

1. 选方案Ⅰ训练

（1）训练前作出原材料的试验数据：土的松方密度、含水量；粉煤灰的松方密度、含水量；石灰的松方密度、含水量；二灰土最大干密度。拟定二灰土铺装层宽 6m，长 50m，压实厚度 15cm，外掺 1.5% 水泥，路拱横坡度 2%，配合比为粉煤灰∶石灰∶土 = 10∶20∶70，如表 2-4-5 所列。

表 2-4-5　　原材料试验结果

项目	温密度 /（t/m^3）	干松密度 /（t/m^3）	含水量/%	最大干密度 /（t/m^3）	最大含水量 /%
粉煤灰					
消石灰					
生石灰					
土					
二灰土					

（2）计算出施工配料表。如表 2-4-6 所列。

表 2-4-6　　二灰土配料表

项目 / 厚度 /cm	粉煤灰			石灰			土		
	松铺厚度 /cm	用量 /（m^3/m）	用量 /（t/m）	松铺厚度 /cm	用量 /（m^3/m）	用量 /（t/m）	松铺厚度 /cm	用量 /（m^3/m）	用量 /（t/m）
15									

（3）拟定实训段的施工程序。

（4）主要完成以下实训操作。

①下承层的准备。

②施工放样：10m 设一桩。

③上料摊铺：上料顺序为土、粉煤灰、消石灰、水泥（外掺 1.5%）。根据计算划出上料网格（用石灰划）。学生操作时每组只摊铺 2 个网格以取得感性认识即可。

④拌和、整形、碾压、养护等工序可参观实际工程，不作训练要求。

（5）写出实习报告及操作体会。

2. 选方案 II 训练

（1）收集承包商的有关资料

①工程概况。

②二灰土基础资料：原材料试验结果（填入表 2-4-7），二灰土铺装层厚度、宽度、路拱横坡度、最大干密度、施工配合比等。

表 2-4-7　　原材料试验结果

工程名称：　　承包商：　　施工段桩号：

项目	湿密度 /（t/m^3）	干松密度 /（t/m^3）	含水量 /%	最大干密度 /（t/m^3）	最大含水量 /%
粉煤灰					
消石灰					
生石灰					
土					
二灰土					

③计算出施工配料。

④承包商的二灰土施工程序（工艺）。

（2）学生操作训练

选承包商某一作业段，按承包商施工程序完成以下操作训练。

①准备下承层。

②进行施工放样。

③进行上料摊铺：上料顺序为土、粉煤灰、消石灰、水泥（外掺 1.5%）；根据计算划出上料网格（用石灰划）；和施工技术人员一起指挥完成上料、摊铺工作。

④其他工序现场参观正在施工路段。

⑤写出实习报告及实训体会。

学习情境3　沥青路面施工

［知识目标］

1. 熟悉各类面层对材料的质量要求。
2. 掌握各类沥青路面的施工工序和施工要点。
3. 掌握沥青类路面施工质量控制方法。

［能力目标］

1. 具有沥青类路面施工的能力。
2. 能够进行沥青类路面质量检查与验收。

任务1　沥青表面处置层的施工

一、认识沥青表面处置

沥青表面处置是用沥青和集料按拌和法或层铺法施工的一种厚度不大于3cm的薄层沥青面层。由于处置层很薄，一般不起强度作用，其主要作用是抵抗行车的磨耗，增强防水性，提高平整度，改善路面的行车条件。

沥青表面处置大多用于下列场合。

（1）用做碎石路面或基层的磨耗层或面层，以改善行车条件并提高路面等级。

（2）改善或恢复原有面层的使用品质。对磨损、老化严重的或过于光滑的路面通过表面处置，使其平整度、泌水性、抗滑能力等均得以恢复、改善或提高。

（3）用做封层，即作为空隙较多的沥青面层的防水层。位于沥青面层之上即为上封层，位非沥青类基层之上即为下封层。

影响表面处置性能的因素有以下六点。

1. 交通量

载货汽车的数量对石屑嵌入道路表面有一定的影响。载货汽车是指自重大于1.5t的车辆，较低轴载的车辆对石屑嵌入影响小。

2. 原有道路表面

石屑陷入原有道路表面的程度与它的表面硬度以及车道上面行驶的载货汽车数量有关。当陈旧道路表面呈多孔情况，必须估计到部分黏结料因渗入下层导致面层黏膜的实际厚度减少。陈旧道路表面严重开裂最终会扩展到表面处置层上。

3. 石屑粒径和种类

石屑粒径不应太小，否则不久会埋入表面下层；粒径太大，车辆会把它们从路面挤脱。石屑还应有足够的强度和抗磨光能力，适宜于道路的表面处置。

4. 黏结料

它的功能是填实裂缝并把石屑同下层表面结合起来。黏结料须有适当的黏度，以便它在摊铺时将石屑充分湿润，道路开放行车后可以防止石屑脱落，并在长期低温时不致脆化。

5. 黏结料的撒布率

必须有足够的撒布率在表面处置施工后牢固地粘住石屑，在表面处置使用期内妥有足够的表面纹理深度，撒布时须不过量，但考虑撒布均匀性，部分黏结料可用于填补孔隙。

6. 环境条件

环境条件可能与当时的位置、气候或特殊的交通情况有关，表面处置的黏结料凝结速度与铺筑在空旷或有遮盖场地有关，进行表面处置的季节和处置后初期的气候对其性能有重要的影响。车辆在交叉口或环道处因制动、加速或转弯而增加的应力会加速石屑被剥落。

二、材料规格和用量

1. 沥青

沥青表面处置可采用道路石油沥青、煤沥青或乳化沥青。沥青表面处置对沥青材料的要求有以下几个方面：渗透性好、凝结时间短、黏结力大、不易老化、便于浇洒、耐久性好。

沥青表面处置所选用的沥青标号，宜根据气候条件、施工季节、路面类型施工方法和矿料类型等选择，如表 3-1-1 所列。

2. 矿料

沥青表面处置的设计原则是要确保道路所选择的石屑粒径，应根据预测交通量估计石屑埋入现有磨耗层的情况而定。确定集料的粒径时，应考虑道路的硬度、交通量、轴重和设计行车速度。集料纹理和磨光性能对道路的抗滑能力有很大的影响，具体可根据当地特点选用碎石、轧制碎石或筛选砾石。其质量及规格应符合以下要求。

（1）粗集料应干燥、无风化、清洁、无杂质，具有足够的强度和耐磨性能，应尽量选择质地坚硬、软弱及扁平颗粒含量少的碎石或砾石，其技术指标应符合表 3-1-2 所列的要求。

（2）粗集料应具有良好的颗粒形状，通常以接近立方体且多棱角为佳。筛选砾石，因其嵌挤锁结能力差，仅在轻交通的沥青表面处置中使用。用于道路沥青面层的碎石不宜采用颚式破碎机加工。

表 3-1-1　　各类沥青路面选用的沥青标号

气候分区	沥青种类	沥青路面类型			
		沥青表面处置	沥青贯入式及上拌下贯式	沥青碎石	沥青混凝土
寒区	石油沥青	A－140 A－180 A－200	A－140 A－180 A－200	AH－90 AH－110 AH－130 A－100 A－140	AH－90 AH－110 AH－130 A－100 A－140
	煤沥青	T－5 T－6	T－6 T－7	T－6 T－7	T－7 T－8

续表 3-1-1

气候分区	沥青种类	沥青路面类型			
		沥青表面处置	沥青贯入式及上拌下贯式	沥青碎石	沥青混凝土
温区	石油沥青	A－100 A－140 4－180	A－100 A－140 A－180	AH－90 AH －110 A－100 A－140	AH－70 AH－90 A－60 A－100
	煤沥青	T－6 T－7	T－6 T－7	T－7 T－8	T－7 T－8
热区	石油沥青	A－60 A－100 A－140	A－60 A－100 A－140	AH－50 AH－70 AH－90 A－100 A－60	AH－50 AH－70 A－60 A－100
	煤沥青	T－6 T－7	T－7	T－7 T－8	T－7 T－8 T－9

（3）用于轧制的砾石必须采用粒径大于 50mm 的颗粒，破碎砾石中 4.75mm 及以上颗粒的破碎面积应不小于规范规定值。

（4）与沥青材料有良好的黏结力，经检验属于酸性岩石的石料，用于高速公路、一级公路时，宜使用针入度较小的沥青，并采用抗剥离措施。

施工中各层所用的矿料规格和用量应按表 3-1-2 所列规定选用。

此外，沥青表面处置还应当严格掌握沥青与矿料用量的适当比例（油石比）。沥青的用量是保证沥青表面处置路面质量的最重要的因素，若沥青用量过多，易造成泛油、拥包等病害；若沥青用量偏少，又易造成路面松散。因此，为确保沥青路面的施工质量，施工时，应根据表 3-1-2 所列规定，在范围内慎重选用。

表 3-1-2 **沥青表面处置材料规格和用量**

沥青种类	类型	厚度/mm	集料/（$m^3/1000m^2$）						沥青或乳液用量/（kg/m^2）			
			第一层		第二层		第三层		第一次	第二次	第三次	合计用量
			规格	用量	规格	用量	规格	用量				
石油沥青	单层	1.0	S12	7～9					1.0～1.2			1.0～1.2
		1.5	S10	12～14					1.4～1.6			1.4～1.6
	双层	1.5	S10	12～14	S12	7～8			1.4～1.6	1.0～1.2		2.4～2.8
		2.0	S9	16～18	S12	7～8			1.6～1.8	1.0～1.2		2.6～3.0
		2.5	S8	18～20	S12	7～8			1.8～2.0	1.0～1.2		2.8～3.2
	三层	2.5	S8	18～20	S12	12～14	S12	7～8	1.6～1.8	1.2～1.4	1.0～1.2	3.8～4.4
		3.0	S6	20～22	S12	12～14	S12	7～8	1.8～2.0	1.2～1.4	1.0～1.2	4.0～4.6

续表 3-1-2

沥青种类	类型	厚度/mm	集料/（m^3/1000m^2） 第一层 规格	用量	第二层 规格	用量	第三层 规格	用量	沥青或乳液用量/（kg/m^2） 第一次	第二次	第三次	合计用量
乳化沥青	单层	0.5	S14	7～9					0.9～1.0			0.9～1.0
	双层	1.0	S12	9～11	S14	4～6			1.8～2.0	1.0～1.2		2.8～3.2
	三层	3.0	S6	20～22	S10	9～11	S12 S14	4～6 3.5～4.5	2.0～2.2	1.8～2.0	1.0～1.2	4.8～5.4

三、沥青表面处置层铺法的施工

施工方法分为层铺法和拌和法，通常采用层铺法，而层铺法施工又分为先油后料法和先料后油法。

1. 施工机械

（1）沥青洒布车

沥青表面处置施工采用沥青洒布车（如图 3-1-1 所示）。洒布时车速和喷洒保持稳定，沥青洒布车在整个宽度内喷洒应均匀。洒布机的喷嘴类型不同，洒布的效果也不同，缝隙式的洒布效果能够做到类似涡旋式喷嘴所洒布的横向分布水准，且可以减少黏结料中的稀释剂用量，节省成本，并降低施工温度。

图 3-1-1 沥青洒布车

小规模沥青表面处置的施工，可采用机动或手摇的手工沥青洒布车洒布沥青，乳化沥青也可用由轮泵气压式洒布机洒布。如采用手工喷洒，喷洒工人应拥有熟练的技术。

（2）集料撒布机

采用集料撒布机（如图 3-1-2 所示）不仅使工作进展快，而且能把集料撒布得更平整，撒布量也更精确。集料撒布机还有一个优点是使撒布的集料更紧贴道路表面，从而减少了集料跳离路面露出黏结料或跳到表面处置以外部位，防止黏结料滞留在表面的情况发生。人工撒布也是我国日常小型养护常用的方法，由于表面处置厚度较薄，该法最大的缺点是不易控制集料的撒布量，并且手工撒布具有效率低和工期长的缺点。对于较大的工程项目和等级较高的路面表面加铺和表面处置的施工均应使用集料撒布机。

图 3-1-2 集料撒布机

（3）压路机

沥青表面处置的施工采用 6～8t 或 8～10t 的压路机，轮胎式压路机可以使石屑与黏结料薄膜有较好的初始黏结而不致把选定的集料压碎或因不适当的尺寸导致路面在使用期间出现泛油。

2. 施工准备

(1) 应检查油泵系统、输油管道、油量表、保温设备等。可将一定数量的沥青装入油罐后，先试洒，确定喷洒速度及喷洒量。每次喷洒前喷油嘴应保持干净，管道应畅通，喷油嘴的角度应一致，并与洒油管成15°~20°，使同一地点接受2个或3个喷油嘴喷洒的沥青，并不得出现花白条。在有风的天气下不宜使用三重喷洒。

(2) 集料洒布机准备

检查其传动和液压调整系统，并进行试洒，确定撒布各种规格集料时应控制下料间隙及行驶速度。当为半幅施工并采用人工撒布集料时，应按等距离划分成小段，并应按规定用量备足集料，以后每层亦按同样办法备料。

(3) 沥青的准备

应按规定的频率抽取试样进行试验，不符合要求的材料不得使用。沥青中若含有水分时，应在使用前进行脱水。

3. 施工程序

这里介绍三层式沥青表处的施工工序（先油后料法）。

施工前的准备工作→安装路缘石→浇洒透层沥青→浇洒第一层沥青→撒铺第一层集料→碾压→浇洒第二层沥青→撒铺第二层集料→碾压→浇洒第三层沥青→撒铺第三层集料→碾压→控制交通→初期养护。

三层式的厚度为2.5~3.0cm。两层式（厚度为1.5~2.5cm）和单层式（厚度为1~1.5cm）的施工程序与三层式的方法相似。

4. 施工要点

(1) 下承层准备

在表面处置层施工前，应将路面基层清扫干净，使基层的矿料大部分外露，并保持干燥。对有坑槽、不平整的路段应先修补和平整，若基层整体强度不足，则应先补强。

(2) 浇洒沥青

在浇洒透层沥青或做封层的基础表面清扫后，应按要求的数量浇洒第一层主层沥青。洒布沥青应符合下列要求。

①沥青的浇洒温度应根据施工气温及沥青标号来选择，石油沥青的洒布温度宜为130~170℃，煤沥青的洒布温度宜为80~120℃。乳化沥青可在常温下洒布。当气温偏低，破乳及成型过慢时，可将乳液加热后洒布，但不应超过60℃。

②沥青应浇洒均匀，不得有空白、缺边、积聚等现象，否则应立即用人工补洒或刮除，以免日后产生松散、拥包和堆挤等病害。

③浇洒的长度应与集料撒铺机的能力相适应，避免沥青浇洒后等待较长时间才撒布集料。

④前后两车喷洒的接茬应搭接良好，在相邻两段的接茬处，可用铁板横铺在下段起洒点前及上段终洒点后，接茬长度一般为1~1.5m。当需分幅浇洒时，纵向搭接宽度宜为10~15cm。浇洒第二、三层沥青的搭接缝应错开。

⑤不得在潮湿的集料或基层上浇洒沥青。浇洒主层沥青后，应立即用集料撒铺机撒铺

第一层集料。

（3）撒铺集料

第一层集料在浇洒主层沥青后应立即进行撒布，按规定用量一次撒足，撒布集料应符合下列要求。

①施工时若使用乳化沥青，其撒铺集料须在乳液破乳前完成。

②撒铺集料后应及时扫匀，应覆盖路面，厚度应一致，集料不应重叠，也不应露出沥青。当局部缺料时，应采用人工方法适当补找。若局部积料过多时，应将多余集料扫出。

③前幅路面浇洒沥青后，应在两幅搭接处暂留 10～15cm 宽度不撒石料，待后幅浇洒沥青后一起撒布集料。

（4）碾压

撒布一段集料后，应立即用 6～8t 钢筒双轮压路机或轮胎式压路机由路边至中心碾压，每次碾压轮迹应重叠 30cm，碾压 3～4 遍。碾压速度开始不超过 2km/h，以后可适当增加。第二层、第三层的施工方法和要求应与第一层相同，但可采用 8～10t 压路机。

（5）控制交通与初期养护

除乳化沥青表面处置破乳后水分蒸发并基本成型后方可通车外，沥青表面处置在碾压结束后即可开放交通，在通车初期应设专人指挥交通或设置障碍物控制行车，并使路面全部宽度均匀压实，并限制车速不超过 20km/h。

当发现有泛油时，应在泛油处补撒嵌缝料，嵌缝料应与最后一层石料规格相同，并应扫匀。当有过多浮动集料时，应扫出路面，并不得扰动已经黏着在位的集料。若有其他破坏现象，应及时修补。

相关链接 *沥青表面处置拌和法又分路拌法和厂拌法，厂拌法施工质量容易保证，且用油量少。*

1. 路拌法施工程序

筛备矿料→施工放样、安装路缘石→清扫基层→备料→人工干拌级配矿料→掺入沥青并拌匀→摊铺并整形→碾压→初期养护。

2. 厂拌法施工程序

熬制沥青→定量配制→机械集中厂拌→运料→施工放样、安装路缘石→清扫基层→卸料→摊铺并整形→碾压→初期养护。

四、施工注意事项

（1）各工序必须紧密衔接，不得脱节。每个作业段长度应根据集料洒布速度、压路机数量等来安排，当天施工的路段必须当天完成，以免发生沥青冷却、不能裹覆矿料和尘土污染等不良后果。

（2）注意不得在潮湿的矿料或基层上洒布沥青，在施工中遇雨，应待矿料晾干后才能继续施工。

（3）施工现场应设有工地试验室，建立健全的质量检查制度，以检验材料和施工质量并作好原始记录。

(4) 合理安排有利的施工季节，尽量安排在夏季施工。

(5) 严格控制油石比。

(6) 加强初期养护工作，应配备专人负责养护和交通管制等工作，控制行车碾压，使路面全幅均匀压实。

任务2　热拌沥青混合料面层的施工

沥青混合料是用适量的沥青材料与一定级配的矿质集料经过充分拌和而形成的混合物。将这种混合物加以摊铺、碾压成型，即成为各种类型的沥青路面。

热拌沥青混合料包括热拌沥青碎石、沥青混凝土、抗滑表层等多种类型。热拌沥青混凝土路面是由几种大小不同的矿料，用沥青作结合料，按一定比例配合，在严格的配合比及温度条件下拌和，经压实形成的路面面层。其特点是矿料、沥青及混合料从拌和到铺筑成型均须在较高的温度范围内完成。

1. 沥青混合料的种类

按沥青混合料中剩余空隙率大小的不同，可分为开式沥青混合料、半开式沥青混合料和密实式沥青混合料，如表3-2-1所列。

表3-2-1　　热拌沥青混合料种类

混合料类型	密级配			开级配		半开级配	公称最大粒径/mm	最大粒径/mm
	连续级配		间断级配	间断级配				
	沥青混凝土	沥青稳定碎石	沥青玛蹄脂碎石	排水式沥青磨耗层	排水式沥青碎石基层	沥青稳定碎石		
特粗式	–	ATB–40	–	–	ATPB–40	–	37.5	53.0
粗粒式	–	ATB–30	–	–	ATPB–30	–	31.5	37.5
	AC–25	ATB–25	–	–	ATPB–25	–	26.5	31.5
中粒式	AC–20	–	SMA–20	–	–	AM–20	19.0	26.5
	AC–16	–	SMA–16	OGFC–16	–	AM–16	16.0	19.0
细粒式	AC–13	–	SMA–13	OGFC–13	–	AM–13	13.2	16.0
	AC–10	–	SMA–10	OGFC–10	–	AM–10	9.5	13.2
砂粒式	AC–5	–	–	–	–	AM–5	4.75	9.5
设计空隙率注/%	3~5	3~6	3~4	>18	>18	6~12		

按矿质集料级配类型，可分为连续级配沥青混合料和间断级配沥青混合料。

按沥青混合料施工温度，可分为热拌沥青混合料和常温沥青混合料。

2. 热拌沥青混合料的结构与强度

热拌沥青混合料的特点是在施工过程中，将沥青加热至150~170℃，矿质集料加热至160~180℃，在热态下拌制成沥青混合料并摊铺、压实成路面。经过这样拌制而得到的混合料，沥青能更好地包裹在矿质集料表面，使铺筑的路面有较高的强度，且耐久性更好。

（1）沥青混合料的组成结构

沥青混合料主要由矿质集料、沥青和空气三相组成，同时还含有水分，是典型的多相多成分体系。根据粗、细集料的比例不同，其结构组成有三种形式，即悬浮密实结构，骨架空隙结构和骨架密实结构。如图 3-2-1 所示。

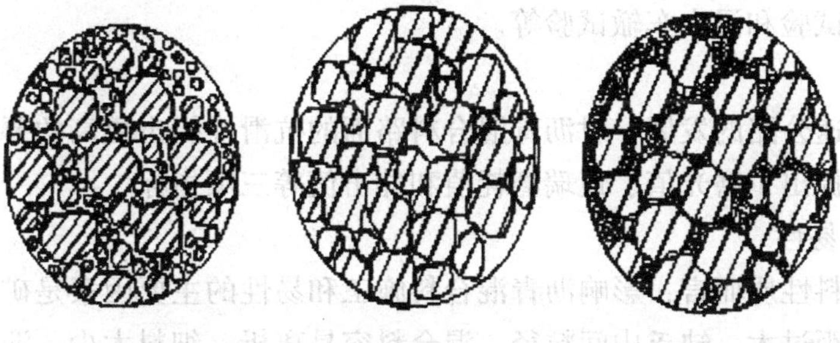

（a）悬浮密实结构　（b）骨架空隙结构　（c）骨架密实结构

图 3-2-1　沥青混合料矿料骨架类型

（2）沥青混合料强度的影响因素

①集料的性状与级配。集料颗粒表面的粗糙度和颗粒形状，对沥青混合料的强度有很大影响。集料表面越粗糙、凹凸不平，制成的沥青混合料的强度越高。集料颗粒的形状以接近立方体、呈多棱角为好。

间断级配沥青混合料内摩擦力大，而具有较高的强度；连续级配的沥青混合料，由于其粗集料的数量太少，呈悬浮状态分布，因而它的内摩擦力较小，强度较低。

②沥青混合料的黏度与用量。沥青的黏度越大，抵抗剪切变形的能力越强。适当增加沥青用量，将会改善混合料的胶结性能，但当沥青用量进一步增加时，就会出现塑性变形。因此，混合料中存在最佳的沥青用量。

③矿粉的品种与用量。碱性矿粉（如石灰石）与沥青亲和性良好，能形成较强的黏结性能；而由酸性石料磨成的矿粉则与沥青亲和性较差。

适量提高矿粉掺量，有利于提高沥青混合料的强度。一般来说，矿粉与沥青之比以在 0.8～1.2 范围内为宜。

3. 沥青混合料的技术性质

对于道路沥青混合料，为保证耐久、行车安全和舒适，需满足一定的技术要求。

（1）高温稳定性

沥青混合料高温稳定性，是指沥青混合料在夏季高温（通常为 60℃）条件下，经车辆荷载长期重复作用后，不产生车辙和波浪等病害的性能。

我国现行国标（GB 50092—96）规定，采用马歇尔稳定度试验（包括稳定度、流值、马歇尔模数）来评价沥青混合料的高温稳定性，对高速公路、一级公路、城市快速路、主干路用沥青混合料，还应通过车辙试验检验其抗车辙能力。

（2）低温抗裂性

沥青混合料不仅应具备高温的稳定性，同时还要具有低温的抗裂性，以保证路面在冬季低温时不产生裂缝。沥青混合料低温抗裂性要求的指标，目前尚处于研究阶段，尚未列入技术标准。

(3) 耐久性

沥青混合料的耐久性是指其抵抗长时间自然因素（风、日光、温度、水分等）和行车荷载反复作用的能力。目前评价沥青混合料耐久性的方法有马歇尔稳定度试验、浸水劈裂试验、冻融劈裂试验和浸水车辙试验等。

(4) 抗滑性

随着现代高速公路的发展，对沥青混合料路面的抗滑性提出更高的要求。我国现行标准对抗滑层集料提出了磨光值、道瑞磨耗值和冲击值等三项指标。

(5) 施工和易性

就沥青混合料性质而言，影响沥青混合料施工和易性的主要因素是矿料级配。粗细集料的颗粒大小相距过大，缺乏中间粒径，混合料容易离析；细料太少，沥青层不易均匀地分布在粗颗粒表面；细料过多，则拌和困难。

相关链接 路基和路面是道路的主要工程结构物。路面结构层的存在保护了路基，使之避免了直接经受车辆和大气的破坏作用，长久处于稳定状态。而坚实又稳定的路基为路面结构长期承受汽车荷载提供了重要的保证，由此可见，路基和路面是相辅相成，不可分离的整体，应综合考虑它们的工程特点，综合解决两者的强度、稳定性等工程技术问题。

任务 2.1 沥青路面原材料的选择

沥青混合料是用适量的沥青材料与一定级配的矿质集料经过充分拌和而形成的混合物。各组成材料的技术要求分述如下。

(一) 沥青

拌制沥青混合料用沥青材料的技术性质，随气候条件、交通性质、沥青混合料的类型和施工条件等因素而异。通常在较热的气候区或较繁重的交通下，细粒式或砂粒式的混合料则应采用稠度较高的沥青；反之，则采用稠度较低的沥青。在其他配料条件相同的情况下，较黏的沥青配制的混合料具有较高的力学强度和稳定性，但如稠度过高，则沥青混合料的低温变形能力较差，沥青路面容易产生裂缝；反之，在其他配料条件相同的条件下，采用稠度较低的沥青虽然配制的混合料在低温时具有较好的变形能力，但在夏季高温时，往往因稳定性不足而使路面产生推挤现象。

沥青路面面层用的沥青标号，宜根据气候条件、施工季节、路面类型、施工方法和矿料类型等按表 3-2-1 所列选用。其他各层的沥青可采用相同的标号，也可采用不同的标号。通常是面层的上层宜用较稠的沥青，下层或连接层宜用较稀的沥青。对于渠化交通的道路宜采用较稠的沥青，当沥青标号不符合使用要求时，可采用不同标号的沥青掺配，但掺配后的技术指标应符合要求。

按《公路沥青路面施工技术规范》（JTGF40—2004）规定：对高速公路、一级公路、城市快速路、主干路用沥青混合料的沥青，应采用符合《重交通道路用石油沥青技术要求》规定的沥青，对于其他道路用沥青混合料的沥青，应采用符合《中、轻交通道路用石油沥青技术要求》（JTJ052—93）规定的沥青。煤沥青不得用于面层热拌沥青混合料。

1. 道路石油沥青

道路石油沥青的质量应符合表3-2-3所列规定的技术要求。各个沥青等级的适用范围应符合表3-2-2所列的规定。经建设单位同意，沥青的PI值、60℃动力黏度、10℃延度可作为选择性指标。

表3-2-2　道路石油沥青的适用范围

沥青等级	适用范围
A级沥青	各个等级的公路，适用于任何场合和层次。
B级沥青	①高速公路、一级公路沥青下面层及以下的层次，二级及二级以下公路的各个层次； ②用作改性沥青、乳化沥青、改性乳化沥青、稀释沥青的基质沥青。
C级沥青	三级及三级以下公路的各个层次。

沥青路面采用的沥青标号，宜按照公路等级、气候条件、交通条件、路面类型及在结构层中的层位及受力特点、施工方法等，结合当地的使用经验，经技术论证后确定。

对高速公路、一级公路，夏季温度高、高温持续时间长、重载交通、山区及丘陵区上坡路段、服务区、停车场等行车速度慢的路段，尤其是汽车荷载剪应力大的层次，宜采用稠度和60℃黏度大的沥青，也可提高高温气候分区的温度水平选用沥青等级；对冬季寒冷的地区或交通量小的公路、旅游公路宜选用稠度小、低温延度大的沥青；对温度日温差、年温差大的地区宜注意选用针入度指数大的沥青。当高温要求与低温要求发生矛盾时，应优先考虑满足高温性能的要求。

沥青必须按品种、标号分开存放。除长期不使用的沥青可放在自然温度下存储外，沥青在储罐中的贮存温度宜在130～170℃之间。桶装沥青应直立堆放，加盖苫布。

道路石油沥青在贮运、使用及存放过程中应有良好的防水措施，避免雨水或加热管道蒸汽进入沥青中。

表3-2-3　道路石油沥青技术要求

指标	单位	等级	沥青标号																	试验方法[1]
			160号[4]	130号[4]	110号			90号					70号[3]					50号	30号[4]	
针入度(25℃,5s,100g)	dmm		140～200	120～140	100～120			80～100					60～80					40～60	20～40	T 0604
适用的气候分区[6]			注[4]	注[4]	2-1	2-2	3-2	1-1	1-2	1-3	2-2	2-3	1-3	1-4	2-2	2-3	2-4	1-4	注[4]	附录A[5]

续表 3-2-3

指标	单位	等级	沥青标号															试验方法[1]
			160号[4]	130号[4]	110号	90号					70号[3]					50号	30号[4]	
针入度指数PI[2]		A	−1.5 ~ +1.0															T 0604
		B	−1.8 ~ +1.0															
软化点（R&B）不小于	℃	A	38	40	43	45			44		46		45			49	55	T 0606
		B	36	39	42	43			42		44		43			46	53	
		C	35	37	41	42					43					45	50	
60℃动力黏度[2]不小于	Pa·s	A	–	60	120	160			140		180		160			200	260	T 0620
10℃延度[2]不小于	cm	A	50	50	40	45	30	20	30	20	20	15	25	20	15	15	10	T 0605
		B	30	30	30	30	20	15	20	15	15	10	20	15	10	10	8	
15℃延度不小于	cm	A.B	100													80	50	T 0605
		C	80	80	60	50					40					30	20	
蜡含量（蒸馏法）不大于	%	A	2.2															T 0615
		B	3.0															
		C	4.5															
闪点不小于	℃		230			245					260							T 0611
溶解度不小于	%	99.5	T 0607															
密度（15℃）	g/cm³		实测记录															T 0603
TFOT（或RTFOT）后[5]																		T 0610 或 T 0609
质量变化不大于	%		±0.8															
残留针入度比不小于	%	A	48	54	55	57					61					63	65	T 0604
		B	45	50	52	54					58					60	62	
		C	40	45	48	50					54					58	60	
残留延度（10℃）不小于	cm	A	12	12	10	8					6					4	–	T 0605
		B	10	10	8	6					4					2	–	
残留延度（15℃）不小于	cm	C	40	35	30	20					15					10	–	T 0605

注：[1] 试验方法按照现行《公路工程沥青及沥青混合料试验规程》（JTJ 052）规定的方法执行。

用于仲裁试验求取 PI 时，5 个温度针入度关系的相关系数不得小于 0.997；

[2] 经建设单位同意，表中 PI 值、60℃动力黏度、10℃延度可作为选择性指标，也可不作为施工质量检验指标；

[3] 70 号沥青可根据需要要求供应商提供针入度范围为 60～70 或 70～80 的沥青，50 号沥青可要求提供针入度范围为 40～50 或 50～60 的沥青；

[4] 30 号沥青仅适用于沥青稳定基层，130 号和 160 号沥青除寒冷地区可在中低级公路上直接应用外，通常用作乳化沥青、稀释沥青、改性沥青的基质沥青；

[5] 老化试验以 TFOT 为准，也可以 RTFOT 代替；

[6] 气候分区见附录 A。

2. 乳化沥青

乳化沥青是石油沥青或煤沥青在乳化剂、稳定剂的作用下经乳化加工制得的均匀的沥青产品，也称沥青乳液。按乳化沥青的使用方法分为喷洒型（用 P 表示）及拌和型（用 B 表示）乳化沥青两大类。其主要优点为：冷态施工、节约能源；利便施工、节约沥青；乳化沥青施工不需加热，故不污染环境；避免了劳动操作人员受沥青挥发物的毒害。

乳化沥青适用于沥青表面处置路面、沥青贯入式路面、常温沥青混合料路面，以及透层、黏层与封层。乳化沥青的类型应根据使用目的、矿料种类、气候条件选用，如表 3-2-4 所列。对酸性石料，以及当石料处于潮湿或在低温状态下施工时，宜采用阳离子乳化沥青；对碱性石料，且石料处于干燥状态或与水泥、石灰、粉煤灰共同使用时，宜采用阳离子乳化沥青。

表 3-2-4　　乳化沥青品种及适用范围

分类	品种及代号	适用范围
阳离子乳化沥青	PC－1	表处、贯入式路面及下封层用
	PC－2	透层油及基层养护用
	PC－3	黏层油用
	BC－1	稀浆封层或冷拌沥青混合料用
阴离子乳化沥青	PA－1	表处、贯入式路面及下封层用
	PA－2	透层油及基层养护用
	PA－3	黏层油用
	BA－1	稀浆封层或冷拌沥青混合料用
非离子乳化沥青	PN－2	透层油用
	BN－1	与水泥稳定集料同时使用（基层路拌或再生）

石料在高温条件下宜采用黏度较大的乳化沥青，寒冷条件下宜使用黏度较小的乳化沥青。

3. 煤沥青

煤沥青是由得到的煤焦油再经蒸馏加工制成的沥青。煤沥青与石油沥青相比，在技术性质上的差异有：温度稳定性较低，与矿质集料的黏附性较好，气候稳定性较差，以及含对人体有害成分较多、臭味较重。

煤沥青防腐性能好，可以用于木材防腐及地下防水、防腐工程。道路用煤沥青适用于透层、黏层，也可用于三级及三级以下的公路和次干路以下的城市道路铺筑沥青面层，但热拌沥青混合料路面的表面层不宜采用煤沥青。作其他用途时的贮存温度宜为 70 ~ 90℃，且不得长时间贮存。煤沥青可与道路石油沥青、乳化沥青混合使用，以改善渗透性。

（二）粗集料

沥青混合料用粗集料，可以采用碎石、破碎砾石、筛选砾石、矿渣等。

沥青混合料用粗集料，应该洁净、干燥、无风化、不含杂质。在力学性质方面，压碎值和洛杉矶磨耗率应符合相应道路等级的要求，如表 3-2-5 所列。

粗集料应具有良好的颗粒形状，用于道路沥青面层的碎石不宜采用颚式破碎机加工。

筛选砾石仅适用于三级及三级以下公路和次干路以下的城市道路的沥青表面处置路面和拌和法施工的沥青面层的下面层，不得用于贯入式路面及拌和法施工的沥青面层的中、上面层。

对用于抗滑表层沥青混合料中的粗集料，应该选用坚硬、耐磨、韧性好的碎石或碎砾石，矿渣及软质集料不得用于防滑表层。用于高速公路、一级公路、城市快速道路、主干路沥青路面表面层及各类道路抗滑用的粗集料，应符合表 3-2-5 中所列磨耗值和冲击值的要求。在坚硬石料来源缺乏的情况下，允许掺加一定比例普通集料作为中等或小颗粒的粗集料，但掺加比例不应超过粗集料总质量的 40%。

表 3-2-5　　粗集料技术要求

指标	高速公路标准	其他等级标准
石料压碎值/%	≤28	≤30
洛杉矶磨耗损失/%	≤30	≤40
视密度/t/m³	≥2.50	≥2.45
吸水率/%	≤2.0	≤3.0
对沥青的黏附性	≥4 级	≥3 级
坚固性	≤12	
细长扁平颗粒含量/%	≤15	≤20
含泥量/%	≤1	≤1
软石含量/%	≤5	≤5
石料磨光值/BPN	≥42	实测
石料冲击值/%	≤28	实测
破碎砾石的破碎面积/%		
表面层	≥90	≥40
中下面层	≥50	≥40

破碎砾石的技术要求与碎石相同，但破碎砾石用于高速公路、一级公路、城市快速路、主干路沥青混合料时，5mm 以上的颗粒中有一个以上的破碎面的含量不得少于 50%。

钢渣作为粗集料时，仅限于一般道路，并应经过试验论证取得许可后使用。钢渣应有 6 个月以上的存放期，质量应符合表 3-2-5 所列的要求。

研究表明：沥青组分中含有表面活性较强的地沥青酸和地沥青酸酐，这些酸和酸酐使碱性石料与沥青的黏附性比酸性石料与沥青的黏附性好，SiO_2 含量高于 65% 的集料属于酸性集料，如石英岩、花岗岩等；SiO_2 含量少于52%的集料属于碱性集料，如石灰岩，某些玄武岩也属于碱性集料，SiO_2 含量介于52% ~65%之间为中性集料，如鞍山岩，属于酸性岩石的石料用于高速公路、一级公路城市快速路、主干路时，宜使用针入度较小的沥青，并采用下列抗剥离措施，使其对沥青黏附性符合要求。

（1）用干燥的生石灰或消石灰粉、水泥作为填料的一部分，其用量宜为矿料总量的1% ~2%。

（2）在沥青中掺加剥离剂。

（3）将粗集料用石灰浆处理后使用。

粗集料的粒径规格应符合规范要求。如粗集料不符合规范要求，但确认与其他矿料配合后的级配符合各类沥青混合料矿料级配要求时，可以使用。

（三）细集料

用于拌制沥青混合料的细集料，可以采用天然砂、人工砂或石屑。

细集料应洁净、干燥、无风化、不含杂质，并有适当的级配范围。对细集料质量的技术要求如表3-2-6所列。细集料的洁净程度，天然砂以小于0.075mm含量的百分数表示，石屑和机制砂以砂当量（适用于0 ~4.75mm）或亚甲蓝值（适用于0 ~2.36mm或0 ~0.15mm）表示。

表3-2-6　沥青面层用细集料质量技术要求

指标	高速公路标准	其他等级公路标准
视密度/（t/m^3）	≥2.50	≥2.45
坚固性	≤12	–
砂当量	≥60	≥50

注：[1] 坚固性试验可根据需要进行；

[2] 当进行砂当量试验有困难时，也可用水洗法测定小于0.075mm部分的含量（仅适用于天然砂），对高速公路、一级公路和城市快速路、主干路要求该含量不大于3%，对其他公路与城市道路要求该含量不大于5%。

热拌沥青混合料的细集料宜采用优质的天然砂或人工砂，在缺砂地区，也可以使用石屑，但用于高速公路、一级公路、城市快速路、主干路沥青混凝土面层及抗滑表层的石屑用量不超过天然砂及机制砂。

细集料应与沥青有良好的黏结能力，与沥青黏结性能很差的天然砂及用花岗岩、石英岩等酸性石料破碎的机制砂或石屑不宜用于高速公路、一级公路和城市快速路、主干沥青面层。当需要使用时，应符合规定的抗剥离措施。

①用干燥的磨细消石灰或生石灰粉、水泥作为填料的一部分，其用量宜为矿料总量的1% ~2%。

②在沥青中掺加抗剥离剂。

③将粗集料用石灰浆处理后使用。

细集料的级配，天然砂宜按表3-2-7中所列的粗砂、中砂或细砂的规格选用，石屑宜按表3-2-8所列的规格选用。但细集料的级配在沥青混合料中的适用性，应以其与粗集料和填料配制成砂制混合料后，判定其是否符合矿质混合料的级配要求来决定。当一种细集料不能满足级配要求时，可采用两种或两种以上的细集料掺合使用。

表 3-2-7　　沥青混合料用天然砂规格

筛孔尺寸 /mm	通过各孔筛的质量百分率/%		
	粗砂	中砂	细砂
9.5	100	100	100
4.75	90~100	90~100	90~100
2.36	65~95	75~90	85~100
1.18	35~65	50~90	75~100
0.6	15~30	30~60	60~84
0.3	5~20	8~30	15~45
0.15	0~10	0~10	0~10
0.075	0~5	0~5	0~5

表 3-2-8　　沥青混合料用石屑规格

规格	公称粒径	水洗法通过各筛孔的质量百分率/%							
	/mm	9.5	4.75	2.36	1.18	0.6	0.3	0.15	0.075
S15	0~5	100	90~100	60~90	40~75	20~55	7~40	2~20	0~10
S16	0~3		100	80~100	50~80	25~60	8~45	0~25	0~15

（四）填料

沥青混合料的填料宜采用石灰岩或岩浆中的强基性岩石（憎水性石料）经磨细得到的矿粉。原石料中泥土含量应小于3%，并不得有其他杂质。矿粉要求干燥、洁净，其质量应符合表3-2-9所列的技术要求。当采用水泥、石灰、粉煤灰作填料时，其用量不宜超过矿料总量的2%。

粉煤灰作为填料使用时，烧失量应小于12%，塑性指数应小于4%，其余质量要求与矿粉相同。粉煤灰的用量不宜超过调料总量的50%。并应经试验确认与沥青有良好的黏附性，沥青混合料的水稳定性能满足要求。

拌和机采用干法除尘，石粉尘可作为矿粉的一部分回收使用。湿法除尘、石粉尘回收使用时应经干燥粉尘处理，且不得含有杂质。回收粉尘的用量不得超过填料总量的50%，掺有粉尘填料的塑性指数不得大于4%，其余质量要求与矿粉相同。

表 3-2-9　　沥青面层用矿粉质量技术要求

指标	高速公路、一级公路	其他等级公路
视密度不小于/（t/m^3）	2.50	2.45
含水量不大于/%		1

续表 3-2-9

指标	高速公路、一级公路	其他等级公路
粒度范围 <0.6mm/% <0.15mm/% <0.075mm/%	 100 90~100 75~100	 100 90~100 75~100
外观	无团粒结块	
亲水系数	<1	

任务 2.2　沥青混合料的拌和

一、拌和设备的类型和选择

沥青混凝土搅拌设备按工艺流程分为间歇强制式设备和连续强制式设备。

1. 间歇强制式拌和设备

间歇强制式拌和设备的特点为冷矿料的烘干、加热以及与热沥青的拌和，是先后在不同的设备中进行的，其中集料的烘干与加热是连续进行的，混合料的拌制则是间歇地由搅拌器强制拌和，间歇强制式拌和设备总体结构如图 3-2-2 所示。其工作过程如下。

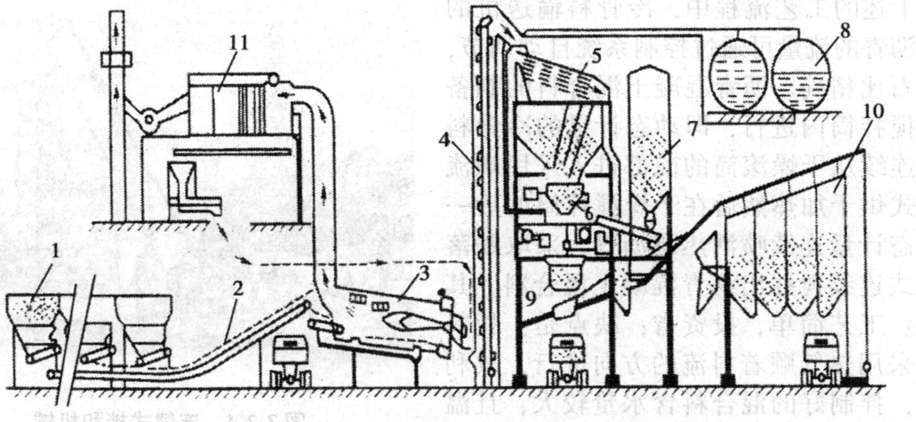

图 3-2-2　间歇强制式拌和机工艺流程图

1—冷集料定量给料装置；2—冷集料输送机；3—干燥滚筒；4—热集料提升机；5—热集料筛分机和热集料贮斗；6—热集料计量装置；7—矿粉贮仓和定量供给装置；8—沥青保温罐和定量供给装置；9—搅拌器；10—混合料成品贮仓；11—除尘装置

(1) 不同规格的冷砂石料分别装入不同料斗→各料斗定量给料装置按配合比粗配→粗配后的冷骨料由皮带运输机运输→干燥滚筒内的火焰逆流将冷骨料烘干并加热到足够温度→除尘装置将粉尘分离→热骨料被提升机传输→热骨料由筛分机筛分后存入 4 ~5 个储料仓储存（以上过程为连续进行）→热骨料计量装置精确计量→搅拌器搅拌。

（2）矿粉→矿粉储仓→矿粉定量给料装置→搅拌器搅拌。

（3）沥青→沥青保温罐→沥青定量装置→搅拌器搅拌。

由上（1）可知矿料经过二次筛分和施工配合比进入搅拌器并与矿粉和沥青一起拌制成沥青混合料。原材料颗粒组成的变化对沥青混合料的矿料组成不会有太多的影响，矿料与沥青的比例也能达到相当精确的程度（油石比误差≤±0.3%）。

由于间歇强制式拌和设备历史悠久，技术已趋完善，并且采用相对较简单的计量技术，即可获得各种沥青混合料较精确的配合比。因此，间歇强制式拌和设备得到了广泛的应用，目前国内大多数拌和设备属于此类，如图3-2-3所示。

图 3-2-3　间歇式样和机械

2. 连续强制式拌和设备在连续强制式拌和机中集料的烘干、加热及混合料的拌制均为连续进行，由搅拌器强制拌和。

其工作过程如下。

（1）不同规格的冷砂石料分别装入不同料斗→各料斗定量给料装置按配合比送料→冷骨料级配后由变速皮带机传输（以实现油石比控制）→干燥搅拌筒前半段烘干并加热到足够温度→干燥滚筒后半段进行搅拌。

（2）矿粉→矿粉储仓→皮带电子称连续计量→冷骨料皮带输送机（或干燥搅拌筒）。

（3）沥青→沥青供给系统→沥青输送系统→计量后的沥青进入干燥搅拌筒→由沥青喷管将沥青喷入干燥搅拌筒后段→与加热后的骨料一起搅拌。

在上述的工艺流程中，冷骨料输送机的转速、沥青的流量可通过控制系统自动调节，以使油石比精确。沥青混凝土混合料的制备在干燥搅拌筒内进行，即动态计量的冷骨料和矿粉连续从干燥滚筒的前部进入采用顺流加热方式烘干加热然后在干燥搅拌筒的后一段与动态计量连续喷洒热态沥青，采取跌落搅拌方式连续搅拌出沥青混凝土混合料。其优点是：工艺简单，投资省；缺点是：骨料的加热采用热气顺着料流的方向进行，故利用率低，拌制好的混合料含水量较大，且温度也较低（110～140℃）。高等级公路一般不采用连续强制式，如图3-2-4所示。

图 3-2-4　连续式拌和机械

二、沥青混合料的拌制

1. 原材料的准备

热拌沥青混合料拌和前，应对每批到场的沥青均应检查其生产厂家所附的试验报告、数量、生产日期及试验结果等。对每批沥青进行抽检，若抽检中发现有不符合要求的，应加倍检验，若仍有不符合要求的，应退货。

对进场的碎石、砂、石屑、矿粉等材料都要严格检查，不合格材料严禁入场。经选择确定的材料在施工过程中应保持稳定，不得随意变更。

堆料场贮存的集料应为平均日用量的5倍以上，集料应加遮盖，以防雨水。集料的含水量过大则意味着加热时间长，生产能力降低。集料要干净，无垃圾、尘土等杂物，堆放要有序，严格防止不同料径的料混杂。

生产热拌沥青混合料，通常采用4~5种不同粗细规格的集料，每种集料置于相应的冷料仓中。各个冷料仓的集料通过仓口下的小皮带（或履带）输送到通往拌和机的大输送带上，仓口开启的大小和皮带运行的速度均直接影响各冷料仓供料的多少，因此，可通过调整冷料仓出料口的开启大小和皮带运行的速度来控制各冷料仓的供料数量（在实际生产中，一般均固定出料口的开启度，通过改变皮带运行的速度调整供料的数量），使混合料的颗粒组成符合目标配合比。

矿粉和沥青贮量应为平均日用量的2倍以上，贮存的矿粉必须遮盖，不得浸水，否则将影响矿料配合比精度和拌和机生产效率。

2. 试拌

在拌和厂拌制一种新配合比的混合料之前，或中断了一段时间后重新启用后，均应根据生产配合比进行试拌。通过试拌及抽样试验确定施工时的质量控制指标。

（1）对间歇式拌和设备，应根据生产配合比的要求确定拌制每盘混合料时各冷料仓和热料仓的出料数量。对连续式拌和设备，应确定各种矿料送料口的大小及沥青、矿料的进料速度。

（2）沥青混合料应按生产配合比确定的沥青用量进行试拌，试拌后取样进行马歇尔试验和抽提试验，并将其试验值与生产配合比试验结果进行比较，验证沥青用量的合理性，必要时作适当调整。

（3）确定适宜的拌和时间。间歇式拌和设备每盘拌和时间宜为30~60s，其中干拌时间不小于5s，最佳拌和时间是使拌出的混合料色泽均匀一致，每个集料颗粒都被沥青膜均匀裹覆，大小颗粒分布均匀所需的最短时间。连续式拌和机的拌和时间由上料速度及拌和温度调节。

（4）确定适宜的拌和及出厂温度。应根据不同的沥青品种和不同的沥青混合料确定拌和时间及出厂温度，推荐的温度如表3-2-10所列，可在拌和机的出料口接料检测温度，该温度如在规范规定的出厂温度范围内，且混合料色泽均一，流而不散则认为该温度合适。如温度超出规定范围或目测不合格，则须适当调整原材料的加热温度，直至满足要求为止。此时的集料及沥青的加热温度，即可定为正式生产时的加热温度。

表3-2-10　　热拌沥青混合料的施工温度　　℃

施工工序		石油沥青的标号			
		50号	70号	90号	110号
沥青加热温度		160~170	155~165	150~160	145~155
矿料加热温度	间隙式拌和机	集料加热温度比沥青温度高10~30℃			
	连续式拌和机	矿料加热温度比沥青温度高5~10℃			
沥青混合料出料温度		150~170	145~165	140~160	135~155
混合料贮料仓贮存温度		贮料过程中温度降低不超过10℃			

续表 3-2-10

施工工序		石油沥青的标号			
		50 号	70 号	90 号	110 号
混合料废弃温度高于		200	195	190	185
运输到现场温度不低于		150	145	140	135
混合料摊铺温度不低于	正常施工	140	135	130	125
	低温施工	160	150	140	135
开始碾压的混合料内部温度不低于	正常施工	135	130	125	120
	低温施工	150	145	135	130
碾压终了的表面温度不低于	钢轮压路机	80	70	65	60
	轮胎压路机	85	80	75	70
	振动压路机	75	70	60	55
开放交通的路表温度不高于		50	50	50	45

注：[1] 施工温度与沥青品种及标号有关，较稠沥青的施工温度宜靠近高限，较稀沥青的施工温度可靠近低限；

[2] 本表不适用于改性沥青混合料施工；

[3] 对高速公路、一级公路和城市快速路、主干路，沥青混合料出厂温度超过正常温度高限30℃时，混合料应予废弃。

拌制根据配料单进料，严格控制各种材料用量及其加热温度。拌和后的沥青混合料应均匀一致，无花白、离析和结团成块现象。每班抽样做沥青料性能、矿料组成和沥青用量检验。每班拌和结束时，清洁拌和设备和防空管道中的沥青。做好各项检查记录，不符合技术要求的沥青混合料禁止出厂。

三、试铺

高等级公路在施工前应铺筑试验段。铺筑试验段是不可缺少的步骤，应该成为一种制度。

其他等级公路在缺乏施工经验或初次使用重大设备时，也应铺筑试验段。试验段的长度应根据试验目的确定，宜为100～200m，太短了不便施工，得不出稳定的数据。试验段宜在直线段上铺筑。如在其他道路上铺筑时，路面结构等条件应相同。路面各层的试验可安排在不同的试验段进行。

热拌热铺沥青混合料路面试验段铺筑分试拌及试铺两个阶段，应包括下列试验内容。

（1）根据沥青路面各种施工机械相匹配的原则，确定合理的施工机械、机械数量及组合方式。

（2）通过试拌确定拌和机的上料速度、拌和数量与时间、拌和温度等操作工艺。

（3）通过试铺确定以下各项：

①透层沥青的标号与用量、喷洒方式、喷洒温度；

②摊铺机的摊铺温度、摊铺速度、摊铺宽度、自动找平方式等操作工艺；

③压路机的压实顺序、碾压温度、碾压速度及碾压遍数等压实工艺；

④确定松铺系数、接缝施工方法等。

（4）验证沥青混合料配合比设计结果，提出生产用的矿料配比和沥青用量。

（5）建立用钻孔法及核子密度仪法测定密实度的对比关系。确定粗粒式沥青混凝土或沥青碎石面层的压实标准密度。

（6）确定施工产量及作业段的长度，制订施工进度计划。

（7）全面检查材料及施工质量。

（8）确定施工组织及管理体系、人员、通迅联络及指挥方式。

在试验段的铺筑过程中，施工单位应认真做好分析记录，监理工程师或工程质量监督部门应监督、检查试验段的施工质量，及时与施工单位商定有关结果。铺筑结束后，施工单位应就各项试验内容提出试验总结报告，并取得主管部门的批复，作为施工依据。

任务 2.3　沥青混合料现场施工

1. 施工放样

（1）基准形式的选择

基准形式是指摊铺机通过基准线（梁）和行走基准两种方式控制摊铺高程，基准线一般用钢丝绳。通常在摊铺下面层和中面层时，由于下面层的平整度较低，需布设基准线。摊铺机的传感装置通过感应基准线的高程来控制摊铺高程（俗称“走钢丝绳”）摊铺表面层时，中面层已具有较高的平整度，其基准形式一般是摊铺机通过滑撬感应中面层的高程来控制摊铺高程（俗称“走雪撬”）。

（2）基准线的布设

基准线是控制铺筑层标高和平整度的关键，可分四步进行布设。

图 3-2-5　基准线柱

第一步：布设钢桩（如图 3-2-5 所示），一般布设在路肩的边缘，距摊铺边缘 30 ~ 50cm。桩距直线段宜为 10m，弯道部分酌情适当缩短，以保证路面边缘摊铺圆顺，桩位最好选用设计图表上的桩号，以便利用其设计高程作为基准线标高的依据，桩的打入深度以桩稳固为度，分别测定下承层上打桩点的高程。

第二步：在桩上套上带托架的套管，使托架垂直于路中线。将实测高程与设计高程作比较，如果两者高程差值在厚度允许误差范围内时，移动套管使套管顶部高程等于实测高程，并固定套管。如果某些测点高程高于设计高程时，应按本层设计厚度放样，移动套管使套管顶部高程等于实测高程与本层设计厚度之和，并固定套管，同时对纵坡进行调整，调坡坡度以千分之一为宜，切忌频繁调坡，影响行车的舒适性。

第三步：将钢丝绳的一端固定在支撑桩上，然后将钢丝绳放在各桩的托架上，用紧线器拉紧，最后固定在另一端的支撑桩上。此钢丝绳即为控制摊铺高程的基准线。

第四步：量测基准线与下承层顶面的高度，并与设计厚度进行比较，对不满足的点再作调整。

基准线必须充分拉紧，下垂度不得超过路面平整度的允许偏差值，摊铺过程中施工人员和机具不得碰撞基准桩、线，防止基准线发生偏差影响摊铺效果。

2. 热拌沥青混合料的运输

热拌沥青混合料应采用较大吨位的自卸汽车运输以减少摊铺机前经常短时换车卸料的情况，用于运输的数量应能与摊铺机的摊铺速度相协调，保证不至于使摊铺机停工待料。施工过程中，摊铺机前一般应保证有不少于5辆料车在等候卸料。

车厢应具有紧密、清洁、光滑的金属底板并应打扫干净。为防止沥青混合料与车厢板黏结，在车厢侧板和底部涂刷柴油与水以1∶3比例混合的混合液。但要严格控制涂液用量，以均匀涂遍但不积油水为宜。不允许用石油衍生剂来作运料车底板的涂料。

在往运料车上装载沥青混合料时，为减少混合料颗粒离析，应尽量缩短出料口与车厢的下料距离，且自卸车不应停在一个位置上受料，每往车厢内装一斗料，车就移动一次位置。为使装料均匀，分次装料一般以奇数次为宜，一车料最少应分3次装载，首先将料放于车箱的前部，然后移动运料车，将料放于车箱的后部，最后再移动运料车，使余下的料在车箱的中部均匀分装。

运输车应用篷布覆盖，用以保温、防雨、防污染（如图3-2-6所示），卸料时为防止粗、细集料产生离析，可用沥青混合料转运车来消除离析，即先将混合料卸在转运车内，转运车通过二次拌和后再将混合料卸到摊铺车料斗内，沥青混合料运输至摊铺地点后应检查其拌和质量、混合料温度，已结块或遭雨淋不符合温度要求的混合料不能铺筑在道路上。

图3-2-6 自卸汽车运输

连续摊铺过程中，运料车或转运车应在摊铺机前10～30cm处停住不得撞击摊铺机；卸料过程中，运料车或转运车要挂空档，靠摊铺机推动前进。车厢慢慢升起，将混合料缓缓卸入摊铺机料斗中，要相互配合确保不溜车。

3. 热拌沥青混合料的摊铺

（1）摊铺机的工作原理

混合料运输车将混合料卸入摊铺机接料斗后，由其底部的纵向输送带经流量控制装置将混合料送入螺旋布料器，再由其向两侧输送到预定的摊铺地点。随着摊铺机向前行驶，螺旋布料器输送的混合料就到了熨平装置的夯击锤或振动梁的前缘。先由击实锤或振动梁的夯击或振动，同时将多余的混合料挤走，最后用熨平板熨平，如图3-2-7所示。

（2）摊铺宽度的确定

全路幅一次摊铺时，能够节约人工和机械，而且铺筑成型的路面表面均匀一致、平整度好、无纵向施工缝；缺点是易造成离析和压实度不足。分路幅多次摊铺则纵向接缝施工困难大，接缝两侧大料较多，密实度差，而且平整度也难掌握。当采用分路幅多次摊铺时，尽量采用多台摊铺机梯队作业的方式，两台摊铺机的距离以前面摊铺的混合料尚未冷却为度，一般为5～10m。相邻两幅的摊铺应有5～10cm左右宽度的摊铺重叠，如图3-2-8

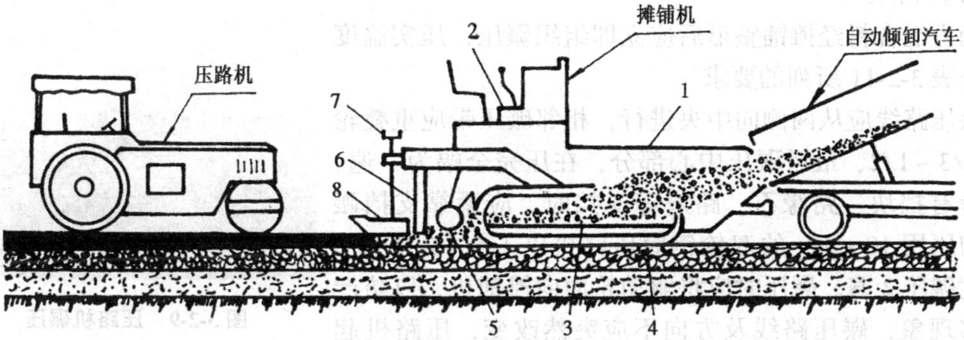

图 3-2-7　沥青混合料摊铺机操作示意图

1—料斗；2—驾驶台；3—送料器；4—履带；5—螺旋式摊铺器；6—振捣器；7—厚度调节螺杆；8—摊平板

所示。

图 3-2-8　摊铺机梯队摊铺

（3）摊铺机运行应注意的事项

①摊铺机驾驶员应严格按操作规程的要求进行操作，起步应缓慢、平衡，使摊铺工作有个良好的开端。

②利用导向装置沿着指定线位行驶，使外侧边缘与设计的路面边缘吻合，内侧边缘应顺直以利纵向接缝。弯道部分摊铺时应平缓地转向，保证摊铺带边缘圆顺。

③摊铺作业应连续、匀速进行、不间断地进行摊铺，摊铺速度在拌和及时的情况下，可适当放慢。摊铺过程中，摊铺机螺旋送料器要不停顿地运转，两侧量（铺筑宽度、厚度等）计算确定，起步控制在 1 ~ 2m/min，正常摊铺速度为 3 ~ 4m/min，供料要保持有不少于送料器高度 2/3 的混合料，保证在摊铺机全宽度断面上不发生离析。摊铺中出现拥包，须立即停机，并倒回重新摊铺。与路缘石结合的地方用人工配合平整。

④沥青混合料宜在干燥、暖和的天气铺筑；当气温低于 10℃时不宜施工，下雨时也应停止摊铺。

混合料遇水后，一定不能使用必须报废，所以雨季施工时要注意千万不能淋雨。底面层摊铺要在左右侧各设一条基准线，控制高程，其准线设置一定要满足精度要求，支座要牢固，测量要准确（应两台水准仪，同时观测）。中面层、表面层采用浮动基准梁摊铺（不具备该条件的不准摊铺）。

⑤沥青混合料的摊铺温度应符合表 3-2-10 所列要求。

⑥在摊铺过程中应随时检查摊铺层厚度和路拱横坡，不符合要求时应及时进行调整。

⑦摊铺机摊铺不到的死角，应采用人工摊铺整形。

4. 热拌沥青混合料的压实及成型

热拌沥青混合料的压实应按初压、复压、终压（包括成型）三个阶段进行。沥青混合料压实宜采用钢筒压路机与轮胎压路机或振动压路机组合的方式，压路驱动轮机应以慢而均匀的速度碾压，压路机的碾压速度应符合表规定。

（1）初压

沥青混合料经摊铺整形后应立即组织碾压，压实温度应符合表 3-2-11 所列的要求。

碾压路线应从两侧向中央进行，相邻碾压带应重叠轮宽的 1/3 ~ 1/2，最后碾压中心部分，在压完全幅为一遍，当边缘有挡块、路缘石、路肩等支挡时，应紧靠支挡碾压；初压用 10 ~ 12t 的双轮钢筒压路机以 1.5 ~ 2.0km/h 的速度碾压 2 遍。碾压时应将驱动轮面向摊铺机，以防产生推移现象；碾压路线及方向不应突然改变，压路机起动、停止时须慢速进行；为防止压路机碾压过程有沥青混合料粘轮现象发生，压路机均安装自动喷水装置，喷洒少量的洗衣粉溶液，如图 3-2-9 所示。初压阶段应及时检查并消除不平、蜂窝、裂纹和拥包等常见的缺陷。

图 3-2-9　压路机碾压

表 3-2-11　　压路机碾压速度　　km/h

压路机类型	初压		复压		终压	
	适宜	最大	适宜	最大	适宜	最大
钢筒压路机	15 ~ 2	3	25 ~ 35	5	2.5 ~ 3.5	5
轮胎压路机	–	–	35 ~ 45	8	4 ~ 6	8
振动压路机	15 ~ 2 （静压）	5 （静压）	4 ~ 5 （振动）	4 ~ 5 （振动）	2 ~ 3 （静压）	5 （静压）

（2）复压

初压形成工作面后，复压即可开始。现场质量人员以插旗的方式划分路面不同的温度段。由于轮胎压路机能调整轮胎的内压，可以得到所需的接触地面压力，使骨料相互咬合，易于获得均一的密实度，而且密实度可以提高 2% ~ 3%，所以复压阶段最好用总重量不小于 15t 的轮胎压路机碾压，碾压速度宜控制在 5km/h 左右，碾压时相邻碾压带应重叠 1/3 ~ 1/2 的碾压轮宽度。若采用振动压路机时，倒车时应先停止振动，前进时再开始振动，以免形成鼓包。

复压是碾压过程中最重要的阶段，混合料能否达到规定的密实度，关键全在于这阶段的碾压。复压应碾压至稳定无显著轮迹为止，一般不少于 6 遍。

（3）终压

终压紧接在复压后进行，终压应采用双轮钢筒式压路机或关闭振动的振动压路机碾压，目的是消除复压留下的轮迹及其他表面缺陷（终了温度 > 80℃），一般需 2 ~ 4 遍。

压路机不得停留在温度高于 70℃ 的已经压过的混合料上，同时，应采取有效措施，防止油料、润滑脂、汽油或其他有机杂质在压路机操作或停放期间洒落在路面上。

摊铺和碾压过程中，要组织专人进行质量检测控制和缺陷修复。压实度检查要及时进行，发现不够时在规定的温度内及时补压，在压路机压不到的其他地方，应采用手夯或机夯把混合料充分压实。

5. 接缝处理

沥青混凝土路面的各种施工缝（包括纵缝及横缝）都必须密实、平顺，接缝前其边缘应扫净、刨齐，刨齐后的边缘应保持垂直。

（1）纵缝施工

热接缝：摊铺时采用梯队作业的纵缝应采用热接缝（如图 3-2-10 所示）。即将已铺筑的沥青混合料留下 10～20cm 不碾压，作为后摊铺的基准面，后摊铺面应与先摊铺面重叠 5cm 左右（在碾压前进行平整）。最后跨缝碾压。

图 3-2-10 热接缝——梯队摊铺

冷接缝：半幅施工不能采用热接缝时，宜加设挡板或采用切刀切齐。铺另半幅前必须将缝边缘清扫干净，并涂洒少量黏层沥青。摊铺时应重叠在已铺层上 5～10cm，摊铺后用人工将摊铺在前半幅上面的混合料铲走。

碾压时，应先在已压实的路面上行走，碾压新铺层 10～15cm，然后逐次向新铺部分移动 10～15cm，直至最终完全在新铺路面上碾压，充分将接缝碾压密实。上下层的纵缝应错开 15cm 以上，表层的纵缝应顺直。

（2）横缝施工

由于工作中断，摊铺材料的末端已经冷却，或者在第二天恢复工作时，就应做成一道横缝。横缝应与铺筑方向大致成直角，严禁使用斜接缝。横缝在相邻的层次和相邻的行程间均应至少错开 1m。横缝应有一条垂直经碾压成良好的边缘。在下次行程摊铺前，应在上次行程的末端涂刷适量黏层沥青，并注意设置整平板的高度，为碾压留出适当预留量。

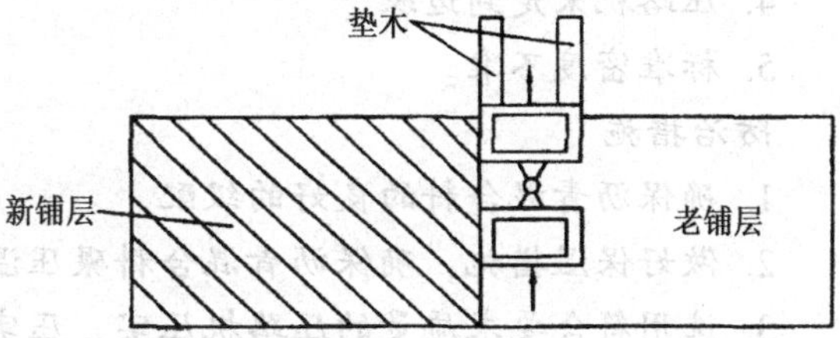

图 3-2-11 横缝的碾压

横缝的碾压（如图 3-2-11 所示）是工作中的重要一环。碾压带的外侧应放置供压路机行驶的垫木，碾压时压路机应位于已压实的混合料层上，伸入新铺层的宽度为 15cm。然后每压一遍向新铺混合料移动 15～20cm，直至全部在新铺层上为止，再改为纵向碾压。

当相邻摊铺层已经成型，同时又有纵缝时，可先用钢筒式压路机沿纵缝碾压一遍，其碾压宽度为 15～20cm，然后再沿横缝作横向碾压，最后进行正常的纵向碾压。

6. 开放交通

热拌沥青混合料路面应待摊铺层完全自然冷却，混合料表面温度低于 50℃（石油沥青）或 45℃（煤沥青）后开放交通。

相关链接 沥青路面施工过程中常见的问题

一、路面面层离析

形成原因

1. 混合料集料公称最大粒径与铺面厚度之间比例不匹配。

2. 沥青混合料不佳。

3. 混合料拌和不均匀，运输中发生离析。

4. 摊铺机工作状况不佳，未采用两台摊铺机。

防治措施

1. 适当选择小一级集料公称最大粒径的沥青混合料，以与铺面厚度相适应。

2. 适当调整生产配合比矿料级配，使稍粗集料接近级配范围上限，较细集料接近级配范围下限。

3. 运料装料时应至少分三次装料，避免形成一个锥体使粗集料滚落锥底。

4. 摊铺机调整到最佳状态，熨平板前料门开度应与集料最大粒径相适应，螺旋布料器上混合料的高度应基本一致，料面应高出螺旋布料器2/3以上。

二、沥青面层压实度不合格

形成原因

1. 沥青混合料级配差。

2. 沥青混合料碾压温度不够。

3. 压路机质量小，压实遍数不够。

4. 压路机未走到边缘。

5. 标准密度不准。

防治措施

1. 确保沥青混合料的良好的级配。

2. 做好保温措施，确保沥青混合料碾压温度不低于规定要求。

3. 选用符合要求质量的压路机压实，压实遍数符合规定。

4. 当采用埋置式路缘石时，路缘石应在沥青面层施工前安装完毕，压路机应从外侧向中心碾压，且紧靠路缘石碾压；当采用铺筑式路缘石时，可用耙子将边缘的混合料稍稍耙高，然后将压路机的外侧轮伸出边缘10cm左右碾压，也可在边缘先空出宽30~40cm，待压完第一遍后，将压路机大部分重量位于压实过的混合料面上再压边缘，减少边缘向外推移。

5. 严格进行马歇尔试验，保证马歇尔标准密度的准确性。

三、沥青面层压实度不均匀

形成原因

1. 装卸、摊铺过程中所导致的沥青混合料离析，局部混合料温度过低。

2. 碾压混乱，压路机台套不够，导致局部漏压。

3. 碾压温度不均匀。

防治措施

1. 料车在装料过程中应前后移动，运输过程中应覆盖保温。

2. 调整好摊铺机送料的高度，使布料器内混合料饱满齐平。

3. 合理组织压路机，确保压轮的重叠和压实遍数。

四、枯料

形成原因

1. 砂及矿料含水量过高，致使细料烘干时，粗料温度过高。

2. 集料孔隙较多。

防治措施

1. 细集料以及矿粉的存放应有覆盖，确保细集料烘干前含水量小于7%。

2. 混合料出厂温度超过规定时应废弃。

3. 对孔隙较大的粗集料，应适当延长加热时间，使孔隙中的水分蒸发，但应控制加热温度。

五、沥青面层空隙率不合格

形成原因

1. 马歇尔试验孔隙率偏大或偏小。

2. 压实度未控制在规定的范围内。

3. 混合料中细集料含量偏低。

4. 油石比控制较差。

防治措施

1. 在沥青拌和站的热料仓口取集料筛分，以确保沥青混合料矿料级配符合规定。

2. 确保生产油石比在规定的误差范围内。

3. 控制碾压温度在规定范围内。

4. 选用规定要求的压路机，控制碾压遍数。

5. 严格控制压实度。

六、沥青混合料油石比不合格

形成原因

1. 实际配合比与生产配合比偏差过大。

2. 混合料中细集料含量偏高。

3. 拌和机沥青称量计误差过大。

4. 承包商设定拌和楼油石比时采用生产配比误差下限值。

5. 油石比试验误差过大。

防治措施

1. 保证石料的质量均匀性。

2. 对拌和楼沥青称量计进行检查标定，并取得计量认证。

3. 调整生产配合比，确保油石比在规定范围内。

4. 按试验规程认真进行油石比试验。

5. 保证吸尘装置工作正常和矿料沥青用量的准确。

6. 将每日沥青用量和集料矿料用量进行计算，验证油石比是否满足要求。

七、沥青面层施工中集料被压碎

形成原因

1. 石灰岩集料压碎值偏大。

2. 粗集料针片状颗粒较多。

3. 石料中软石含量或方解石含量偏高。

4. 碾压程序不合理。

防治措施

1. 选择压碎值较小的粗集料。

2. 选用针片状颗粒含量小的粗集料。

3. 控制碾压遍数，以达到规定压实度为限，不要超压。

4. 应按初压、复压、终压程序碾压，初压用钢轮，复压用胶轮，终压用钢轮碾压，碾压应遵循先轻后重，从低到高的原则进行。

八、沥青混合料检验中粉胶比不合格

形成原因

1. 用油量不符合标准。

2. 矿粉用量不符合标准。

3. 石灰岩集料压碎值偏大或针片状含量过高，造成石料被压碎增加小于 0.075mm 级配数量。

4. 集料颗粒含有粉尘，生产配合比设计时集料未用水洗法筛分。

5. 拌和机吸尘装置未能有效吸尘。

防治措施

1. 严格控制沥青混合料生产配合比。

2. 选用压碎值小、针片状颗粒含量较少、0.075mm 以下颗粒含量较少的石料。

3. 生产配合比设计时，集料筛分应用水洗法。

4. 保证拌和机吸尘装置的有效矿粉、沥青用量的准确。

九、沥青面层厚度不足。

形成原因

1. 试铺时未认真确定好松铺系数。

2. 施工时未根据每天检测结果对松铺厚度进行调整。

3. 摊铺机或找平装置未调整好。

4. 基层标高超标。

防治措施

1. 试铺时仔细确定松铺系数，每天施工中根据实际检测情况进行调整。

2. 调整好摊铺机及找平装置的工作状态。

3. 下面层施工前认真检查下封层标高，基层超标部分应刮除部分基层，补好下封层，再摊铺下面层。

4. 根据每天沥青混合料摊铺总量检查摊铺厚度，并进行调整。

十、沥青面层横向裂缝

形成原因

1. 基层开裂反射到沥青面层。

2. 基层开挖沟槽埋设管线。

3. 通道沉降缝、搭板尾部与基层结合部产生不均匀沉降。

4. 下承层顶面未清扫干净，有浮料或污染，沥青混凝土在碾压时产生推移形成横向裂缝。

5. 终压时沥青混合料温度偏低，沥青黏结力下降，碾压时的推力产生碾压裂缝。

防治措施

1. 基层施工时严格控制配合比、压实度及加强养护工作，处置基层，采取防裂措施，减少基层横向开裂。

2. 严格控制沟槽、结构物、台背的路基回填质量，回填时应挖好台阶分层压实。基层开裂处、桥头搭板尾部和通道沉降缝处顶面铺设玻纤网，以降低对面层的影响，减少面层横向裂缝。

3. 在沥青混凝土摊铺前，下承层顶面必须清理干净。

4. 严格控制终压时的沥青混凝土温度，及时碾压。

十一、沥青面层纵向裂缝

形成原因

1. 地基沉降不均匀引起路基路面纵向开裂。

2. 路基填筑使用了不合格填料（如膨胀土），路基吸水膨胀引起路面开裂。

防治措施

1. 加固地基，使用合格填料填筑路基或对填料进行处理后再填筑路基。

2. 在裂缝两边各挖除一定宽度基层，采用厚度不小于20cm的钢筋砼补平基层的措施进行处理，其上加铺玻纤网处置，再铺筑沥青面层。

十二、沥青面层不均匀沉降

形成原因

1. 软基处理不好造成路基产生不均匀沉降，从而引起路面不均匀沉降。

2. 软基处理后未待沉降稳定即填筑路基造成路基产生不均匀沉降，从而引起路面不均匀沉降。

3. 堆载预压时间不够致使路面铺筑完成后产生不均匀沉降。

4. 路基清表时未发现的暗塘，造成路基产生不均匀沉降，从而引起路面不均匀沉降。

5. 路基或路面基层、底基层压实度不够造成路面不均匀沉降。

防治措施

1. 按规范进行软基处理，待沉降稳定后进行路面铺筑。

2. 根据设计要求和沉降速率控制堆载预压时间，避免提前卸载。

3. 严格控制路基填筑的碾压以及路面基层、底基层的压实度。

十三、沥青面层平整度超标

形成原因

1. 摊铺机及找平装置未调整好致使松铺面不平整。

2. 摊铺过程中停车待料。

3. 运料车倒退卸料撞击摊铺机。

4. 下承层平整度很差。

防治措施

1. 仔细设置和调整，使摊铺机及找平装置处于良好的工作状态，并根据试铺效果进行随时调整。

2. 施工过程中摊铺机前方应有运料车在等候卸料，确保摊铺连续、均匀地进行，不得中途停顿，不得时快时慢，做到每天摊铺仅在收工时才停工。

3. 路面各个结构层施工，均应严格控制好各层的平整度。

任务3 沥青玛蹄脂碎石混合料的施工

一、认识SMA

SMA是一种由沥青、纤维稳定剂、矿粉及少量的细集料组成的沥青玛蹄脂填充间断级配的粗集料骨架间隙而组成的沥青混合料。

它是由碎石骨架和沥青玛蹄脂结合料两大部分组成的。通过采用木质素纤维或矿物纤维稳定剂、增加矿粉用量、沥青改性等技术手段，组成沥青玛蹄脂。沥青玛蹄脂可以使沥青的感温性变小，用量增加。由它填充间断级配碎石集料中的空隙，可使混合料既能保持间断级配沥青混合料表面性能好的优点，又能克服其耐久性差的缺点，尤其是能使混合料的高温抗车辙能力、低温抗裂性能、耐疲劳性能和水稳定性等各种路用性能大幅度提高。

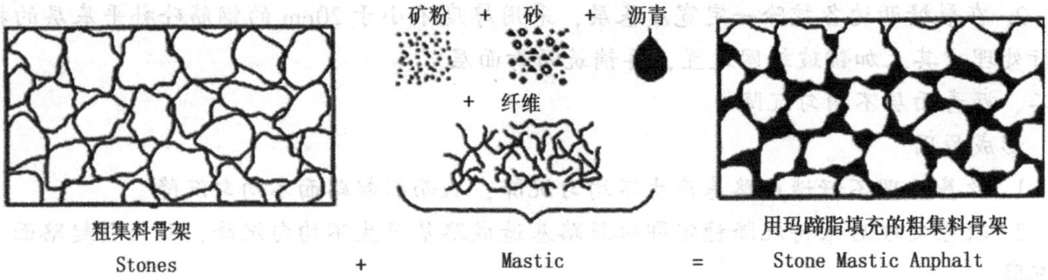

图3-3-1 沥青玛蹄脂碎石混合料的构成

相关链接 沥青玛蹄脂碎石混合料（SMA）是近年来在国际上出现的一种非常引人注目的新型沥青混合料，以其优良的抗车辙性能和抗滑性能而闻名于世。第一条SMA路面始建于20世纪60年代中期的德国，至今已经有30多年的历史，目前仍然在良好地使用着。它最初被称为Stonefilled Mastic Asphalt或Grit Mastic Asphalt等等，后被收订入德国规范ZTV Asphalt－StB94，正式称为Splittmastlxasphalt（德文），英国、瑞典、丹麦等许多国家的英文名称为Stone Mastic Asphalt，法文及其他一些文种也称为Stone Mastic Asphalt。1990年刚进入美国时也称为Stone Mastic Asphalt，我国“公路沥青路面设计规范”将其正式命名为“沥青玛蹄脂碎石混合料”，其意义为用沥青玛蹄脂填充碎石骨架而形成的混合料或理解为在沥青碎石混合料的空隙中用玛蹄脂进行了填充。

二、沥青玛蹄脂碎石混合料（SMA）强度形成机理

SMA提高路用性能的机理如图3-3-1所示。

SMA 是由沥青稳定添加剂、矿粉及少量细集料组成的沥青玛蹄脂填充间断级配的碎石骨架组成的骨架嵌挤型密实结构混合料，它的最基本组成是碎石骨架和沥青玛蹄脂两部分，其结构组成有如下特点。

①SMA 是一种间断级配的沥青混合料，如图 3-3-2 所示为密级配沥青混凝土、排水沥青混凝土及 SMA 的剖面图，从中可以看出它们结构组成的不同之处。

（a）密级配沥青混　（b）SMA　（c）排水沥青混凝土

图 3-3-2　密极配沥青混凝土、排水沥青混凝土及 SMA 的剖面图

②SMA 增加了矿粉用量，使其能在混合料中加入较多的沥青，同时还使用了稳定添加剂。

③SMA 的沥青用量比普通沥青混合料要高，并要求其具有较高的黏结力，通常选用针入度小、软化点高、温度稳定性好的沥青，如能采用改性沥青，可进一步改善高低温变形性能及与矿料的黏附性。

④SMA 对材料要求高。粗集料必须特别坚硬，表面粗糙，针片状含量少，细集料不用天然砂，宜用坚硬的人工砂。矿粉必须使用磨细石灰粉，不使用回收矿粉。

⑤SMA 的施工工艺要求高。特别是拌合时间要适当延长，施工温度要提高，压实时不能采用胶轮压路机。

三、SMA 混合料的组成材料及其技术要求

由于 SMA 混合料的骨架结构特性以及对它较高的性能要求，其组成材料的质量除了应满足普通热拌沥青混合料组成材料的基本要求外，还应满足一些特殊的要求。

（一）组成材料

1. 沥青结合料

在 SMA 混合料中，要求沥青具有较高的黏度，与集料有良好的黏附性。SMA 所用沥青质量必须符合我国《重交通道路沥青技术要求》，并应采用比当地常用热拌沥青混合料所用沥青硬一级的沥青。南方炎热地区可以采用 AH－70，寒冷地区用 AH－70 或 AH－90。

对于高速公路、承受繁重交通的重大工程道路、夏季特别炎热或冬季特别寒冷地区的道路，最好采用改性沥青配制 SMA 混合料。由于改性沥青的基质沥青质量必须符合我国《重交通道路沥青技术要求》，所配制的聚合物改性沥青质量应符合（JTJ036—98）的技术要求。当以提高沥青混合料抗车辙能力作为主要目标时，改性沥青的软化点最好高于当地年最高路面温度。

2. 粗集料

SMA 混合料是依靠粗集料石石接触和紧密嵌接而形成骨架结构，为防止碎石颗粒在车

辆荷载的挤压过程中发生破碎，对粗集料的质量有严格的要求，也可说粗集料是SMA质量控制的关键。一般要求使高质量的轧制粗集料，其岩石应坚韧，具有较高的强度和刚度，而不能使用质地较软的石灰石。

SMA混合料的性质对集料4.75mm通过率十分敏感，要求针片状颗粒（1:3）含量不超过20%。

根据SMA材料的特性，在有条件的地方，目前基本上采用玄武岩、辉绿岩等硬质的碱性石料。

3. 细集料

在SMA混合料中细集料（指小于4.75mm颗粒）的质量仅为10%～20%，但同样要求石质坚硬、富有棱角，并有一定的表面纹理，软质含量少，塑性低，黏土含量不超过1%。细集料宜用机制砂，也称人工砂。天然砂由于颗粒接近于圆形，磨阻力小，故不宜多用。

4. 矿粉

矿粉在SMA混合料中是重要的组成部分，用量大多控制在8%～12%范围内。它与沥青混合形成玛蹄脂，从而影响SMA的性能。矿粉为混合料产生"加劲"效应。按照我国目前沥青路面施工技术规范生产的石灰石矿粉可用于SMA混合料。

5. 纤维

SMA中纤维掺量以纤维占混合料重量之比表示。目前实际应用中，木质素纤维等有机纤维的掺量一般为0.3%～0.4%，玻璃纤维等无机纤维掺量一般为0.4%～0.6%。纤维掺量过少会使混合料中沥青增多，易发生滴漏，形成油斑，同时还会造成玛蹄脂有效数量不足，空隙率增大，降低路面的耐久性能；纤维掺量过多时，会使分散困难，影响生产率，而且如有结团，还会使混合料黏聚力下降，影响路用性能。此外，纤维较多时，混合料中自由沥青过少，使玛蹄脂过于黏稠，低温性增大，降低混合料抵抗低温开裂能力。

（二）SMA混合料技术指标与要求

在设计规范中普遍采用马歇尔试验方法，即用锤击成型试件来测试马歇尔稳定度等指标。

1. 试件成型的锤击次数

试件成型号的密度不仅与锤击次数有关，而且与成型时的温度有关：在温度偏高时，由于玛蹄脂的润滑作用，锤击50次和75次都可使SMA达到石石接触的效果，密度达到最大值；但在温度偏低时，锤击50次就有可能使密度明显偏低，达不到石石接触的状态。在实际施工时，由于混合料拌和温度的高低、运输距离的远近、施工现场的摊铺速度等因素，使混合料温度偏高或偏低都是有可能的。在温度偏低的情况下，按50次锤击的密度控制，路面的密度就可能偏小，在重车压实下就会出现再次压密，进而有出现轮碾的可能。鉴于此，采用高质量轧制碎石铺筑SMA路面，其混合料试件成型的锤击次数建议采用75次。

2. SMA马歇尔技术指标与要求

（1）稳定度

马歇尔稳定度不随沥青用量的变化而出现明显的峰值，也就是说马歇尔稳定度对沥青用量的变化不敏感，故稳定度一般不能作为判断SMA沥青用量的指标。

（2）流值

SMA混合料作马歇尔试验时，图上的变形曲线往往呈现较大的变形而不下降，有时甚至没有明显的峰值，当采用改性沥青时尤其如此。这实际反映了SMA混合料具有很好的韧性，说明即使在变形很大时仍有相当高的支撑能力，流值控制在2~4mm范围内。

（3）空隙率

空隙率是沥青混合料的重要指标，它对路面的高温稳定性有显著影响，也关系到沥青混合料的用量。

空隙率的大小影响混合料的耐久性。空隙率大，混合料中沥青老化快，耐久性差；但空隙率过小，又影响混合料的稳定性。SMA混合料的空隙率定在3.5%~5.5%。

3. SMA混合料的其他控制指标

包括析漏、肯塔堡飞散损失、动稳定度ds、冻融劈裂强度比tsr。

SMA混合料的设计过程中，往往会出现所测指标不能满足要求的情况，这就需要对原设计进行必要的调整，重新进行试验和设计。

四、沥青玛蹄脂碎石混合料（SMA）的施工

1. SMA沥青混合料的拌和

（1）SMA混合料采用沥青拌和并用间歇式拌和设备进行拌制。生产能力≥400t/h。

（2）SMA混合料拌和时间应经试拌确定。沥青材料采用导热油加热，混合料应拌和均匀，所有矿料颗粒全部裹覆沥青。纤维必须在喷洒沥青前加入拌和锅的热集料中，与粗集料进行适当干拌。干拌时间应比普通沥青混合料增加不少于5s，喷入沥青后的混拌时间也应比普通沥青混合料增加5s以上（由试拌确定）。保证纤维能充分均匀地分散在混合料中，并与沥青结合料充分拌和，做到拌和均匀、色泽一致，无结团成块现象。

（3）SMA混合料温度，由于冷矿粉数量的增加，集料烘干温度应适当提高，通常混合料拌和后出料温度控制比普通沥青混合料的出料温度高10~20℃。沥青加热温度为160~170℃，矿料加热温度为190~200℃。沥青混合料出厂温度为175~185℃，超过195℃以上的沥青混合料不得使用。

（4）拌和的SMA混合料不立即铺筑时，必须储存在保混的储料仓中，储料应与运输及摊铺能力保持平衡，有保混设备的储料仓储料时间不得超过24小时，贮存期间降温不应超过10℃，且不得发生结合料老化、滴漏以及粗集料颗粒离析。

2. SMA沥青混合料的运输

（1）混合料应采用大吨位自卸车运输，为防止沥青与车箱板黏结，车箱侧板的底板可涂一薄层油水（柴油与水的比例可为1:3）混合液，但不得有余液积聚在车箱底部。

（2）运料车应备有篷布等保温、防雨、防污染的措施。

（3）SMA混合料运输车的运量应比拌和能力或摊铺速度强，施工过程中摊铺机前方应有3辆以上自卸车在等候卸料。开始摊铺时，在施工现场等候卸料的运料车不宜少于5辆。

（4）运料车在离摊铺机10~30cm左右时以空挡停车，使其由摊铺机推动前进，严禁

运料车撞击摊铺机，以确保摊铺的平整度。

(5) SMA混合料运至摊铺地点后应检查混合料拌和质量，包括现场混度检测及均匀色泽等外观质量。

(6) 输送到摊铺机上的混合料温度不应低于160℃。

3. SMA沥青混合料的摊铺

(1) SMA混合料使用两台热拌沥青混合料摊铺机（摊铺机配备移动式平衡装置）成梯队方法摊铺，摊铺前应检查其下承层的质量，当质量不符合要求时，不得铺筑SMA混合料面层。

(2) 在摊铺上面层时，摊铺机安装浮动式基准梁与熨平板的自动控制传感器结合控制混合料的摊铺标高和平整度。

(3) 摊铺机的摊铺速度应与沥青混合料拌和楼产量相协调，保证摊铺机匀速不间断摊铺。

(4) 摊铺温度比普通沥青混合料的摊铺温度提高10～20℃，但不低于160℃。摊铺速度一般在3.0～4.0m/min。

(5) 摊铺过程中，安排专人及时检查铺筑厚度和外观质量，发现松铺厚度不够、局部离析、拖痕等问题及时趁高温进行处理。

4. SMA沥青混合料的压实

SMA混合料内部含有大量沥青玛蹄脂胶浆，黏度大，温度低时很难压实，因而确保摊铺碾压温度尤为重要。

(1) 混合料的碾压按初压、复压、终压三个阶段进行，以“高温、紧跟、高频、低幅”为原则。

(2) SMA路面碾压宜采用钢轮压路机初压1～2遍、复压2～4遍、终压1遍的组合方式。

(3) 压路机起步、刹车要缓慢，严禁在新摊铺层上转向、调头或停机。

(4) 温度控制：初压温度，不低于160℃；复压温度，不低于140～130℃；终压温度，不低于120℃。

碾压过程中，压路机应“紧跟慢压”——紧跟摊铺机，缓慢匀速（不超过5km/h）对路面进行碾压。采用振动压路机时，宜用高频率、低振幅。特别强调的是，在SMA面层碾压施工时，还应确保压路机数量充足。初压、复压工作区间严格分开，降低压路机工作区段长度，保证在足够高温度下进行压实作业。同时也要防止过度碾压，破坏结构内部骨架。

SMA面层施工切忌使用胶轮压路机或组合式压路机，以防止胶轮压路机或组合式压路机的轮胎将结构部沥青“泵吸”到路表面，使路表失去纹理和粗糙度。

5. SMA路面接缝处理

(1) SMA路面接缝处理较常规热拌沥青合料要困难，因而施工中要尽可能避免冷接缝。如不可避免冷接缝，应在施工完毕、路面尚未完全冷却前，用切割机切割好，然后用水将接缝处冲刷干净，继续施工时，涂刷黏层油即可摊铺新混合料施工。

(2) 当采用两台摊铺机时，纵向接缝应采用热接缝，即施工时将已混合料部分留下

10 ~ 20cm 宽暂不碾压，作为后铺部分的高程基准面，然后再跨缝碾压以消除缝迹。

（3）横向接缝应先处理原铺沥青路面，原路面必须消除边缘处压实度不足部分（约3m），再用切缝机锯齐，形成垂直的接缝面，并用热沥青涂抹，然后用压路机进行横向碾压，碾压时压路机应位于已压实的面层上，错过新铺层 15cm，每压一遍，向新铺层移动 15 ~ 20cm，直至全部在新铺层上，再改为纵向碾压

6. 开放交通

SMA 混合料路面铺完后应待摊铺层完全自然冷却至表面温度低于 60℃以下时，方可开放交通。

五、施工案例

1. 工程概况

襄十高速公路总建设里程 155. 9km，谷城县段至武当山段约 59km，采用山岭重丘区高速公路标准修建，设计行车速度 80km/h，路基宽度 24. 5m，双向 4 车道，全封闭全立交，路面结构设计为沥青混凝土路面。其中 K374 + 623 ~ K382 + 009 段地形复杂，长大纵坡、小弯半径多、桥涵结构物密集等，在高温条件下，车辆轴载大，在上坡路段车速缓慢，沥青混合料的抗剪切能力急剧下降而容易形成车辙；下坡路段要考虑抗滑功能要求；同时考虑到该路段冬天雨雪多且气温很低，经襄十高速公路建设指挥部与设计单位共同研究决定该路段表面层采用 SMA – 13 路面。

沥青玛蹄脂碎石（SMA）是一种由沥青、纤维稳定剂、矿粉组成的沥青玛蹄脂结合料填充间断级配的矿料骨架间隙的沥青混合料。具有良好的高温稳定性、低温抗裂性、水稳性和耐久性。本文结合襄十高速公路工程实践，阐述沥青玛蹄脂碎石混合料（SMA）配合比设计方法和关键施工工艺。

2. SMA – 13 混合料的配合比设计

（1）原材料选择

①沥青：采用湖北省鄂州科氏公司生产 PG76 – 22 的 SBS 改性沥青。

②粗集料：采用湖北省京山县三阳石料场生产的玄武岩碎石，分三档为 1#料（16 ~ 9. 5mm）、2#料（9. 5 ~ 4. 75mm）、3#料（4. 75 ~ 2. 36mm）。

③细集料：采用湖北省京山县三阳石料场生产的玄武岩石屑和机制砂 4#料（< 2. 36mm）。

④填料：采用老河口市宝石水泥厂生产的石灰石矿粉。

⑤纤维稳定剂：采用德国 CFF 公司生产的 TOPCEL 絮状木质素纤维。

（2）混合料目标配合比设计

参照《公路沥青玛蹄脂碎石路面技术指南》（SHCF40 – 01 – 2002）的设计原则和步骤，采用马歇尔体积设计方法以空隙率指标（4. 0%）来进行最佳沥青用量的确定。调整各矿料比例设计三种粗细不同的级配，三种级配的 4. 75mm 通过率分别为中值和中值 ±4%，其矿粉数量相同，使 0. 075mm 通过率为 10% 左右（如表 3-3-1 所列）。

表 3-3-1 **集料筛分与合成级配**

SMA－13 集料筛分与合成级配													
筛孔尺寸	16	13.2	9.5	4.75	2.36	1.18	0.6	0.3	0.15	0.075	掺配比例 1	掺配比例 2	掺配比例 3
1#料	100	83.4	24.6	0.6	0.6	0.6	0.6	0.6	0.6	0.6	47%	42%	48%
2#料	100	100	98.7	9.8	0.6	0.6	0.6	0.6	0.6	0.6	29%	30%	32%
3#料	100	100	100	98	41.4	23.6	12.1	6.1	3.5	1.5	6%	10%	0%
4#料	100	100	100	100	97.8	79.8	57.4	33.1	20.5	10.4	8%	8%	10%
矿粉	100	100	100	100	100	100	100	98.6	93.3	88.2	10%	10%	10%
级配上限	100	100	75	34	26	24	20	16	15	12			
级配下限	100	90	50	20	15	14	12	10	9	8			
级配中值	100	95	62.5	27	20.5	19	16	13	12	10			
合成级配 1	100	92.2	64.2	27	20.8	18.3	15.8	13.2	11.6	10.2	100%		
合成级配 2	100	93	67.9	31	22.4	19.2	16.2	13.6	11.8	10.2		100%	
合成级配 3	100	92	63.4	23.4	20.3	18.5	16.2	13.7	11.9	10.3			100%

根据规范规程要求采用捣实法测定大于 4.75mm 粗集料的松方密度并计算捣实状态粗集料骨架的间隙率（如表 3-3-2 所列）。

表 3-3-2 **捣实法试验结果**

级配类型	粗集料的毛体积密度/（g/cm³）	粗集料的捣实松方密度/（g/cm³）	骨架间隙率（VCADRC）/%
合成级配 1	2.91	1.711	41.2
合成级配 2	2.919	1.696	41.8
合成级配 3	2.916	1.659	43.1

应用马歇尔试验检测方法对三种合成级配进行试验，试验结果如表 3-3-3 所列。

表 3-3-3 **马歇尔试验结果**

试验项目	技术要求	合成级配 1	合成级配 2	合成级配 3
初试油石比/%		6	6	6
纤维掺量/‰		3	3	3
马歇尔试件击实次数	双面击实 50 次	双面击实 50 次		
毛体积密度/g/cm³		2.528	2.533	2.508
最大理论密度/g/cm³		2.646	2.644	2.649
空隙率 VV/%	3～4	4.5	4.2	5.3
矿料间隙率 VMA/%	17	17.3	17.2	18
粗集料骨架间隙率（VCAmix）/%	≤VCADRC	40.1	43.4	37.4

续表 3-3-3

试验项目	技术要求	合成级配 1	合成级配 2	合成级配 3
沥青饱和度 VFA	75 ~ 85	74. 2	75. 6	70. 4
稳定度	≥6	8. 59	8. 34	8. 09

根据以上试验结果及选择 VCAmix < VCADRC 及 VMA > 17% 的要求作为设计级配，选择级配 1 作为目标配合比设计级配。再以初试油石比的0. 2%间隔6. 0%、6. 2%、6. 4%进行马歇尔试验，确定6. 2%为最佳油石比，试验结果如表 3-3-4 所列。

表 3-3-4　　SMA 混合料试验结果

试验项目		技术要求	试验结果
最佳油石比/%			6. 2
纤维掺量/‰			3
马歇尔试验	马歇尔试件击实次数	双面击实 50 次	双面击实 50 次
	毛体积密度/（g/cm^3）		2. 537
	最大理论密度/（g/cm^3）		2. 64
	空隙率 VV/%	3 ~ 4	3. 9
	矿料间隙率 VMA/%	> 17. 0	17. 3
	粗集料骨架间隙率/VCAmixs	≤VCADRC	40. 1
	沥青饱和度 VFA/%	75 ~ 85	77. 6
	稳定度/KN	≥6	9. 65
谢伦堡沥青析漏试验/%		≤0. 1	0. 06. 0. 08
肯塔堡飞散试验/%		≤15	10. 3
车辙试验/（次/mm）		> 3000	5983. 6130
浸水马歇尔试验/%		≥80	84. 3
冻融劈裂残留强度比/%		≥80	90. 8
构造深度/mm		0. 8 ~ 1. 5	1. 1
渗水系数/（ml/min）		< 20ml/min	基本不渗水

（3）生产配合比设计

根据目标配合比确定各冷料仓的出料比例，然后对热料仓的集料进行单仓筛分，确定生产配合比合成级配。在确定各单热料仓的掺配比例时，应注意以下两个问题：

①生产配合比合成级配曲线尽量和目标配合比合成级配曲线一致，特别是关键筛孔 4. 75mm 和 2. 36mm 的通过率要相近；

②同时结合沥青拌和楼的筛网和筛孔布置情况，各单热料仓的掺配比率应协调，避免出现严重的溢料或等料现象。生产配合比设计结果如表 3-3-5、表 3-3-6 所列。

表 3-3-5　　　　集料筛分与合成级配

SMA-13 集料筛分与合成级配										
筛孔尺寸	16	13.2	9.5	4.75	2.36	1.18	0.6	0.3	0.15	0.075	掺配比例
2#仓	100	87.5	17	1	0.4	0.2	0.2	0.2	0.2	0.2	41%
3#仓	100	100	94	6.3	0.4	0.3	0.3	0.3	0.3	0.3	33%
4#仓	100	100	100	94.9	12.9	1.7	1.5	1.4	1.3	1.2	6%
5#仓	100	100	100	99.5	96.1	68.8	46.5	30.1	18.8	8.6	9%
矿粉	100	100	100	100	100	100	100	98.5	93.4	81.8	11%
级配上限	100	100	75	34	26	24	20	16	15	12	
级配下限	100	90	50	20	15	14	12	10	9	8	
级配中值	100	95	62.5	27	20.5	19	16	13	12	10	
合成级配 1	100	94.9	64	28.1	20.7	17.5	13.7	12.2	10		100%

表 3-3-6　　　　SMA 混合料试验结果

试 验 项 目		技 术 要 求	试 验 结 果
最佳油石比/%			6.2
纤维掺量/‰			3
马歇尔试验	马歇尔试件击实次数	双面击实 50 次	双面击实 50 次
	毛体积密度/（g/cm³）		2.541
	最大理论密度/（g/cm³）		2.642
	空隙率 VV/%	3～4	3.8
	矿料间隙率 VMA/%	>17.0	18.2
	粗集料骨架间隙率/VCAmix	≤VCADRC（42.0）	41.2
	沥青饱和度 VFA/%	75～85	79.6
	稳定度/kN	≥6	9.27
谢伦堡沥青析漏试验/%		≤0.1	0.05.0.08
肯塔堡飞散试验/%		≤15	9.5
车辙试验/（次/mm）		>3000	5853.6210
浸水马歇尔试验/%		≥80	90
冻融劈裂残留强度比/%		≥80	85.1
构造深度/mm		0.8～1.5	1
渗水系数/ml/min		<20ml/min	基本不渗水

（4）SMA 混合料的试拌和试铺

主要施工机械设备：

①沥青拌和楼 1 套（意大利玛莲尼 3000 型）；

②50 装载机 6 台；

③沥青摊铺机 – ABG423 一台；

④钢轮压路机：CC522 二台，HD110 二台；

⑤运输车（15t 以上）25 台。

通过试验路段的试铺后，经对沥青混合料和试验路段的试验检测（表 3-3-7、表 3-3-8 所列）都能满足相关技术指标要求，具备正式生产的条件。

表 3-3-7　　SMA 混合料试验结果

试验项目		技术要求	试验结果
油石比（燃烧法）/%			6. 25
纤维掺量/‰			3
马歇尔试验	马歇尔试件击实次数	双面击实 50 次	双面击实 50 次
	毛体积密度/（g/cm^3）		2. 538
	最大理论密度/（g/cm^3）		2. 642
	空隙率 VV/%	3 ~ 4	3. 9
	矿料间隙率 VMA/%	> 17. 0	18. 3
	粗集料骨架间隙率 /VCAmix	≤VCADRC（42. 0）	41. 2
	沥青饱和度 VFA/%	75 ~ 85	78. 5
	稳定度/kN	≥6	8. 07
谢伦堡沥青析漏试验/%		≤0. 1	0. 05. 0. 03
肯塔堡飞散试验/%		≤15	9. 5
车辙试验/（次/mm）		> 3000	5953. 5764
浸水马歇尔试验/%		≥80	87
冻融劈裂残留强度比/%		≥80	84. 1

表 3-3-8　　试验路段检测结果

桩号	最大理论密度 /（g/cm^3）	毛体积密度 /（g/cm^3）	空隙率 VV /%	压实度/%	构造深度	渗水系数
K377 + 490 右幅	2. 65	2. 535	4. 3	95. 7	1. 2	基本不渗水
K377 + 560 右幅	2. 65	2. 53	4. 5	95. 5	1	基本不渗水
K377 + 785 右幅	2. 65	2. 542	4. 1	95. 9	1. 26	基本不渗水

注：压实度是以真空法最大理论密度仪测得最大理论密度（g/cm^3）来控制的，控制在 94% ~ 97% 之间。松铺系数为 1. 19 。

3. 施工工艺的控制

（1）SMA 沥青混合料的拌和

①SMA 沥青混合料的拌和采用意大利玛莲尼 3000 型间歇式拌和机，产量 240 ~ 260t/h。

②絮状木质素纤维稳定剂采用机械利用风送式将纤维分散，再吹入拌和锅里。拌和时间控制为干混合的拌和时间为15s，保证集料和木质素纤维充分混合，湿混合时间为35s，保证混合料拌和均匀。

③温度控制：沥青加热温度控制在170℃左右；集料的加热温度控制在185～195℃之间，且保证矿质集料的温度在整个生产过程中保持基本恒定；沥青混合料的出场温度控制在170～185℃之间，派专人对沥青混合料出场前的温度检测和加盖帆布覆盖。如发现温度超过195℃或花白等异常，混合料应给予废弃。

④逐盘打印出混合料各热料仓集料用量、沥青用量和绘制油石比波动图。

（2）SMA沥青混合料的运输

①整个施工过程以摊铺机为中心，根据摊铺机的工作情况决定运输车辆的数量，保证摊铺机能连续均匀不间断地铺筑，避免车辆过多，而使SMA沥青混合料温度降低。

②所有运输车辆均采用帆布覆盖。

③运料车在离摊铺机50～80cm左右时以空挡停车，使其由摊铺机推动前进，严禁运料车撞击摊铺机，以确保摊铺的平整度。

（3）SMA沥青混合料的摊铺

①采用一台拼装宽度为10.5m的ABG423型摊铺机摊铺。

②在摊铺上面层时，摊铺机安装浮动式基准梁与熨平板的自动控制传感器结合控制混合料的摊铺标高和平整度。

③摊铺机的摊铺速度应与沥青混合料拌和楼产量相协调，保证摊铺机匀速不间断摊铺。

④摊铺过程中，安排专人及时检查铺筑厚度和外观质量，如发现松铺厚度不够、局部离析、拖痕等问题，趁高温及时进行处理。

（4）SMA沥青混合料的压实

①混合料的碾压按初压、复压、终压三个阶段进行，以“高温、紧跟、高频、低幅”为原则。

②用两台CC522双钢轮振动压路机碾压，紧跟摊铺机后由边缘向中央分隔带方向碾压，振动碾压4遍，轮迹的重叠宽度以20cm为宜。

③终压采用两台HD110双钢轮压路机静压，各1遍相邻碾压重叠1/3～1/2碾压轮宽度，消除轮迹，提高平整度。

④压路机起步、刹车要缓慢，严禁在新摊铺层上转向、调头或停机。

⑤温度控制：初压温度，不低于160℃；复压温度，不低于140℃～130℃；终压温度，不低于120℃。

4. 现场成品路段的检测

检测结果如表3-3-9所列。

表 3-3-9　　　　　　　　　成品路段检测结果

桩 号	最大理论密度 / (g/cm^3)	毛体积密度 / (g/cm^3)	空隙率 VV /%	压实度/%	构造深度	渗水系数
K378 +100 右幅	2. 65	2. 52	4. 9	95. 1	1. 1	基本不渗水
K378 +500 右幅	2. 65	2. 53	4. 5	95. 5	1. 07	基本不渗水
K379 +200 右幅	2. 648	2. 525	4. 6	95. 4	1. 2	基本不渗水
K379 +700 右幅	2. 648	2. 523	4. 7	95. 3	1. 15	基本不渗水
K380 +900 左幅	2. 652	2. 537	4. 3	95. 7	1. 03	基本不渗水
K381 +500 左幅	2. 652	2. 542	4. 8	95. 2	1	基本不渗水

注：压实度以真空法测得最大理论密度 (g/cm^3) 来控制，现场压实度控制在 94% ~97% 之间。

为了减少对成品路段的破坏性检测，所有取芯地点匀在标线处，并及时进行填补。

任务 4　沥青类路面施工质量控制与验收

一、施工准备阶段质量控制内容

（一）确定料源及进场材料的质量检验

1. 沥青材料

在全面了解各种沥青料源的质量及价格的基础上，无论是进口沥青还是国产沥青，均应从质量和经济两方面综合考虑选用。对进场沥青，每批到货均应检验生产厂家所附的试验报告，检查装运数量、装运日期、定货数量、试验结果等。对每批沥青进行抽样检测，试验中如有一项达不到规定要求时，应加倍抽样做试验，如仍不合格，则退货并索赔。沥青材料的试验项目有：针入度、延度、软化点、薄膜加热、蜡含量、密度等。有时根据合同要求，可增加其他非常规测试项目。

沥青材料的存放应符合下列要求。

①沥青运至沥青厂或沥青加热站后，应按规定分摊进行检验其主要性质指标是否符合要求，不同种类和标号的沥青材料应分别贮存，并应加以标记。

②临时性的贮油池必须搭盖棚顶，并应疏通周围排水渠道，防止雨水或地表水进入池内。

2. 矿料

矿料的准备应符合下列要求。

①不同规格的矿料应分别堆放，不得混杂，在有条件时宜加盖防雨顶棚。

②合种规格的矿料到达工地后，对其强度、形状、尺寸、级配、清洁度、潮湿度进行检查。如尺寸不符合规定要求时，应重新过筛，若有污染时，应用水冲选干净，待干燥后方可使用。

选择集料料场是十分重要的，对粗集料料场，重要是检查石料的技术标准能否满足要求，如石料等级、饱水抗压强度、磨耗率、压碎值、磨光值及石料与沥青的黏结力，以确定石料料场。实际中，有些石料虽然达到了技术标准要求，但不具备开采条件，在确定料厂时也应慎重考虑。对各个料场采取样品、制备试件、进行试验并考虑经济性后确定。碎石受石料本身结构与加工设备（鄂式或锤式轧石机）的影响较大，应先试轧，检验其相关指标，以防止不合格材料入场。

细集料的质量是确定料场的重要条件。进场的砂、石屑及矿粉应满足规定的质量要求。

（二）施工机械检查

沥青路面施工前对各种施工机具应作全面检查，并应符合下列要求。

（1）洒油车应检查油泵系统、洒油管道、量油表、保温设备等有无故障，并将一定数量沥青装入油罐，在路上先试洒、校核其洒油量，每次喷洒前应保持喷油嘴干净，管道畅通，喷油嘴的角度应一致，并与洒油管呈15°~25°的夹角。

（2）矿料撒铺车应检查其传动和液压调整系统，并应事先进行试撒，以确定撒铺每一种规格矿料时应控制的间隙和行驶速度。

（3）沥青混合料拌和与运输设备的检查。拌和设备在开始运转前要进行一次全面检查，注意联结的紧固情况，检查搅拌器内有无积存余料，冷料运输机是否运转正常，有无跑偏现象，仔细检查沥青管道各个接头，严禁吸沥青管有漏气现象，注意检查电气系统。对于机械传动部分，还要检查传动链的张紧度。检查运输车辆是否符合要求，保温设施是否齐全。

（4）摊铺机应检查其规格和主要机械性能，如振捣板、振动器、熨平板、螺旋摊铺器、离合器、乱板送料器、料斗闸门、厚度调节器、自动找平装置等是否正常。

（5）压路机应检查其规格和主要机械性能（如转向、启动、振动、倒退、停驶等方面的能力）及滚筒表面的磨损情况，滚筒表面如有凹陷或坑槽不得使用。

（三）铺筑试验路段

高等级公路在施工前应铺筑试验段，其他等级公路在缺乏施工经验或初次使用重大设备时，也应铺筑试验段。试验段的长度应根据试验目的确定，以100~200m为宜，在直线段上铺筑。如在其他道路上铺筑时，路面结构等条件应相同。路面各层的试验可安排在不同的试验段。

在试验段的铺筑过程中，施工单位应认真做好分析记录，监理工程师或工程质量监督部门应监督、检查试验段的施工质量，及时与施工单位商定有关结果。铺筑结束后，施工单位应就各项试验内容提出试验总结报告，并取得主管部门的批复，以作为施工依据。

二、施工过程中的质量检查及控制标准

1. 施工过程中的材料检查内容及要求

施工中的材料检查，是在每批材料进场时已进行过检查及批准的基础上，施工过程中再抽查其质量稳定性。施工单位在施工过程中必须经常对各种施工材料进行抽样试验，材料质量应符合质量指标的要求。

材料检查的另一项重要内容是矿料级配精度和油石比计量精度。

2. 施工过程中质量检查及控制标准

施工过程中的质量检查包括工程质量及外形尺寸两部分。其检查内容、频度、质量标准应符合规范要求。当检查结果达不到规定要求时，应追加检测数量，查找原因，作出处理。对沥青土和沥青碎石混合料，尤其应注意以下几点。

（1）从料堆和皮带运输机随时目测各种材料的质量和均匀性，检查泥块及超粒径碎石，检查冷料仓有无窜仓。目测混合料拌和是否均匀，有无花白料，油石比是否合理，检查集料和混合料的离析情况。

（2）检测沥青混合料的材料加热温度、混合料出厂温度，取样抽提、筛分检测混合料的矿料级配、油石比。抽提筛分应至少检查 0.075mm、2.36mm、4.75mm、公称最大粒径及中间粒径等 5 个筛孔的通过率。

（3）取样成型试件进行马歇尔试验，测定空隙率、稳定度、流值，计算合格率。对 VMA、VFA 指标可只作记录。

沥青混合料的存放时间对体积指标有一定影响，施工质量检验的马歇尔试验以拌和厂取样后立即成型的试件为准，但成型温度和试件高度必须符合试验要求。

（4）沥青路面铺筑过程中必须随时对铺筑质量进行评定，质量检查的内容、频度、允许差应符合表 3-4-1 的规定。

表 3-4-1　　公路热拌沥青混合料路面施工过程中工程质量的控制标准

<table>
<tr><th colspan="2" rowspan="2">项 目</th><th rowspan="2">检查频度及
单点检验评价方法</th><th colspan="2">质量要求或允许偏差</th><th rowspan="2">试验方法</th></tr>
<tr><th>高速公路、一级公路</th><th>其他等级公路</th></tr>
<tr><td colspan="2">外观</td><td>随时</td><td colspan="2">表面平整密实，不得有明显轮迹、裂缝、推挤、油盯、油包等缺陷，且无明显离析</td><td>目测</td></tr>
<tr><td colspan="2" rowspan="2">接缝</td><td>随时</td><td colspan="2">紧密平整、顺直、无跳车</td><td>目测</td></tr>
<tr><td></td><td>逐条缝检测评定</td><td>3mm</td><td>5mm</td></tr>
<tr><td rowspan="2">施工温度</td><td>摊铺温度</td><td>逐车检测评定</td><td colspan="2">符合本规范规定</td><td>T 0981</td></tr>
<tr><td>碾压温度</td><td>随时</td><td colspan="2">符合本规范规定</td><td>插入式温度计实测</td></tr>
<tr><td rowspan="4">厚度[1]</td><td>每一层次</td><td>随时，厚度 50mm 以下厚度 50mm 以上</td><td>设计值的 5%
设计值的 8%</td><td>设计值的 8%
设计值的 10%</td><td>施工时插入法量测松铺厚度及压实厚度</td></tr>
<tr><td>每一层次</td><td>1 个台班区段的平均值
厚度 50mm 以下
厚度 50mm 以上</td><td>-3mm
-5mm</td><td>–</td><td>附录 G 总量检验</td></tr>
<tr><td>总厚度</td><td>每 2000m² 一点单点评定</td><td>设计值的 -5%</td><td>设计值的 -8%</td><td rowspan="2">T 0912</td></tr>
<tr><td>上面层</td><td>每 2000m² 一点单点评定</td><td>设计值的 -10%</td><td>设计值的 -10%</td></tr>
</table>

续表 3-4-1

项 目		检查频度及单点检验评价方法	质量要求或允许偏差		试验方法
			高速公路、一级公路	其他等级公路	
压实度[2]		每 $2000m^2$ 检查 1 组 逐个试件评定并计算平均值	实验室标准密度的 97%（98%） 最大理论密度的 93%（94%） 试验段密度的 99%（99%）		T 0924、T 0922 本规范附录 E
平整度（最大间隙）[4]	上面层	随时，接缝处单杆评定	3mm	5mm	T 0931
	中下面层	随时，接缝处单杆评定	5mm	7mm	T 0931
平整度（标准差）	上面层	连续测定	1.2mm	2.5mm	T 0932
	中面层	连续测定	1.5mm	2.8mm	
	下面层	连续测定	1.8mm	3.0mm	
	基层	连续测定	2.4mm	3.5mm	
宽度	有侧石	检测每个断面	±20mm	±20mm	T 0911
	无侧石	检测每个断面	不小于设计宽度	不小于设计宽度	
纵断面高程		检测每个断面	±10mm	±15mm	T 0911
横坡度		检测每个断面	±0.3%	±0.5%	T 0911
沥青层层面上的渗水系数[3]		每 1km 不少于 5 点，每点 3 处取平均值	300mL/min（普通密级配沥青混合料） 200mL/min（SMA 混合料）		T 0971

注：[1] 表中厚度检测频度指高速公路和一级公路的钻坑频度，其他等级公路可酌情减少状况，且通常采用压实度钻孔试件测定。上面层的允许误差不适用于磨耗层。

[2] 压实度检测按附录 E 的规定执行，钻孔试件的数量按 11.4.8 的规定执行。括号中的数值是对 SMA 路面的要求，对马歇尔成型试件采用 50 次或者 35 次击实的混合料，压实度应适当提高要求。进行核子仪等无破损检测时，每 13 个测点的平均数作为一个测点进行评定是否符合要求。实验室密度是指与配合比设计相同方法成型的试件密度。以最大理论密度作标准密度时，对普通沥青混合料通过真空法实测确定，对改性沥青和 SMA 混合料，由每天的矿料级配和油石比计算得到。

[3] 渗水系数适用于公称最大粒径等于或小于 19mm 的沥青混合料，应在铺筑成型后未遭行车污染的情况下测定，且仅适用于要求密水的密级配沥青混合料、SMA 混合料。不适用于 OGFC 混合料，表中渗水系数以平均值评定，计算的合格率不得小于 90%。

[4] 3m 直尺主要用于接缝检测，对正常生产路段，采用连续式平整度仪测定。

（5）施工厚度的质量控制，除应在摊铺及压实时量取，并测量钻孔试件厚度外，还应校验每一天拌和厂沥青混合料总生产量与实际铺筑的面积计算平均厚度。

（6）沥青路面的压实度采取重点对碾压工艺进行过程控制，适度钻孔抽检压实度的方法。当钻孔检验的各项指标持续稳定达到要求时，经监理工程师或主管部门同意，钻孔频度可适当减少。施工过程中必须随时用3m直尺检测接缝及与构造物的连接处平整度的检测，正常路段的平整度采用连续式平整度仪或颠簸累积仪测定。

（7）施工过程中必须随时用3m直尺检测接缝及与构造物的连接处平整度的检测，正常路段的平整度采用连续式平整度仪或颠簸累积仪测定。

（8）施工单位的质量检测结果应按1km为单位整理成表，连同原始记录一起反馈给监理工程师或建设单位。当发现异常时，应停止施工，分析原因找出影响因素，采取措施，经监理工程师或建设单位同意后，方可复工。

（9）高速公路和一级公路沥青路面的施工应利用计算机实行动态质量管理，并计算平均值、极差、标准差及变异系数以及各项指标的合格率。

三、沥青路面的验收

工程完工后，施工单位应将全线以1～3km作为一个评定路段，每一侧车行道按表3-4-2所列的规定频度，随机选取测点，对沥青面层进行全线自检，将单个测定值与表中的质量要求或允许偏差进行比较，计算合格率，然后计算一个评定路段的平均值、极差、标准差及变异系数。施工单位应在规定时间内提交全线检测结果及施工总结报告，申请交工验收。

1. 验收内容

沥青路面交工时应检查验收沥青面层的各项质量指标，包括路面的厚度、压实度、平整度、渗水系数、构造深度、摩擦系数。

（1）路表平整度可采用连续式平整度仪和颠簸累积仪进行测定，以每100m计算一个测值，计算合格率。

（2）路表渗水系数与构造深度宜在施工过程中在路面成型后立即测定，但每一个点为3个测点的平均值，计算合格率。

（3）交工验收时可采用连续式摩擦系数测定车在行车道实测路表横向摩擦系数，如实记录测点数据。

（4）交工验收时可选择贝克曼梁或连续式弯沉仪实测路面的回弹弯沉或总弯沉，如实记录测点数据（含测定时的气候条件、测定车数据等），测定时间宜在公路的最不利使用条件下（春融期或雨季）进行。

表3-4-2　公路热拌沥青混合料路面交工检查与验收质量标准

检查项目		检查频度（每一侧车行道）	质量要求或允许偏差		试验方法
			高速公路、一级公路	其他等级公路	
外观		随时	表面平整密实，不得有明显轮迹、裂缝、推挤、油盯、油包等缺陷，且无明显离析		目测
面层总厚度[1]	代表值	每1km 5点	设计值的－5%	设计值的－8%	T 0912
	极值	每1km 5点	设计值－10%	设计值的－15%	T 0912

续表 3-4-2

检查项目		检查频度（每一侧车行道）	质量要求或允许偏差		试验方法
			高速公路、一级公路	其他等级公路	
上面层厚度[1]	代表值	每 1km 5 点	设计值的 –10%	–	T 0912
	极 值	每 1km 5 点	设计值 –20%	–	T 0912
压实度[2]	代表值	每 1km 5 点	实验室标准密度的 96%（98%） 最大理论密度的 92%（94%） 试验段密度的 98%（99%）		T 0924
	极值（最小值）	每 1km 5 点	比代表值放宽 1%（每 km）或 2%（全部）		T 0924
路表平整度	标准差 σ	全线连续	1.2mm	2.5mm	T 0932
	IRI	全线连续	2.0m/km	4.2m/km	T 0933
	最大间隙	每 1km10 处，各连续 10 杆	–	5mm	T 0931
路表渗水系数 不大于		每 1km 不少于 5 点，每点 3 处取平均值评定	300mL/min（普通沥青路面）200mL/min（SMA 路面）	–	T 0971
宽度	有侧石	每 1km 20 个断面	±20mm	±30mm	T 0911
	无侧石	每 1km 20 个断面	不小于设计宽度	不小于设计宽度	T 0911
纵断面高程		每 1km 20 个断面	±15mm	±20mm	T 0911
中线偏位		每 1km 20 个断面	±20mm	±30mm	T 0911
横坡度		每 1km 20 个断面	±0.3%	±0.5%	T 0911
弯沉	回弹弯沉	全线每 20m 1 点	符合设计对交工验收的要求	符合设计对交工验收的要求	T 0951
	总弯沉	全线每 5m 1 点	符合设计对交工验收的要求	–	T 0952
构造深度		每 1km 5 点	符合设计对交工验收的要求	–	T 0961/62/63
摩擦系数摆值		每 1km 5 点	符合设计对交工验收的要求	–	T 0964
横向力系数		全线连续	符合设计对交工验收的要求	–	T 0965

注：[1] 表内压实度可选用其中的 1 个或 2 个标准，并以合格率低的作为评定结果。带 * 号者是指 SMA 路面，其他为普通沥青混凝土路面。

[2] 表列厚度仅规定负允许偏差。其他公路的厚度代表值和极值允许偏差按总厚度计，当总厚度≤60mm 时，允许偏差分别为 –5mm 和 –10mm；总厚度 >60mm 时，允许偏差分别为 –8% 和 –15% 的总厚度。H 为总厚度（mm）。

2. 基本要求

（1）沥青混合料的矿料质量及矿料级配应符合设计要求和施工规范的规定。

（2）严格控制各种矿料和沥青用量及各种材料和沥青混合料的加热温度，沥青材料及混合料的各项指标应符合设计和施工规范要求。沥青混合料的生产，每日应做抽提试验、马歇尔稳定度试验。矿料级配、沥青含量、马歇尔稳定度等结果的合格率应不小于90%。

（3）拌和后的沥青混合料应均匀一致，无花白，无粗细料分离和结团成块现象。

（4）基层必须碾压密实，表面干燥、清洁、无浮土，其平整度和路拱度应符合要求。

（5）摊铺时应严格控制摊铺厚度和平整度，避免离析，注意控制摊铺和碾压温度，碾压至要求的密实度。

3. 实测项目

沥青混凝土面层和沥青碎石面层实测项目如表3-4-3所列。

表3-4-3　　沥青混凝土面层和沥青碎（砾）石面层实测项目

<table>
<tr><th rowspan="2">项次</th><th rowspan="2" colspan="2">检查项目</th><th colspan="2">规定值或允许偏差</th><th rowspan="2">检查方法和频率</th><th rowspan="2">权值</th></tr>
<tr><th>高速公路、一级公路</th><th>其他公路</th></tr>
<tr><td rowspan="3">1</td><td rowspan="3" colspan="2">压实度/%</td><td colspan="2">试验室标准密度的96%（*98%）</td><td rowspan="3">按附录B检查，每200m测1处</td><td rowspan="3">3</td></tr>
<tr><td colspan="2">最大理论密度的92%（*94%）</td></tr>
<tr><td colspan="2">试验段密度的98%（*99%）</td></tr>
<tr><td rowspan="3">2</td><td rowspan="3">平整度</td><td>σ/mm</td><td>1.2</td><td>2.5</td><td rowspan="2">平整度仪：全线每车道连续按每100m计算IRI或σ</td><td rowspan="3">2</td></tr>
<tr><td>IRI/（m/km）</td><td>2</td><td>4.2</td></tr>
<tr><td>最大间隙h/mm</td><td>–</td><td>5</td><td>3m直尺：每200m测2处×10尺</td></tr>
<tr><td>3</td><td colspan="2">弯沉值/0.01mm</td><td colspan="2">符合设计要求</td><td>按附录I检查</td><td>2</td></tr>
<tr><td>4</td><td colspan="2">渗水系数</td><td>SMA路面
200mL/min
其他沥青混凝土路面
300mL/min</td><td>–</td><td>渗水试验仪：每200m测1处</td><td>2</td></tr>
<tr><td rowspan="2">5</td><td rowspan="2">抗滑</td><td>摩擦系数</td><td rowspan="2">符合设计要求</td><td rowspan="2">–</td><td>摆式仪：每200m测1处
摩擦系数测定车：全线连续</td><td rowspan="2">2</td></tr>
<tr><td>构造深度</td><td>铺砂法：每200m测1处</td></tr>
</table>

续表 3-4-3

项次	检查项目		规定值或允许偏差		检查方法和频率	权值
			高速公路、一级公路	其他公路		
6	厚度/mm	代表值	总厚度：设计值的 -8%	-8% H	按附录 H 检查，双车道每 200m 测 1 处	3
			上面层：设计值的 -10%			
		合格值	总厚度：设计值的 -10%	-15% H		
			上面层：设计值的 -20%			
7	中线平面偏位/mm		20	30	经纬仪：每 200m 测 4 点	1
8	纵断高程/mm		±10	±15	水准仪：每 200m 测 4 断面	1
9	宽度/mm	有侧石	±20	±30	尺量：每 200m 测 4 断面	1
		无侧石	不小于设计			
10	横坡/%		±0.3	±0.5	水准仪：每 200m 测 4 处	1

4. 外观鉴定

（1）表面应平整密实，不应有泛油、松散、裂缝和明显离析等现象。对于高速公路和一级公路，有上述缺陷的面积（凡属单条的裂缝，则按其实际长度乘以 0.2m 宽度，折算成面积）之和不得超过受检面积的 0.03%；其他公路不得超过 0.05%。不符合要求时每超过 0.03% 或 0.05% 减 2 分。

半刚性基层的反射裂缝可不计作施工缺陷，但应及时进行灌缝处理。

（2）搭接处应紧密、平顺，烫缝不应枯焦。不符合要求时，每累计 10m 长减 1 分。

（3）面层与路缘石及其他构筑物应密贴接顺，不得有积水或漏水现象。不符合要求时，每一处减 1～2 分。

复习思考题

1. 用于沥青面层的粗、细集料的质量要求有哪些？
2. 沥青路面使用酸性石料有什么处理方法？
3. 沥青路面透层油和黏层油的作用是什么？沥青路面透层和黏层材料的品种和用量有什么要求？
4. 如何选择热拌沥青混合料拌和设备？如何控制净拌时间？
5. 石油沥青加热温度和沥青混合料拌和温度有什么规定？
6. 拌和沥青混合料的外观质量有什么要求？

课题实训项目：热拌沥青混合料面层的施工

（一）实习目的及要求

使学生通过现场实训，掌握沥青面层施工的基本流程及施工工艺；了解沥青面层施工的三大部分（试验、沥青混凝土拌和站、铺筑现场）的主要内容；熟悉沥青混合料的拌和、摊铺及压实设备的工作性能。

（二）所需工具

自带温度计、3m 直尺、卷尺、水准仪，部分检测可借助工地实验室仪器设备。

（三）实训操作项目

1. 做出现场沥青混凝土拌和站的场地布置（拌和机的型号、各部分组成和作用、拌和站石料堆放等）。

2. 工地实验室沥青用量及矿料级配检测。

3. 沥青混合料温度测量，虚铺厚度、碾压遍数记录，现场沥青混合料的摊铺、碾压的组织，面层接缝处理，现场机械的布置。

4. 纵断面高程及横坡检测。

5. 平整度、宽度、厚度检测。

6. 实习操作项目及质量标准，如表 4-3-4 所列。

表 4-3-4　　热拌沥青混合料面层实训操作检查项目

检查项目	质量标准	检查方法	备注
沥青含量	符合设计	离心分离法	
拌和时间/s	符合设计	实测	
混合料出厂温度/℃	符合设计	实测	
混合料摊铺温度/℃	符合设计	实测	
高程		水准仪	
横坡度		水准仪	
宽度		皮尺	
厚度		钻芯法	
压实度		钻芯法	

（四）根据现场观察及测定结果进行整理，并填写工作表。

主要根据实习现场观察及测定结果进行整理，评价正在施工或已完工的结构物质量状况，并对不合格项目进行原因分析并提出修改建议，如表 4-3-5 所列。

表 4-3-5　　热拌沥青混合料面层实习操作检查表

实测项目	实测值					结果
	1	2	3	4	5	
沥青含量						
拌和时间/s						
混合料出厂温度/℃						
混合料摊铺温度/℃						
高程						
横坡度						

续表 4-3-5

实测项目	实测值					结果
	1	2	3	4	5	
宽度						
厚度						

案例 1

【背景材料】某高速公路路面面层为三层式沥青混凝土结构，施工企业为公路交通大型专业施工队伍，设施精良。为保证面层施工质量，施工单位在施工准备、沥青混合料的拌合、沥青混合料的运输、沥青混合料的摊铺、沥青混合料的压实、接缝处理等方面作了如下工作：

（1）选用经试验合格的石料进行备料，严格对下承层进行清扫，并在开工前进行试验段铺筑；

（2）在沥青混合料的拌和站，对沥青混合料及原材料及时进行检验，拌和中严格控制集料加热温度和混合料的出厂温度；

（3）压路机采用 2 台双轮双振压路机及 2 台 16t 胶轮压路机组成，严格控制碾压温度及碾压重叠宽度；

（4）纵缝采用热接缝，梯进式摊铺。

【问题】

（1）沥青混合料铺筑试验段的主要目的是什么？

（2）简述沥青混凝土面层的施工工艺。

（3）若出厂的混合料出现花白料，请问在混合料拌和中可能存在什么问题？

（4）沥青混合料的碾压分哪几个阶段？各个阶段的压实目的是什么？

案例 2

【背景材料】引青东线扩建工程 A 标段从引青一期工程 4 号隧洞出口阀门（博士营村）开始，全长 6270m。A 标位于上游源头，地下水丰富，地质情况复杂，又安排在冬季进行，所以施工难度较大。

该路面结构为：30cm 厚 14% 石灰稳定土，20cm 厚级配碎石，三层式沥青砼结构。根据工程实际情况，施工单位将沥青砼面层的施工过程分为以下几步：施工准备，沥青混合料的拌制，运输、摊铺、压实、接缝处理、检查试验。对每一个施工过程制定详细控制方案，在竣工验收时被评为合格工程。

【问题】

（1）沥青混合料在拌和过程中温度如何控制？

（2）沥青混合料在压实过程中分几步？分别说明每步压实过程。

（3）沥青砼路面在检查试验中有何要求？

学习情境4　水泥混凝土路面施工

[知识目标]

1. 掌握水泥混凝土路面的构造与常用材料。
2. 掌握水泥混凝土路面人工施工工艺及施工要点。
3. 掌握水泥混凝土路面滑模施工技术要点。
4. 掌握水泥混凝土路面质量控制及验收标准。

[能力目标]

1. 具有水泥混凝土路面施工的能力。
2. 能够进行水泥混凝土路面质量控制及验收标准。

相关链接　水泥混凝土路面包括普通混凝土，钢筋混凝土，连续配筋混凝土，钢纤维混凝土、碾压混凝土等。在公路和城市道路中，我国采用得最广泛的是现场浇筑的普通混凝土路面，这类混凝土路面除接缝区和局部范围（边缘或角隅）外，不配置钢筋，亦称素混凝土路面，本章主要介绍这一种路面。

一、认识水泥混凝土路面

水泥混凝土路面是指以水泥混凝土板作为面层，下设基层、垫层所组成的路面结构，又称刚性路面。有以下特性。

1. 力学特性

作为刚性路面的水泥混凝土路面，同柔性路面相比，有自己的特点：由于混凝土的抗弯拉强度比抗压强度低得多，约为抗压强度的1/7～1/6，在车轮荷载的作用下，当弯拉应力超过混凝土的极限抗弯拉强度时，混凝土板便产生断裂破坏，且在车轮荷载的重复作用下，混凝土板会在低于极限抗弯拉强度时出现破坏。

2. 温度变化特性

混凝土随温度、湿度的变化而发生变形，导致混凝土路面板产生收缩、膨胀或翘曲。如果板的尺寸过大，这些变形会受到约束，使板内产生较大的应力，而出现开裂、拱胀，甚至断裂等破坏。为减少温度、湿度等产生的应力，防止出现不规则的裂缝，混凝土路面（除连续配筋混凝土路面外）需要在纵、横两个方向设置接缝，将板体划分成一定尺寸的矩形板。

3. 变形特性

水泥混凝土是一种脆性材料，它在断裂时的相对拉伸变形很小，因此在荷载作用下土基和基层的变形情况对混凝土板的影响很大，不均匀的基础变形会使混凝土板与基层脱空，在车轮荷载作用下板产生过大的弯拉应力而遭破坏。

因此，混凝土面板必须具有足够的抗弯拉强度和厚度，才能满足车轮荷载的多次重复作用。

二、水泥混凝土路面的优缺点

与其他类型路面相比，混凝土路面具有以下优点。

1. 强度高。混凝土路面具有很高的抗压强度和较高的抗弯拉强度以及抗磨耗能力。

2. 稳定性好。混凝土路面受到水的浸入和温度的变化等自然因素的影响时，引起的强度变化很小，不存在沥青路面的老化现象。

3. 耐久性好。由于混凝土路面强度和稳定性好，因此经久耐用，一般使用年限为20~40年。

4. 日常养护量小。与沥青路面相比，水泥混凝土路面的日常养护工作量和养护费用均较少。但是水泥混凝土路面也存在一些缺点，主要有以下几方面。

（1）水泥和水的用量大。修筑厚度为200mm、宽度为7m的混凝土路面，每1000m耗费水泥约400~500t，水约250t，还不包括养护用水在内。

（2）损坏后难于修复。水泥混凝土路面损坏后，开挖很困难，修补工作量大，对于有地下管线的城市道路，对交通影响较大。

（3）有接缝。水泥混凝土路面的横向及纵向接缝，不但影响行车舒适性，容易引起跳车，同时也是路面的薄弱部位，接缝的损坏会导致路面板边和板角处的破坏。

（4）开放交通迟。一般混凝土路面完工后，要经过28d的湿治养护，才能开放交通，如需提早开放交通，则需采取特殊措施。

任务1　水泥混凝土路面的构造

任务1.1　接缝构造

认识混凝土路面接缝：

接缝是混凝土路面板的重要构造部位，也是容易产生病害的薄弱部位。如图4-1-1所示，混凝土路面要设置接缝，又要尽量减少接缝数量，并且从接缝构造上保持两侧面板的整体性，以提高传荷能力，保证混凝土面板下路基与基层的正常工作条件。混凝土路面的接缝按照几何部位，分为横向接缝和纵向接缝。纵缝平行于行车方向，横缝一般垂直于纵缝，且纵缝两侧的横缝不得互相错位。

一、横向接缝

横向接缝按照作用的不同分为横向缩缝、胀缝和施工缝。

1. 缩缝

缩缝是为了混凝土路面板减小由于伸缩和翘曲变形受到约束而产生的应力，从而避免混凝土板产生不规则裂缝。

（1）缩缝构造

横向缩缝一般采用假缝形式，包括设传力杆假缝型和不设传力杆假缝型，其构造如图4-1-2（a）（b）所示。假缝上部的槽口，深度为面层厚度的1/5~1/4，宽度为3~8mm，

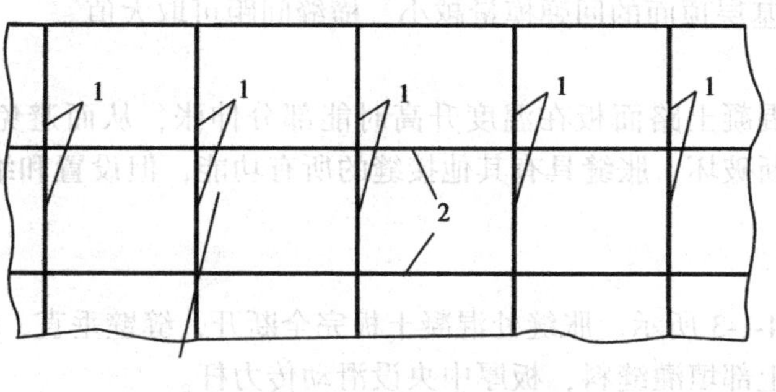

图 4-1-1　路面接缝设置

一般在混凝土浇筑后，达到一定抗压强度强度时，用切缝机切割，或在混凝土浇筑时振入嵌缝条而形成。缝内填灌缝料，如沥青马蹄脂、乳化沥青等。高速公路的横向缩缝槽口增设深 20mm，宽 6～10mm 的浅槽口，其构造如图 4-1-2（c）所示。

（2）缩缝布置

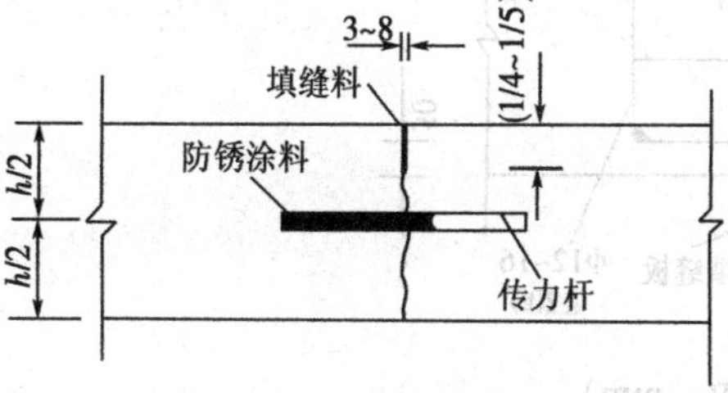

（a）设传力杆缩缝

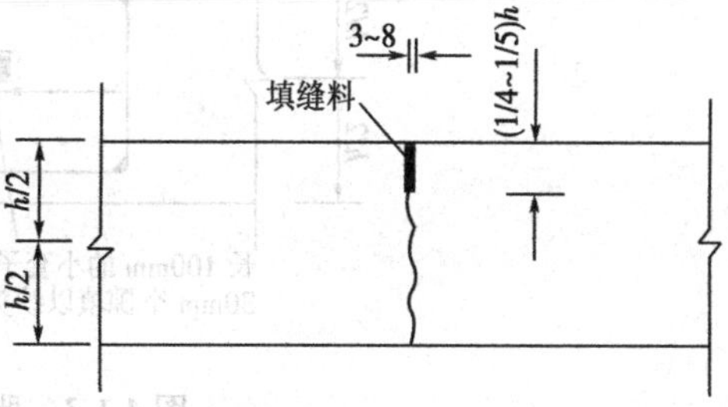

（b）不设传力杆缩缝

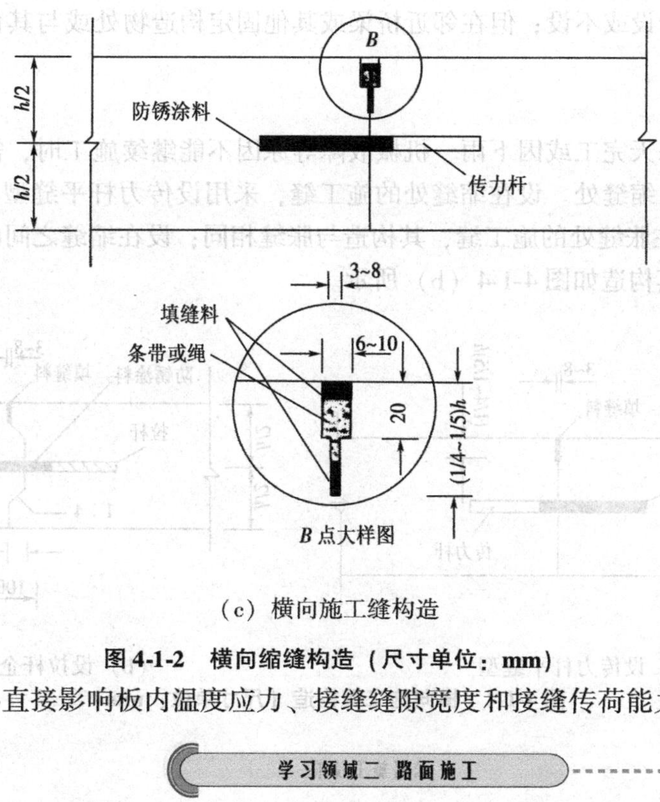

（c）横向施工缝构造

图 4-1-2　横向缩缝构造（尺寸单位：mm）

缩缝间距大小直接影响板内温度应力、接缝缝隙宽度和接缝传荷能力。一般为 4～6m

（板长）。板越厚、基层顶面的回弹模量越小，横缝间距可取大值。

2. 胀缝

胀缝是为保证混凝土路面板在温度升高时能部分伸张，从而避免路面板在温度较高时，产生拱胀和折断破坏。胀缝具有其他接缝的所有功能，但设置和维护困难，应尽量少设。

（1）胀缝构造

胀缝构造如图4-1-3 所示。胀缝处混凝土板完全断开，缝壁垂直，缝宽20mm，下部设弹性材料填缝板，上部填灌缝料，板厚中央设滑动传力杆。

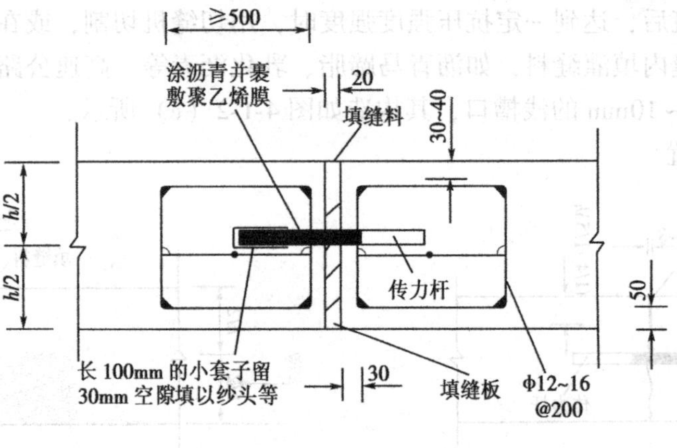

图 4-1-3　胀缝构造（尺寸单位：mm）

（2）胀缝布置

胀缝应尽量少设或不设；但在邻近桥梁或其他固定构造物处或与其他道路相交处应设置胀缝。

3. 施工缝

混凝土路面每天完工或因下雨、机械故障等原因不能继续施工时，需设置施工缝，其位置最好设在胀、缩缝处。设在缩缝处的施工缝，采用设传力杆平缝型，其构造如图 4-1-4（a）所示；设在胀缝处的施工缝，其构造与胀缝相同；设在缩缝之间的施工缝，采用设拉杆企口缝型，其构造如图 4-1-4（b）所示。

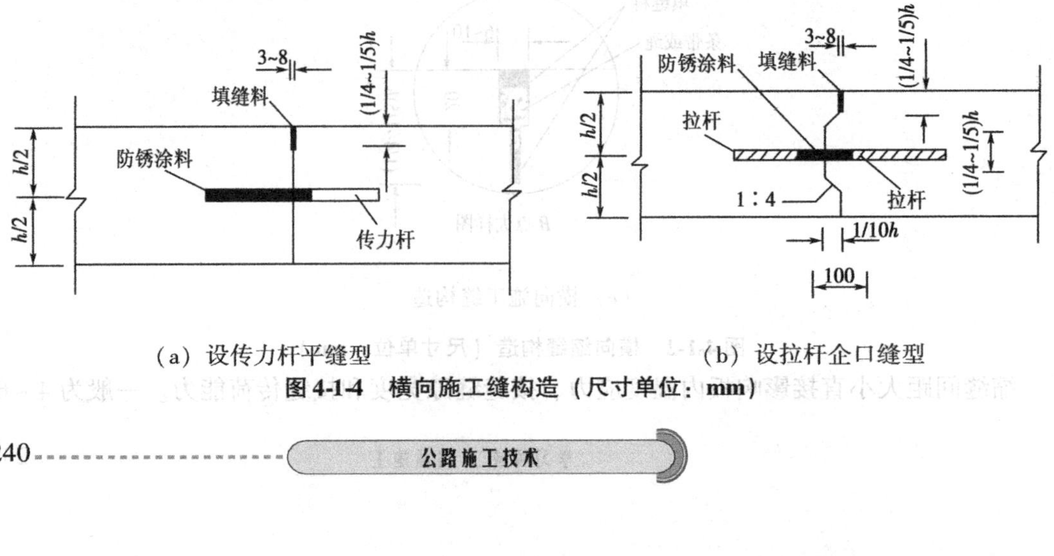

（a）设传力杆平缝型　　（b）设拉杆企口缝型

图 4-1-4　横向施工缝构造（尺寸单位：mm）

二、纵缝

1. 纵向施工缝

一次铺筑宽度小于路面宽度时，设置纵向施工缝。纵向施工缝采用平缝形式，上部锯切槽口，深度为30～40mm，宽度为3～8mm，槽内灌塞填缝料，板厚中央设拉杆，不仅防止接缝错开，也具有传递荷载的能力。其构造如图4-1-5（a）所示。

2. 纵向缩缝

一次铺筑宽度大于路面宽度时，设置纵向缩缝。纵向缩缝采用假缝形式，上部锯切槽口的深度大于施工缝的槽口深度。其构造如图4-1-5（b）所示。

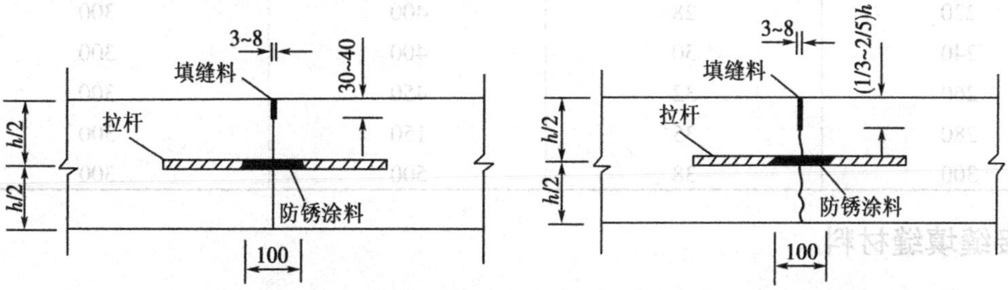

（a）纵向施工缝　　（b）纵向缩缝

图4-1-5　纵缝构造

3. 纵缝布置

纵缝间距通常按车道宽度确定。但带有路缘带的高速公路和一级公路，板宽可按车道和路缘带的宽度确定。路面宽为9m的二级公路，板宽可按路面宽的一半（4.5m）确定。由于板块过宽易产生纵向断裂，特别是在旧路加宽或半填半挖的路段上，一般不超过4.5m。

三、拉杆和传力杆

1. 拉杆

拉杆是为了防止板块横向位移而设置在纵缝处的钢筋。拉杆采用螺纹钢筋，设在板厚的中央，并应对拉杆中部10cm范围内进行防锈处理。拉杆的尺寸和间距按表4-1-1选用。施工布设时，拉杆间距按横向接缝的实际位置予以调整，最外侧的拉杆距横向接缝的距离不少于100mm。

表4-1-1　　拉杆直径、长度和间距

面层厚度/mm	到自由边或设拉杆纵缝的距离/m					
	3.0	3.50	3.75	4.5	6.0	7.50
200～250	14×700×900	14×700×800	14×700×700	14×700×600	14×700×500	14×700×400
260～300	16×800×900	16×700×800	16×700×700	16×700×600	16×700×500	16×700×400

2. 传力杆

传力杆的设置目的是为了保证接缝的传荷能力和路面的平整度，防止错台等病害的产生。传力杆主要用于横向接缝，采用光面钢筋。对胀缝或缩缝，传力杆均采用相同的间距和尺寸，其尺寸和间距按表4-1-2选用，对设在缩缝处的传力杆，其长度的一半再加50mm，应涂以沥青或加塑料套，涂沥青端宜在相邻板中交错布置；对设在胀缝处的传力杆，尚应在涂沥青一端加一套子，内留30mm的空隙，填以纱头或泡沫塑料。套子端在相邻板中交错布置。其最外侧的传力杆距纵向接缝或自由边的距离一般150~250mm。

表4-1-2　　传力杆尺寸和间距　　mm

面层厚度/mm	传力杆直径	传力杆最小长度	传力杆最大间距
220	28	400	300
240	30	400	300
260	32	450	300
280	35	150	300
300	38	500	300

四、接缝填缝材料

1. 胀缝接缝板

选用能适应混凝土板膨胀收缩、施工时不变形、复原率高和耐久性好的材料。高速公路和一级公路选用泡沫橡胶板、沥青纤维板；其他等级公路选用木材类或纤维类板。

接缝板可采用杉木板、纤维板、泡沫树脂板等。其技术性质如表4-1-3所列。

表4-1-3　　胀缝板的技术要求

试验项目	接缝板种类			备注
	木材类	塑料泡沫类	纤维类	
压缩应力/MPa	5.0~20.0	0.2~0.6	2.0~10.0	
复原率/%	>55	>90	>65	吸水后不应小于不吸水的90%
挤出量/mm	<5.5	<5.0	<4.0	
弯曲荷载/N	100~400	0~50	5~40	

2. 填缝料

选用与混凝土接缝槽壁黏结力强、回弹性好、适应混凝土板收缩、不溶于水、不渗水、高温时不流淌、低温时不脆裂、耐老化的材料。常用的填缝料有乳化沥青类、聚氯乙烯胶泥、沥青马蹄脂、沥青橡胶类等。

填缝料按施工温度分加热施工式和常温施工式两类。

加热施工式填缝料主要由沥青橡胶类、聚氯乙烯胶泥类和沥青马蹄脂类等。其技术性质如表4-1-4所示。

表 4-1-4　　　　加热施工式填缝料的技术要求

试验项目	低弹性型	高弹性型
针入度（锥针法）/mm	<50	<90
弹性（复原率/%）	>30	>60
流动度/mm	<5	<2
拉伸量/mm	>10	>15

常温施工式填缝料有聚氨脂胶泥类、氯丁橡胶类、乳化沥青橡胶类等。其技术性质如表 4-1-5 所列。

表 4-1-5　　　　常温施工式填缝料的技术要求

试验项目	技术要求
灌入稠度/s	<20
失黏时间/h	6~24
弹性（复原率/%）	>75
流动度/mm	0
拉伸量/mm	>15

相关链接　水泥混凝土路面结构，由面层、基层、垫层、路基（路床）、路肩结构和内部排水设施等部分组成，如图 4-1-6 所示。

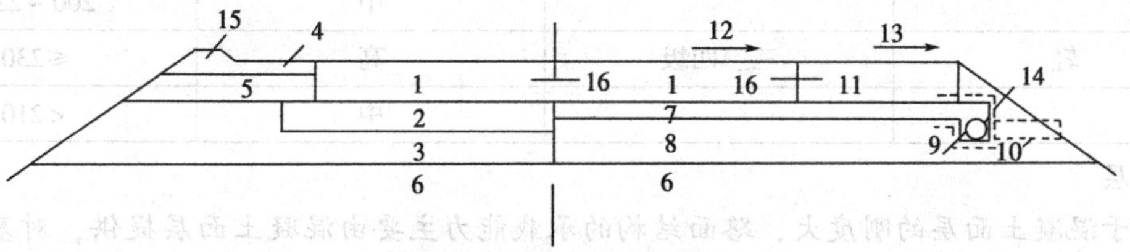

图 4-1-6　水泥混凝土路结构

1—面层；2—基层；3—垫层；4—沥青路肩面层；5—路肩基层；6—路床；7—排水基层；8—不透水基层（或反滤层）；9—纵向集水沟和集水管；10—横向排水管；11—混凝土路肩面层；12—路面横坡；13—路肩横坡；14—反滤织物；15—拦水带；16—拉杆

一、面层

水泥混凝土面层直接承受行车荷载和环境（温度和湿度）因素的作用，因此水泥混凝土面层应具有足够的强度、耐久性、表面抗滑、耐磨、平整。

水泥混凝土面层的厚度，一般在 180~300mm 范围内，视轴载大小和作用次数以及混凝土强度而定，表 4-1-5 为普通水泥混凝土面层厚度参考范围，通常采用等厚断面。混凝土面层的弯拉强度在 4.0~5.0MPa 范围内。面层由横向和纵向接缝划分为矩形板块，如图 4-1-7 所示，其平面尺寸通常不超过 $25m^2$。纵缝的位置通常按车道宽度设定，缝内设拉杆。横缝间距一般采用 4~6m，当交通繁重时，缝内设传力杆。混凝土路面板通常采用整层浇筑，面层较厚时，也可分为两层（双层）浇筑。

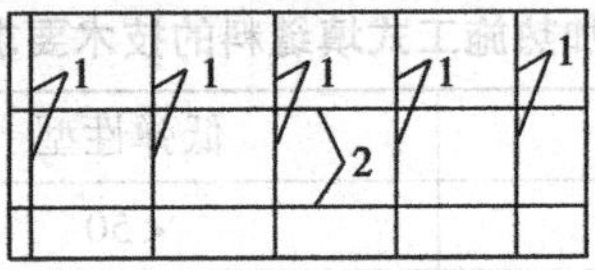

图 4-1-7　混凝土板的分块与接缝

1—横缝；2—纵缝

表 4-1-6　　普通水泥混凝土面层厚度参考范围

交通等级	公路等级	变异水平等级	面层厚度/mm
特重	高速	低	≥260
	一级	中	≥250
		低	≥240
	二级	中	
重	高速	低	240～270
	一级	中	230～260
		低	220～250
	二级	中	
中等	二	高	210～240
		中	200～230
	三、四级	高	
		中	200～220
轻	三、四级	高	≤230
		中	<210

二、基层

由于混凝土面层的刚度大，路面结构的承载能力主要由混凝土面层提供，对基层的强度要求不高。混凝土面层下设置基层的目的有以下几点。

1. 防唧泥。混凝土面层如直接放在路基上，会由于路基上塑性变形量大，细料含量多和抗冲刷能力低而极易产生唧泥现象。铺设基层后，可减轻直至消除唧泥的产生。但未经处置的砂砾基层，其细料含量和塑性指数不能太高，否则仍会产生唧泥。

2. 防冰冻。在季节性冰冻地区，用对冰冻不敏感的粒状多孔材料铺筑基层，可以减少路基冰冻的危害作用。

3. 减小路基顶面的压应力，并缓和路基不均匀变形对面层的影响。

4. 防水。在湿软土基上，铺筑开级配粒料基层，可以排除从路表面渗入面层板下的水分以及隔断地下毛细水上升，如图 4-1-8 所示。

5. 为面层施工（如立侧模，运送混凝土混合料等）提供方便。

6. 提高路面结构的承载能力，延长路面的使用寿命。

因此，除非土基本身是良好级配的砂砾类土，而且是良好排水条件的轻交通道路之外，都应设置基层。同时，基层应具有足够的强度和稳定性，且断面正确，表面平整。理

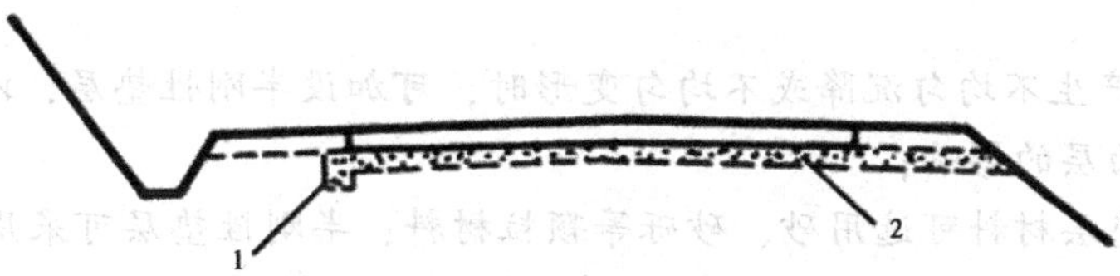

图 4-1-8 兼起排水作用的料料基层

1—盲沟；2—通过路肩的基层

论和实践都已证明，采用整体性好（具有较高的弹性模量，如贫混凝土，沥青混凝土、水泥稳定碎石、石灰粉煤灰稳定碎石、级配碎石等）的材料修筑基层，可以确保混凝土路面良好的使用特性和延长路面的使用寿命。因为如果基层出现较大的塑性变形累积（主要在接缝附近），面层将与之脱空，支撑条件恶化，从而增加板的应力；同时，若基层材料中含有过多的细料，还将促使唧泥和错台等病害产生。

基层可以选用粒料、石灰粉煤灰稳定粒料、水泥稳定粒料、碾压混凝土或贫混凝土和沥青稳定粒料。基层类型按照交通等级，参照表 4-1-7 选用，各类基层厚度的适宜范围如表 4-1-8 所列。基层的宽度应比混凝土面层每侧至少宽出 300 ~ 650mm，以满足立模和摊铺机械施工操作的要求。路肩采用混凝土面层时，基层宽度宜与路基同宽。

表 4-1-7 适宜各交通等级的基层类型

交通等级	基层类型
特重	贫混凝土、碾压混凝土或沥青混凝土基层
重交通	水泥稳定粒料或沥青稳定碎石基层
中等或轻交通	水泥稳定粒料、石灰粉煤灰稳定粒料或级配粒料基层

表 4-1-8 各类基层厚度的适宜范围

基层类型	厚度的范围/mm
贫混凝土或碾压混凝土基层	120 ~ 200
水泥或石灰粉煤灰稳定粒料基层	150 ~ 250
沥青混凝土基层	40 ~ 60
沥青稳定碎石基层	80 ~ 100
级配粒料基层	150 ~ 200
多孔隙水泥稳定碎石排水基层	100 ~ 140
沥青稳定碎石排水基层	80 ~ 100

三、垫层

垫层主要设置在温度和湿度状况不良的路段上，以减轻路基不均匀变形对路面结构的影响。通常在下述情况下，需在基层下设置垫层：

1. 季节性冰冻地区，为防止或减轻路基不均匀冻胀对混凝土面层的不利影响，当路面总厚度小于最小防冻厚度要求时，其差值应以垫层厚度补足，最小防冻厚度如表 4-1-9 所示；

2. 水文地质条件不良的土质路堑，路床土湿度较大时，可设置排水垫层，以疏干路床土；

3. 路基可能产生不均匀沉降或不均匀变形时，可加设半刚性垫层，以缓解不均匀沉降或变形对混凝土面层的影响；

防冻和排水垫层材料可选用砂、砂砾等颗粒材料；半刚性垫层可采用无机结合料稳定粒料或土。垫层最小厚度为150mm，宽度与路基同宽。

表4-1-9　　水泥混凝土路面最小防冻厚度

路基干湿类型	路基土质	当地最大冰冻深度/m			
		0.50～1.00	1.01～1.50	1.51～2.00	>2.00
中湿路基	低、中、高液限黏土	0.30～0.50	0.40～0.60	0.50～0.70	0.60～0.95
	粉土，粉质低、中液限黏土	0.40～0.60	0.50～0.70	0.60～0.85	0.70～1.10
潮湿路基	低、中、高液限黏土	0.40～0.60	0.50～0.70	0.60～0.90	0.75～1.20
	粉土，粉质低、中液限黏土	0.45～0.70	0.55～0.80	0.70～1.00	0.80～1.30

注：[1] 冰冻小或填方路段，或者基、垫层为隔温性能良好的材料，可采用低值；冰冻深度大或填挖方及地下水位高的路段，或者基、垫层为隔温性能稍差的材料，应采用高值。

[2] 冰冻深度小于0.5m地区，一般不考虑结构层的防冻厚度。

四、路基

通过混凝土路面结构传到土基顶面的荷载应力很小，一般不超过0.07MPa，但路基出现不均匀变形时，会使混凝土面板在荷载作用下产生过大的弯拉应力，从而导致混凝土面板的断裂。因此，路基应稳定、密实、均质，不均匀变形小，为混凝土路面结构提供均匀的支撑。为控制路基的不均匀变形，通常需在地基、填料、压实等方面采取相应的措施。

1. 对软弱地基可采用各种排水固结或强夯压实等措施进行加固处理，以减少工后沉降量和不均匀沉降量；局部路段路基土质不良或含水量过高时，可全部或部分挖除软土层，然后换好土分层回填，换土厚度不宜小于80cm；路基土的含水量较大时，可采用无机结合料对土基进行稳定处理，砂性土用水泥进行稳定处理效果较好，粉质土和黏质土，用石灰或磨细生石灰进行稳定处理效果较佳。

2. 选用优质填料如粗粒土、不易冻胀土等，合理安排填筑顺序：土质较差的细粒土填在下层，上层用优质填料，以避免或减轻冻胀和收缩引起的不均匀变形。

3. 严格控制路基压实度，使其达到公路路基设计、施工规范的要求。

4. 在地下水位较高时，尽可能提高路基设计标高和加深边沟，以增加路床顶面离地下水位的距离；设置地下排水设施，拦截浅水层中流向路基的渗流水，或降低地下水位。

五、路肩

路肩铺面结构应具有一定的承载能力，其结构层组合和材料的选用应与行车道路面相协调，并保证进入路面结构中的水的排除。路肩的面层可以采用水泥混凝土或沥青混合料。

水泥混凝土路肩面层的厚度通常采用与行车道面层等厚，其基层宜与行车道基层相同，路肩面层混凝土的组成和强度要求也与行车道面层相同。路肩面层板采用与路面面板相同的横缝间距，行车道面层内的横缝设置传力杆时，路肩面层内也相应设置传力杆，但间距可大些（如500~750mm）；混凝土路肩与行车道面层间的纵向接缝，可采用平缝或企口缝形式，并通过拉杆与路面面层相连结，以防止路肩面板外移而使纵缝缝隙张开。

六、路面排水

混凝土路面表面的的水，通过行车道路面和路肩的横坡向两侧排流。行车道路面设置双向或单向横坡，坡度为1%~2%，路肩的横坡比路面的横坡值大1%~2%。

通过混凝土面层接缝和裂缝渗入路面结构内部的自由水，可设置路面边缘或排水基层排水系统，排向路基以外。路面边缘排水系统是在路面边缘设置纵向集水沟和管，并间隔一定距离设置横向排水管。

任务1.2　水泥混凝土路面材料要求

水泥混凝土路面的施工应根据合同及设计文件，施工现场所处的气候、水文、地形等环境条件，选择满足质量指标要求、性能稳定的原材料，确定配合比、设备种类和施工工艺，进行详细的施工组织设计，建立完备的施工质量保障体系。

一、组成材料及技术要求

水泥混凝土面层受到行车荷载的冲击、摩擦和反复弯曲作用，同时还受到温度和湿度反复变化的影响，因此面层混合料必须具有较高的抗弯拉强度和耐磨性，良好的耐冻性以及尽可能低的膨胀系数和弹性模量。此外，新拌混凝土还应有适当的施工和易性，一般规定其坍落度为0~30mm，工作度约30s。在施工时，应力求混凝土强度满足设计要求。通常，要求面层混凝土的28d抗弯拉强度达到4.0~5.0MPa，28d抗压强度达到30~35MPa。

组成水泥混凝土的材料有水泥、细集料、粗集料、水和外加剂。以下是对这几种原材料的要求。

1. 水泥

水泥是混凝土的胶结材料，其性能很大程度上决定了混凝土的质量。水泥混凝土路面应采用抗弯拉强度高、干缩性小、抗磨性与耐久性好及弹性模量低的水泥。水泥品种和标号的选用，必须根据公路等级、工期、铺筑时间和方法及经济性等因素综合考虑决定。我国一般采用标号不低于425号的硅酸盐水泥或普通硅酸盐水泥，一般特重、重交通道路的路面采用不低于525号水泥，中、轻交通道路的路面采用不低于425号水泥。对于双层式混凝土路面的下层可用325号水泥。

（1）水泥化学成分、物理性能等品质宜符合表4-1-10的要求。

表 4-1-10　　　　各交通等级路面用水泥的化学成分和物理指标

水泥性能	特重、重交通路面	中、轻交通路面
铝酸三钙	不大于 5%	不宜大于 7%
铁铝酸四钙	不小于 15%	不宜小于 12%
游离氧化钙	不大于 1%	
氧化镁	不得大于 5%	不得大于 6%
三氧化磷	不得大于 3.5%	不得大于 4.0%
碱含量	怀疑有碱活性的集料不得大于 0.6%，无碱活性的集料不得大于 1%	
混合料种类	不得掺窑灰、煤矸石、火山灰和黏土，有盐冻要求时，不得掺生石灰石粉	
烧失量	不得大于 3%	不得大于 5%
细度（80mm）	筛余量不得大于 10%	
初凝时间	不早于 3h	不早于 2.5h
终凝时间	不迟于 10h	
安定性	雷氏夹法或蒸煮法检验合格	蒸煮法检验合格
28d 干缩率	不得大于 0.09%	不得大于 0.10%
耐久性	不得大于 3.6kg/m²	

（2）适合各级交通的水泥品种、强度等级和抗折强度不小于表 4-1-11 所列的规定。

表 4-1-11　　　　各交通等级路面用水泥的品种和强度指标

交通等级	水泥抗折强度/MPa	水泥品种和强度等级	备注
特重	≥7.5	硅酸盐水泥 62.5、普通水泥 62.5、道路水泥 52.5	硅酸盐水泥 52.5、普通水泥 52.5、道路水泥 42.5 实测抗折强度达到要求可以使用
重	≥7.0	硅酸盐水泥 52.5、普通水泥 52.5、道路水泥 42.5	硅酸盐水泥 42.5、道路水泥 42.5 实测抗折强度达到要求可以使用
中等、轻	≥6.5	硅酸盐水泥 42.5、普通水泥 42.5、矿渣水泥 42.5	所有水泥无论强度等级高低，施工时均应以抗折强度满足要求为准

（3）使用散装水泥时，出厂温度均应限制在 55℃以内，混凝土搅拌时的水泥温度不得高于 50℃，冬季施工时水泥温度不宜低于 10℃。

2. 粗集料

为获得密实度、强度高而耐久和耐磨性好的混凝土路面，粗集料必须具有一定的强度，耐磨耗，并有足够的坚固性和良好的级配。

（1）粗集料可使用碎石、破碎砾石和砾石，其质地应坚硬、耐久、洁净，岩石抗压强度应高于所配制混凝土强度的 1. 3 倍以上。其技术要求见表 4-1-12 所列。

表 4-1-12　　碎石技术要求

项 目	技术要求	说 明
碎石压碎值指标/%	≤15	无抗（盐）冻要求的三、四级路 <20
卵碎石压碎值指标/%	≤14	无抗（盐）冻要求的三、四级路 <16
坚固性（按质量损失计）/%	<8	无抗（盐）冻要求的三、四级路 <12
针片状颗粒含量/%	<15	无抗（盐）冻要求的三、四级路 <20
含泥量（按质量计）/%	<1.0	无抗（盐）冻要的三、四级路 <1.5
泥块含量（按质量计）/%	<0. 5	无抗（盐）冻要的三、四级路 <0. 7
有机物含量（比色法）	合格	无抗（盐）冻要的三、四级路合格
硫化物及硫酸盐（按 SO_3 质量计）/%	<1. 0	无抗（盐）冻要的三、四级路 <1. 0
岩石抗压强度表观密度碱集粒反应	火成岩应不小于 100MPa；变质岩应不小于 80MPa；水成岩应不小于 60MPa >2500kg/m³ 经碱集料反应试验后，由卵石、碎石、碎卵石配制的混凝土试件无裂缝断裂、胶体外溢等现象，在规定试验龄期的膨胀率应不小于 0. 10%	

（2）粗集料的级配应符合表 4-1-13 规定所列的范围。

表 4-1-13　　碎石级配要求

级配	类型 \ 粒径	方孔筛尺寸/mm							
		2. 36	4. 75	9. 5	16. 0	19. 0	26. 5	31. 5	37. 5
		累计筛余（以质量计）/%							
连续级配	4. 75～16	95～100	85～100	40～60	0～10				
	4. 75～19	95～100	85～95	60～75	30～45	0～5	0		
	碾压混凝土	95～100	90～100	60～75	30～40	0～5	0		
	4. 7～26. 5	95～100	90～100	70～90	50～70	25～40	0～5	0	
	4. 7～31. 6	95～100	90～100	75～90	60～75	40～60	20～35	0～5	
单级配	4. 75～9. 5	95～100	80～100	0～15	0				
	9. 5～16		95～100	80～100	0～15	0			
	9. 5～17		95～100	85～100	40～60	0～15	0		
	16～26. 5		95～100	85～100	55～70	25～40	0～10	0	
	16～31. 5		95～100	90～100	85～100	55～70	25～40	0～10	0

（3）抗滑层的混凝土路面层粗集料应使用碎石，不宜使用碎卵石，其性能除符合上述规定外还应符合表 4-1-14 所列的要求。

表 4-1-14　　　　　　　　　　**抗滑层碎石技术要求**

公路等级	磨光值	磨耗值	压碎值（10%）	冲击值	针片状颗粒含量/%
高速公路、一级公路	≥40	≤14	≤10	≤28	≤6
其他等级公路	≥35	≤16	≤12	≤30	≤8

3. 细集料

用轧制石料得到的人工砂（如石屑）。细集料要求颗粒坚硬耐磨，具有良好的级配，表面粗糙而有棱角，清洁和有害杂质含量少，含泥量不大于3%，硫化物及硫酸盐含量不大于1%，细度模数在2.5以上。

4. 水

拌制和养护混凝土用的水，以饮用水为宜。对工业废水、污水、海水、沼泽水、酸性水（PH<4）和硫酸盐含量较多（按 SO_4 计超过 $2.7mg/cm^3$）的水，均不允许使用。混凝土的用水量约为 $130 \sim 170L/m^3$。

5. 外加剂

为了改善混凝土的技术性质在混凝土的制备过程中可加入一定量的外加剂。

为保证混凝土具有足够的强度和密实度，水灰比应为0.40～0.55。水灰比低时混凝土和易性差，可添加塑化剂或减水剂。

为使混凝土路面提早开放交通，可在混凝土中掺加早强剂。掺入早强剂的混凝土，能使路面在铺筑3～5d后即可开放交通。

为了提高混凝土的和易性和抗冻性，以及防止为融化路面冰雪所用盐类对混凝土的侵蚀，国外常掺入引气剂，使混凝土具有3.5%～5.5%（体积比）的含气量。

为提高混凝土的强度，国内外还采用干硬性混凝土，并掺入增塑剂或减水剂，以改善其施工和易性。

二、施工前的准备工作

混凝土路面板施工程序因摊铺机具不同而不同，我国目前采用的摊铺机具与摊铺方式包括滑模摊铺、轨道摊铺、三辊轴摊铺、小型机具摊铺等，我国规范也明确提出了不同等级公路施工所应采用的施工方式和施工设备，如表4-1-15所列。

表 4-1-15　　　　　　　　　　**与公路等级相适应的机械设备**

摊铺机械装备	高速公路	一级公路	二级公路	三级公路	四级公路
滑模摊铺机	√	√	√	▲	○
轨道摊铺机	▲	√	√	√	○
三辊轴摊铺机	○	▲	√	√	√
小型机具	×	○	▲	√	√

注：[1] 符号含义：√应使用；▲有条件使用；○不宜使用；×不得使用。

[2] 各等级公路均不得使用体积计量小型自落滚筒式搅拌机，严禁采用人工控制加水量。

水泥混凝土路面施工主要是浇注水泥混凝土路面和筑造接缝，要求施工连贯、有序，技术准备充分，对机械设备、人员组织安排到位，这样才能保证施工顺利进行和完成。因此，要作好施工前的准备工作，并注意以下几点。

1. 编制施工组织设计

熟悉设计文件，按照设计图纸要求，结合施工技术、设备条件确定合理施工方案，编制施工组织设计。

2. 选择混凝土拌和场地

根据施工路线的长短和所采用的运输工具，混凝土可集中在一个场地拌制，也可以在沿线选择几个场地，随工程进展情况迁移。拌和场地的选择首先要考虑是运送混合料的运距最短。同时拌和厂还要接近水源和电源，此外拌和厂应有足够的面积来堆放材料。

3. 室内试验

进行材料试验和混凝土配合比设计，根据技术设计要求与当地材料供应情况，做好混凝土各组成材料的试验，进行混凝土各组成材料的配合比设计。

4. 现场技术复核

根据设计文件，复测平面和高程控制桩，定出路面中心、路面宽度和纵横高程放样桩。

5. 基层的检查与整修

基层的检查与整修，基层的宽度、路拱与标高、表面平整度和压实度，均应检查其是否符合要求。如有不符之处，应予整修；否则，将使面层的厚度变化过大，而增加其造价或减少其使用寿命。半刚性基层的整修时机很重要，过迟难以修整且很费工。当在旧砂石路面上铺筑混凝土路面时，所有旧路面的坑洞、松散等损坏，以及路拱横坡或宽度不符合要求之处，均应事先翻修调整压实。

混凝土摊铺前，基层表面应洒水润湿，以防混凝土底部的水分被干燥的基层吸去变得疏松以致产生细裂缝，有时也可在基层和混凝土之间铺设薄层沥青混合料或塑料薄膜。

任务2　水泥混凝土路面人工小型机具施工工艺

小型机具施工法的施工程序为：安装模板；设置传力杆；混凝土的拌和与运送；混凝土的摊铺和振捣；接缝的设置；表面整修；混凝土的养护与填缝。

一、边模的安装

在摊铺混凝土前，应先安装两侧模板。如果采用手工摊铺混凝土，则边模的作用仅在于支撑混凝土，可采用厚约4～8cm的木模板，在弯道和交叉口路缘处，应采用1.5～3cm厚的薄模板，以便弯成弧形。条件许可时宜用钢模，这样做不仅节约木材，而且能够保证工程质量。钢模可用厚4～5mm的钢板冲压制成，或用3～4mm厚钢板与边宽40～50mm的角钢或槽钢组合构成。

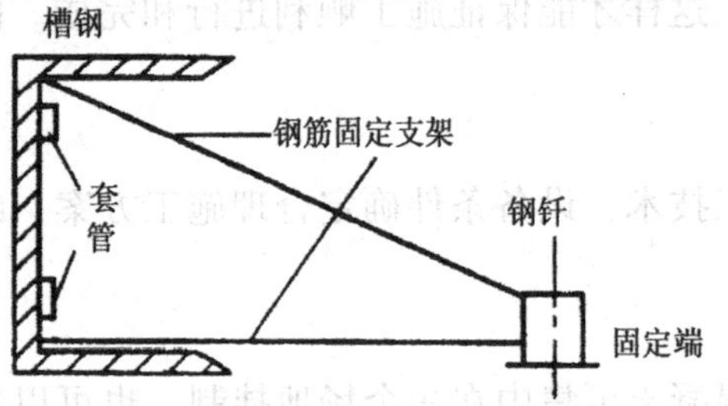

（a）焊接钢筋固定支架

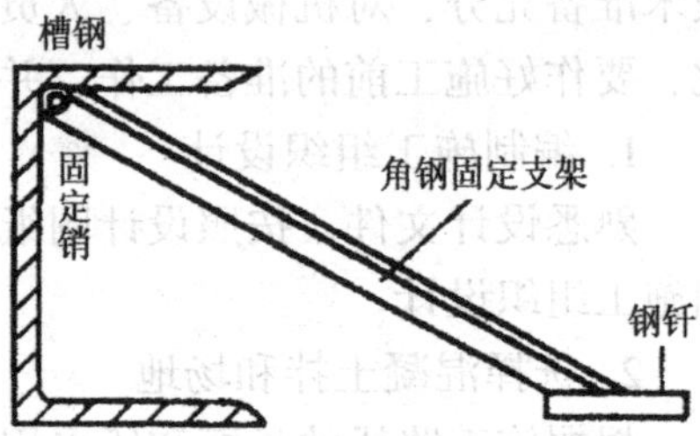

（b）焊接角钢固定支架

图 4-2-1 （槽）钢模板焊接钢筋或角钢固定示意图

侧模按预先标定的位置安放在基层上，两侧用铁钎打入基层以固定位置。如图 4-2-1 所示的模板顶面用水准仪检查其标高，不符合时应予以调整。模板的平面位置和高程控制都很重要，稍有歪斜和不平，都会反映到面层，使其边线不齐，厚度不准和表面呈波浪形。因此，施工时必须经常校验，严格控制。模板内侧应涂刷肥皂液、废机油或其他润滑剂，以便利拆模。

二、传力杆设置

当两侧模板安装好后，即在需要设置传力杆的胀缝或缩缝位置上设置传力杆。混凝土板连续浇筑时设置胀缝传力杆的做法，一般是在嵌缝板上预留圆孔以便传力杆穿过，嵌缝板上面设木制或铁制压缝板条，其旁再放一块胀缝模板，按传力杆位置和间距，在胀缝模板下部挖成倒 U 形槽，使传力杆由此通过。传力杆的两端固定在钢筋支架上，支架脚插入基层内，如图 4-2-2-（a）所示。

对于不连续浇筑的混凝土板在施工结束时设置的胀缝，宜用顶头木模固定传力杆的安装方法。即在端模板外侧增设一块定位模板，板上同样按照传力杆间距及杆径钻成孔眼，将传力杆穿过端模板孔眼并直至外侧定位模板孔眼。两模板之间可用按传力杆一半长度的横木固定，如图 4-2-2（b）所示。继续浇筑邻板时，拆除挡板、横木及定位模板，设置胀缝板、木制压缝板条和传力杆套管。

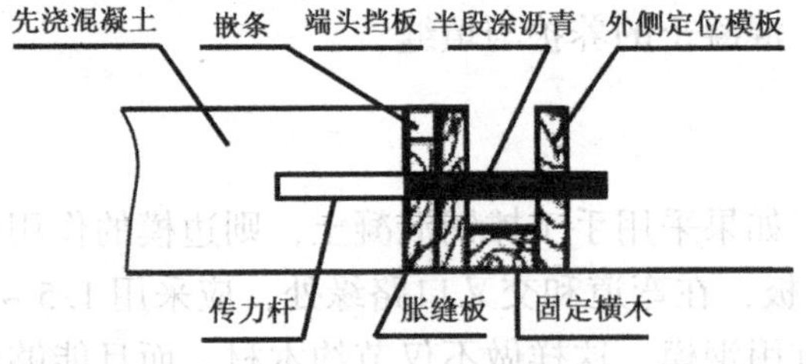

（a）钢筋支架法

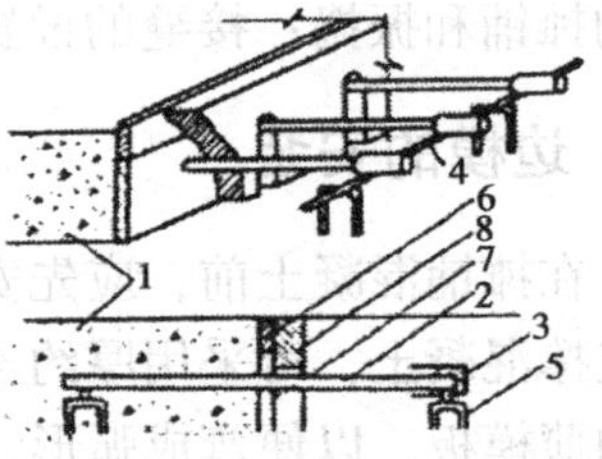

（b）顶头模固定法

图 4-2-2

1—先浇的混凝土；2—传力杆；3—金属套管；4—钢筋；5—支架；6—压缝板条；7—嵌缝板；8—胀缝模板

三、制备与运送混凝土混合料

混合料的制备可采用两种方式：一是在工地由拌和机拌制；二是在中心工厂集中制备，而后用汽车运送到工地。

在工地制备混合料时，应在拌和场地上合理布置拌和机和砂石、水泥等材料的堆放地点，力求提高拌和机的生产率。拌制混凝土时，要准确掌握配合比，特别要严格控制用水量。每天开始拌和前，应根据天气变化情况，测定砂、石材料的含水量，以调整拌制时的实际用水量。每拌所用材料应过秤。量配的精确度对水泥为 ±1.5%，砂为 ±2%，碎石为 ±3%，水为 ±1%。每一工班应检查材料量配的精确度至少 2 次，每半天检查混合料的坍落度 2 次，拌和时间为 1.5～2.0min。

混合料用手推车、翻斗车、自卸汽车或搅拌运输车运送。合适的运距视车辆种类和混合料容许的运输时间而定。通常，夏季不宜超过 30～40min，冬季不宜超过 60～90min。高温天气运送混合料时应采取覆盖措施，以防混合料中水分蒸发。运送用的车箱必须在每天工作结束后，用水冲洗干净。

在中心拌和场地（厂拌）集中拌制时，可由搅拌运输车运送到施工现场进行摊铺。

四、摊铺和振捣

当运送混合料的车辆运达摊铺地点后，一般直接倒向安装好侧模的路槽内，并用人工找补均匀。要注意防止出现离析现象。摊铺时应考虑混凝土振捣后的沉降量，虚高可高出设计厚度约 10% 左右，使振实后的面层标高同设计相符。

混凝土混合料的振捣器具，应由平板振捣器（2.2～2.8kW）、插入式振捣器和振动梁（各 1kW）配套作业。混凝土路面板厚在 0.22m 以内时，一般可一次摊铺，用平板振捣器振实，凡振捣不到之处，如面板的边角部、窨井、进水口附近，以及设置钢筋的部位，可用插入式振捣器进行振实，如图 4-2-3（a）所示；当混凝土板厚较大时，可先插入振捣，然后再用平板振捣，以免出现蜂窝现象。

（a）插入式振捣器

（b）振动梁

图 4-2-3　混合料振捣

平板振捣器在同一位置停留的时间，一般为 10～15s，以达到表面振出浆水，混合料不再沉落为宜。平板振捣后，用带有振捣器的、底面符合路拱横坡的振捣梁，如图 4-3-3（b）所示两端搁在侧模上，沿摊铺方向振捣拖平。拖震过程中，多余的混合料将随着振捣梁的拖移而刮去，低陷处则应随时补足。随后，再将直径为 75～100mm 的无缝钢管，两端放在侧模上，沿纵向滚压一遍。

必须注意，当摊铺或振捣混合料时，不要碰撞模板和传力杆，以避免其移动变位。

五、筑做接缝

1. 胀缝筑做

先浇筑胀缝一侧混凝土，取出胀缝模板后，再浇筑另一侧混凝土，钢筋支架浇在混凝土内。压缝板条使用前应涂废机油或其他润滑油，在混凝土震捣后，先抽动一下，而后最迟在终凝前将压缝板条抽出。抽出时为确保两侧混凝土不被扰动，可用木板条压住两侧混凝土，然后轻轻抽出压缝板条，再用铁抹板将两侧混凝土抹平整。缝隙上部浇灌填缝料，留在缝隙下部的嵌缝板是用沥青浸制的软木板或油毛毡等材料制成。

2. 横向缩缝筑做

混凝土结硬后，应适时切缝。切缝时间应控制在混凝土获得足够的强度，而收缩应力并未超出其强度范围时，以防切缝不整齐或出现早期裂缝。一般切缝时间以施工温度与施工时间乘积为 200～300 个温度小时或混凝土的抗压强度为 0.8MPa 时比较合适。

切缝一般用下列两种方法筑做。

（1）切缝法。在混凝土捣实整平后，利用振捣梁将“T”形震动刀准确地按缩缝位置震出一条槽，随后将铁制压缝板放入，并用原浆修平槽边。当混凝土收浆抹面后，再轻轻取出压缝板，并立即用专用抹子修整缝缘。这种做法要求谨慎操作，以免混凝土结构受到扰动和接缝边缘出现不平整（错台）。

（2）锯缝法。在结硬的混凝土中用锯缝机（带有金刚石或金刚砂轮锯片）锯割出要求深度的槽口。这种方法可保证缝槽质量且不扰动混凝土结构。但要掌握好锯割时间，过迟会因混凝土过硬而使锯片磨损过大且费工，而且更主要的是可能在锯割前混凝土会出现收缩裂缝；过早混凝土因还未结硬，锯割时槽口边缘易产生剥落。合适的时间视气候条件而定，炎热而多风的天气，或者早晚气温有突变时，混凝土板会产生较大的湿度或温度坡差，使内应力过大而出现裂缝，锯缝应早在表面整修后 4 小时即可开始。如天气较冷，一天内气温变化不大时，锯割时间可推迟至 12h 以上。

切缝以调深调速的切缝机锯切效果较好，为减少早期裂缝，切缝可采用“跳仓法”即每隔几块板切一缝，然后在逐块锯切。切缝深度为板厚的 1/4～1/3，切缝太浅会引起不规则断板。

（3）纵缝筑做

筑做企口式纵缝，模板内壁做成凸榫状。拆模后，混凝土板侧面即形成凹槽。需设置拉杆时，模板在相应位置处要钻成圆孔，以便拉杆穿入。浇筑另一侧混凝土前，应先在凹槽壁上涂抹沥青。

六、表面整修与防滑措施

混凝土终凝前必须用人工或机械抹平其表面。当用人工抹平时，不仅劳动强度大、效率低，而且还会把水分、水泥和细砂带至混凝土表面，致使它相比下部混凝土或砂浆有较高的干缩性和较低的强度。而采用机械抹面时可以克服以上缺点。目前国产的小型电动抹面机有两种装置：装上圆盘即可进行粗光；装上细抹叶片即可进行精光。如图 4-2-4 所示。在一般情况下，面层表面仅需粗光即可。抹面结束后，有时再用拖光带横向轻轻拖拉几次。

图 4-2-4　表面整修

为保证行车安全，混凝土表面应具有粗糙抗滑的表面。最普通的做法是用棕刷顺横向在抹平后的表面上轻轻刷毛；也可用金属丝梳子梳成深 1 ~ 2mm 的横槽。近年来，国外已采用一种更有效的方法，即在已硬结的路面上，用锯槽机将路面锯割成深 5 ~ 6mm、宽 2 ~ 3mm、间距 20mm 的小横槽。也可在未结硬的混凝土表面塑压成槽，或压入坚硬的石屑来防滑。

七、养护与填缝

为防止混凝土中水分蒸发过速而产生缩裂，并保证水泥水化过程的顺利进行，混凝土应及时养护。一般用下列两种养护方法。

1. 湿治养护如图 4-2-5 所示，混凝土抹面 2h 后，当表面已有相当硬度，用手指轻压不现痕迹时即可开始养护。一般采用湿麻袋或草垫，或者 20 ~ 30mm 厚的湿砂覆盖于混凝土表面。每天均匀洒水数次，使其保持潮湿状态，至少延续 14 天。

图 4-2-5　洒水养护

2. 塑料薄膜或养护剂养护，当混凝土表面不见浮水，用手指按压无痕迹时，即均匀喷洒塑料溶液，形成不透水的薄膜黏附于表面，从而阻止混凝土中水分的蒸发，保证混凝土的水化作用。

填缝工作宜在混凝土初步结硬后及时进行。填缝前，首先将缝隙内泥沙杂物清除干净，然后浇灌填缝料。

理想的填缝料应能长期保持弹性、韧性，热天缝隙缩窄时不软化挤出，冷天缝隙增宽时能胀大并不脆裂，同时还要与混凝土黏牢，防止土沙、雨水进入缝内，此外还要耐磨、耐疲劳、不易老化。实践表明，填料不宜填满缝隙全深，最好在浇灌填料前先用多孔柔性材料填塞缝底，然后再加填料，这样夏天胀缝变窄时填料不致受挤而溢至路面。

按施工温度分为加热施工式填缝料和常温施工式填缝料两种。加热式施工填缝料有：沥青橡胶类、聚氯乙烯胶泥类和沥青玛蹄脂类等；常温施工式填缝料有：聚氨酯焦油类、氯丁橡胶类、乳化沥青橡胶类等。

混凝土强度必须达到设计强度的90%以上时，方能开放交通。

任务3　滑模摊铺机铺筑施工工艺

一、滑模摊铺工艺流程

水泥混凝土路面滑模施工在我国是一项新型技术。技术要求高、难度大，要求全方位的精心组织施工。

滑模摊铺机如图4-3-1所示，滑模摊铺水泥混凝土路面施工工艺流程如图4-3-2所示，面层施工根据此流程网络图精心组织，有条不紊地进行施工，滑模施工形象工艺流程图如图4-3-3所示。

二、滑模式摊铺水泥混凝土路面施工

滑模式摊铺机如图4-3-3所示的机架支承在四个液压缸上，可以通过控制机械上下移动，以调整摊铺机铺层厚度。这种摊铺机一次可完成摊铺、震捣、整平等多道工序。

图4-3-1　滑模摊铺机

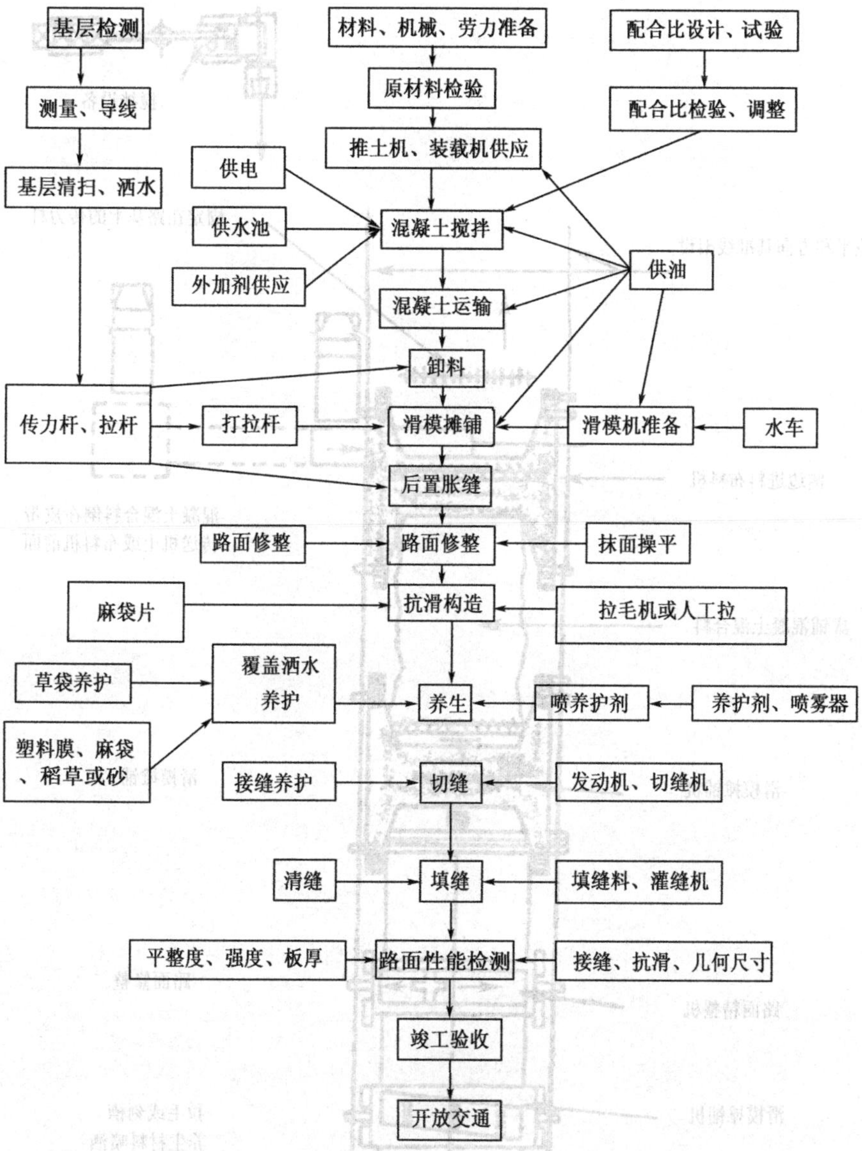

图 4-3-2　滑模摊铺水泥混凝土路面施工工艺流程图

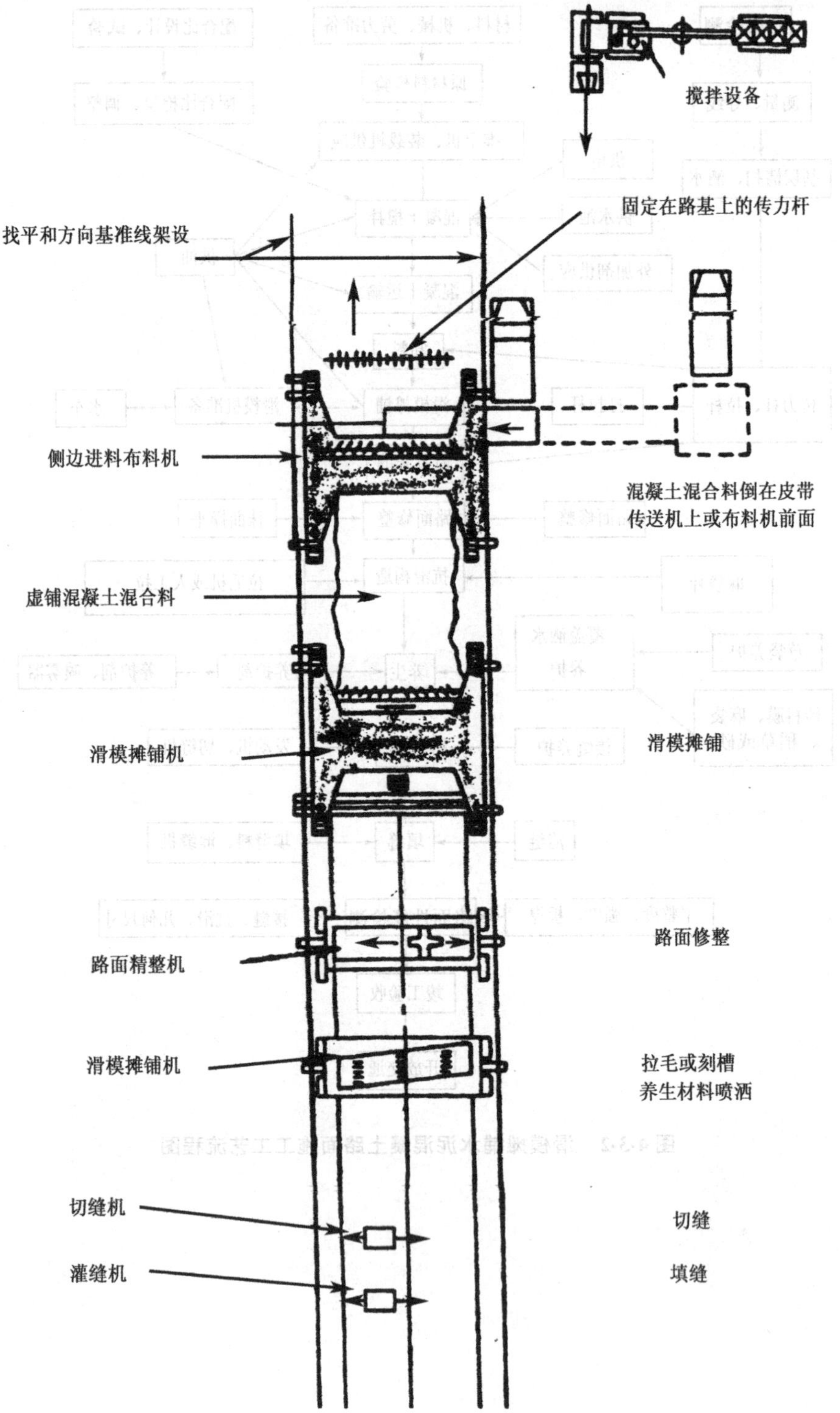

图 4-3-3　滑模施工形象工艺流程图

滑模式摊铺机的摊铺过程如图4-3-4所示。先由螺旋摊铺器1把堆积在基层上的水泥混凝土向左右横向铺开，刮平器2进行初步刮平，然后用振捣器3进行捣实，刮平器4进行整平，形成密实而平整的表面，再利用搓动式振捣板5对混凝土层进行振实和整平，然后用光面带6光面。

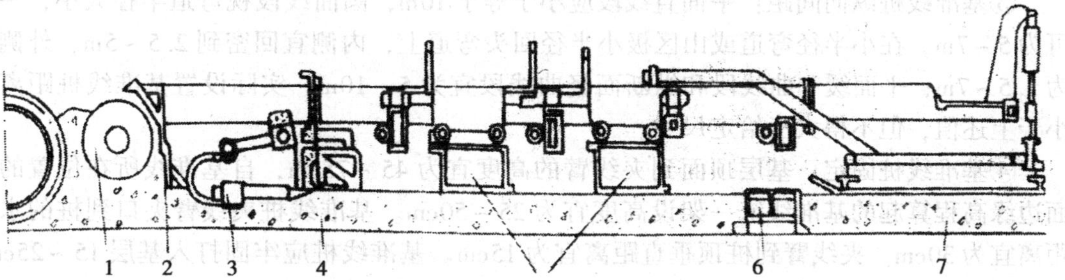

图4-3-4 滑模摊铺机的摊铺过程

1—螺旋摊铺器；2—刮平器；3—振捣器；4—刮平板；5—搓动式振捣器；6—光带面；7—混凝土面层

1. 基准线设置

（1）一般规定

滑模摊铺水泥混凝土路的施工基准设置有基准线、滑靴、多轮移运支架和搬动方铝管等多种方式。根据我国当前的基层平整度现状，滑模摊铺水泥混凝土路面的施工基准线设置宜采用基准线方式。

（2）基准线形式

基准线设置形式视施工需要可采用单向坡双线式、单向坡单线式和双向坡双线式三种。单向坡双线式基准线的两根基准线间的横坡应与路面一致。单向坡双线式基准必须在另一侧具备适宜的基准，路面横向连接摊铺的横坡应与已铺路面一致。双向坡双线式基准线的两根基准线直线段应平行且间距相等，并对应路面高程，使路拱靠滑模摊铺机调整自动铺成。滑模摊铺机应具备两侧4个水平传感器和1侧两个方向传感器，沿基准线滑行，摊铺出路面所要求的方向、平面、高程、横坡、板厚、弯道等。

（3）基准线器具

①基准线材料：应使用3~5mm的钢绞线，总长度不少于3km。

②基准线桩具：基准线桩宜使用直径12mm的圆钢筋，总高度宜为120cm，一端打尖，每根桩应配备一个架臂和扣和一个夹线臂。架臂扣在基准线桩上可上下移动并固定，使夹线臂可左右移动并固定。基准线桩具不少于300套。

③基准线安装器具：紧线器5个、固定扳手2把、大锤2把、水准仪或全站仪1台、水准尺2杆、钢卷尺2把。

（4）基准线设置

①基准线横向支距：基准线桩固定位置到摊铺面板边缘的横向支距应根据滑模摊铺机侧模到传感器的位置而定，一般2~4履带跨中摊铺，两侧路面边缘宽度宜不小于1m，最小不得小于0.65m。基准线上的标高应为其所在位置的路面边缘高程计入支距横坡高度

后，加上设定的架设高度。

②基准线横向间距：基准线的横向间距为摊铺宽度加一侧（单线）或两侧（双线）横向支距。双线式基准线的垂直横向线间距应相等，单线式基准线到摊角边缘间距应相等。

③基准线桩纵向间距：平面直线段应小于等于10m，圆曲线段视弯道半径大小，一般可为5～7m。在小半径弯道或山区极小半径回头弯道上，内侧宜回密到2.5～5m，外侧宜为3.5～7m；平面缓和曲线段和纵断面竖曲线段宜为5～10m。实际设置基准线桩距离可小于上述值，但不得大于给定尺寸。

④基准线桩固定：基层顶面到夹线臂的高度宜为45～75cm，自基准线所在位置的路面边缘高程算起的基准线统一架设高度宜为25～50cm。基准线桩夹线臂夹口到桩的水平距离宜为30cm。夹线臂到桩顶垂直距离宜为15cm。基准线桩应牢固打入基层15～25cm。当打入困难时，应采用电钻钻孔后再钉牢固。

⑤基准线长度：一根基准线的最大长度不得大于450m。超过此长度并需要继续摊铺时，应续接基准线，续接方式应通过同一个过渡桩的夹线臂口平顺连接。

⑥基准线张紧：基准线两端应各设一个紧线器，并应偏置在基准线桩外侧30～50cm处。在第一根桩与紧线器之间，应设一根扯线桩，扯线桩的夹臂应低于基准线桩夹线臂，扯线桩应钉牢固，不因弯道水平拉力而倾斜。基准线必须张紧，每侧基准线应施加大于等于1kN的拉力。张紧后基准线上的垂度不应大于1.0mm，基准线应先张紧，再扣进夹线臂槽口。

⑦已铺路面上设置基准线：连接摊铺路面或悬臂式连接摊铺硬路肩路缘石时，在已铺路面上设置基准线，可采用20cm×20cm混凝土底座锚固基准线桩或使用角钢焊接基准线桩。设置时，每5m插入路面已切割的缩缝槽内，用木楔楔紧，在路面上基准线高度宜用15～30cm。

⑧中央路拱：根据摊铺机的不同，有抛物线和折线路拱两种设置。在有中央路拱的平曲线及缓和曲线路段。

⑨最小弯道半径和最大纵坡：在山区公路上可施工带超高时，滑模摊铺机的最小弯道半径不应小于50m；带加长侧模板的滑模摊铺机可施工的最小弯道半径不应小于75m，否则应使用其他方式摊铺。摊铺机满负荷施工的最大纵坡上坡宜为5%，下坡宜为6%；施工山区路面的极限纵坡为7%，如果大于7%，应缩窄摊铺，基准线桩桩距应加密到3.5～5m。

（5）基准线精度

滑模摊铺水泥混凝土路面基准线设置精度应符合表4-3-1所列的要求。施工时宜达到规定值，验收时应满足最大允许偏差值的规定。基准线宜在摊铺前一天完成设置。基准线设置好以后，应进行较核复测，并注意防止弯道和渐变段出现差错。

表 4-3-1　　滑模摊铺水泥混凝土路面基准线设置精度要求

项目		规定值	最大允许偏差
中线平面偏位/mm		10	20
路面宽度偏差/mm		+15	+20
面板厚度/mm	代表值	-3	-5
	极值	-8	-10
纵断高程偏差/mm		±5	±10
横坡坡度偏差/%		±0.10	±0.15
左右幅连接纵缝高差/mm		±1.5	±2

（6）施工要求

基准线设置好以后，禁止扰动。摊铺时，严禁碰撞和振动。一旦碰撞变位，应立即重新测量设定。基准线接头不得大于1cm。每100m基准线不得多于2个接头。多风季节施工时，应缩小基准线间距。风力达到5~6级时，应停止施工。

2. 混凝土搅拌

（1）搅拌站的配套容量和每台搅拌楼的配套设备应满足本规程的要求——水电供应可靠，原材料应充足，最少不得小于当天施工用量。

（2）配料精度

每台搅拌楼在投入生产前，必须通过法定计量部门标定，并试拌正常。在标定有效期满或搅拌楼搬迁安装完毕后，均应重新标定。搅拌楼配料计量误差不得超过表4-3-2所列规定。施工中应经常校验搅拌楼计量精度。滑模混凝土应配备和采用有计算机自动称料和砂含水量自动反馈控制系统的搅拌楼进行生产，不得使用手动配料，禁止使用体重法计量的简易自落滚筒式搅拌机拌和。在搅拌过程中还应打印出每盘或连续称料的配料数据和误差，按需要打印每天（周、旬、月）对应摊铺桩号混凝土配料的统计数据及误差。通过打印数据发现配料误差大于下表计量精确度要求时，应分析原因，排除故障，保证拌和计量精度。

表 4-3-2　　搅拌楼的混凝土拌和计量精度要求

材料名称	水泥	粉煤灰	砂	粗集料	水	外加剂
允许误差/%	±1	±1	±2	±2	±1	±2

（3）外加剂使用

外加剂应以溶液掺加。外加剂溶液浓度应根据配合比试验确定的外加剂掺量，在间歇搅拌楼上，按所配备的外加剂溶液筒的容量和每盘水泥用量计算得出。连续式搅拌应按流量比例控制加入外加剂。加入搅拌锅的外加剂应充分溶解，并防止不同的外加剂溶液因比重不同而分层富集。外加剂溶液应于施工前一天配制好，并在施工中连续不断地搅拌均匀。

（4）拌和质量检验与控制

①施工开始及搅拌过程中都应按规定的频率检验坍落度、坍落度损失、含气量、泌水量、混凝土凝结时间、砂石料含水量及混凝土容重等，并按标准方法预留规定数量的弯拉

强度试件。在寒冷或炎热气候下施工，混凝土拌和机出料时的温度应分别控制在10～35℃之间，并应加测原材料温度、拌和物的温度、坍落度损失率和凝结时间等。

②混凝土拌和物应均匀一致，不得有未加水的干料、未拌匀的生料和离析等现象，干料和生料禁止用于路面摊铺。一台搅拌楼每盘之间和其他搅拌楼之间，混凝土拌和物的坍落度允许误差为±1cm。试拌及滑模摊铺时的坍落度，应按最适宜滑模摊铺的坍落度值加上当时气温下运料所耗时间的坍落度损失值确定。在雨天或阵雨后，应按砂石料实际含水率及时微调加水量。

（5）最短搅拌时间

应根据拌和物的黏聚性（熟化度）、均质性及强度稳定性由试拌确定最短搅拌时间。一般情况下，单立轴式搅拌机总拌和时间为80～120s；双卧轴式搅拌机总拌时间为30～35s；连续式（双锅）搅拌搂的最短搅拌时间不得适于40s，最长搅拌时间不宜超过高限值2倍。在保证拌和物质量的前提下，应科学编制搅拌计算机程序，合理压缩搅拌时间，以增加滑模混凝土的产量。

3. 混凝土运输

（1）一般规定

应根据施工进度、运量、运距及路况，按照本规程的规定配备车型和车辆总数。总运力应比总拌和能力略有富余。

（2）运输时间

运输到现场的混凝土拌和物的坍落度有所损失，但必须适宜滑模摊铺。摊铺完毕允许最长时间，应根据气温及摊铺现场拌和物达到规定的工作性历时确定，并宜短于拌和物的初凝时间1h。运输允许最长时间宜短于摊铺允许最长时间0.5h。混凝土拌和物从搅拌机出料到运输、摊铺完毕的允许最长时间应符合表4-3-3所列的规定。

表4-3-3　混凝土拌和物运输、摊铺完毕允许最长时间

施工气温/℃	运输允许最长时间/h	摊铺完毕允许最长时间/h
5～10	2	2.5
10～20	1.5	2
20～30	1	1.5
30～35	0.75	1.25

（3）运输技术要求

①运送混凝土的车辆，在装料时，应防止混凝土离析，每装一盘料应挪动一下车位，卸料落差高度不得大于2m。驾驶员必须了解拌和物的运输、摊铺完毕的允许最长时间，超过摊铺允许最长时间的混凝土不得用于路面摊铺。混凝土一旦在车内停留超过初凝时间，应采取紧急措施处理，防止混凝土硬化在车箱内或车罐内。

②混凝土运输过程中要防止漏浆、漏料和污染路面。烈日、大风、雨天和冬季施工时，应遮盖自卸车上的混凝土。运输车辆在每次装混凝土前，均应将车箱清洗干净并洒水湿润。

③使用翻斗车运输混凝土时，最大运输半径不宜超过20km，超过时，宜采用搅拌罐

车运输混凝土。

4. 钢筋安装和混凝土布料

(1) 钢筋安装技术要求

滑模摊铺钢筋混凝土路面、桥面、双层钢筋网桥头搭板及连接胀缝支架，在布料时，钢筋网和支架刚度均必须焊接加强。

①单层钢筋混凝土路面的钢筋网应有4～6根/m^2焊接支架钢筋。

②在铺装桥面钢筋网之前，应先焊接梁之间的横向连接钢筋，并不应小于3根/延米，后安装锚固钢筋，再将钢筋网与锚固钢筋焊接，数量应为4～6根/m^2。层间剪应力大处(如梁端)取大值，剪应力小处(如跨中)可取小值。

③桥头搭板或通道上部双层钢筋网，应焊接环形箍筋，数量不少于4～6根/m^2。

④搭板端部钢筋必须与胀缝钢筋支架相焊接，焊接点不应少于4个/m。

⑤钢筋混凝土路面和桥面单层钢筋网、桥头搭板双层钢筋网及连接胀缝钢筋支架的两侧宽度应小于摊铺宽度3cm，纵向工作缝与后铺的横向连接路面应采用侧向加密拉杆形式。桥面钢筋网横向钢筋应连续。双车道摊铺的桥面板或搭板中间均不插拉杆，不切纵缝，使钢筋网整体连续。桥面板宜在反弯矩部位切缝，并用接缝钢筋补强。斜交桥涵的变形板全部在钢筋混凝土搭板上调整，锐角加密焊接钢筋网补强。滑模施工的水泥混凝土路面均宜为矩形板，并取消边缘和角隅补强钢筋。

(2) 混凝土布料技术要求

①滑模摊铺普通水泥混凝土路面，必须有专人指挥车辆均匀卸料。滑模摊铺时，机前的最高料位高度不得高于松方控制板上缘，料位的正常高度应在螺旋布料器叶片上缘以下，亦不得缺料。

②采用布料机施工，松铺系数应视坍落度大小由试铺确定，当坍落度在1～5cm时，松铺系数宜在1.08～1.15之间；坍落度为3cm时，松铺系数宜控制在1.1左右。布料机与滑模摊铺机之间的施工距离应控制在5～10cm。热天日照强，风大，取小值；阴天，湿度大，无风，可取大值。

③采用布料机以外的布料方式摊铺钢筋混凝土路面、桥面或搭板时，禁止任何机械直接开上钢筋网。宜在钢筋外侧使用挖掘机或吊斗均衡卸料布料，也可使用便桥板凳加吊车汽车直接卸料或挖掘机布料，但均不得缺料。

5. 滑模摊铺水泥混凝土路面

(1) 滑模摊铺前，应对施工现场准备工作进行检查。

①检查板厚：每20m垂直于两侧基准线挂横线，用钢尺单车道测3点、双车道测5点垂直高度，减去基准线设定高度，即为单个板厚，3～5个值的平均值为该断面平均板厚。每200m10个断面的均值为该路段平均板厚。路段平均板厚不应小于设计板厚；断面平均板厚不应比设计板厚薄5mm；单个板厚极小值不应比设计板厚薄10mm。不满足上述要求时，应采取有效措施保证板厚。

②检查辅助施工设备机具：拉毛养护机、布料机械、发电机等应全部到场并试运转正常。端模板、手持振捣棒、抄平梁、传力杆定位支架、拉杆、拉毛耙、工作凳、拖行工具、养护剂及其喷洒工具等所有施工器具和工具，应全部到位并状态良好。

③检查基层：基层局部破损应修补整平，基层上的裂缝应处理完毕，摊铺路面的基层及履带行走部位均应清扫干净并洒水湿润，积水应扫开。

④横向连接摊铺检查：前次摊铺路面纵缝的溜肩胀宽部位应切割顺直。前次摊铺安装的侧边位杆应校正扳直，缺少的拉杆应钻孔锚固植入。纵向施工缝的上半部缝壁应填充饱满的沥青。

（2）滑模摊铺机工作参数初设

对滑模摊铺机所有机构工作部件应进行正确施工位置的初步设定，并将这些正确施工参数通过试铺调整固定下来，正式摊铺时宜根据情况变化进行微调。

①振捣棒下缘位置应在挤压板最低点以上，横向间距不宜大于45cm处均匀排列；两侧最边缘振捣棒与摊铺边缘距离不宜大于25cm。

②挤压底板前倾角宜设置3°左右。提浆夯板位置宜在挤压底板前缘以下5～10mm之间。无需设前仰角的滑模摊铺机可将挤压底板前后调水平。

③设超铺角的滑模摊铺机两边缘超高程根据料的稠度应在3～8mm间调整。带振动搓平梁的滑模摊铺机应将搓平梁前沿调整到与挤压板后沿高程相同，搓平梁的后沿比挤压底板后沿低1～2mm，并与路面高程相同。

（3）滑模摊铺机首次摊铺位置校准

首次摊铺前，应在直线路段采用钉桩或基准线法校准滑模摊铺机挤压底板四角点高程和侧模前进方向。4个水平传感器控制挤压底板四角高程，两个方向传感器进行导向控制。按路面设计高程、横坡度或路拱测量设定2～3根基准线或4～6个桩，将6个传感器全挂上两侧基准线，并检查传感器的灵敏度和反应方向，开动滑模摊铺机进入设好的桩位或线位，调整水平传感器立柱高度，使滑模摊铺机挤压底板恰好落在精确测量设置好的木桩或基准线上，同时，调整好滑模摊铺机机架前后左右的水平度。令滑模摊铺机挂线自动行走，再返回校核1～2遍，正确无误后，方可开始摊铺。

（4）初始摊铺路面参数校正

在开始摊铺的5m内，必须对所摊铺出的路面标高、边缘厚度、中线、横坡度等技术参数进行复核测量。机手应根据测量结果，在滑模摊铺机行进中及时缓慢地反向旋转滑模摊铺机上水平传感器立柱手柄，校准挤压底板摊铺路面的高程和横坡，误差应在规定值范围内。及时调整拉杆打入深度及压力和抹平板的压力及边缘位置。检查摊铺中线时，应在设方向传感器的一侧，通过钢尺测量基准线到滑模摊铺机侧模前后的横向距离，有误差时，缓慢微调前后两个方向传感器架立横梁伸出的水平距离，消除误差。禁止停机剧烈调整高程、中线及横坡等，以免严重影响平整度等质量指标。滑模摊铺机从起步到调整直至正常摊铺，应在10m内完成，并应将滑模摊铺机工作参数设置固定保护起来，不允许非操作手更改或撞动。第二天的连接摊铺，应先检查滑模摊铺机挤压底板4个角点的位置，再将滑模摊铺机后退到前一天做了侧向收口工作缝的路面内，从挤压底板前缘对齐工作缝端部开始摊铺。

（5）滑模摊铺机的操作要领

①机手操作滑模摊铺机应缓慢、匀速，连续不间断地摊铺。滑模摊铺速度，根据拌和物稠度和设备性能可控制在0.5～2.0m/min之间，一般宜为1m/min。当料的稠度发生变

化时，先调振捣频率，后改变摊铺速度，不得在料多时追赶，然后随意停机等待，间歇摊铺。

②摊铺中，机手应随时调整松方高度控制板进料位置，开始应设略高些，以保证进料。正常状态下保持振捣仓内砂浆料位高于振捣棒10cm左右，料位高低上下波动宜控制在±4cm之内。

③滑模摊铺机以正常摊铺速度施工时，振捣频率可在6000～11000r/min之间调整，宜采用9000r/min。应防止混凝土过振、漏振、欠振。机手应随时根据混凝土的稠度大小，调整摊铺的速度和振捣频率。当混凝土显得偏稀时，应适当降低振捣频率，加快摊铺速度，但最快不得超过3m/min，最小振捣频率不得小于6000r/min；当新拌混凝土偏干时，应提高振捣频率，但不得大于11000r/min，并减慢摊铺速度，最小摊铺速度宜控制在0.5～1m/min。滑模摊铺机起步时，应先开启振捣棒振捣2～3m/min，再推进，脱离混凝土后，应立即关闭振捣棒。

④滑模摊铺纵坡较大的路面，上坡时，挤压底板前仰角宜适当调小，同时适当调小抹平板压力；下坡时，前仰角宜适当调大，抹平板压力也宜调大。抹平板合适的压力宜为板底3/4长度接触路面抹面产生的压力。

⑤滑模摊铺弯道和渐变段路面时，单向横坡，使滑模摊铺机跟线摊铺，应随时观察并调整抹平板内外侧的抹面距离，防止压跨边缘。摊铺中央路拱时，计算机控制条件下，输入弯道和渐弯段边缘及拱中几何参数，计算机自动控制生成路拱；手控条件下，机手应根据路拱消失和生成几何位置，在给定路段范围内分级逐渐消除或调成设计路拱。

⑥摊铺单车道路面，应视路面的设计要求配置一侧或双侧打纵缝拉杆的机械装置。侧向拉杆装置的正确插入位置应在挤压底板的中下或偏后部。拉杆打入分手推、液压、气压几种方式，压力应满足一次打（推）到位的要求，不允许多次打入。同时摊铺两个以上车道时，除侧向打拉杆装置外，还应在假纵缝位置中间配置1个以上中间的拉杆自动插入装置，该装置有机前插和机后插两种。前插时，应保证拉杆的设置位置；后插时，要保证其插入部位混凝土的密实度。带振动搓平梁和振动修复的滑模摊铺机应选择机后插入式，其他滑模摊铺机可使用机前插入式。打入的拉杆必须处在路面板厚的中间位置。中间和侧向拉杆打入的高低误差不宜大于±3cm，倾斜及前后误差不宜大于±4cm。

⑦机手应随时密切观察所摊铺的路面效果，注意调整和控制摊铺速度，振捣频率，夯实杆、振动搓平梁和抹平板位置、速度和频率。软拉抗滑构造表面砂浆层厚度宜控制在4mm左右，硬刻槽路面的砂浆表层厚度宜控制在2mm左右。

⑧连接摊铺时，滑模摊铺机一侧履带上前次水泥混凝土路面的时间应控制在养护7d以后，最短不得少于5d。同时钢履带底部应铺橡胶垫或使用有挂胶履带的滑模摊铺机。纵向连接摊铺路面时，应对连接纵缝部位人工进行修整，连接纵缝的横向平整度符合不同公路等级的要求，并用钢丝刷刷干净黏附在前幅路面上的砂浆，应刷出粗细抗滑构造。

(6) 滑模摊铺中出现问题的处置

滑模摊铺的表面应平滑，几何形状规矩，不应出现麻面、拉裂、塌边、溜肩等病害现象，出现问题应立即查找原因，迅速采取措施。

①摊铺中应经常检查振捣棒的工作情况。发现在路面横断面某处多次出现麻面或拉裂

现象，表示该处的振捣棒出了问题，必须停机检查或更换该处的振捣棒。摊铺后，发现路面上留有振捣棒拖出的发亮的砂浆条带，则表明振捣棒位置偏深，必须调整正确位置至振捣棒底缘在挤压底板的后缘高度以上。

②在摊铺宽度大于等于8m的双（多）车道路面时，若左右卸了两车稠度不一致的混凝土时，摊铺速度应按偏干一侧设置，并应将偏稀一侧的振捣棒频率迅速调小。

③滑模摊铺路面出现横向拉裂现象，应从如下几方面进行检查：

a. 拌和物局部或整体过干硬、离析，集料粒径过大时，不适宜滑模摊铺，或在该部位摊铺速度过快，否则会使振捣频率不够，导致混凝土因未振动液化而拉裂，应降低摊铺速度，提高振捣频率。

b. 挤压底板的位置和前仰角设置是否变化，前倒角时必定拉裂，前仰角过大，亦可能拉裂，应在行进中调整前两个水平传感器，即改变挤压底板为适宜的前仰角，消除拉裂现象。

c. 拌和物较干硬或等料停机时间较长，起步摊铺速度过快，也可能拉裂路面。等料停机时间较长时，应间隔15min开启振捣棒振动2~3min，再缓慢推进。

④当混凝土供应不上，或搅拌楼出现机械故障等情况时，停机等待时间不得超过当时气温下混凝土初凝时间的2/3，超过此时间，应将滑模摊铺机开出摊铺工作面，并做施工缝。当滑模摊铺机出现机械故障，应紧急通知后方搅拌楼停止生产，在故障停机时间内，滑模摊铺机内混凝土尚未初凝的情况下，如能够排除故障，则允许继续摊铺；否则，应尽快将滑模摊铺机开出摊铺工作面。故障排除后，重新起步摊铺。

（7）滑模摊铺结束后必须做的工作：

①将滑模摊铺机驶离工作面，先将所有传感器从基准线上脱开，并解除滑模摊铺机上基准线自动跟踪控制，再升起机架，用水冲洗掉黏附的混凝土，已硬结在滑模摊铺机上的混凝土，应轻敲打掉。清理干净后，应对与混凝土接触的机件喷涂废机油或吹（揩）干防锈。同时，对滑模摊铺机进行当日保养，加油加水，打润滑油等。

②设置横向施工缝。应先将从滑模摊铺机振动仓内脱出的厚砂浆铲除丢弃，然后设置施工缝端模和侧模，插入拉杆和传力杆，并用水准仪测量面板高程和横坡。为使下次摊铺能紧接施工缝开始，两侧模板应向内各收进2~4cm，且宜小不宜大，长度与滑模摊铺机侧模板等长或略长。软做横向施工缝应符合本规程的技术要求。可采用第二天硬切齐施工缝端部做法，切缝部位应满足平整度、高程和横坡要求，可使用缩缝传力杆钢筋支架，上部锯开，下部凿除混凝土，也可锯开后在端部垂直面上钻眼，插入传力杆，再连接施工。连接接头施工，除应测量高程和横坡外，辅以人工振捣密实，应采用长度3m以上抄平器保证端头和结合部位的平整度。

6. 滑模摊铺混凝土路面接缝施工

（1）纵向接缝

混凝土板的纵缝必须与路中线平行。纵缝间距（即板宽）应根据滑模摊铺机摊铺宽度、路面总宽、车道分隔线和硬路肩位置综合确定。钢筋混凝土路面、桥面、搭板纵缝由设计和滑模摊铺机摊铺宽度确定。

①纵向缩缝。当水泥混凝土路面使用滑模摊铺机一次摊铺两个车道宽度时，应设置纵

向缩缝，其位置宜按车道宽度设置。拉杆靠滑模摊铺机配备的中间拉杆插入装置在滑模摊铺过程中自动控制间距压入，其构造采用假缝拉杆型。缩缝上部的槽口，应采用硬切缝法施工，切缝技术要求应符合本规程的规定。

②纵向施工缝。当滑模摊铺机一次摊铺宽度大于路面总宽度时，有纵向施工缝。其位置宜与车道线一致，构造采用平缝加拉杆型。纵向施工缝的拉杆，在前一次摊铺时，应采用滑模摊铺机的侧向拉杆装置插入。根据滑模摊铺机打拉杆装置的方式，插入时的拉杆或为直的或为L形的。L形拉杆长度较短，应按拉杆长度和间距进行等拔出强度换算。连续摊铺前，应将L形拉杆板直，再摊铺连接部分路面。

（2）横向接缝

①横向施工缝。每天摊铺结束或摊铺中因故中断，且中断时间超过初凝时间的2/3时，应设置横向施工缝。横向施工缝应与路中心线垂直，位置宜与胀缝或缩缝相重合。横向施工缝应采用焊接牢固的钢制端头模板，构造采用平缝加传力杆型，且每1.5m不应少于1个钉钢钎的垂直固定孔。端模上插入传力杆的水平孔间距为30cm，内径为33mm，边侧传力杆到自由边距离不宜少于15cm，每根传力杆必须在端模上离孔口外侧10cm处通过横梁焊接内径33mm、长度5cm的短钢管进行水平位置固定，其施工应符合规程技术要求。

②胀缝设置。

a. 胀缝间距：滑模摊铺水泥混凝土路面的胀缝设置间距视施工季节气温确定。热天施工，不宜设胀缝；春秋季节施工，两个构造物间距应大于等于500m；冬季低温施工，当两构造物间距大于等于350m时，宜在两个构造物之间的路面中间位置设一道胀缝。构造物、平纵曲线等处的胀缝按《公路水泥混凝土路面设计规范》（JTJ 012）的规定设置。

b. 滑模摊铺机水泥混凝土路面胀缝钢筋支架：其构造应采用加强钢筋支架加传力杆型，加强钢筋支架一侧宽度应大于等于50cm，总宽度大于等于100cm。支架纵向钢筋和箍筋间距为20cm。胀缝板应与路中心线垂直，缝壁垂直，缝隙宽度一致，缝中完全不连浆。

c. 连接桥头搭板位置的胀缝：其加强钢筋支架应与钢筋网一侧焊接，焊接点不应少于4个/m。也可在钢筋混凝土搭板一侧取消胀缝支架，直接焊接在双层钢筋网上，并增加箍筋，数量不得少于原有支架。

③胀缝施工。滑模摊铺水泥混凝土路面的胀缝宜采用的前置法施工，也可采用预留胀缝位置，热天再施工胀缝，但应设胀缝加强传力杆钢筋支架。前置法施工时，应预先加工好胀缝钢筋支架，传力杆无沥青涂层的一端焊接在支架上，接缝板夹在两支架之间。施工前运至现场，无布料机（件）时，待摊铺至胀缝位置前方1~2m处，将支架准确定位，用钢钎将支架和胀缝板锚固在基层上，保证支架不推移，胀缝板不倾斜，然后卸料或布料，并用手持振捣棒振实胀缝板两侧的混凝土，使滑模机摊铺通过；有布料机（件）时，应将带传力杆的缩缝支架和胀缝支架提前安装固定，采用侧向上料方式施工。中间胀缝位置宜与缩缝重合。连接搭板的胀缝，在滑模连续铺装搭板和桥面前，应与钢筋网同时加工安装好。胀缝宜不待混凝土硬化，即剔除胀缝上部的混凝土，嵌入2cm×2cm的木条，修整好表面。在填缝之前，凿去接缝板顶部的木条，涂黏结剂后，嵌入多孔橡胶条或灌填缝料。胀缝板及钢筋支架两侧，宜各适于摊铺宽度3cm。

④横向缩缝。缩缝应等间距布置，一般采用5m板长。不宜采用1/6斜缩缝和不等间

距的缩缝。当不得不调整板长时，最大板长应小于或等于5.5m，最小板长不宜小于板宽。在路面上的平面交叉口横向变宽度处的缩缝，可以设计并切割成小转角的折线，在有拉杆的纵缝处，缩缝切口必须缝对缝。板锐角处，应设角隅钢筋补强。

在重、中、轻交通量的公路水泥混凝土路面上，横向缩缝可采用假缝型，不设传力杆。在邻近胀缝或路面自由端的3条缩缝内，横向缩缝采用假缝加传力杆型，前置式传力杆钢筋支架的构造。传力杆无涂料一侧焊接，有涂料一侧绑扎。

在特重交通量的水泥混凝土路面和收费站广场的全部缩缝宜设传力杆。传力杆可用滑模摊铺机配备的传力杆自动插入。插入装置在摊铺时植入，或使用钢筋定位支架前置法施工。无论哪种方式，都应在路铡缩缝切割位置做标记，保证切缝在传力杆中间以上。前置式缩缝的钢筋定位支架必须有足够的刚度，传力杆应准确定位，于摊铺之前在基层表面放样，并用钢钎将其锚固在基础上，用手持振捣棒振实传力杆高度以下的混凝土，然后进行滑模摊铺。

⑤传力杆及胀缝板设置精度。传力杆和胀缝板设置精度应符合表4-3-4所列的要求。

表4-3-4 传力杆及胀缝板安装精度技术要求

项目	技术要求/mm	测量位置
传力杆端上下左右偏斜误差	≤10	在传力杆两端测量
传力杆在板中心上下左右误差	≤20	以板面为基准测量
传力杆沿路面纵向前后偏位	≤30	以缝中心线为准
胀缝板倾斜误差	≤20	以板底为准
胀缝板的弯曲和位移误差	≤10	以缝中心线为准

注：胀缝板不允许混凝土连浆，必须完全隔断。

（3）切缝

横向缩缝与施工缝上部的槽口应采用切缝法施工。切缝方式有全部硬切缝、软硬结合切缝和全部软切缝三种。采用哪种切缝方式视施工地区下午1~3时最高温度与凌晨1~3时最低温度的温差决定，如表4-3-5所列。

表4-3-5 施工气温与防止断板应采用的切缝技术

白天夜间温差/℃	切缝方式	缩缝切深
<10	以200度时积控制硬切缝，最长时间不得超过24h	硬切缝$\frac{1}{5}$~$\frac{1}{4}$板厚
10~15	每隔1~2条提前软切缝，其余用硬切缝补切，软硬结合	软切深度4~5cm，补深1/4板厚，已断开的缝不补切
>15	宜全部软切缝，抗压强度约为1~1.5MPa，人可行走	软切缝深大于等于5cm，未断开的接缝，应硬切补深到不小于1/4板厚

注：[1] 注意降雨后刮风引起路面温度骤降，面板温差在表中规定范围内，应按表中方法提前切缝；

[2] 度时积：自拌和起算的混凝土平均温度与延续时间的乘积。

前后连接摊铺，对先摊铺好的混凝土板沿切缝已断裂的地方，应做上记号，后摊铺路面切缝时，已断开的缩缝应提前软切缝。纵向缩缝可全部硬切缝，最长时间不宜超过48h。

7. 滑模摊铺混凝土路面修整

（1）摊铺过程中的修整

滑模摊铺机应采用自动抹平板装置进行抹面，以消除表面气孔和石子移动带来的缺陷。自动抹平板的压力不可过大，应随摊铺的纵坡变化随时调整。适宜的抹平板压力是路面不出现影响平整度的“W”形砂浆棱。对表面上少量局部麻面和明显缺料部位，应在挤压板后或搓平梁前，最迟在抹平板前表面补充适量砂浆，由搓平梁和抹平板机械修整。滑模摊铺的混凝土面板在下列情况下，可用人工进行局部少量修整。

①人工操作抹面抄平器修整摊铺机后表面的缺陷时，禁止整个表面用加铺薄砂浆层修补路面标高。

②对打侧向拉杆时被挂坏的侧边；滑模摊铺机连续铺装桥面时上桥梁台阶，振捣漏料部位；抹平板未抹到的边缘；及出现倒边、塌边、溜肩现象处，应顶侧模或上部支方铝管边缘补料修整。左右连接摊铺的纵缝处应进行适量修整。

③对滑模摊铺机起步摊铺段及施工接头，应采用水准仪抄平，采用大于3m的方铝管边测边修整。

（2）路面硬化后的修整

如果混凝土路面已硬化，并发现施工接头或局部平整度不满足要求时，要在水泥混凝土路面摊铺后3~10d内，用最粗级磨头的水磨石机研磨到规定平整度。

8. 抗滑构造施工

（1）滑模摊铺水泥混凝土路面抗滑构造的技术要求

高速公路、一级公路竣工时的路面抗滑构造深度应为（铺砂法）：抗滑构造深度0.8mm≤TD≤1.2mm；横向摩阻力系数SFC≥0.55，其他公路竣工时0.6mm≤TD≤1.0mm。要求抗滑构造深度均匀，不损坏构造边棱，亦不影响施工好的路面平整度。

（2）滑模摊铺水泥混凝土路面抗滑构造的施工制作

①滑模摊铺机后宜设钢支架，拖挂1~3层叠合麻布、帆布或棉布，洒水湿润后，软拖制作细观抗滑构造，布片接触路面的拖行长度以0.7~1.5m为宜，细度模数偏大的粗砂，拖行长度取小值，偏细中砂，取大值。人工修整过的路面，细观抗滑构造已被抹掉，必须再拖麻袋处理，以恢复细观抗滑构造，也可不拖毛，直接使用抹平板抹出“鱼鳞”形细观抗滑构造，以增强耐磨性，前提是横向摩阻力系数应满足要求。修整表面时，应使用木抹。

②当日施工进度超过500m时，宏观抗滑构造制作宜选用拉毛机械施工，没有拉毛机时，可采用人工拉槽方式。在混凝土表面泌水完毕20~30min内应及时进行拉槽。拉槽深度应为2~3mm，槽宽3~5mm，槽间距15~25mm。可施工等间距和非等间距的抗滑槽，在考虑减小噪声时，宜采用后者。每耙之间衔接间距应保持一致。

③采用硬刻槽方式制作宏观抗滑构造时，其几何尺寸与②款相同，硬刻槽机重量宜重不宜轻，最小整刻宽度不应小于50cm，硬刻槽时不应掉边角，路面摊铺3d后可开始硬刻槽，并宜在两周内完成。

④对平整度不佳的路面施工接头、桥面、桥头搭板，局部经磨平达标后，应采用人工凿毛或喷砂法做出细观抗滑构造，宏观抗滑构造可采用硬刻方式制作。

9. 混凝土路面养护

（1）养护方式选择

混凝土板抗滑构造软拉制作完成后应立即养护。滑模摊铺水泥混凝土路面宜采用喷洒养护剂及保湿覆盖的方式养护。在雨季或养护用水充足的情况下，也可采用覆盖砂、旧麻袋、草袋、草帘、稻草等洒水湿养护方式。不宜使用围水养护方式。昼夜温差大的地区，路面摊铺后3d内宜采取覆盖保温措施防止发生裂缝和断板。

（2）养护剂养护

水泥混凝土路面采用喷洒养护剂养护时，养护剂喷洒剂量、成膜厚度、适宜的喷洒时间应通过现场试验确定。喷洒养护剂的厚度应足以形成完全封闭的薄膜；喷洒应均匀，杨膜厚度应一致；喷洒后的表面不得有颜色差异；喷洒时间宜在表面混凝土泌水完毕后进行；喷洒高度宜控制在0.5~1m。除喷洒上表面外，面板两侧也应喷洒。单独采用一种养护剂时，保水率应达到90%以上，一般不应小于300mL/m^{2}原液，也可采用两种养护剂喷洒两层或喷一层养护剂再加覆盖。当水泥混凝土路面泌水较多时，应延迟喷洒养护剂时间，待泌水基本结束后再喷洒养护剂。

（3）盖塑料薄膜养护

盖塑料薄膜的时间，以不压没细观抗滑构造为准。薄膜厚度（韧度）应合适，宽度应大于覆盖面60cm。两条薄膜对接时，搭接宽度不应小于40cm，薄膜在路面上应加细土或砂盖严实，并防止被钢筋挂烂及被风吹破或掀走。养护期间应始终保持薄膜完整，薄膜破裂时应立即补盖或修补。

（4）覆盖洒水湿养护

使用麻袋、草袋等覆盖物养护，应及时洒水，在任何气候条件下，均应保证覆盖物底部在养护期间始终处于潮湿状态，并由此确定每天洒水遍数。

（5）养护时间

养护时间应根据混凝土弯拉强度增长情况而定，当大于等于设计弯拉强度的80%时，可停止养护。一般养护天数宜为14~21d，不应少于14d。掺粉煤灰的水泥混凝土路面，最短养护时间不宜少于28d。

（6）养护期保护

混凝土板在养护期间和填缝前，严禁人、畜、车辆通行，在达到设计强度40%，撤除养护覆盖物后，行人方可通行。在路面养护期间，如行人，牲畜、畜力车、人力车、汽车确需横穿平面道口，应搭建临时便桥。

10. 冬季和夏季施工

(1) 冬季施工

根据施工工地的气温条件，当室外平均气温连续5天低于5℃时，混凝土板应按冬季施工进行。

①采用强度高的（42.5MPa以上）硅酸盐水泥、普通水泥、快凝水泥、掺早强剂的水泥或增加水泥用量时，水灰比不应小于0.45。

②混凝土混合物浇筑的温度不应低于5℃。当气温在0℃以上或混凝土浇筑温度低于5℃时，应将水加热，或将水和集料同时加热，但混合料拌和物不应超过35℃，水不应超过60℃，砂、石不应超过40℃。加热搅拌时，水泥应最后投入。

③混凝土面层上覆盖蓄热保温材料，必要时加盖养护暖棚。

（2）夏季施工

①因温度过高，促使夏季施工混凝土中水分蒸发过快，再加上水泥的水化易出现干缩裂缝。因此，当室外气温在30～35℃时，混凝土板应按夏季施工进行。

②混凝土混合料运输时应加以遮盖，尽可能缩短运输和施工时间。浇筑前对基层表面和模板进行洒水湿润；浇筑完毕后及时覆盖，加强洒水养护。

③搅拌站加设遮阴棚和挡风设施，以减少水分蒸发。

④气温高时尽量避开中午施工，可以夜间进行施工，防止因温度影响而引起缩裂。

⑤遇雨应停止施工，并对终凝前的混凝土面层采取防雨保护措施。

任务4　水泥混凝土路面施工质量控制与验收

水泥混凝土路面的施工质量控制管理与检查验收是保证路面施工达到高质量的关键环节，必须引起高度重视。

一、水泥混凝土路面施工质量控制

1. 建立完备的质量检验和管理体系

水泥混凝土路面的施工应根据全面质量管理的要求，建立健全有效的质量保证体系，实行严格的质量、工期和投资控制、工序管理与岗位责任制度，对施工各阶段的质量进行检查、控制、评定，达到所规定的质量标准，确保施工质量的稳定性。

2. 建立社会监理和政府监督体制

对水泥混凝土路面的施工应实行监理制度，除施工企业按规定项目、批量或频率进行自检外，工程监理应按有关规定进行质量检查与认定，各级质监站及工程建设单位（业主）应对工程质量进行监督。

二、施工前材料检查

1. 准备和调研工作

在施工准备阶段，依据施工经验和规模，应对工程附近的水泥厂、钢材厂、电厂外加剂厂、砂石料场、施工沿线水源、电力供应状况等进行踏勘和实地调研，对原材料质量、品种和规格是否符合建设混凝土路面；原材料的供应量、供应强度和供给方式、运距等；施工沿线在何处适合建设大型混凝土搅拌站；可否取得商品混凝土等，做到心中有数。通过调研优选，或符合要求的厂商原材料技标，确定原材料优先供应厂商和替补厂商。并请这些厂商向试验室提供试验和检验的原材料。

2. 检验和优选原材料

路面开工前，试验室应对混凝土路面工程计划使用的原材料进行质量检验和混凝土配制试验，通过对原材料实测和混凝土配制试验，进一步优选原材料并优化配合比。检验报告通过监理正式审批，报请业主审查通过后，通知材料供应厂商和施工单位，签订原材料供应合同。待确定和处置好搅拌站场地后，开始供应和储备原材料。

3. 原材料进场的储存要求

原材料的进场。将相同料源、规格、品种的原材料作为一批，分批量分别检验并储存。原材料的检验项目和频率如表4-4-1所列。大型路面一般需要两个以上的水泥厂供应，不同厂家的水泥，即使品种标号完全相同，也应分别存放，不得混装在一个水泥罐仓内。当发现原材料变化，随时进行加测。

4. 设备采购和检查验收

大型滑模摊铺机和搅拌楼等应公开招标采购。新设备到场后，应逐项检查验收，在厂家售后服务技术人员现场指导下安装调试。搅拌楼应通过法定计量单位的计量标定，应对搅拌站及水泥混凝土路面滑模摊铺机械和设备的配套情况、性能、计量精度等进行全面检查。

表 4-4-1　混凝土原材料的检测项目和频率

材料	检查项目	检查频率	
		高速公路、一级公路	二、三级公路
水泥	抗折强度、抗压强度及等级	1500t，1批	1500t，1批
	安定性	1500t，1批	1500t，1批
	凝结时间	2000t，1批	3000t，1批
	标准稠度用水量	2000t，1批	3000t，1批
	细度	2000t，1批	3000t，1批
	f－CaO 含量	必要时，每标段不少于3次	必要时，每标段不少于3次
	MgO 含量		
	SO_3 含量		
	铝酸三钙		
	铁铝酸四钙		
	干缩率	开工、施工、结束测3次	开工、施工、结束测3次
	耐磨性		
	碱度		
	混合材料种类及数量		
	温度	冬、夏季施工随时检测	冬、夏季施工随时检测
	水化热	冬、夏季施工随时检测	冬、夏季施工随时检测

续表 4-4-1

材料	检查项目	检查频率	
		高速公路、一级公路	二、三级公路
粗集料	颗粒外观（针片状、超径含量）	2000m^3，1 批	4000m^3，1 批
	颗粒级配	2000m^3，1 批	4000m^3，1 批
	含泥量	1000m^3，1 批	2000m^3，1 批
	压碎值	1000m^3，1 批	2000m^3，1 批
	含水量	随时	随时
	松方单位重	施工需要时	施工需要时
砂	颗粒外观（河砂、山砂、机制砂）	必要时	必要时
	颗粒粗细（细度模数）和级配	1000m^3，1 批	2000m^3，1 批
	含泥量	1000m^3，1 批	2000m^3，1 批
	含水量	随时	随时
	松方单位重	施工需要时	施工需要时
外加剂	减水剂（最优）减水率	10t，1 批	10t，1 批
	液体外加剂的含固量	10t，1 批	10t，1 批
	液体外加剂的密度	200kg，1 次	200kg，1 次
	粉状外加剂的不溶物含量	10t，1 批	10t，1 批
	引气剂引气量	2t，1 批	3t，1 批
	气泡细密程度和稳定性	随时	随时
水	pH 值	开工前和水源有变化时	开工前和水源有变化时
	含盐量		
	硫酸根含量		
养护剂	养护剂保水率	开工前或有变化时	开工前或有变化时
	弯拉强度保持率	开工前或有变化时	开工前或有变化时
	含固量	施工需要时	施工需要时
	成膜时间	随时	随时
	浸水软化性	随时	随时

注：[1] 所有项目开工前，均应检验；

[2] 数量不足一批时，按一批检验；

[3] 当原材料规格、品种、生产厂、来源变化时，必须检验。

三、铺筑试验路段

1. 一般规定

所有公路滑模摊铺水泥混凝土路面工程，在正式摊铺水泥混凝土路面前，均必须铺筑试验路段。试验路段长度不应小于200m，高速公路、一级公路宜在主线路面以外进行试验路段的摊铺。路面厚度、摊铺宽度、基准线设置、接缝设置、钢筋设置等均应与实际工程相同。

2. 铺筑试验路段

试验路段分为试拌及试铺两个阶段，通过试验路段应达到以下目的。

①试拌检验搅拌楼性能及确定合理搅拌制度；试铺检验滑模摊铺系统全部主要机械的性能和生产能力，检验机械种类、数量、实际生产能力配套及组合的合理性；提供主要机械性能和生产能力检验结果和改进措施。

②通过试拌确定搅拌楼上料速度，拌和容量，搅拌均匀所需时间，新拌混凝土坍落度、振动黏度系数、含气量、泌水量、离析性和生产使用的混凝土配合比。

③通过试铺确定基准线设置方式和滑模摊铺机的适宜工作参数，包括摊铺速度、振捣频率调整范围、夯实杆深度和频率、挤压底板前仰角度设置、超铺角度设置、侧模板可调整方式和位置、中间和侧向拉杆打入情况、振动搓平梁的设置位置、自动抹平板位置和压力等。

④使全体工程技术、施工及设备操作人员熟悉并掌握各主要机械正确的操作要领和所有工序、工种正确的施工方法。检验全套施工工艺流程。

⑤检验确定人工辅助施工的修整机具、工具、模具种类和数量，发电机、电焊机、钢筋工、混凝土工、拉毛方式及劳动力数量和定员位置等。按施工工艺要求确定施工组织形式和人员编制。

⑥通过试铺应使混凝土原材料，新拌混凝土坍落度、含气量、泌水量，路面弯拉强度、平整度、构造深度、板厚、接缝顺直度等全套技术性能检验手段健全，熟悉以上技术性能的检验方法。建立滑模施工系统的全面质量管理体系。

⑦确定施工产量和进度，制订施工进度计划。

⑧检验无线通讯和快速生产调度指挥系统。确定施工管理体系。

3. 总结试铺效果

在试铺中，施工单位应认真做好记录，监理工程师或质监站应监督检查试验段的施工质量，及时与施工单位商定有关结果。试验段铺筑结束后，应由业主、施工单位和监理三方通过会议讨论试验结果，提出改进意见和注意事项。施工单位应就各项试验结果、改进措施和注意事项提出试验路段总结报告，上报监理和业主批复，以取得开工资格。

四、施工过程中的质量管理与检查

1. 开工

水泥混凝土路面施工必须在得到监管部门的开工令后，方可开工。

2. 施工单位的自检要求

施工单位在施工过程中应随时对施工质量进行自检。自检混凝土拌和物及水泥混凝土路面的检验项目和频率按表 4-4-2 所列规定进行。监理工程师或质量监督人员亦应进行抽检或旁站检验，对施工单位的检验结果进行检查认定。当施工、监理、监督人员发现异常情况，应立即报告并追加试验检查。

表 4-4-2　　混凝土拌和物及水泥混凝土路面的检验项目和频率

材料	检查项目	检查频率	
		高速公路、一级公路	其他公路
混凝土拌和物	坍落度及其均匀性	每天施工测 3 次，有变化时随测	每天施工测 3 次，有变化时随测
	坍落度损失率	开工、气温较高和有变化时随测	开工、气温较高和有变化时随测
	振动黏度系数	配合比试拌，原材料和配合比有变化时测	配合比试拌，原材料和配合比有变化时测
	含气量	每天测 1 ~ 2 次，有抗冻要求 24 次	每天测 1 ~ 2 次，有抗冻要求 24 次
	泌水率	必要时测	必要时测
	容重	每天施工测 1 次	每天施工测 1 次
	温度	必要时测，冬季、夏季每天 1 ~ 2 次	必要时测，冬季、夏季每天 1 次
	凝结时间	必要时测，冬季、夏季每天 1 ~ 2 次	必要时测，冬季、夏季每天 1 次
	水化热	冬季、夏季施工必要时测	冬季、夏季施工必要时测
	离析	随时观察	随时观察

续表 4-4-2

材料	检查项目	检查频率	
		高速公路、一级公路	其他公路
混凝土路面	弯拉强度	每班留 2~4 组试件，日进度小于 500m 取 2 组，大于等于 500m 取 3 组，大于等于 1000m，取 4 组	每班留 1~3 组试件，日进度小于 500m 取 1 组，大于等于 500m 取 2 组，大于等于 1000m 取 3 组
	钻心劈裂强度	每 3km 每车道钻取 1 个岩芯，硬肩为 1 个车道，测平均 f_{cs}、f_{min}、C_v、板厚 h	每 3km 每车道钻取 1 个岩芯，硬路肩为 1 个车道，测平均 f_{cs}、f_{min}、C_v、板厚 h
	3m 直尺平整度	每半幅车道 100m 2 处×10 尺	每半幅车道 200m 2 处×10 尺
	动态平整度	所有车道连续检测	所有车道连续检测
	板厚	每 100m 路面摊铺宽度内左右各 2 处，连接摊铺每 100m 路面边缘 1 处并参考岩心高度	每 100m 路面摊铺宽度内左右各 1 处，连接摊铺每 100m 路面边缘 1 处并参考岩心高度
	抗滑构造深度	铺砂法：每幅 200m 2 处	铺砂法：每幅 200 1 处
	横坡度	水准仪：每 200m 6 个断面	水准仪：每 200m 4 个断面
	接缝顺直度	20m 拉线测：每 200m 6 条	20m 拉线测：每 200m 4 条
	摊铺中线偏位	经纬仪：每 200m 6 点	经纬仪：每 200m 4 点
	纵断高程	水准仪：每 200m 6 点	水准仪：每 200m 4 点
	路面宽度	尺测：每 200m 6 处	尺测：每 200m 4 处
	切缝深度	尺测：切缝后每 200m 6 处	尺测：切缝后每 200m 4 处
	灌缝饱满度	尺测：每 200m 接缝测 6 处	尺测：每 200m 接缝测 4 处
	连接摊铺纵缝高差	尺测：每 200m 纵向工作缝，每条 3 处，每处间隔 2m 测 3 尺，共测 9 尺	尺测：每 200m 纵向工作缝，每条 2 处，每处间隔 2m 测 3 尺，共测 6 尺
	胀缝缺陷	每条观察填缝及啃边断角	每条观察填缝及啃边断角
	胀缝板连浆	每条胀缝板安装时测量	每条胀缝板安装时测量
	胀缝板倾斜	尺测：摊铺宽度内每块胀缝板的两侧	尺测：摊铺宽度内每块胀缝板的两侧
	胀缝板弯曲和位移	尺测：摊铺宽度内每块胀缝板 3 处	尺测：摊铺宽度内每块胀缝板 3 处
	胀缝、缩缝传力杆偏斜	钢筋保护层仪：每车道 4 根	钢筋保护层仪：每车道 3 根
	断板率	数断板面板的块数占总块数的比例	数断板面板的块数占总块数的比例

各环节检验要点如下。

（1）原材料

施工单位在施工过程中必须根据规定的频率对各种施工原材料进行关键项目的批量检验。水泥必检项目有：抗折强度、抗压强度、安定性、施工气温下的凝结时间。砂石料的必检项目有：含泥量、细度模数、压碎值。外加剂必检项目有：减水率、液体的密度、含固量，粉剂的不溶物含量。钢材必检项目有：拉伸强度和冷弯塑性。养护剂在路面气温最高时，检验实际施工喷洒条件下的保水率大于90%，弯拉强度降低值应小于5%，否则，应采取喷两种养护剂再加盖薄膜加强养护。

（2）混凝土拌和及混合料检验

生产中，除按规定频率对混凝土的和易性、含气量、凝结时间等指标检验外，搅拌站还应通过观察和测量塌落度、稳定性对每台搅拌楼所拌混合料的匀质性进行检验。每台搅拌楼之间及各台间歇搅拌机盘与盘之间的混凝土塌落度差别不得大于10mm。高温和负温施工时，应加测混凝土温度、凝结时间、水泥进搅拌机温度及砂石料温度。

（3）平整度、弯拉强度、板厚和其他指标的检查施工过程中，混凝土路面应按下述条款检查平整度、弯拉强度、板厚和其他指标。

①平整度。平整度在施工过程中可用3m直尺检测，用动态平整仪检测的动态平整度结果，作为交工和竣工验收时工程质量的评定依据。施工中如果发现局部路段的3m直尺平整度不符合标准，应在10d内使用最粗磨头的水磨石机边测量边磨平，直到符合要求。磨平后应凿出微观抗滑构造，并用硬刻槽机刻出宏观抗滑槽。磨平的路面裸露骨料，耐磨性不佳，因此不推荐大面积磨平处理，只能用于小面积少量处理。

②抗弯拉强度。混凝土路面的抗弯拉强度的评价，应以搅拌楼生产中随机取得的混凝土在振动台上制作的小梁在标准养护条件下的弯拉强度为准，试件的成型方式应为振动台。

③板厚的施工控制。混凝土路面在施工中应严格控制板厚。对于滑模摊铺机摊铺的板厚，在旁站监理监督下，每天施工拉线设置好后（人工摊铺时在立好模板后进行），按规定频率测量待摊铺路面的板厚，经监理工程师同意后方可开始摊铺。检查板厚不足的部位，可采用洗刨机刨掉上基层偏高部位，再摊铺混凝土路面。大面积基层偏高部分，允许在50m以外调整路面标高，而不洗刨基层。

④其他路面技术指标检验。除上述三大指标外，还应检查接缝顺直度、切缝和灌缝深度、抗滑构造深度、摊铺中线、高程和横坡。

五、水泥混凝土路面施工质量检查验收

施工单位应在路面工程完工后，按基本要求、实测项目和外观鉴定进行自查，对工程质量进行自我评分。监理工程师应按零售业要求对工程质量进行检查，对施工自查资料进行签认和评分。质量监督部门根据抽查资料和确认的施工自查资料以及监理工程师的质量管理资料对工程质量进行评定，作为交工、竣工验收评定等级的依据。

1. 基本要求

（1）基层质量必须符合规定要求，并应进行弯沉测定，验算的基层整体模量应满足设

计要求。

（2）水泥强度、物理性能和化学成分应符合国家标准及有关规范的规定。

（3）粗细集料、水、外掺剂及接缝填缝料应符合设计和施工规范要求。

（4）施工配合比应根据现场测定水泥的实际强度进行计算，并根据试验，选择采用最佳配合比。

（5）接缝的位置、规格、尺寸及传力杆、拉力杆的设置应符合设计要求。

（6）路面拉毛或机具压槽等抗滑措施，其构造深度应符合施工规范要求。

（7）面层与其他构造物相接应平顺，检查井盖顶面高程应高于周边路面 1 ~ 3mm，雨水口标高按设计比路面低 5 ~ 8mm，路面边缘无积水现象。

（8）混凝土路面铺筑后按施工规范要求养护。

2. 实测项目

水泥混凝土面层实测项目如表 4-4-3 所列。

表 4-4-3 **水泥混凝土面层实测项目**

项次	检查项目		规定值或允许偏差		检查方法和频率	权值
			高速公路、一级公路	其他公路		
1	弯拉强度/MPa		在合格标准之内		按附录 C 检查	3
2	板厚度/m	代表值	−5		按附录 H 检查每 200m 每车道 2 处	3
		合格值	−10			
3	平整度	σ/mm	12	20	平整度仪：全线每车道连续检测，每 100m 测 4 处	
		IRI/(m/km)	20	32		
		最大间隙 h/m		5	3m 直尺：半幅车道板带每 200m 测 2 处 ×10 尺	
4	抗滑构造深度/mm		一般路段不小于 0.7 且不大于 11；特殊路段不小于 0.8 且不大于 1.2	一般路段不小于 0.5 且不大于 1.0；特殊路段不小于 0.6 且不大于 1.1	铺砂法：每 200m 测 1 处	2
5	相邻板高差/m		2	3	抽量：每条胀缝 2 点；每 200m 抽纵、横缝各 2 条，每条 2 点	2

续表 4-4-3

项次	检查项目	规定值或允许偏差		检查方法和频率	权值
		高速公路、一级公路	其他公路		
6	纵、横缝顺直度/m	10		纵缝 20m 拉线，每 200m 4 处；横缝沿板宽拉每 200m 4 条	1
7	中线平面偏位/m	20		经纬仪、每 200m 测 4 点	1
8	路面宽度/mn	±20		抽量、每 200m 测 4 处	1
9	纵断高程/mn	±10	±15	水准仪：每 200m 测 4 断面	1
10	横坡/%	±0 15	±0. 25	水准仪：每 200m 测 4 断面	1

注：[1] 表中 σ 为平整度仪测定的标准差；*IRI* 为国际平整度指数；h 为 3m 直尺与面层的最大间隙；

[2] 附录 H 是据《公路工程质量检验评定标准》（JTGF80/1—2004）中的附录相关计算及规定所得。

3. 外观鉴定

（1）混凝土板的断裂块数。高速公路和一级公路不得超过评定路段混凝土板总块数的 0. 2%，其他公路不得超过 0. 4%。不符合要求时每超过 0. 1% 减 2 分。对于断裂板应采取适当措施予以处理。

（2）混凝土板表面的脱皮、印痕、裂纹和缺边掉角等病害现象，对于高速公路和一级公路，有上述缺陷的面积不得超过受检面积的 0. 2%，其他公路不得超过 0. 3%。不符合要求时每超过 0. 1% 减 2 分。对于连续配筋的混凝土路面和钢筋混凝土路面，因干缩、温缩产生的裂缝，可不减分。

（3）路面侧石直顺、曲线圆滑，越位 20mm 以上者，每处减 1 ~ 2 分。

（4）接缝填筑饱满密实，不污染路面。不符合要求时，累计长度每 100m 减 2 分。

（5）胀缝有明显缺陷时，每条减 1 ~ 2 分。

复习思考题

1. 水泥混凝土路面的基层和垫层有何作用？对基层和垫层有何要求？
2. 水泥混凝土路面对水泥有哪些要求？

3. 水泥路面对粗集料有哪些要求？

4. 水泥路面中细集料的作用是什么？对细集料有哪些要求？

5. 普通水泥混凝土路面铺筑可采用哪些方法？这些方法有何特点？

6. 混凝土混合料试配易出现的几个问题及产生的原因是什么？怎样调整？

7. 纵缝施工技术要点有哪些？胀缝施工技术要点有哪些？

8. 混凝土混合料拌和设备的配置有何要求？各类混合料拌和有哪些技术要求？

9. 水泥混凝土拌和物运输车辆怎样选配？混合料运输过程中有哪些技术要求？

10. 滑模摊铺水泥混凝土路面基准线怎样设置？必须满足哪些技术要求？

课题实训项目：水泥混凝土面层的施工

（一）目的及要求

使学生通过实习参观，了解拌和场地布置要点；掌握拌和操作要点；掌握模板安放、胀缝设置、混凝土的浇筑、切缝等各道工序的施工要点。

（二）所需工具

水准仪、钢尺，部分检测可借用工地试验室仪器设备。

（三）实习操作内容

1. 混凝土拌和厂场地布置要点，拌和机的型号、性能、各部分组成和作用、拌和厂石料的堆放及排水的合理性；

2. 混凝土坍落度试验；

3. 模板标高的放样或检测；

4. 胀缝钢筋的安放；

5. 混凝土的浇筑、振捣时间的控制；

6. 混凝土的养护技术；

7. 混凝土切缝时间的控制；

8. 实习操作项目及质量标准如表4-4-4所列。

表4-4-4　水泥混凝土面层检查项目

检查项目	质量标准	检查方法	备注
配合比	符合设计	查施工记录	
拥落度/m	符合设计	拥落度筒	
模板高程/m	符合设计	水准仪	
纵缝间距/cm	符合设计	尺量	
横缝间距/cm	符合设计	尺量	

（四）结果整理及实习建议

主要根据实习现场观察及测定结果进行整理，评价正在施工或已完工的结构物质量状况，并对不合格项目进行原因分析并提出改正或补救措施，如表4-4-5所列。

表 4-4-5　　　　水泥混凝土面层操作检查表

实测项目	实测值					结果
	1	2	3	4	5	
配合比						
胡落度/m						
模板高程/mm						
纵缝间距/cm						
横缝间距/cm						